FIDIC 合同条件下 EPC 项目风险分析与对策

徐培涛 著

机械工业出版社

本书基于 2017 年版 FIDIC《设计采购施工（EPC）/交钥匙工程合同条件》（银皮书），对国际工程总承包项目自招标投标、工程设计至竣工验收和缺陷通知期各环节中的关键要素和相应的风险点进行了分析与探讨，并结合 FIDIC 合同中的相关条款以及作者多年工作中对 FIDIC 合同条款的理解和工程实践经验，提出了相应的风险防范措施和对策，同时对涉及的关键要素和条款给出了中英文对照的合同实例，以供读者对照参考。

本书可供广大从事国际工程管理的人员和相关专业的高校师生参考使用。

图书在版编目（CIP）数据

FIDIC 合同条件下 EPC 项目风险分析与对策/徐培涛著 .—北京：机械工业出版社，2021.6

ISBN 978-7-111-68043-7

Ⅰ.①F… Ⅱ.①徐… Ⅲ.①国际承包工程–风险管理–研究 Ⅳ.①F746.18

中国版本图书馆 CIP 数据核字（2021）第 070336 号

机械工业出版社（北京市百万庄大街 22 号　邮政编码 100037）
策划编辑：薛俊高　责任编辑：薛俊高　李宣敏
责任校对：刘时光　封面设计：张　静
责任印制：李　昂
北京机工印刷厂印刷
2021 年 5 月第 1 版第 1 次印刷
210mm×297mm·17 印张·446 千字
标准书号：ISBN 978-7-111-68043-7
定价：85.00 元

电话服务　　　　　　　网络服务
客服电话：010-88361066　机　工　官　网：www.cmpbook.com
　　　　　010-88379833　机　工　官　博：weibo.com/cmp1952
　　　　　010-68326294　金　书　网：www.golden-book.com
封底无防伪标均为盗版　机工教育服务网：www.cmpedu.com

前　言

工程建设业是世界上最古老的行业之一，在传统的人类基本的"衣、食、住、行"四项需求中，住房和交通与工程建设业直接相关。即使经历了几千年的建设的今天，人类对美好生活的向往仍然需要不断地、更高质量地、更快速地开展各类工程建设。工程建设业在不断满足人类生活需要的同时，也为人类社会发展做出了重要的贡献。工程建设是当今人类经济活动和社会活动的重要组成部分。另外，随着人类社会的发展，社会分工精细化和服务专业化已经成为一种趋势，工程总承包作为工程建设领域系统、专业的解决方案，已被广大投资者（业主）所推崇。据统计，在中国，工程总承包收入约为整个工程行业收入的10%，名列前茅的是工业领域，其中石油和化工行业约占30%，电力行业约占15%，机械行业约占9%。

改革开放40多年来，中国在经济得到长足发展的同时，作为世界上的人口大国，积极参与国际社会的各项经济和社会活动。这不仅是中国自身发展的需要，也是国际社会发展的需要，经济全球化、经济一体化是当今社会发展的重要特征。40多年来，在对外交往中，我们经历了吸引外资、引进国外先进装备与技术以及高端人才的"引进来"过程，在提高人民生活水平的同时，也为其他国家提供了广阔的市场和应用场景。近10多年来，随着中国经济的发展和技术进步以及国际社会分工和发展的需要，中国企业、中国公民逐渐"走出去"，积极参与国际社会发展中的经济和社会活动已成为一种潮流。中国也是制造大国，随着中国经济技术的发展，中国产品、中国服务的"性价比"具有相对的优势，"走出去"是一种可能，也是一种必然。在中国经济的"三驾马车"中，对外经贸对于中国社会的发展已具有举足轻重的作用。中国国家统计局的数据显示，2019年中国的对外经济贸易进出口总值为31.54万亿元，同比增长3.4%。其中，出口总值为17.23万亿元，增长5%；而对外承包工程完成营业额1729亿美元，增长2.3%。其中，对"一带一路"沿线国家完成营业额980亿美元，增长9.7%，占对外承包工程完成营业额比重为56.7%。对外劳务合作派出各类劳务人员49万人。中国企业、中国公民在为国际社会的经济和社会发展"添砖加瓦"的同时，更为中国的经济发展和社会进步做出了重要的贡献。

另外，美国《工程新闻纪录》（ENR）2020年8月报道，以企业的全球工程承包营业收入（国内和国外市场营收之和）为排名依据，发布了2019年度全球承包商250强榜单。根据榜单数据，2019年全球承包商250强企业的营业收入总和为18991.5亿美元，较上一年度增长7.9%；其中，国际工程收入为4512亿美元，较上一年度下降2.9%；新签合同额为27541.6亿美元，较上一年度增长了7.8%。

工程总承包项目作为一种向客户提供的特殊产品，由于现场建设条件和业主的要求千差万别，其"生产"过程难以实现标准化，甚至每天的作业都不相同，加上工程总承包项目的建设周期短则几个月长则几年，在这个过程中，内、外部环境和条件都会发生不小的变化，所以工程总承包项目从开始到结束面临的风险比其他可以"流水化""标准化"的生产作业要大，甚至每天都会面临各种各样的风险。对于国际总承包工程来说，除了一般工程总承包项目的风险外，因为项目业主多为外国人，项目现场身处国外，因此国外的环境诸如政治环境、经济环境（物价、外汇、税收、交易方式等）、协作条件、生活习惯等都会对项目的执行造成风险。除了这些因素产生的直接风险以外，这些因素与工程总承包项目固有的风险相"结合"从而产生的问题和风险很可能发生的是"化学作用"，即"$1+1>2$"的风险。因此，国际工程总承包项目风险的辨识、分析、应对等风险管理显得更为重要。

FIDIC 是国际咨询工程师联合会（Fédération Internationable Des Ingénieurs-Conseils）的法文缩写，中文简称"菲迪克"。FIDIC 成立于 1913 年，其下设有多个专业委员会，如业主咨询工程师关系委员会（CCRC）、合同委员会（CC）、风险管理委员会（RMC）、质量管理委员会（QMC）、环境委员会（ENVC）、仲裁/调解/评判审查委员会等，成员来自全球 100 多个国家和地区，中国于 1996 年正式加入该组织。可以说，FIDIC 是目前全球工程建设行业影响最广、最具权威的咨询工程师组织，在国际工程建设行业具有很大的影响力，特别是 FIDIC 各专业委员会编制了一系列不同工作范围或"交付模式"条件下的合同文件范本，为国际工程咨询乃至国际工程建设做出了重要贡献。FIDIC 已经进入中国多年，清华大学的卢谦教授于 1986 年将 FIDIC《土木工程施工合同条件》（1977 年第 3 版）翻译成中文出版。1991 年，天津大学何伯森教授组织天津大学和中国国际咨询公司的多位专家针对《土木工程施工合同条件》（1987 年第 4 版）翻译了 FIDIC《土木工程施工合同条件应用指南》，而且 FIDIC 正式授权何伯森教授等可以将 FIDIC 系列合同条款英文版翻译成中文在中国出版。之后，天津大学翻译团队及中国工程咨询协会等单位陆续翻译、编译出版了一系列 FIDIC 合同条款的书籍。

本书主要以 2017 年版 FIDIC《设计采购施工（EPC）/交钥匙工程合同条件》（Conditions of Contract for EPC/Turnkey Projects）即银皮书（下同）中的合同条款为基础，沿着工程总承包项目从项目投标、合同谈判和签署到项目竣工验收及缺陷通知期（质保期）结束这个顺序流程，力图通过分析相应关键环节、关键要素可能涉及的风险点，来探讨预防、应对相应风险的对策。

从经济学的角度，工程总承包也是一项贸易、交易，由于就买卖双方而言，相对于买方的业主来说，承包商是卖方，是项目实施的承建者、服务商。在市场经济的今天，卖方相对属于"弱势群体"，因此，本书特别希望从承包商、服务商的视角，来审视、识别、分析和应对工程总承包项目实施（执行）中的风险。

本书在编写中，参考了许多文献和资料，同时得到了很多同行及友人的帮助，在此一并表示诚挚的谢意。在当前我国工程建设企业走出去，积极参与国际工程建设项目的大背景下，如何应对复杂多变的国际环境，了解并适应工程项目所在地的法律法规，如何通过严谨审慎的合同约定，尽可能减少或规避风险，是参与国际工程项目总承包企业面临的一大问题。而鉴于作者的理论水平和实际经验有限，本书难免存在差错和不足遗漏之处，恳请并感谢读者给予批评指正。

徐培涛

2021 年 2 月

目 录

前言

第一章　绪论 ……………………………………………………………………………… 1
　　第一节　合同 ……………………………………………………………………………… 1
　　第二节　风险 ……………………………………………………………………………… 3
　　第三节　FIDIC 合同条件的使用 ………………………………………………………… 6

第二章　招标、投标与合同签订 ………………………………………………………… 9
　　第一节　招标 ……………………………………………………………………………… 9
　　第二节　投标 ……………………………………………………………………………… 11

第三章　EPC 工程总承包合同概述 ……………………………………………………… 20
　　第一节　合同的组成 ……………………………………………………………………… 20
　　第二节　合同的一般规定 ………………………………………………………………… 21

第四章　业主与承包商 …………………………………………………………………… 28
　　第一节　业主 ……………………………………………………………………………… 28
　　第二节　承包商 …………………………………………………………………………… 30
　　第三节　分包商 …………………………………………………………………………… 35

第五章　合同生效及项目启动 …………………………………………………………… 41
　　第一节　EPC 工程总承包项目的时间节点 …………………………………………… 41
　　第二节　项目启动 ………………………………………………………………………… 48

第六章　工程设计 ………………………………………………………………………… 52
　　第一节　设计阶段与作用 ………………………………………………………………… 52
　　第二节　设计输入条件 …………………………………………………………………… 53
　　第三节　设计过程管理 …………………………………………………………………… 57
　　第四节　设计审查与批复 ………………………………………………………………… 64

第七章　设备及材料供货 ………………………………………………………………… 72
　　第一节　采购和供货商的管理 …………………………………………………………… 72

- 第二节　技术标准和产品认证 …… 75
- 第三节　试验与检验 …… 78
- 第四节　采购与运输 …… 83
- 第五节　货款的支付 …… 89

第八章　现场施工 …… 93
- 第一节　开工准备与开工 …… 93
- 第二节　工程的延误 …… 100
- 第三节　工程的暂停 …… 105
- 第四节　变更和调整 …… 111
- 第五节　现场工程的竣工、验收与交付 …… 120

第九章　试车与竣工试验 …… 124
- 第一节　无负荷试车（单体与联动无负荷试车） …… 124
- 第二节　调试——负荷试车与工业试验 …… 128
- 第三节　性能考核 …… 130
- 第四节　可靠性考核 …… 136

第十章　交付与接收 …… 139
- 第一节　交付（接收）的作用和意义 …… 139
- 第二节　工程交付的条件和促进交付的措施 …… 140
- 第三节　"让步"接收与拒收 …… 145
- 第四节　接收后承包商的工作 …… 148

第十一章　缺陷通知期 …… 153
- 第一节　缺陷通知期的定义和理解 …… 153
- 第二节　缺陷通知期内承包商和业主的责任与义务 …… 155
- 第三节　缺陷的修复、赔付及缺陷责任期的延长 …… 158
- 第四节　履约证书与工程决算 …… 163

第十二章　合同终止 …… 166
- 第一节　业主提出的终止 …… 166
- 第二节　承包商提出的终止 …… 173

第十三章　HSE 管理和质量管理 …… 181
- 第一节　HSE 管理 …… 181
- 第二节　质量管理 …… 188

第十四章　例外事件 · 194
　第一节　例外事件的概念和定义 · 194
　第二节　例外事件的通知与确认和相应的义务 · 197
　第三节　例外事件的事后影响与处理 · 199

第十五章　合同商务条款与合同管理 · 209
　第一节　合同价格 · 209
　第二节　保函与信用证 · 214
　第三节　工程付款 · 223
　第四节　工程项目赋税 · 230
　第五节　工程保险 · 234
　第六节　索赔 · 241
　第七节　争端与仲裁 · 255

参考文献 · 261

第一章

绪　论

第一节　合　同

1. 合同的定义

各个国家、各个行业对合同的定义不尽相同，但其要义基本相同。在柯林斯（COLLINS）词典中对合同（Contract）的英文解释是："A contract is a legal agreement, usually between two companies or between an employer and employee, which involves doing work for a stated sum of money." 即，"合同是一种法律协议，通常是在两家公司之间或雇主和雇员之间，涉及为规定的酬金而进行工作。"

法国《民法典》规定："合同为一种合意，依此合意，一人或数人对于其他一人或数人负担给付某物、作为或不作为的债务。"

美国《法律重述：合同》规定："合同是一个允诺或一系列允诺，违反该允诺将由法律给予救济，履行该允诺是法律所确认的义务。"

英国《牛津法律词典》将合同定义为："一项具有法律约束力的协议。'要约和承诺'构成协议，但一项具有法律约束力的协议必须满足许多其他要件。"

《中华人民共和国民法典》（2021年1月1日执行）第三篇"合同"第四百六十四条【合同的定义和身份关系协议的法律适用】规定："合同是民事主体之间设立、变更、终止民事法律关系的协议"。而在我国民法典的合同篇中，将合同分为买卖合同、技术合同、租赁合同、委托合同等，其中将第十八章专设为"建设工程合同"，并规定："建设工程合同是承包人进行工程建设，发包人支付价款的合同。建设工程合同包括工程勘察、设计、施工合同。"

简单讲，合同的要义就是两个或两个以上具有法律地位平等的当事人在守法的条件下意思表示一致的协议，或者说要约与承诺达成一致的协议，可以设立、变更和终止。

2. 工程项目合同及执行的特点

一个工程项目建设从开始到结束大概可分为：投资者（业主）策划，即初步判断项目建设的必要性如市场前景（经营类项目）或使用功能（住房、桥梁、道路等基础类项目）；项目评估与决策，即项目规模、资金安排、场址预选等；立项、场址选择和可行性研究；以及项目实施，即工程勘探、工程设计、施工建设、工程监理、竣工验收；最后是投入使用。从项目立项、场址选择和可行性研究开始到施工建设这些工作，一般业主会寻找专业公司开展（多数通过招标议标），这样就会形成业主和承包商之间一系列"工程项目合同"及后续的项目（合同）的实施（执行）、监督和验收等工程建设以及工程管理活动。

（1）工程项目合同分类 社会和经济活动的目的是多样的，财产的流转方式也是多样的，因此合同（协议）也是多样的。理论上，合同的分类方法有很多，本书仅涉及工程总承包项目交易合同，属于典型的"双务合同"，即合同当事人相互享有权利，同时又相互承担义务的合同。

在工程建设领域，按工作性质一般分为工程勘察合同、工程设计合同、工程监理合同、工程施工合同和设备（材料）采购合同等。按照合同价格是否固定分为总价合同、单价合同、计时制合同、成本＋酬金合同，见表1-1。

表1-1　工程项目合同分类

按工作性质分类	按合同价格分类
勘察合同、设计合同、监理合同、施工合同、采购合同、总承包合同	总价合同、单价合同、计时制合同、成本＋酬金合同

其中，工程设计合同、工程监理合同甚至工程勘察合同属于技术服务类合同，技术及人工构成成本和利润的主体，尽管在工程勘察中机具、材料的比重较另外两类合同大一些，但这类合同的价格因买方的"认可度"或卖方的"知名度"不同差异会比较大。工程施工合同中材料、机具费用占比较大，而用工的数量随工程量的变化而变化，因此这类合同的单位价格差别不会很大。设备（材料）采购合同则由于产品的品质、功能、品牌会使合同的价格差别比较大。

1）工程勘察合同。工程勘察合同一般采用固定价格，根据勘察范围、工作深度、现场条件等因素确定一个合同总价。由于很多工程勘察会涉及勘察地下的地质状况，因此地下状况的不确定性可能会导致勘察成本有较大的变化，所以在签订总价固定的工程勘察合同时，双方应该事先约定发生这种较大变化时的调价机制。当然，工程勘察合同也可以采取单价加勘察面积、勘察进尺来组成"单价合同"。

2）立项报告、可行性研究报告和工程设计合同。立项报告、可行性研究报告工作一般由咨询公司或设计公司承担，通常情况下根据拟建项目的规模或投资额大小签订固定总价合同。工程设计分为概念设计、基本设计（初步设计）、技术设计（针对某些国家或行业）、详细设计（施工图设计）、竣工图设计。工程设计合同一般根据项目规模或投资、不同设计阶段、设计难度等因素采取固定总价合同的模式。

3）工程施工合同。工程施工的成本主要涉及材料费、人工费、机具费（含调运）、工程量等因素。工程量是工程的"客观需要"和工程设计水平的结合体，源于设计成果但影响整个工程项目的材料、人工、机具等的总费用，同时又影响承包商的管理费和利润总额。材料费、人工费和机具费理论上除管理水平和物价波动因素外是一项客观的费用，相对固定。在实际操作上，对于EPC工程总承包项目来说，因为工程整体时间安排的原因，在工程施工合同签订之前，工程设计不一定全部完成，因此准确的工程量也就不会产生，一般会在有一个估算的工程量的情况下为了加速整个工程建设进度就开始施工招标和施工合同的签署，在这种情况下就不能计算出整个工程施工的总费用，因此也就不能签署总价合同。这样承包商与业主（或总承包商）一般会在参考整个工程的估算量并计算出相应的管理和利润总额后，按照待施工部分的工程类型（如地下桩基、混凝土、钢结构等）确定各类子项工程的单价，形成单价合同。相反，如果在签订合同时整个工程设计业已完成，则双方可根据意愿签订总价合同或依然签订单价合同。

4）工程监理（咨询）合同。工程监理是指监理人依据国家法律、法规和工程建设合同，对工程建设实施的监督管理。而监理人根据各国法律不同，既可以是第三方咨询公司，也可以是业主本身（业主工程师），当业主聘请咨询公司代表业主进行工程监理时就形成了工程监理合同。工程建设监理可以是包括从设计、采购、施工、试车到验收等的全过程，也可以是分阶段的，一般情况下以施工监理居多。

由于工程监理工作成本主要是人工费和部分机具或仪器费，因此，工程监理合同可以按照整个工程的规模或投资采取总价合同的模式；也可以采用单价（人工时）合同的模式，而且是一种典型的计时制合同。当然，也有按成本加奖惩的合同方式，即在满足工程建设安全、质量等要素前提下，以工期和成本为指标考核奖惩监理工作。

（2）工程项目合同执行的特点 工程建设从某种意义上说也是一种产品，是建设商向客户销售一种为其"量身制作"（Tailor Made）的产品。除非同期、同地建设同样的工程，否则就工程建设本身来说，没有一个工程是在同一条件下"制造出来"的；即使是同样的设计、同样的设备也会因地点（环境条件）、时间（经济环境）以及人员（参与项目人员）等因素的不同而使"制造条件"和最终产品不同。与其他产品相比，建设工程这一产品的制造条件、制造过程的"非标准化"、不确定性是其最大的特点。当然，建设工程本身也是多样性的，完全一样的工程在全球也是不多见的。"制造周期"长是其第二大特点，一个工程项目少则要几个月多则几年才能完成，"制造过程"具有很大的不确定性。第三，一般工程建设项目的合同金额较大。第四，绝大多数工程项目的建设从设计、采购到现场施工过程，业主会全程参与、全程监督和审查批准关键步骤及节点，即客户的"干预度"大。

因此，工程项目合同的执行特点是产品及产品制造过程非标准化，制造周期长且面临不确定性大，合同金额大和客户干预度大。

第二节 风 险

一般情况下，人类开展经济活动的目的是"趋利"。但随着人类社会的发展，人们越来越认识到"驱弊"的重要性，"驱弊"成为获利的重要保证，而"风险"是经济活动中最大的弊害之一而且不可完全避免。因此人们对于有关风险的研究热度不亚于对获利的研究，各种风险理论，风险辨识模型、分析模型、控制模型纷纷出现，这为风险管理奠定了良好的基础。

1. 风险的概念

关于风险的定义从不同的角度有很多的说法。广义上讲风险是个体认知能力的有限性和未来事件发展的不确定性。就其利弊来说，这一解释表示风险是一个中性词，风险既可以带来收益也可以导致损失。但日常中基本是从狭义上解释风险，即风险是指一个事件产生我们所不希望的后果的可能性，或者说风险是产生损失的不确定性（可能性）。风险的英文"Risk"在牛津词典的英文解释为"the possibility of something bad happening at some time in the future; a situation that could be dangerous or have a bad result"，即，"未来某个时段事件变坏的可能性，该事件可能是危险的或结果是糟糟的。"广义和狭义两种解释的相同之处是"事件发展的不确定性",也正是这种不确定性,带来了对风险辨识、分析、应对研究的真正价值和意义。

2. 风险的特性

风险的主要特性有:

(1) 客观性 风险是客观存在的,不以人的意志为转移的。人们只能在一定的范围内改变风险形成和发展的条件,降低风险事故发生的概率,降低损失程度,而不能彻底消除风险。

(2) 普遍性 风险是无处不在、无时不有的,只是人们的感知和损失不同。

(3) 不确定性和可变性 事件发生的时间、地点和程度不确定,同时风险是变化的,有量的增减,也有质的改变,因此后果的影响也不确定。

(4) 预测的可行性 虽然风险具有很强的不确定性,但是运用概率论和模糊逻辑等方法对风险事故的发生是可以进行分析的,以研究风险的规律性。

(5) 应对的可能性 在正视风险存在及可能产生危害的前提下,通过科学的方法对风险进行辨识、分析,可以对风险开展及时应对,使可能的损失减小甚至避免。

简单说,风险就是距离损失更靠近一步的事务,通过科学的辨识、分析、研究可以应对并减小可能的损失甚至避免损失。

3. 风险的分类

站在不同角度对于风险有不同的分类,不同的行业可能面临的主要风险也不尽相同。

(1) 按照性质分类

1)纯粹风险:纯粹风险是指只有损失机会而无获利可能的风险,比如火灾风险。

2)投机风险:投机风险是相对于纯粹风险而言的,是指既有损失机会又有获利可能的风险,比如在股票市场上买卖股票。

(2) 按照标的分类

1)财产风险:财产风险是指导致一切有形财产的损毁、灭失或贬值的风险以及经济或金钱上的损失的风险。比如船舶在航行中,可能会遭受沉没、碰撞、搁浅等风险。

2)人身风险:人身风险是指导致人的伤残、死亡、丧失劳动能力以及增加医疗费用支出的风险。如人会因生、老、病、死等生理规律和自然、政治、军事等原因而早逝、伤残、工作能力丧失或年老无依靠等。

3)责任风险:责任风险是指由于个人或团体的疏忽或过失行为,造成他人财产损失或人身伤亡,依照法律、契约或道义应承担的民事法律责任的风险,比如驾车撞人。

4)信用风险:信用风险是指在经济交往中,权利人与义务人之间,由于一方违约或违法致使对方遭受经济损失的风险,如进出口贸易中,出口方会因进口方不履约而遭受经济损失。

(3) 按照行为分类

1)特定风险:与特定的人有因果关系的风险,即由特定的人所引起的,而且损失仅涉及特定个人的风险,比如爆炸、盗窃以及对他人财产损失或人身伤害均属此类风险。

2)基本风险:其损害波及社会的风险。基本风险的起因及影响都不与特定的人有关,至少是个人所不能阻止的风险,比如地震、洪水、海啸、经济衰退等均属此类风险。

（4）按照产生环境分类

1）静态风险：静态风险是指在社会经济正常情况下，由自然力的不规则变化或人们的过失行为所致损失或损害的风险，比如雷电、地震、火灾、爆炸、意外伤害事故所致的损失或损害等。

2）动态风险：动态风险是指由于社会经济、政治、技术以及组织等方面发生变动所导致损失或损害的风险，比如人口增长、成本增加、技术变化等。

（5）按照产生原因分类

1）自然风险：自然风险是指因自然力的不规则变化使社会生产和社会生活等遭受威胁的风险，比如地震、火灾以及各种瘟疫等。

2）社会风险：社会风险是指由于个人或团体的行为（包括过失行为、不当行为以及故意行为）或不作为而使社会生产以及人们生活遭受损失的风险，如盗窃、抢劫、玩忽职守及故意破坏等。

3）政治风险：政治风险是指在对外投资和贸易过程中，因政治原因或订立双方所不能控制的原因可能遭受损失的风险，如国家发生战争、内乱、外汇管制等。

4）经济风险：经济风险是指在生产经营活动中由于受各种市场因素变化的影响或经营者决策失误，对前景预期出现偏差等导致经营失败的风险，比如企业生产规模的增减、价格的涨落和经营的盈亏等。

5）技术风险：技术风险是对技术的发展或现有技术不了解、不掌握、掌握不够或失控等产生的威胁人们生产与生活的风险，如核辐射、空气污染、技术不熟练或根本不掌握等。

在工程建设领域，人们一般按阶段、原因、结果等来分类，常见的四类分类方法如下：

1）按阶段划分：决策风险、投标风险、设计风险、采购风险、施工风险、试运行风险等。

2）按原因划分：自然风险、社会风险、政治风险、经济风险、技术风险、管理风险等。

3）按项目系统划分：环境系统风险、技术系统风险、行为主体系统风险、目标系统风险、管理系统风险等。

4）按结果划分：质量风险、进度风险、成本风险、安全风险、健康风险、环境污染风险等。

4. 风险频率、风险程度及风险的影响

风险频率，又称损失频率，是指一定数量的标的，在确定的时间内发生事故的次数。

风险程度，又称损失程度，是指每发生一次事故导致标的的毁损状况，即毁损价值占被毁损标的的全部价值的百分比。

就风险造成损失的影响而言，风险是某一特定危险事件发生的可能性和后果的组合。因此，风险的影响就是风险频率和风险程度的结合，风险频率小同时风险程度低，则风险造成的损失就小，反之亦然。

5. 风险管理与风险应对

对于风险的管理主要包括四大项内容：风险识别、风险估计、风险评价和风险决策。

风险识别是指在风险发生之前采用各种办法找出可能产生风险的因素，并了解风险的种类和可能产生的后果。

风险估计是指运用概率和数理统计的方法估计某一风险发生的频度和概率，以估计损失的严重性和后果。

风险评价是指在风险识别和估计的基础上，综合考虑风险发生的概率、损失幅度以及其他因

素，得出发生风险的可能性及其程度，进行综合比较（与标准、以往经验等比较），确定风险等级。

风险决策是指在经过了风险识别、风险估计和风险评价三个环节（这三个环节在风险管理上也称为"风险分析"）之后，选择科学、经济、合理的理论和方法处理可能发生或已经发生的风险，以最大限度地减少风险可能造成的损失的过程与方法。

风险应对是风险管理最核心的部分，也是风险决策的具体体现。它是决策主体根据风险性质和承受主体对风险的承受能力而制定的回避、承受、降低或者分担风险等相应防范计划、行动措施和实施的过程与反馈及修正。常用的应对风险的措施有：

1）规避风险：通过避免未来可能受发生事件的影响而消除风险。
2）接受风险：维持现有的风险水平，即不采取任何行动，将风险保持在现有水平。
3）降低风险：利用方法或措施将风险降低到可接受的水平。
4）风险转移（分担）：将风险的后果转移给第三方，通过合同或结盟的约定，由保险公司、分包商（供货商）或联合体担保或分担。

第三节　FIDIC 合同条件的使用

前已述之，FIDIC 作为工程咨询和工程建设领域著名的国际组织，其下属各专业委员会编制的一系列适用于不同工作范围或"交付模式"条件下的合同文件范本，为国际工程咨询业乃至国际工程建设业做出了重大的贡献。

自 1957 年 FIDIC 与国际房屋建筑和公共工程联合会（现为欧洲国际建筑联合会，FIEC）共同编制并发布了《土木工程施工（国际）合同条件》（《The Condition of Contract (International) for Works of Civil Engineering Construction》）第 1 版以来，FIDIC 在后来的不同时期编制发布了多版次并适于不同工作范围或"商业模式"的合同条件范本，因封皮的颜色不同，分别被简称为"红皮书""黄皮书""银皮书"等 FIDIC 彩虹族系列合同条件。20 世纪 90 年代前，FIDIC 编制出版的系列色彩的合同范本包括：

1）《土木工程施工合同条件》（《Condition of Contract for Works of Civil Engineering Construction》）——红皮书。
2）《电气与机械设备合同条件》（《Conditions of Contract for Electrical and Mechanical Plant》）——黄皮书。
3）《设计——施工和交钥匙合同条件》（《Conditions of Contract for Design—Build and Turnkey》）——橘皮书。
4）《业主/咨询工程师标准服务协议》（《Client/Consultant Model Services Agreement》）——白皮书。
5）《土木工程施工分包合同条件》（《Condition of Sub-Contract for Works of Civil Engineering Construction》）。
6）《招标程序》（《Tendering Procedure》）——蓝皮书。
7）《联营体协议书》（《Joint Venture Agreement》）。
8）《咨询服务分包协议书》（《Sub-Consultant Agreement》）。

1999年10月，FIDIC编制发行了一套新的系列合同条件范本，包括：

1)《施工合同条件》(《Condition of Contract for Construction》)——红皮书。

2)《生产设备和设计——施工合同条件》(《Conditions of Contract for Plant and Design—Build》)——黄皮书。

3)《设计采购施工（EPC）交钥匙工程合同条件》(《Conditions of Contract for EPC /Turnkey Projects》)——银皮书。

4)《简明合同格式》(《Short Form of Contract》)——绿皮书。

FIDIC最近一次发布的合同条件范本是在2017年12月，是以1999年第1版为基础修订的第2版（简称2017年版）"FIDIC合同条件"，共计三本，即，

1)《施工合同条件》(《Conditions of Contract for Construction》)——红皮书。

2)《生产设备和设计——施工合同条件》(《Conditions of Contract for Plant and Design—Build》)——黄皮书。

3)《设计采购施工（EPC)/交钥匙工程合同条件》(《Conditions of Contract for EPC /Turnkey Projects》)——银皮书。

从1957年FIDIC发布的第一个正式的关于《土木工程施工（国际）合同条件》到后来的20世纪90年代形成的《电气与机械设备合同条件》《设计——施工和交钥匙合同条件》《土木工程施工分包合同条件》等"彩虹族系列"以及再后来2017年版的《施工合同条件》《生产设备和设计——建造合同条件》《设计采购施工（EPC)/交钥匙工程合同条件》的"新三本"，可以看出FIDIC合同条件范本经过了从单一到力求全面，再到归纳整合的过程，这既反映了工程建设市场承建方式多样化发展的需求，同时也是FIDIC合同条件日臻成熟的表现。

当然，纵观从1957年FIDIC合同条件范本"第一本"到2017年的"新三本"，60多年来发布的十余个合同条件版本中涉及"施工"或"建造"的成分比较多，只有FIDIC 1988年发布的《电气与机械设备合同条件》——黄皮书中的字面上没有出现"施工"（建造），但后来1999年又将这本黄皮书与1995年出版的《设计——施工和交钥匙合同条件》——橘皮书一起重新编辑形成了新黄皮书——《生产设备和设计——施工合同条件》，在这里，合同条件的名称上又出现了"施工"两字。可见，FIDIC系列合同条件范本在有关"施工（建造）"方面的研究、分析既有广度又有深度，而在设计、采购方面的深度和广度与"建造"相比差距较大，即使在涵盖"设计、采购、建造"全过程的银皮书《设计采购施工（EPC)/交钥匙工程合同条件》中从条款的设置到文件的字里行间，设计和采购部分的广度和深度仍然少于建造部分，其中，一些条款是为建造部分设定的而非整个工程项目。例如，FIDIC合同条件银皮书第8条"开工、延误和暂停"之第8.1款【工程开工】中规定："除非合同协议书说明了开工日期，业主应在开工日期前不少于14日向承包商发出通知，指出开工日期。除非在专用条款中另有说明，开工日期应在第1.6款【合同协议书】规定的合同全面生效和实施日期后42天内。承包商应在开工日期后，尽可能早开始工程的实施，随后应按预期进度、不拖延地开展工程项目"。这里所谈的"开工日期"（或开工指令）从银皮书序号安排上看应该是指整个EPC工程项目，但实际上是指工程现场"建造"部分的。因为实际操作中总承包商开展EPC中的设计工作是不需要等待业主的开工指令NTP（Notice to Proceed），一般只有建造部分才需要NTP（我们将在后面讨论、分析）。采购、加工制造以及运输等环节也有类似的情况（即采购的部分），即不需要业主的"开工令"。

造成上述情况的原因也许与FIDIC的发展基础和受众群体的数量（需求数量）有关或者是因为

建造的部分不确定因素更多所致。前面已经谈到，随着社会的发展，社会分工精细化和服务的专业化是一种趋势，不仅工程建设领域的基础设施（道路、桥梁）、民用楼所（住宅、公共活动场馆）等的业主（投资者）选择工程总承包，很多的工业建设项目的业主（投资者）也青睐于工程总承包这种承建模式，从而从工程建设的角度，通过雇用更为专业的承包商来实现建设质量、整个系统性能保证以及建设工期等方面的最优化，力求在建设风险充分分担的前提下获得投资效益的最大化。因此，在涉及 EPC 的工程总承包项目合同条款中，在"FIDIC 系列合同条件"基础上，注重增添涉及设计和采购（制造）部分的条款并在实际操作中关注、及时处理涉及这些条款可能引发的风险，具有重大的现实意义。

在上述这些 FIDIC 发布的文件中其原文均使用"×××合同条件"的字样，也有很多人把它翻译成"×××合同条款"，因此，关于这一系列文件的作用，或者如何看待和使用这些文件，可能会在业界一些人中产生一些误解，认为这些文件是工程建设合同的"标准"或者"法规"，买卖双方、业主与承包商之间必须遵守，特别是在其中有不少很具体的"内容或要求"。例如，FIDIC 合同条件银皮书第 11.3 款【缺陷通知期限的延长】中规定："业主应有权延长工程或某一单位工程（或如果第 10.2 款【部分工程的接收】适用的话，可以是工程的一部分）的缺陷通知期：

a）如果因为某项缺陷或损害达到使工程、单位工程（或工程的一部分）或生产设备主要部分（视情况而定，并在接收以后）不能按预期目的使用的程度，且该缺陷或损害是由于第 11.2 款【修补缺陷的费用】(a) 到 (d) 段中任何事项引起的。(和)

b）根据第 20.2 款【付款和/或竣工时间延长的索赔】。

但是，缺陷通知期限的延长不得超过合同数据中规定的缺陷通知期限截止日后两年……"等有许多具体的要求和规定。在日常的交谈甚至合同谈判或工程实施中的双方"争论"中，也经常听到有人说"FIDIC 条件是如何规定的"，以此来要求他人接收，笔者以为这是一个误解。上述这些被称之为"×××合同条件"的文件是有关某一个合同条款的"模板"或"样板"，它告诉读者特别是合同的起草人（制定者）在某一类型的合同中（如施工合同或设计采购施工（EPC）/交钥匙工程合同）应该包含的基本条款（条件）或要约条目，至于条款（要约）的具体内容或约定则由合同双方自愿商定。对于前面谈到的各类"FIDIC 合同条件"中给出一些具体的"内容或要求"，这些"规定"特别是具体的要求是基于 FIDIC 的专家们以往的经验总结提出的（当然这些经验也很有意义），仅供参考，各工程项目合同主体的双方在实际中应根据工程项目具体情况和双方的意愿具体商定。因此，实际上，将这些"FIDIC 合同条件"的文本称之为"FIDIC 合同条件范本"更为合适，而且将这些文本当作合同条款范本使用，作为合同模板以"保证"具体合同条款的系统性和完整性。

第二章

招标、投标与合同签订

第一节 招 标

1. 招标准备

在本书的绪论中已经介绍，一项工程建设的基本程序为：项目规划、立项报批、可行性研究、工程设计、采购、现场施工、竣工验收、投入使用。在这些过程中，许多工程投资方（业主）是采用招标方式来选择服务商（咨询机构、设计公司、供货商、施工企业等）的。

招标（Invite Tender）和投标（Bidding）是在市场经济条件下进行的大宗货物的买卖、工程建设项目中发包与承包，以及服务项目的采购与提供时，所采用的一种交易方式。

对于工程建设项目来说，不同的交付模式其招标的前提基础条件不尽相同。对于施工总承包来说，招标方须完成并提供基本完整的工程设计资料，最重要的是提供所招标项目的工程量清单（Bill of Quantity，BOQ），这是投标者最重要的计算合同价格的基础。对于 EPC 工程总承包来说，由于工程设计是总承包商的职责，在招标阶段招标方（业主）不能提供完整的工程设计资料，也不能提供工程量清单，但此时，招标方仍然要做相应的准备并向投标者提供必要的信息和要求。下面讨论 EPC 工程总承包项目的招标准备工作。

招标准备工作的核心是制订招标文件，一般招标文件由业主委托咨询公司或业主自己编制。招标文件至少要向投标者说明两个方面的问题，一是项目建设的基本自然条件，二是本项目中业主的意愿与基本要求。

由于国际工程项目的投标者可能来自世界各地，为了缩短整个招标、投标的时间会暂时统一工程建设的基本条件特别是自然条件，业主会提前搜集工程建设当地的条件，如气候、水文、地形、初步的现场工程地质条件，拟用原、燃材料情况、电力、供水、供气等。对于业主的意愿和基本要求，一般情况下是业主或其咨询公司要做一个"概念设计"和文字说明来描绘项目的功能、作用和目标。对于公用、基础建设工程类项目重点说明工程的功能、作用，主体建、构筑物的形式、规模，拟用设备、设施的基本要求等；对于工业生产类项目重点说明工程的功能、预期目标，甚至工艺流程、主机设备基本要求以及必要的图纸等。另外，业主要求还包括拟建项目采用的技术标准、第三国采购范围、对投标文件的基本要求、评标办法与标准、合同条款框架、投标保证金、投标截止日期等。

上述内容并辅以其他说明或文件构成正式的招标文件。

2. 招标组织

通常招标的形式有两种：公开招标和邀请招标。

公开招标又称无限竞争性招标，是指招标人以招标公告的方式邀请不特定的法人或者其他组织投标。

邀请招标又称有限竞争性招标，是指招标人以投标邀请书的方式邀请特定的法人或其他组织投标。

无论是哪种招标形式，业主或业主的咨询公司都会将编制好的标书以适当的方式传递给潜在的投标者。接下来的招标组织工作就是投标者的资格预审和组织投标商进行现场考察和标前会议。

投标者资格预审的目的是根据潜在投标者的财务状况、技术能力以及以往从事类似工程的经验，淘汰不合格的潜在投标者以减少评标的工作量、时间和成本，避免不合格投标者对评标工作的干扰，为工程项目选择理想的承包商奠定良好的基础。资格预审一般从以下方面考虑：

1）承包商的组织保障构架。
2）承包商以往的工程业绩，特别是类似工程及本项目所在国家、地区的工程建设业绩和经验。
3）承包商的资源和能力，包括管理、技术、人力、施工、设备机具等。
4）承包商的财务状况。
5）承包商的信誉及经常性合作伙伴情况。
6）承包商联合体情况（如果有）。

在投标者获得招标文件后的适当时机，业主（或咨询公司）应组织投标者前往工程项目现场考察和召开标前会议，使投标者更好地了解项目现场情况并利用标前会议向投标者澄清工程项目本身和标书中的有关问题。

3. 标书评审与定标

在规定的时间内收到投标者的标书后，即可开展标书的评审工作。工程项目的标书评审工作一般分为审查投标文件和正式评标两个阶段。

投标文件的审查主要是审查投标文件是否按投标要求的内容以及格式完成，是否有遗漏，投标文件中各部分是否有重大矛盾，基本属于"形式审查"。对于在投标文件审查阶段发现的问题，一般有两种处理方式，一是在这个阶段就将"问题标书"废标，宣布投标者失败，二是指出问题并限期补充、修改、完善后再次提交。

正式的标书评审，即评标包括两大部分，一是技术评标，二是商务评标。

技术评标主要包括：

1）技术方案对标书的响应程度评价。
2）技术方案的先进性和可靠性评价。
3）施工组织与技术方案评价。
4）投运后维护、维修的难易度及成本等评价。

商务评标主要包括：

1）商务标对标书的响应程度评价。
2）对投标者资质、组织保障体系、人力及设备和机具等保障能力评价。
3）对投标者财务状况、商誉等评价。

4）对投标者以往工程建设业绩评价。

5）对投标工程量（如果有）评价。

6）对可比投标价格和商务优惠条件（如果有）的评价等。

对于上述评价可以由评标委员会成员按事先确定的评价办法采取打分制，也可以按不合格、合格、良好、优秀等来分级。而最后定标方式原则上有三种：一是在打分制的基础上，按综合分数最高者中标；二是按标准给出评价等级，在满足评价等级的基础上（称之为本次投标合格承包商）以价格最低者中标；三是决策机构（决策者）根据上述评价（评分）情况，综合考虑各方面因素确定中标者。

FIDIC 推荐的投标者资格预审程序、招标程序、开标和评审程序如图 2-1～图 2-3 所示。

第二节 投 标

1. 标前评估

在市场经济条件下，任何一个经济实体通过投标竞争来获得合同是一种经常性行为，对于工程建设类公司参与工程项目投标或议标几乎是这类公司获得项目合同的唯一途径。而投标工作是一项复杂同时又是一项成本很高的工作，一则因为投标会投入大量的人力、财力，二则因为从统计规律来说，中标属于小概率，也就是说，对于一个公司，正常情况下其失标的概率要大于中标的概率，二者的叠加对于一个工程公司来说，每年的投标工作费用在管理成本及销售费用中占很大的比例。

因此，在接到招标邀请或获得招标信息后首先要分析投标的必要性和可行性而不是"逢标就投"。另外，任何一次失标也是对公司市场声誉的伤害，甚至会成为竞争对手攻击的口实。需要研究、分析投标必要性和可行性的主要因素包括：

1）招标项目工作内容与公司主营业务的吻合度。

2）可向业主展示类似项目的以往业绩情况。

3）可能参与投标的竞争对手情况及本公司的优劣势分析。

4）对项目实施所在地的了解程度和掌控能力。

5）该项目对于公司当期与未来的重要程度。

6）联合投标合作伙伴的情况（如果有）。

2. 投标策略

在经过认真分析、研究并确定参与投标后，投标策略的分析与研究就变得非常重要，防止盲目投标，为投标而投标。尽管业主有招标文件和招标要求，甚至有些招标的要求很细致、很苛刻，但是，作为投标者仍然需要在满足招标要求的同时努力发掘在此招标项目中本公司在管理、技术、采购（供货）、施工、工程进度、合作伙伴、当地政府、当地关系等方面可发挥的优势以及差异，力求在投标文件中显示公司的能力及与众不同之处，以提高中标概率。比如组织更能显示项目管理能力的项目执行团队，提高技术方案的先进性和可靠性，所供设备具有更高的性价比，精心的施工组织计划，工程质量和加快建设速度的措施与保障，选择更适合、更优秀的合作伙伴（分包商）等。

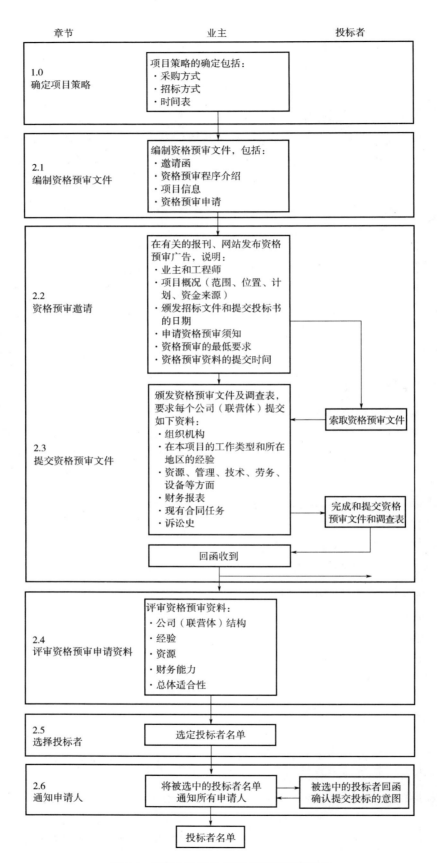

图 2-1　FIDIC 推荐的投标者资格预审程序

第二章 招标、投标与合同签订

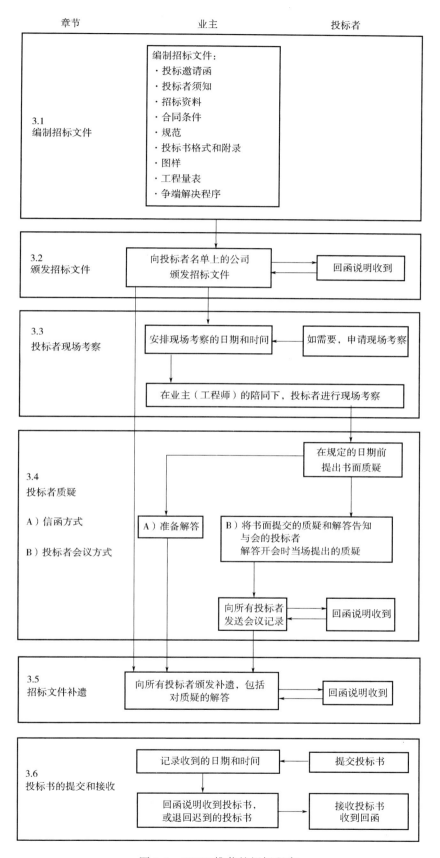

图 2-2 FIDIC 推荐的招标程序

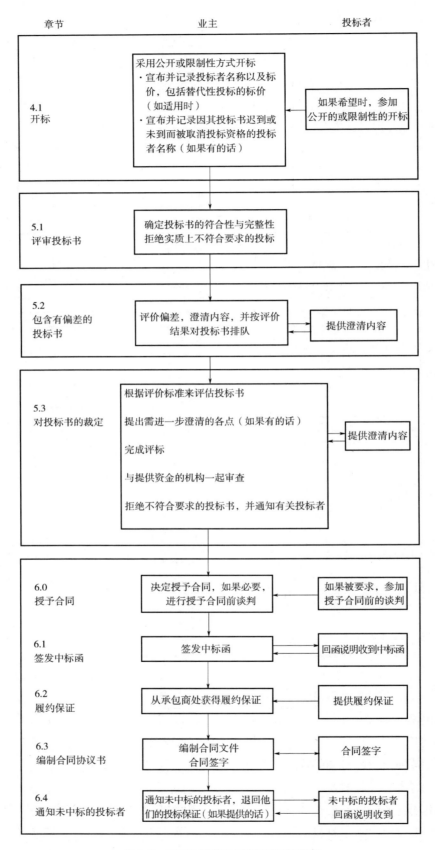

图 2-3 FIDIC 推荐的开标和评审程序

另外，努力通过招标文件、现场勘察及其他方面理解、了解业主（咨询公司）在本项目中的"偏好"，提高业主（咨询公司）对投标书、投标方案的满意度；认真研究、分析竞争对手可能的策略（在投标策划阶段应该已经掌握了参与此次投标者的名单）以及优势和劣势，做到知己知彼，努力体现本公司的差异化和竞争优势。

总之，通过上述工作做好投标工作的策划，做好投标工作的"顶层设计"并有效地指导标书编制工作。

3. 标书编制

根据业主招标文件的要求和公司制订的投标策划、"顶层设计"做好标书的编制是投标工作的最重要环节之一，也是工作量最大的环节。对于EPC总承包工程项目来说，投标书主要包括三部分，一是投标函（面函），阐述投标意愿，投标范围（必要时），投标价格等。二是技术标书，阐述技术方案，生产流程，设备规格和数量，必要的图纸和表格，产品（生产线）性能保证，原燃料的消耗和保证值，环境影响和环境保护，施工组织和施工方案，安全管理和保障等。三是商务标书，主要包括公司情况介绍，财务情况，工程项目业绩，联合体情况（如果有），工程量表（视情况），商务报价等。

虽然业主有招标文件要求，但是根据业主特点和待建项目的不同，业主招标文件要求的"深度"和"精细度"有很大差别，有的招标要求以响应业主要求的原则、功能和目标为主，而对于其他细节提及较少，投标者可以根据自己对招标要求的理解结合自己的特长和经验进行更多地"自由发挥"，此时，投标者的主要工作是按照业主招标文件的"原则要求"，做一个几乎是基本设计深度的工作（在EPC工程总承包项目招标阶段是不可能做到详细设计深度），从而得出估算的工程量和设备、材料清单，为计算工程造价奠定基础。相反，如果业主招标文件要求很细致，招标文件的"概念设计"做得很深，甚至超过了基本设计，招标文件各项要求很明确，此时投标者的工作几乎是照图、照表"填空"，没有太多的发挥和选择空间，主要的工作就是按招标文件要求特别是图和表的要求再"深入细化一下"，从而得出估算的工程量、设备材料表等，然后做出报价。

但是，不管是前者还是后者，第一版的投标文件必须严格按照业主招标书的要求进行（包括具体技术方案，如果有），如果允许，可以提出备选方案作为附件、补充，防止以不响应标书为由被"废标"。

4. 投标"组价"

作为这一部分的标题使用"组价"这两个字，不仅是要表明投标的价格是各项价格"组合"起来的，更是为了体现这个价格是经"组织策划"后确定的。

(1) 基础价格　在按照招标文件要求经过至少基本设计这样深度的设计工作后（或业主招标文件中已包括相应深度的工作），可以获得项目工艺流程和设备布置（工业类项目），项目所需设备、仪器仪表清单，各种建、构筑物的形式、尺寸，估算的工程量表、材料表等。

对于项目所需设备、仪器仪表和材料等，可以通过对外询价获得，或者根据以往的经验估算。对于工程施工类项目的价格，获得的方法有两种，一是根据已获得的工程量、材料量以及所施工部分的特性，结合可获得的施工材料的价格、工机具使用费、人工费等因素，投标者自己估算出该部分的工程费用（包括材料费、机具费、人工费等），二是向潜在分包商询价并综合考虑总承包商自身的费用甚至风险等因素。

在采用第一种方式估算施工类部分的价格时，对于国际工程项目来说，首先要考虑的是未来执行项目时施工队伍的来源，即考虑是自己的施工队伍、投标者本国的分包商，还是项目所在国分包商或其他分包商。施工队伍来源不同，首先是对投标时价格计算的准确度产生风险，其次是在将来项目实施时的实际成本变化可能产生风险。在考虑用自己的施工队伍和总承包商本国分包商情况时，首先要考虑的问题是劳工准入的法律问题和相应的费用（签证费、交通费、生活费及其他当地费用）；其次是因为项目地处国外，无论是员工还是公司（分包商）对于获得回报的期望值都很高，特别是在工期比较长的情况下，因此不能简单地按国内的价格体系或经验简单地乘以一个倍数；另外，国外政治、经济稳定性对物价的稳定、通货膨胀、物资供给能力等风险必须充分考虑，这一点在经济欠发达和经济体量小的国家更应给予重视。在考虑向项目所在国潜在的分包商询价时，首先是要充分了解这些公司的基本情况（财务、以往业绩、商誉等），还要了解这些公司特性（利润期望水平，施工组织形式，比如是否再分包情况等）以及该公司对获得该项目的期盼度等，其次要尽量多找一些潜在的分包商来询价，目的不仅是比较价格，更重要的是避免国外分包商在报价阶段"中途退场"的风险，这种可能性远大于中国国内。

（2）"组价" 按照上述办法可以获得投标项目的"基础价格"，也就是项目在投标阶段的"计算成本价"或者称为"理论成本价"。但是在对外报出之前还有两个重要因素要考虑，一是风险，二是利润。

关于投标报价时风险考量的加价比例，也有两种方法，一是计算法，即各公司在自己已经建立的风险评估模型中输入该投标项目风险因子并得出风险系数或风险程度，再根据公司有关规定、规则确定风险加价比例。第二个方法是仅仅靠以往的经验，比如国别风险、客户风险、技术风险及其他违约罚款风险等综合确定一个风险加价比例。但无论采用哪种方法，实际上都没有一个能真正准确无误的风险定价方法。

关于利润的考虑也是一个复杂的问题，不同的投标者应在考虑了项目时间、项目特点、客户特点、项目所在国家和区域、竞争对手等因素之后，综合各项因素确定该投标项目的利润率。

在投标文件的价格部分，一般不仅要给出一个项目总价，有时还要给出相应部分的分项价（Break Down of Price），根据业主招标文件要求的不同，该分项价的划分范围和细致程度也不尽相同。另外，因为EPC工程总承包项目中的工程设计是承包商的工作范围，在投标阶段投标商不可能完成整个项目的详细设计，因此很多的工程量、材料量是在基本设计的基础上参考以往的经验估算出来的，而项目所有设备、仪器等也并未最后确定，更谈不上准确定价，所以这个"分项价"客观上不可能非常细致。再者，投标者主观上在投标阶段也不愿意把自己的价格毫无掩饰地暴露出来，因此不同的行业对此会有个基本的"约定俗成"的做法。表2-1是以普通工业生产类的国际EPC工程总承包项目为例说明一个"简单型"的分项价格组成。

表2-1 ×××工程项目分项价格表

	项目	价格	备注
离岸部分 （Off-shore）	工程设计	××美元	
	设备及材料供货	××美元	
	运输费	××美元	含海运和内陆运输
	保险费	××美元	视情况
	总部管理费	××美元	视情况
	小计	××美元	

（续）

	项目	价格	备注
在岸部分 （On-shore）	混凝土工程	××美元，××当地币	
	钢结构工程	××美元，××当地币	
	安装工程	××美元，××当地币	
	技术服务费	××美元，××当地币	按每日××美元/当地币计
	小计	××美元，××当地币	
	总计	××美元，××当地币	

详细或复杂型的分项价则是按生产车间及单项工程按上述分类给出相应的分项价格，但在工业生产或加工类的国际 EPC 工程总承包项目中，由于投标工作时间、工作深度（设计深度）以及商业机密等原因，投标者不愿意甚至拒绝在投标阶段向业主提供详细的分项价格表，通常是给出几大类分项价格，待合同签署时或合同签署后的某个时间段再向业主提供详细的分项价格表，该分项价格表主要用于工程项目业主期间付款时使用。

由于 EPC 总承包的价格是固定总价，项目管理费、风险、利润等一般会摊入各分项报价中而不是显现出来，这些费用在各分项中的比例如何分配，甚至是否有意将某一部分的报价人为压低，这是报价工作中策略性、技巧性、重要性最高的工作，也是不确定性、风险性最高的工作，通常称之为"组价"。

前已述之，对于工程公司来说，参与投标是获得项目合同的最重要途径，而在投标过程中的报价特别是首轮报出的价格是至关重要的。因为如果首轮对外报价过高可能惨遭出局，完全没有后续的机会，如果首轮对外报价偏低，即使能够进入后续的谈判甚至签订合同，但从首轮开始如果希望把价格水平或利润水平再提高一些，那几乎是很艰难的，甚至想要调整 EPC 总承包中不同部分的价格比例也是难以实现的。在投标过程中价格的随意调整不仅可能失标，而且会使公司在市场的诚信度遭受质疑，诚信度的降低是市场开发工作中最大的损失。就市场经营而言，决定是否投标和投标时首次"出价"是两件"最艰难"和重要的决策，因而"组价"显得尤为重要。当然，"组价"的另一个意义还在于在获得合同后的项目实施过程中，由于业主的付款对于 EPC 工程的各部分支付的时间、比例和条件是不同的，因此，即使在合同总价固定的情况下，做好"组价"对于承包商来说可以更有利于早日收款、降低收款风险和提高项目收益。

关于"组价"的方法，在业界有被称之为"平衡报价法"和"不平衡报价法"两种，即在投标总价确定的情况下，将项目的利润、成本甚至风险在各部分进行"移动""调整"或"平衡"，以期提高中标概率并为将来项目实施的收款和项目获利奠定良好的基础。顾名思义，平衡报价法就是按照实际估算出的工程项目中各类型、各部分的实际成本客观、"均衡"地加上确定的风险、利润等因素而形成的对外报价；相反，不平衡报价法就是人为地、"不均衡"地将风险、利润分摊到各类型、各部分的估算成本中，甚至人为将某一部分的成本"移至"另一部分中去。

在 EPC 工程总承包的价格体系中，价格比较"透明"和容易被比较的部分有第三方采购的设备、仪器，土木和安装施工，相反工程设计、自我生产或加工的设备以及建筑装饰装修等很难被比较。因此，采用不平衡法报价时向后者不易被比较的部分"倾斜"是常规的做法。另外，对于国际工程总承包项目来说，从业主付款时间和税收的角度，这种适当的"倾斜"对项目实施的收益也会有利。

不平衡法报价的好处是既可在投标阶段显示出可比部分的价格优势，又可以在项目实施中实现早日收款或收款保证性好，甚至对工程项目赋税有利，但其可能面临的风险也是同时存在的：

1）被业主或评标委员会质疑，失标的风险加大。

2）在投标阶段和项目实际实施过程中，业主都有可能将某类或某部分工作取消或移出，当恰巧被取消或移出的部分是"被倾斜"的部分，这样轻则使项目利润受损，重则导致项目亏损。

3）部分公司在投标报价或合同中将在岸部分（On-shore）的土建和安装施工部分的金额移至离岸部分（Off-shore）的设备与供货部分中，这样可能的风险在于由于在项目所在国支付的税费过少而易引起当地税务机构的警觉，使得税务机关随后在本项目甚至公司未来的其他项目上罚款，更有甚者，将承包商及其母公司列入"偷逃税"黑名单。

5. 标书澄清

在投标文件交至业主或业主咨询公司后，业主或咨询公司会组织合格的投标者开展针对投标文件内容的澄清工作，这种标书的澄清会议少则几次，多则十几次直至到确定中标者。

对于业主或咨询公司来说，标书澄清的目的一是准确了解投标者标书的内容，同时业主方也通过面对面交流再次阐述业主及招标文件的意图、愿望，也是招标中再次统一"招标要求"的过程。另外，通过标书澄清（会），业主（咨询公司）会对投标者自身的水平、能力、信誉等有进一步的了解和掌握。

在业主（业主咨询公司）去掉不合格投标者后进入标书澄清阶段，对于投标者来说是一个非常好的与业主（业主咨询公司）公开进一步接触并展示自己优势的机会。一般情况下在标书澄清阶段，虽然是对投标文件的澄清与解释，但是投标者可充分利用这个机会在解释自己投标文件的基础上，介绍自己公司的能力、以往的业绩以及在本项目上的优势，同时，在可能的情况下要推介与标书要求不同但对业主无害或有利且对投标者更有利的"选择项"，利用差异化拉开与其他竞争对手的差距，提高中标概率。

6. 中标与合同签署

在众多投标者提交标书、标书澄清及评标后，业主（业主咨询公司）会宣布某公司为中标者或给出一个投标者的排序并宣布：首先与排序第一的投标者进行合同谈判，谈判成功签署合同，如谈判失败，业主再与排序第二的投标者进行合同谈判，以此类推。业主向投标者发出中标通知书作为投标阶段工作结束的标志。

中标通知书是否具有法律约束力以及约束力的实际意义和作用在法律界和实际中一直存在着争议，在此我们不去讨论。但是，获得中标通知书是否意味着中标者可以与业主之间能完成合同的签订，答案是否定的。

虽然经历了招标、投标、标书澄清等一系列过程，投标者对项目的了解、业主的愿望与要求都得到了进一步的加深，而且投标者与业主（业主咨询公司）之间、个人之间也都加深了了解；招标书、投标书、标书澄清期间形成的纪要、协议等构成对工程项目要求与承诺的主要部分，在这些文件中对工作范围、价格、进度等均已做了约定，但是这些文件与合同相比还是有很大的差距。因此，中标者或排序前列的"中标者"在获得中标通知书后，要与业主（业主咨询公司）展开合同条款细节的谈判，谈判成功后才签订正式合同。

实践证明，从获得中标通知书到合同的谈判直至工程项目合同签订不一定是一个简单、顺利、短期的行为，对此，投标者要有充分的思想准备和谨慎努力的心态投入合同的谈判中，防止中标但失去合同签约的风险产生。从被宣布中标到合同谈判，对于投标者来说这是一个"巨大的进步"，投标者要利用这个"独一无二"的机会，不仅要拿到合同还要努力将合同的内容和条款经过面对面的会谈到达对自己有利或至少是"比较公平"的程度，为未来合同的执行及项目的良好收益创造有利的条件。

从投标开始到被授予中标通知书，投标者的工作主要是围绕着业主（业主咨询公司）的招标书开展的，通过理解标书、投标和标书澄清来展示自己的能力，但"不敢越雷池一步"以免因不响应标书而出局。但在合同谈判期间，投标者的地位与环境发生了变化，投标者的任务不是围绕着标书来工作而是围绕着完成合同条款和为未来合同执行做准备，此时投标者的工作重点是：

1）完成合同的每一项条款、每一个细节及全部合同文件中它们之间的关联。

2）在每一项条款中，从中心思想到文字表述都力求做到对自己有利或公平无害，杜绝"霸王条款"，条款的任何不准确、不全面、不清晰对承包商来说都是重大风险。

3）利用机会针对原标书提出对承包商自己有利而又对业主也有利或无害的建议方案，使工程项目更顺利进行而承包商获利也更佳，对于这一点虽然比较困难，但既有必要性也有可行性。因为一来虽然业主特别是业主咨询公司很熟悉该项目的相关知识和情况，但是承包商作为专业公司往往会更有实践经验，二来在 FIDIC 合同条件银皮书第 13.2 款【价值工程】中规定："承包商可随时向业主提交书面建议，提出（他认为）采纳后将（a）加快竣工，（b）降低业主的工程施工、维护或运行的费用，（c）提高业主的竣工工程的效率或价值，或（d）给业主带来其他利益的建议"。尽管该条款是针对合同实施过程中提出的，但这段文字表述的原则同样适用于在合同的谈判过程中，即投标者的建议可以不同于原来的标书，只要对工程项目有利、对业主有利，当然该建议是否被采纳并作为合同的一部分是业主的权利以及投标者与业主协商的结果。

第三章
EPC 工程总承包合同概述

第一节　合同的组成

1. 合同的主要组成与章节

工程建设的 EPC 工程总承包合同一般主要由以下部分组成：

(1) 合同协议书（Contract Agreement/Master Agreement）　阐述合同的最核心要义和内容，如合同当事人的描述（双方或多方），合同的总体目标，主要工作范围描述，合同价格，时间进度，适用法律与仲裁，合同语言，完整合同文件目录和优先顺序，其他重要事项等。

(2) 通用合同条款（General Conditions of Contract）　EPC 工程总承包合同条款一般包括通用合同条款和专用（特殊）合同条款，也有将二者合一的情况。工程总承包合同条款无论是出自于律师之手、咨询公司之手还是公司原有的参考合同，其根源都会产生于某个体系，比如 FIDIC、英国 ICE 或 ACE，以及我国住房和城乡建设部发布的工程建设合同范本等，特别是通用合同条款。通用合同条款讲求整个合同条款的系统性、全面性，具有很强的原则性和完整性。对于一个具体工程项目的合同来说，系统性、全面性很重要，具体、细化、操作性强更重要。同时由于项目本身的客观条件和当事人各方的意愿不同，因此，一般会在通用合同条款的基础上，在符合法律法规的基础上，按照"自由"原则并结合项目特点和当事人意愿增删、细化部分条款，形成专用合同条款。虽然专用合同条款具体、细化并力求全面但不可能穷尽所有合同项下的条件和情况，在出现专用合同条款未明确、未列举等情况时，则使用通用合同条款中的原则性条款来处理实际问题，这是通用合同条款与专用合同条款之间的联系、区别与各自作用。通常，通用合同条款的条目几乎与专用合同条款相同，前已述之，专用合同条款会在通用合同条款基础上增删和具体化以及细化，为简化起见，下面重点介绍专用合同条款。

(3) 专用合同条款及附件　一般情况下，专用合同条款（Special Conditions of Contract）的章节见表 3-1。

表 3-1　专用合同条款的章节

合同章节	内容
合同正文	事项的定义和解释，文件目录，工作范围，变更，事件实施与步骤，承包商责任，业主责任，时间进度，设计与设计文件，设备与材料供货，质量检验，包装与运输，现场及现场工作，质量（性能）保证，违约罚则和最大责任限度，接收和拒收，暂停和终止，知识产权，健康、安全和环境，合同价格和付款，保险和税赋，不可抗力，合同生效及工期计时，交流、通信和语言，仲裁和适用法律等

(续)

合同章节	内容
其他文件	业主要求（含招标文件及附件），投标文件及其附件，中标通知书（如果有）等
合同附件	商务方面： 调价规则（如果有），分项价格表，工程量清单，控制进度表（主进度表），供货商名单，分包商（施工）名单，预付款保函格式，履约保函格式，质保金保函格式，付款保函（信用证）格式等 技术方面： 技术标准和规范，技术文件（方案）说明，关键设计参数（如果有），图纸，供货设备技术规格书（设备表），备件清单（如果有），性能指标及考核办法，经合同当事人确认的构成合同的其他文件等

2. 合同的优先顺序

一个 EPC 工程总承包项目的合同文件繁多，彼此之间出现不一致甚至矛盾在所难免。除特殊说明外（含各条款中的特殊说明），一般情况下，合同文件的优先顺序为：

1）合同协议书。
2）中标通知书（如果有）。
3）专用合同条款。
4）通用合同条款。
5）合同附件。
6）业主要求（含招标文件及附件）。
7）投标文件及其附件。
8）经合同当事人确认的构成合同的其他文件。

由于部分合同附件是合同中非常重要的文件，必要时可直接列入正式合同文件内容或作为专用合同条款或通用合同条款的附件，以提升其优先性。

值得注意的是，业主要求（含招标文件及附件）优先于投标文件。但实际中，在合同签订后承包商往往会重视合同中业主要求部分（如果有），而常常会忽视业主的招标文件的存在。当由于种种原因导致某些事宜在合同条款中遗漏或不明确，承包商往往按惯性思维和投标文件的相应部分执行而忽视招标文件中相应的部分（如果有），其结果是违约，这是承包商实际执行合同中的一个风险。因此合同条款（通用和专用条款及其附件）应该尽量全面、详细、明确，如出现问题应与业主协商确定或优先使用招标文件中的相应要求。再有，由于一个 EPC 工程总承包项目从初次接洽、投标到合同签署会经历比较长的时间，在此过程中各方会以口头、文字等多种形式进行交流、讨论甚至承诺，为了减少争议，避免风险，特别是对于承包商的风险，在合同条款中可以设置这样的内容："本合同构成双方就本项目达成的全部协议和谅解，并取代先前就本合同的主题事项的所有口头或书面陈述及协议"。

第二节 合同的一般规定

1. 定义与解释

一般来说，定义与解释是合同条款的第一部分，对于本合同中的重要概念、名称和问题等做出定义和解释，诸如业主、业主代表、业主工程师、承包商、承包商代表、项目、工程、现场、设备、调试、性能保证、接收等。这个看起来很普遍的章节经常得不到重视甚至忽视。在项目正常实施、考核并验收通过时，很少有人关注、在意甚至去阅读这样的条款，但是当项目执行遇到阻碍特别是考核、验收时和追究责任、争论罚则时，对于一些概念、名称和问题的定义、解释的科学性、准确性甚至唯一性，就显得十分重要，因为任何一个项目遇到问题、争议甚至追究部分工程责任乃至整个工程责任时，确定罚则、罚款额度是难以避免的。因此，为防患于未然，对于合同条款中重要问题在合同的"开篇"中科学、准确地加以定义和解释是十分重要的。

本书主要探讨 EPC 工程总承包项目的风险问题，在此作者要特别强调的一个观点是，在合同中任何部分、任何文字、任何图表的不准确、不清晰、不确定等是承包商在项目执行中的最大风险之一。因为，先不谈 ICE 或 ACE、FIDIC 等系列合同条款是更偏向于业主还是承包商，业主作为项目的投资人，在出现模糊问题的争端时，仲裁、判决的天平会更倾向于保护出资人。其次，从工程总承包的付款原则上，绝大多数是"先干活后付钱"，而这个"钱"是需要承包商提出申请并出具"证据"方可获批、获得。因此，既然项目执行中问题、争执在所难免，所以任何不清晰、不确定的合同条款都将成为承包商获得业主支付的最大风险。所以，在合同签署时承包商力求条款的科学、准确、清晰是规避项目执行风险的有效途径之一。由于可能对于文字理解的差异而导致在合同项下对工作范围、责任、数量等产生不同的理解，这一点在国际工程总承包项目上就更为重要。下面举例说明有关问题。

在同一合同中可能会同时出现项目（Project）、工程（Work）、设备（Equipment，有时也用 Plant，因此要特别注意）、供货（Supply）和工厂（Plant）。下面是两个实际 EPC 合同条件中对有关概念的定义和解释：

1）项目（Project）：

【合同实例 1】

"Project" means the ×××project for the construction, erection and installation of the Plant.

"项目"是指×××项目中的施工、设备的组对和安装。

【合同实例 2】

Project, in the context of the Contract, the Project shall be the elements and apparatus of all kinds intended to form or forming part of the Supplies, Services and the Works of the Contract.

项目是指在本合同范围内，所有将要或正在形成的合同中的供货、服务和工程的要素和设施。

2）工程（Work）：

【合同实例 1】

"Works" shall mean the design (including the design of all applicable civil, structural, mechanical, electrical and architectural works) and engineering of the Equipment and Plant and the manufacturing and supply of the Equipment and Documents in connection with the Project in accordance with the technical specifications in this Contract and the Annexes.

"工程"是指工厂和设备的设计（包括所有适用的土木、结构、机械、电气及建筑工程的设计）和工程建设，以及与项目相关并符合本合同及附件技术规范要求的设备制造、供货及相关文件的提交。

【合同实例 2】

Works, the Works shall be the Permanent Works and the Temporary Works, or either of them as appropriate, and shall include all works and services (including all design and Supplies) to be supplied or carried out by the Contractor in accordance with the Contract.

工程，工程为永久工程和临时工程，或为其中之一，并应包括所有由承包商按本合同要求将要完成或提供的工程及服务（包括所有设计和供货）。

3）设备（Equipment，有时也用Plant）、供货（Supply）和工厂（Plant）：

【合同实例1】

"Equipment" means any of the equipment, goods, spare parts and materials, including all necessary auxiliaries and associated equipment structural supports, in accordance with the type, amount and specification, as further described in the Annexes, to be supplied under this Contract.

"设备"是指本合同项下要提供的满足附件中进一步要求的类型、数量和规范规定的任何设备、物资、备件和材料，包括所有必要的辅助设备及与设备关联的结构支架。

"Supplies" means all apparatus, equipment, machinery, appliances and/or other items necessary for the execution and completion of the Works including the supply-only materials (if any) and the Spare Parts to be supplied by the Contractor and/or its Sub-Contractor(s) in accordance with the Contract.

"供货"是指承包商和（或）其分包商根据合同规定为执行和完成本工程，提供的所有仪器、设备、机器、装置和（或）其他必要物品，包括专供材料（如果有）和备件。

"Plant" means the plant with a production capacity of ×××tons/day to be constructed, erected and installed at the Site.

"工厂"是指将在现场施工、组对和安装的产能为×××吨/天的工厂。

【合同实例2】

"Equipment" means all of the equipment to be supplied by the Contractor under this Contract, as detailed in Annex I.

"设备"是指承包商将按照本合同规定（详见附件Ⅰ）提供的所有设备。

"Plant" means the apparatus, machinery, equipment, hardware, software, systems, spares and things (other than Contractor's Equipment and Materials) intended to form or forming part of the Permanent Work).

"工厂"是指仪器、机器、设备、硬件、软件、系统、备件和将要或正在形成永久性工程部分的物品（不包括承包商的设备和材料）

"Supplies" means all Materials, Plant and Spares provided by the Suppliers for the purposes of the Permanent Works.

"供货"是指由供货商提供的用于永久工程的材料、成套设备和备件。

从上面的合同实例中可以看出，同一个词可以用不同的表述去定义、解释在本合同中的含义，包括明示和暗示的部分，对于一个具体的合同执行来说是十分重要的，合同双方切不可按以往的经验或个人的理解去对待有关名词而忽视这些名词在本合同条款中的定义与解释。

2. 合同生效日与工期计时日

（1）合同生效日（Effective Date of Contract） 在合同的谈判、签订过程中会涉及很多日期，如合同订立日期、合同生效日期、工程开工日期等。合同生效时间一般有以下三种情况：

1）依法成立的合同，自成立时生效，也就是说，合同的生效，原则上与合同的成立是一致的。

2）法律、法规规定应当办理批准、登记等手续后生效的合同，自批准、登记时生效。

3）附加生效条件的合同，则当条件满足时生效，如合同需双方董事会批准、需收到业主信用证等后生效。

因此，排除需要法律、法规批准外，工程总承包合同作为一般性经济合同，原则上有两种生效情况，一是无附加条件生效，即签字（盖章）生效，二是有条件生效（双方约定生效）。

关于合同生效的附加条件，只要在法律许可的范围内，合同当事人可以自愿约定任何自认为需要和必要的条件，如上级公司批准、董事会批准、某个具体时间或事件发生（结束）时等。但是需要注意的是，所设定的这些条件不能与合同生效相制约，即不能合同生效需要这个条件，而这个条件的成立又需要生效的合同。例如，会经常见到这样的合同生效条件：本合同经签字并收到预付款后生效。但是，从财务管理的角度，工程项目付款需要有效的项目合同及授权人签批作为条件，从法律的角度未生效的合同不具有效力，这样就进入一个"死循环"。工程总承包合同作为"承揽性合同"，预付款的重要作用之一在于可以启动"工作开始"和"工期计时"，因此，让合同在合法、合规的条件下生效，而支付预付款这样的条件作为"工作开始"和"工期计时"的前提，是破解这一例子中"死循环"的方法。另外，无论是对于业主还是承包商，合同生效意味着这份"要约和承诺"受法律的保护，无论该合同项下的工作是否开始，合同的任何一方都不能在本合同未失效或终止的情况下就同一"标的"与其他方签订（实施）该"标的"的合同。这一点对于投标花费很大的投标者（承包商）来说，是防止"合同丢失"风险的措施之一，因为从法律的角度，业主必须在终止本合同后方可与第三方签订同一"标的"的另一个合同。理论上讲，业主与第三方签订新合同而终止本合同是很可能的，这一点FIDIC合同条件有关"终止"的条款也支持这样的原则。FIDIC合同条件银皮书第15.5款【为雇主便利的终止】规定："业主有权在对他方便的任何时候，通过向承包商发出终止合同的通知（通知应说明根据第15.5款予以终止），终止合同……"。当然在实际中，无论是业主还是承包商都应该严格限制任何一方"无正当理由"终止合同，因为一般情况下终止合同都会造成损失，是对"前期工作"的否定，特别是对于承包商来说防止"被终止合同"这一点更为重要，这一点将在后面的章节中讨论。

（2）工期计时日（Commence Day of Contract） "合同工期"或"竣工时间（Contract Period 或 Time for Completion）"是一个EPC工程总承包项目合同中最重要的条款之一。广义上，合同工期是指项目开工日到项目竣工日的时间，但是对于EPC工程总承包项目，这个开工日一般情况下既不会是合同生效日，也不是FIDIC合同条件银皮书第8.1款【工程的开工】中的"开工日"（该日期应该是指现场施工开始日），而是一个合同当事方根据项目具体情况专门约定一个日期，此日期会晚于合同生效日，但会远早于FIDIC条件银皮书第8.1款【工程的开工】中的"开工日"，这一点在双方签署合同、定义"工期计时日"时应该特别注意。

一般来说，工期开始计时会包括以下前提条件，如承包商收到合同预付款，业主开具付款保函或信用证（也可专门约定另一时间），业主提供了用于工程设计的地质资料等应由业主提供的必要数据和资料，业主其他要求或指令（如果有）以及合同当事人约定的其他条件。虽然在实际中，合同工期是从工期计时日开始计算，但合同中仍然会有其他条款约定这个合同工期的调整条件甚至用后续的补充协议来修改这一合同工期，但是，在原始合同中有关工期计时日的定义、确定仍然十分重要。

3. 通信与语言

合同条款应明确规定（指定）本合同执行中各类工作联络人及地址、文件传递方式（如电子邮件、纸面书信等）等，以便合法合规、有效地进行交流联络，避免信息传递有误。

关于交流语言，对于国际工程总承包项目，合同中须规定正式语言和非正式语言。正式语言用于来往文件、正式会议等。由于 EPC 工程总承包项目无论是承包商还是业主方都会有大量人员参与，这些人员的文化程度差别很大，很难保证每个人都能使用合同中规定的"国际通用"语言，特别是在后期试生产和工程交接阶段，各方"工人层面"的人员相互交往比较多，为了交流方便、有利于工作开展，合同中应规定除文件、会议等活动使用"正式语言"外，允许在日常工作特别是工程现场交流中使用交流方认为方便的其他语言，如工程所在地语言。这样可以回避通常情况下合同中只规定"正式语言"带来的风险，同时有利于实际工作。

4. 权益转让（Assignment）

由于合同双方从开始接触，到合同谈判及合同签署，会是一个漫长的过程，是双方对彼此财务能力、技术能力、管理能力以及商业信誉等的认可过程，因此，合同的任何一方都不希望对方轻易将合同或合同项下的权益转让给他人。FIDIC 银皮书第 1.7 款【权益转让】规定："合同任一方都不应将合同的全部或任何部分，或合同中或根据合同所具有的任何利益或权益转让他人。但任一方：

（a）在另一方完全自主决定的情况下，事先征得其同意后，可以将全部或部分转让。（和）

（b）可以作为以银行或金融机构为受款人的担保，转让一方根据合同规定的任何到期或将到期应得款项的权利，无须征得另一方的事先同意。"

合同权益的转让是一个敏感而严肃的话题，但也是一个不可回避的话题。除公司或项目担保满足银行或金融机构需要外，这种转让需要征得对方同意。对于业主来说，在实际中如果业主是一个集团公司，由于多种原因，业主或业主母公司有可能希望将本合同的标的项目转移至其他子公司甚至其他地区，因此，业主出现这种需求属于正常情况，即要求对方将合同权益可以转让给其同一母公司的其他子公司，这一点对于承包商来说很难拒绝，但此条款应列入合同或后期的补充合同。

【合同实例】

Neither Party shall assign all or any of its rights or obligations hereunder to any third party without the prior written consent of the other Party provided however that the Buyer shall have the right at any time to assign its rights and obligations hereunder to any member company of the ABC group.

未经另一方事先书面同意，任何一方均不得将全部或任何部分的权利和义务转让给任何第三方，但买方应有权随时将其权利和义务转让给 ABC 集团的任何成员公司。

对于承包商来说，在实际中这一条款触及的风险是有关分包商（分供货商）问题。按照 FIDIC 银皮书第 4.4 款【分包商】规定："承包商不得分包：（a）总累积价值超过合同协议有关合同价格的合同数据中规定百分比的工程（如果没有说明该百分比，则是整个工程）；或（b）合同数据中规定不允许分包工程的任何部分"；另外 FIDIC 银皮书第 15.2 款【由承包商违约的终止】中第 15.2.1 项【通知】的规定："业主有权向承包商发出通知（需述明是根据本款第 15.2.1 项做出的），说明业主终止合同的意图，或在（f）、（g）或（h）段下发出终止合同通知：

……

（f）违反第 4.4 款【分包商】规定将全部或部分工程的分包，或未根据第 1.7 款【权益转让】的要求协议转让合同……"。

由此可见，"工程分包"和"权益转让"是一个十分严肃的问题，处理不好则变成一个非常严重的问题。然而分包和分包商的使用在实际中是需要的也是常见的，即使是在 FIDIC 系列合同条件中不管是银皮书、红皮书还是黄皮书中都有大量的有关"分包商"的条款。另外 FIDIC 合同条件银皮书第 4.4 款【分包商】的表述似乎又意味着如果业主同意并明示于合同条款之中工程的分包是允许的，因此分包及分包商选择的问题应引起 EPC 总承包商的高度重视。在实际中，工程总承包商应及早将拟选的施工分包商名单提交业主审批，以便有足够的时间选择合适的施工分包商并有更好的合同议价机会和能力。而对于采购部分的设备、材料分供货商短名单则应在合同签署时作为附件一并签署，因为不同品牌、不同产地的同一设备其价格差别很大，对采购成本会造成很大的影响。

5. 保密与知识产权

在 FIDIC 合同条件银皮书第 1.11 款【保密】、第 1.9 款【雇主使用承包商文件】、第 1.10 款【承包商使用雇主文件】和第 17.3 款【知识产权和工业产权】等部分均对保密和知识产权问题做出了规定。

上述关于保密和知识产权保护的条款，其要义有四点：

1）未经同意，除法律要求外，任何一方不得向第三方透露本合同的详情。

2）业主有权使用承包商提供的文件及其修改版，但仅限于本合同标的的用途，包括建设、操作、维修及改造等。

3）承包商仅因本合同需要的目的有权使用业主提供的文件。

4）业主不能因为承包商侵犯第三方知识产权而受到损害。

关于保密性问题，除上述双方同意和法律因素外，对于上市公司作为合同的一方来说，合同条款中应特别添加有关"因上市公司规则要求需对外公布的部分"除外，以防止因上市公司信息披露而造成违反工程项目合同条款的风险，因为上市公司的交易规则不一定属于国家法律层面的要求。

【合同实例】

Subject to the confidentiality, it does not apply to information which is required to be disclosed by law, or by any stock exchange or governmental or regulatory authority having jurisdiction over the disclosing Party, as long as the disclosing Party consults the other Party first (where reasonably practicable) on the proposed form, timing, nature and purpose of the disclosure。

关于保密条款，只要披露方首先（在合理可行的情况下）就披露的形式、时间、性质和目的征求了另一方当事人的意见，它不适用于法律要求披露的信息，也不适用于向对披露方拥有管辖权的任何证券交易所或政府或监管机构的披露。

关于知识（工业）产权，除了关注合同双方之间互不侵犯的风险，还要注意因一方对第三方侵犯知识（工业）产权而造成对另一方的伤害。FIDIC 合同条件银皮书第 17.3 款【知识产权和工业产权】中规定，无论是业主还是承包商均应保障不因自己的过失而对另一方产生损害，包括来自第三方的索赔等。特别是承包商向业主提供的产品包括软件和硬件不能因侵害第三方知识产权而使业主遭受索赔或其他损害，同时要特别注意的是这些侵权产生的风险不能通过保险加以转移，也没有赔偿的最高限额。在国际工程总承包项目中最常遇到的风险是承包商使用"非正版软件"作为工具或基础向业主提供信息或产品等，对此承包商应予以高度重视并加以防范。

6. 法律与仲裁

尽管合同的签署是一个友好、信任的结果，但是合同的执行过程是一个漫长、复杂和"不一定是友好、信任"的过程，矛盾、争议甚至冲突经常发生。矛盾发展从轻微到严重的顺序一般为：事件——索赔——争端——仲裁——诉讼。

工程总承包的执行作为一个一般性的经济活动，既受法律保护也受法律制约，工程总承包的合同是该工程项目的法律性文件。在这个文件中明确规定该项目适用的法律是一个非常重要的条款，这一点在国际工程总承包项目合同中尤为重要。在国际总承包项目中合同当事人一般会选择被国际社会比较认可的、独立而公平于当事人各方的第三国法律系统作为本合同适用法律。但是，应该高度注意的是，合同履约地即合同项下工程总承包项目的所在地的法律是合同当事人各方在实施工程项目中必须遵守的，不管合同中约定该合同适用哪个国家的法律。实际中，在法律层面上对于承包商来说，日常的合同执行中一般都会适用项目所在地的法律，所以在合同当事人发生争议而进入仲裁、诉讼程序时这两个法律体系都可能被引用。对此，承包商应高度重视。

仲裁就是当事人事先协议将彼此的争端交给指定的第三方仲裁机构做出裁决，而且双方遵从裁决结果并履行相应的义务的过程。

仲裁是国际 EPC 工程总承包项目合同解决争端的一种手段。因此，在合同条款中通常会列入有关仲裁条款，例如仲裁地点、仲裁机构、仲裁规则等。有一点需要当事方特别注意，除特殊约定外绝大多数情况下，上述仲裁的裁决是最终的裁决，对各方具有约束力且不得上诉。有关仲裁问题将在后面的第十五章第八节"争端与仲裁"中详细讨论。

第四章

业主与承包商

第一节 业　　主

1. 业主及业主的根本利益

国际工程合同作为国际贸易项下的分支，对业主这个词和这个概念有很多词描述，不同的词和不同的场景其含义不完全相同，但其核心要义基本一致——业主（Owner）、买方（Buyer 或 Client）、雇主（Employer）、投资方（Investor）等被经常用于有关合同之中。"业主"是从工程项目所有权角度的称谓，"买方"是从工程项目交易中买卖关系角度的称谓，"雇主"是从工程项目实施中劳资关系角度的称谓，"投资方"是从工程项目的资金来源和项目目的方面的称谓。作者在此罗列这些名词和称谓，目的在于这些可能使用而且已经在以往使用过的称谓加在一起恰恰综合说明了业主（本书偏好使用这个称谓来代表）在工程项目中的地位、权利、作用、义务和目标（目的）等。因此，对于 EPC 工程总承包项目来说，作者以为业主就是为了某种目的作为出资人购买一个具有一定功能的工程项目这一产品并雇佣承包商按照合同规定完成工程建设，并且自始至终是工程项目的所有者。对此事全面、准确、深刻的理解将有助于工程总承包项目的合同体系和条款的设置、理解和使用，也有利于工程总承包项目的顺利执行并取得良好的效果。

FIDIC 合同条件中使用雇主（Employer）这个词并在银皮书第 1.1.27 项规定："雇主"系指在合同协议书中被称为雇主的当事人及其财产所有权的合法继承人"。在此 FIDIC 可能也是强调业主与承包商之间的雇佣关系和对项目所有权的关系。另外，在 ICE、JTC、FIDIC 等一个系列的合同条款中出现过业主（雇主）、业主代表、业主人员、业主工程师和工程师等业主方人员的称谓。除业主自身以外，包括业主人员、业主工程师、工程师在内这些人员都是受雇于业主的人员，在工程项目执行中充当不同的角色并拥有不等的权利，其中一些人是直接受雇于业主，一些是因所在公司受雇于业主而代表公司为业主（项目）服务，但从利益上讲这些人都是业主利益的代表。在本书中使用"业主"代表业主方所有人员（利益），用"承包商"代表承建方所有人员（利益）。尽管在 FIDIC 系列合同条款的某部分或某个时间段，FIDIC 试图在合同条款中将业主工程师，特别是工程师这个角色作为"中立"的第三方在工程项目执行中发挥作用，但是，自始至终 FIDIC 合同条件中的这个业主工程师、工程师都是受雇于业主，因此实际工程项目执行中这些工程师们不可能起到"中立"第三方的作用，而是作为业主、业主利益的代表。但是，即使在最新版本的 FIDIC 系列条件中（1999 年版后的银皮书除外）仍然使用"工程师"这个称谓和角色并赋予了相应的权利与义务。与此同时，在 FIDIC 系列合同条件的设置、内容描述特别是"工程师"的权利与义务方面，仍然有不少"中立"第三方的痕迹，这一点对于工程项目的执行不是很有利，因为这与事实相悖，工程师不是独立"第三方"，而是业主一方。另外，工程师代表着业主方且拥有很大的权利，但无论是个人还是业主咨询公司派出人员，他们受雇于业主，但在核心利益上未必与业主完全一致，权利与义务甚至核心利益的不对等或许成为工程项目执行中的很大风险，这一点工程总承包商应尤为关注。

在理解了业主在工程项目中的地位和目的之后，承包商就不难发现在执行工程总承包项目时应如何处理好与业主关系的重点。那么在工程总承包项目中，业主最关心什么？核心利益是什么？在工程项目管理要素安全（健康、环境）、质量、成本、进度中，安全是保证但无"正效益"，是一个不可碰的"红线"，不需要也不能讨论其意义。成本对于 EPC 工程总承包项目来说在正常情况下，因为是固定总价合同因此对业主的影响不大，意外事件发生的概率很小，一般不会导致业主增加工程总承包的合同价格，而业主通过恶意索赔承包商来降低工程投资也是一个小概率事件。因此，业主关注质量渴望加快工程建设进度，这是业主的核心利益，特别是在有质量保证的前提下进度的快慢通常是业主最为关心的，前者质量问题改进的空间和必要性不是很大，而后者进度则具有很大的波动性。一个项目完工的早与晚从投资者的角度来讲十分重要，特别是工业类运营项目，工厂投产的早晚不仅是一个简单的投入产出问题，投产晚了可能会导致投资者失去商业地位、商业机会。找到了工程项目业主的核心利益，也就找到了承包商应该关注的地方，它既是承包商可能的获利点也可能是承包商的损失所在、风险所在。

既然质量和进度是业主的核心利益，在日常的工程项目执行中，扣除外界客观的因素，与承包商时刻密切联系的是业主（含业主代表、业主人员、业主工程师等），而业主不会阻碍承包商加快工程建设进度，除非业主认为工程项目质量受到损害或威胁。因此在正常情况下，如何让业主确信工程项目质量不受损害，确保或加快工程建设进度是承包商工程项目管理的利益所在，也是风险所在。实践证明，在外界环境正常的情况下，管理工程进度风险是工程总承包项目管理中最重要的工作，进度延迟后，为了争赶进度致使安全风险、质量风险、成本风险等不利因素发生的可能性也骤然上升。

2. 业主的权利

业主作为工程项目的出资人、所有者甚至是工程项目未来的"使用者"的地位赋予了业主从工程项目策划、招标、合同签订、工程项目执行到竣工验收全过程极大的权利，它可能成为这个工程项目最大的受益者也可能成为最大的受害者。从这个角度上讲，尽管国际工程建设界认为 FIDIC 合同条件"偏袒"业主，但这种"偏袒"似乎是理所应当的。作为工程建设合同的承揽者——承包商，在这种"市场经济的形势下"只有尽心竭力，规避风险，才能从中获利。

鉴于业主在工程项目中的地位和作用，相对于承包商而言，按照合同规定，一般情况下在 EPC 工程总承包项目执行中业主的主要权利见表 4-1。

表 4-1　业主主要权利

	内容
业主主要权利	获得并使用承包商文件，批准或禁止承包商进场，批准或辞退承包商项目经理，发出开工、变更和暂停等指示，批准设计等文件，检验、验收与拒收，制止违约和违法行为，索赔承包商违约，依规终止合同等

3. 业主的义务

就工程建设而言，在谈及业主方和建设方的义务时简单地说业主方的主要义务就是按照合同支付合同款或承诺支付合同款，而承包商的主要义务就是按照合同规定实施工程建设或许诺实施工程建设，更简单的说法就是作为买方的业主付钱，作为卖方的承包商建设。这一点在 EPC 工程总承包项目上更为明显，因为不像施工总承包合同那样至少全部或部分工程设计是由业主或业主其他承包商承担，在 EPC 工程总承包项目中 E、P、C 这三项工作全部是承包商承担（或承包商的分包商承担，但责任也包括利益仍在承包商名下）。所以在 EPC 工程总承包项目中业主的义务更简单、更少。当然，作为合同的两方以及为了保证和促进工程项目合同的顺利执行，在合同和实际中业主仍然有需要承担一定的义务，业主在 EPC 工程总承包项目中的主要义务见表 4-2。

表 4-2　业主主要义务

	内容
业主主要义务	获得业主应获许可，协助承包商获得工程建设许可，提出业主要求（如规模、标准等），支付工程费用，为承包商提供项目现场，发出必要的指示（指令），批复承包商报批文件（包括图纸），验收工程、颁发有关证书，合作义务等

第二节　承　包　商

1. 承包商及承包商的根本利益

承包商（Contractor）这个词是工程建设业专有的名词，顾名思义是工程建设项目的承建者。FIDIC 合同条件银皮书第 1.1.11 项规定："承包商系指合同协议书中被称为承包商的当事人及其财产所有权的合法继承人"。在这里，FIDIC 合同条件并没有给出承包商的定义或解释，而是根据"合同协议书"中如何定义与解释的。而在实际的合同（合同协议书）中有关承包商的解释、定义也不尽相同。

【合同实例 1】

Contractor: The Party to the Contract named as "the Contractor" and including its legal successors in title and assignee (s) permitted in accordance with the Contract.

承包商：是合同中称为"承包商"的当事人，包括根据合同规定允许的受让人和所有权的合法继承人。

【合同实例 2】

"Contractor" means ××× International Engineering Co., Ltd. and its Member company。

"承包商"是指×××国际工程有限公司及其成员公司。

而承包商其英文"Contractor"是由"Contract""合同"这个名词加"or"构成了名词"合同"职业化特征，即承包商是合同的执行者，是通过执行合同来谋取生存和利益的"从业者"，这在字面本身就给出了承包商的义务、作用和地位。在柯林斯词典中"Contractor"被解释为："a contractor is a person or company that does work for other people or organizations."即承包商是一个为其他人或组织做工的人或公司。而在剑桥词典中"Contractor"被解释为："a person or company that is paid by another company to work on a particular project for a particular amount of money",即承包商是一个为获取约定数额钱而工作于一个特定项目的人或公司。

总之,在EPC工程总承包项目中,承包商就是与业主签订工程项目合同,负责工程项目实施、修复实施过程中的错误或缺陷,按合同规定完成工程项目建设并移交业主的当事人。

明确了承包商的地位和作用,就不难看出在EPC工程总承包项目中承包商的根本利益是什么。无论是以FIDIC的立场还是实际情况,承包商在EPC工程总承包项目中的核心利益一是按合同规定执行并完成工程建设项目,二是按合同规定获得业主付款。如果没有按合同规定完成工程建设项目是不可能获得或全额获得工程合同款项的。当然,有时按合同规定完成了工程建设项目,因故也可能不能获得应有的合同收款,但这是业主违约或特殊情况,责任不在承包商。

2. 承包商的义务

虽然简单地说承包商的义务就是按所签合同要求完成工程项目建设,但是EPC工程总承包项目的执行是个非常繁杂而且周期比较长的工作,合同各方的责任、义务和权利等交织在一起,无论是业主还是承包商厘清承包商的主要责任和义务,对于有效地推进工程项目实施具有重要的意义。

按照义务的种类不同,承包商的义务可分为主要义务(Primary Obligation)和次要义务(Second Obligation)。如果承包商违反主要义务,如不实施或明显地拖延工期,质量不合格而又拒绝修复等,这样即构成(重大)违约,业主可以根据合同规定和有关法律条款终止合同并要求承包商赔偿损失。如果承包商违反次要义务,如未履行发出通知义务、警示义务等,承包商应赔偿受害方的损失。

按合同条款是否明示来划分,承包商的义务可分为明示义务(Express Obligation)和默示义务(Implied Obligation)以及法定义务(Statutory Obligation)(当然,对于业主的义务也存在着同样的情景)。明示义务源于合同的明示条款,是指合同条款中明确规定(指出)的义务,如按合同规定达到质量要求、完成工程项目工期、接收业主检验义务等。由于事实上合同的明示条款不能包括和穷尽项目(合同)预期的全部内容,因此存在着合同的默示条款和默示条款下的当事人的默示义务。默示义务是"裁决人员"(法官、仲裁员)根据合同推断出的合同当事人的意思,而不是当事人自己确定的,如以"适当的和技艺精湛的方式施工,采用质量良好和适宜的材料等"。同时,法律、法定义务也基本属于默示义务,任何一个合同都不可能把合同涉及的所有法律、法规都明示清楚,但是不管合同中是否有这些条款,合同当事人都必须遵守,例如工程总承包项目的合同双方(也可能是多方)都必须遵守工程项目所在地的法律、法规,承包商不能因为工程项目的实施对环境造成污染等,这些条款无论在合同中有或没有列出业主和承包商都要遵守。因此,承包商除应关注合同条款中的"明文规定"的责任与义务外,也要重视、正确理解、遵守和履行默示条款、默示义务,防范因违反默示条款、未履行默示义务带来的风险和损失。无论承包商的义务如何划分,明确写出的还是默示隐含的,总承包商在实施EPC工程项目中的最主要义务见表4-3所述。

表4-3 总承包商主要义务

	内容
总承包商义务	核实业主信息与数据,自寻必要的信息与数据,保证质量、修复缺陷,保证进度及按时移交和现场清理;提供保证、保障和保险,申请报批,提出警告及保证安全,合作与组织协调,遵守法律、法规等

在上述众多义务中，与保证质量、按期完工、提供保证保险等要求明确、边界清晰的义务不同，容易被承包商忽视而引发风险的义务主要核实业主提供的信息与数据等的义务、通知和申请报批义务、警告及安全义务等相关的责任与义务，为此，承包商从合同条款研究到工程项目执行都应给予高度重视，防止相应的风险。

3. 承包商的权利

在工程建设项目合同中，特别是在EPC工程总承包项目实施的日常工作中承包商所谓的权利很少，按照FIDIC合同条件的原则和法律、法规承包商主要的权利见表4-4。

表4-4 承包商的主要权利

承包商的主要权利	内容
	获取工程项目信息、数据，要求业主批复有关文件（含图纸），进入工程现场，建议变更，要求检验、验收与颁发证书，依规暂停和终止，要求支付工程款，索赔业主违约等

4. EPC项目实施中总承包商的主要作用与风险

总承包商（General Contractor），也称之为主承包商。对于不同的主体来说总承包商或主承包商的概念和意义是不同的。对于业主来说，只要他把工程建设合同签给一个承包商（不包括联合体），这个承包商就成为了总承包商；对于承包商来说，如果这个合同项下的工作特别是设计和工程施工工作本公司都能自己完成（因为对外采购工作无论如何是需要的，任何公司不可能自己生产工程项目需要的所有物品），而不需要分包给其他公司，也就没有分包商，没有分包商也就不存在着总承包商，因此，此时承包商不是总承包商而就是一个一般意义上的承包商或主承包商。有分包和分包商时的总承包商和在业主角度意义上的总承包商，其真正的含义可能会完全不同。因为这两种情况的"总承包商"的工作性质、内容、风险等完全不同。

随着社会的进步与发展，社会的分工越来越精细化，任何一个公司都不能独立存在，因此从一个单体公司的需求来说，在工程项目建设时公司要寻求合作伙伴，把一个大工程项目分成几个项目进行分包，因此产生了被称之为"总承包商"的承包商；现代化的建设项目的规模越建越大，一个项目的功能也越来越多样、越来越齐全，有些项目完全不可能由一个公司来完成，因此，项目本身也要求分工合作需要有分包，也要求产生"总承包商"。本书所称总承包商是指有分包和分包商情景的总承包商，当然，即使有分包商时，总承包商也可能承担整个工程项目的一部分（此时承担的就是一个"一般意义"的承包商责任）；另一种情况是总承包商也可能任何一部分工程项目都不承担只是承担管理职责。因此，总承包商的最显著特点一是直接与业主签订合同、直接对业主负总责，二是负责项目管理，特别是对分包商（供货商）的管理。

由上可见，总承包商在EPC工程总承包项目中功能和作用主要是管理，对上进行与业主之间的主承包合同管理，对下进行与分包商之间的分包合同管理，这是总承包商的利润点也是总承包商的风险点。相对于业主和整个项目来说，总承包商对于分包商的任何行为负全责，分包商的任何过失也是总承包商的责任，同时分包商也是承包商一员，业主对于分包商的某些"不当"行为也有权按合同规定干预、制止（如工程安全）。在FIDIC合同条件银皮书第4.4款【分包商】中规定："承包商应对所有分包商的工作和分包商工作的管理和协调负责，并对分包商及其所有代理人或雇员的行为或违约，如同承包商自己的行为或违约一样地负责"。概括起来，EPC工程总承包项目中总承包商的主要作用和职责有：

1）在投标阶段编制或组织有关分包商（供货商）共同编制投标文件及有关工作。

2）作为总承包商与业主签订工程总承包合同。

3）以总承包商的身份直接履行或行使总承包合同中有关责任、义务或权利，如向业主开具履约保函、预付款保函、质保金保函（视情况），购买合同要求或法律规定的保险，要求业主付款等。

4）以一般承包商的身份实施并完成工程总承包项目中的部分工作（如果有）。

5）作为领导和组织者组织、协调各分包商（供货商）关系，使他们实施并完成设计、采购、施工等总承包合同项下的各项工作。

6）组织、申请工程总承包项目的验收、移交和现场清理等收尾工作。

7）组织对业主违约行为造成损失的索赔（如果有）。

8）组织与业主之间争端的解决、仲裁、诉讼（如果有）。

因此，与一般概念的承包商相比，由于在 EPC 工程总承包工程项目中总承包商的"特殊功能和作用"带来了总承包商不同的责任和风险。

1）资金的压力和风险。首先，无论总承包商在合同项下是否承担具体的项目实施工作，总承包商都要按合同规定向业主开具以合同总价为基数的预付款和履约以及将来的质保金保函，一般情况下这个时间总承包商尚未与分包商、供货商签订分包或供货合同，也就是说此时在这方面总承包商不能得到分包商、供货商任何支持和帮助，因此这就要求总承包商有一定资金实力或信誉。第二，一般情况下，在国际 EPC 总承包工程项目中，按合同规定总承包商在获得业主的项目预付款后的很长一段时间总承包商很难拿到工程项目的合同款，无论是供货款还是工程款。这是因为国际工程总承包合同的付款条件是业主在预付款之后，供货款或是按 FOB 还是 CIF，或是按 DDU 或 DDP 条件支付（相应的部分或全部）甚至其他更长的时间节点，这就意味着在承包商发货离港、货到现场甚至很长一段时间后才获得业主的付款；而工程施工款无论是按工程量还是里程碑为条件付款，也属于"见量（见物）"付款，总之，结论是收到业主付款的时间较晚。然而，在不同的国家、不同的行业中，分包商、供货商要求总承包商的付款条件却不同，例如在中国，供货商要求的预付款比例高，另外还有过程中的材料款、进度款、发货款等种类；而施工分包商在形成工作量之前也有启动款、材料款的要求。因此，总承包商需要有很大的"垫资"能力，能够抵御较大的资金压力和风险。

对此，总承包商事先应有充分的认识，及早做好资金方面的准备。

2）知识局限性的风险。一般来说，一个国际 EPC 工程总承包项目各类工作涉及的范围广，仅工程项目本身涉及的专业技术知识就已经很多，而且还会涉及国际贸易、国际金融、国际法等因素和知识，作为工程总承包商在知识面、知识结构等方面面临着巨大的挑战、压力和风险。

对此，首先，总承包商应该积极储备开展国际工程项目所必备的人才，加大培养、引进力度，形成开展国际工程项目人才的基本架构；其次，对于通用型人才和知识，如国际法、国际贸易、税务等，应与专业机构建立长期合作关系或雇佣关系，解决自身的短板同时也要防止自身机构臃肿，这其中也包括在工程项目所在国当地聘请有关机构或人士做专项服务或指导；第三，对于专业技术很强的工作，积极寻求业务能力好、合作意愿强、配合积极的专业公司深度合作、利益共享，但要注重对这些公司的管理与协调，努力做到各环节的工作"无缝连接"，同心协力。

3）局部过失造成全局性损失的风险。由于工程总承包项目涉及面广，工程子项繁多，而且现代工程项目特别是带有流水性作业的工业类项目，任何一个环节出现问题会导致全系统瘫痪。因此面对众多的分包商、供货商、众多的子项，任何一个单位、任何一部分的质量缺陷、工期延误都会带来业主按合同以单位工程甚至整个过程为基准的惩罚，而此时作为总承包商却只能就具体违约子项要求责任当事人就该违约事项赔偿，甚至罚款，但赔偿、罚款的基准是该事项或者是造成该事项违约责任方的"分项责任"（最大额度为该分项的合同总额）。因为工程建设项目合同双方的责任是有限责任，是直接责任而不包含间接责任、连带责任（在后面章节中会讨论"有限责任问题"），即总承包商责任与分包商责任的不对等，造成分包商的失误后果给总承包商带来成倍的损失风险。例如，某一电力室因一个开关柜安装延误致使该电力室不能按期交付，导致整个工程不能按时试车及考核，使合同工期延误1周。业主因工期延误按合同规定对总承包商罚款合同总额0.5%，但总承包商对该电力安装公司的延期罚款可能是该工段合同价格的X%，最多是该分包商合同总额的X%，而且这个X值应该是一个合理的数而不可能是无限大。而最重要的是对分包商罚款的基数与总承包商相比，往往是差别巨大。从这个角度上讲，分包商的责任是"有限责任"，而总承包商的责任是"无限责任"或者说总承包商会因分包商的责任事故而承担"倍增性连带责任"，而且这种风险甚至损失，从法理上无法转嫁出去，不存在着风险分担的可能。

这个问题是工程总承包过程常见的难点问题，也是工程总承包商的一个"痛点"，从理论上讲没有根本的解决办法。对于这种风险的防范，总承包商能够也应该做到的是：促使与分包商的真诚合作，利益特别是长期利益共享；加强协调，有效沟通；强化对分包商的全方位、全过程的管理，杜绝"以包代管，一包了之"。

4）管理跨度和深度大的风险。作为EPC工程项目总承包商要对设计、采购和施工三大类"行当"的管理负总责，从专业技术和专业管理的角度其跨度都很大。首先，由于是三个"完全不同"的行业，其人员组成、技术要求和标准规范、作业流程和习惯、管理方法等重要因素差别很大。其次，设计和施工这两部分自身的专业面和跨度也很大，设计中有工艺、设备、电气、土木、供水排水、采暖透风、总图运输等众多专业；在施工中有基础施工、框架混凝土施工、滑模和导模混凝土施工、建筑装饰装修、钢结构施工等；安装工程有机械设备安装、电气设备安装等作业。要做到全方位、全流程管理，管控难度可想而知。而采购工作因采购的设备、材料是五花八门、种类繁多且很多设备的采购更需要专业技术知识和贸易特长。第三，这三大类"行当"在EPC工程总承包项目的管理流程上又是相互作用、相互制约。以工业类EPC工程项目为例，没有基本设计就不能开始采购，而基本设计需要业主批准；没有采购又不能开展详细设计（施工图设计），而很多详细设计也需要业主批准，没有详细设计工程现场就不能土建施工；没有土建施工的完成，没有采购设备并运达现场又不能安装等一系列连环且相互作用的环节，其技术管理、安全管理、进度管理、商务管理、物流管理、人员管理等管理的广度和难度是很大的。与此同时，无论是设计还是施工管理者的技术和管理水平达不到一定的深度又很难有效地进行相应的管理。总之，在EPC工程总承包项目中，管理风险是其中最大的风险，工程管理工作是总承包商在EPC工程总承包项目中最重要的工作。

应对在EPC工程总承包项目中的管理风险，作为工程总承包商首先要切实做到认识到位，无论是施工企业出身的总承包商，还是设计公司出身的总承包商，或是供货商出身的总承包商，首先要努力"放弃"因为自身所固有的特长和"喜好"，不要过于投入于设计、采购或施工中的任何一个方面，全面、系统、深入地做好EPC之外的第三个词M——管理（Management）。第二，作为承包商的领导者代表承包商这个群体做好与业主的沟通与协调，特别是设计成果的审查、修改与变更，供货产品的质检，现场施工的质量、进度与安全等方面的协调与控制。第三，做好对各分包商的组织、协调与管理，这一部分将在下一节中讨论。

第三节 分 包 商

1. 分包与分包商

现代社会发展使分工精细化以及工程总承包项目规模大型化和同一项目内容多样化，从而产生了工程项目分包的模式以及相应的分包商。

分包（Subcontracting）是指工程总承包商将所承包的建设工程的一部分依照法律、法规和合同的有关规定发包给具有相应资质和能力的承建人的行为，该总承包人并不退出承包关系，他与第三人就第三人完成的工作成果向业主承担连带责任。而分包商（Subcontractor）就是上述承担分包任务的第三人。在FIDIC合同条件银皮书第1.1.70项规定："分包商系指为完成部分工程，在合同中由承包商指名为分包商或设计者或被任命为分包商或设计者的任何人员，以及这些人员财产所有权的合法继承人。"

从法律的角度上讲，分包商是作为在业主（债权人）与总承包商（债务人）之间主合同之外的第三人来履行本属于主合同中总承包商应履行的合同义务（债务）。这种分包的行为属于"第三人代为履约"或"受托履约"。因此分包和分包商行为具有以下主要特征：

1）分包不是"并存债务转移"，即业主与总承包商之间的债权—债务关系并不因总承包商的分包而转移或消失。因此，首先分包商不是业主与总承包商之间主合同的当事人，只是分包部分的合同履行主体，分包商与业主之间没有合同关系和相应的合同权利与义务。其次，总承包商并不因为有分包合同和分包商履约而解除与业主之间在主合同项下的任何责任包括已分包给分包商履约（实施）的部分，也就是说总承包商只是把主合同项下的"工作"分包出去，但相应的责任和义务并不能随之"分包出去"，即责任与风险依然在工程总承包商手里。

2）业主与总承包商之间主合同中的约定对分包商具有约束力，当分包商拒绝履约或履约不符合主合同中的约定时，总承包商应承担相应的履约或承担违约责任。在FIDIC合同条件银皮书第4.4款中做出了意义相同的规定，即"承包商对分包商及其所有代理人或雇员的行为或违约，如同承包商自己的行为或违约一样地负责。"

3）由于分包商与业主之间没有合同关系，因此，分包商不能因为在其执行合同项下义务时业主违约并使其遭受损失而对业主直接索赔或发起起诉。反过来，业主也不能直接要求分包商对其违约行为赔偿。总之，发生类似事件都要通过工程项目总承包商这个"桥梁"或者说主合同项下的债务人这个当事人来参与处理。但是，在实际具体的合同中，为方便工程项目的实施，防止沟通不畅，可能会约定对工程项目实施过程中一些操作层面特别是涉及工程设计、施工技术细节、施工安全等问题时，业主（业主工程师）可以与分包商"直接接触"、直接交流，甚至为此分包商应接收业主（业主工程师）的有关指示、指令等。但发生这些行为后业主（业主工程师）应该以适当的方式告知工程总承包商，FIDIC的立场支持这样一个原则。在FIDIC合同条件1987年第4版的应用指南中提出："在与规范和设计的细节有关的技术问题上，如果承包商同意分包商与工程师直接联系，这一矛盾就会缓解，但应把联系情况详细告知承包商，并且在适当的时候安排承包商参加。"

在实际工程项目实施中,由于分包工作是常见的,鉴于上述业主、总承包商、分包商这种法律层面上以及实际操作上的特殊性,各方首先要熟知这种关系的法律、合同原则的要求;其次要认真遵守这些要求,不可轻视,防止无序;第三在有关具体合同条款中设置必要的、合理合法的"渠道"使实际操作中在业主、分包商及总承包商之间有效地沟通、交流甚至发出与接收必要的指令,保证并促进工程项目在满足法律及合同要求之下健康、快速的推进。

2. 分包商的选择

虽然因社会分工细化和工程建设的需要产生了分包以及分包商,但是无论是从法律还是客户(业主)的愿望和要求的角度,分包的决定和分包商的选择并非随意。

首先,按照最初的意愿和期望,经历了复杂的招标投标过程,业主选出了价格合理、能力合格、信誉可靠的"合格承包商"(Qualified Contractor)作为总承包商,对于业主来说这是个严肃而慎重的决定,除了价格因素以外,这是业主对总承包商综合能力的确认和信任。历史的经验证明,这个决定对于业主来说可能是仅次于"投资决策"的第二大风险。因此,首先从投资者的角度讲,业主是不能接受总承包商将工程项目随意分包、随意选择分包商;其次,从法律的角度讲,业主作为合同当事人的一方,不可能任由另一方当事人将合同项下的工作(权益)移交给其不知情的"第三方"来实施、完成。

FIDIC合同条件2017年版银皮书在涉及分包商的第4.4款【分包商】中第一句话就说:"承包商不得分包(The Contractor shall not subcontract):(a)总累积价值超过合同协议有关合同价格的合同数据中规定百分比的工程(如果没有说明该百分比,则是整个工程)……"。而1999年版银皮书的第4.4款【分包商】中第一句话更为直接:"承包商不得将整个工程分包出去(The contractor shall not subcontract the whole of the work)"。同样,如前面的章节所述,在FIDIC银皮书第1.7款【权益转让】也有类似的规定。尽管在FIDIC银皮书第1.7款【权益转让】中似乎隐含着如果业主同意总承包商可以"全部转让"这样的含义,但该条款的这段话在学术界至今是一个有争议的话题;同时在第4.4款【分包商】中也有经业主同意(报备)情况下可以分包的意思(1999年版银皮书的第4.4款明确提出"不得整体转包"),但在实际中这种"全部转让"是不可接受的,按照通俗的说法称之为"卖合同"是不可接受的。关于这一点作为总承包商应特别注意由此带来的风险。在某些国家的某一发展阶段这种现象时有发生。例如在中国的改革开放初期,由于受进出口贸易许可的影响,绝大部分从事设计、设备制造和施工企业没有对外贸易权,只有一些专门从事对外贸易的"窗口"公司具有"对外经营权"。由于一些"窗口"公司既没有工程设计力量,也没有工程施工能力,采购也许仍要依靠其他力量完成,甚至也没有工程管理能力。由于多种原因这些公司在获得与业主的工程总承包合同(主合同)后只能"全部转让"并以收取合同总价的百分比作为"管理费"来获利,这样就形成了实际上的承包商"将全部工程分包出去"的情景。今天这样的现象应该少见,但实际中未必完全不发生,应该引起高度重视。因此,无论是分包还是分包商的选择,在实际中都应事先经业主批准或备案(视情况而定),当然关于分包商选择最好的办法是尽早提交一个候选短名单给业主批准或备案以便总承包商有更大的选择余地来选择"质好价优"的分包商。

原则上,总承包商选择分包商与业主选择总承包商没有本质的区别,但是总承包商毕竟与业主有本质的不同,因为业主是工程项目的原始发起人、出资人和终端拥有者甚至是使用者,而总承包商只是工程项目建设者、"过路者"。主观上由于总承包商的"出身"不同其特长也不同,客观上

每个项目的特点不同,因此对分包商的选择也不尽相同,但是通常应考虑以下因素:

1)分包商的资质和能力。在国际工程项目中对于承包商的资质不一定是必要条件,应视情况而定,但能力是选择分包商的必要条件,也是最重要的条件之一,总承包商应从拟分包子项的实施难度、性价比和对分包商的"掌控难易度"等方面综合考虑。

2)承担类似工程的已有业绩。已有业绩(Reference)是工程公司最重要的财富之一。在国际工程总承包项目选择分包商时,选择有类似工程业绩的公司作为分包商是重要条件。而属地化(本地化)分包商应该是另一个需要考虑的条件。因为除政治因素(制度、法律、宗教等)和地缘因素(气候、语言、习俗等)外,在考虑经济因素时要充分考虑"隐形成本"和"显形成本"的因素,例如,一旦发生意外情况无论是自然的还是非自然的,属地化的本国分包商的适应和应对能力要远远大于对于工程项目来说属于外国的承包商,特别是在使用外国员工较多的情况下,由此造成的风险和损失的差异很大。当然,"本土化"本身也是项目所在国当地公司以往的一种"业绩"。

3)对分包商的熟悉程度和总承包商的控制能力。应选择有良好合作经历和易于沟通、交流和容易"控制"的分包商。任何的磨合、沟通甚至难以驾驭都是很高的成本和难以预测的风险。在国际工程项目执行过程中更换分包商对任何一方都是重大的风险甚至损失。拥有合作良好、能力适宜的丰富分包商资源,是总承包商获得项目合同、降低风险、顺利履约、实现盈利的重要条件。

4)分包商参与合作的积极性。从自身的利益考虑,分包商在不同时期,对于不同项目以及不同总承包商甚至业主,其参与的积极性是不同的。这一点无论是对分包商的投标价格乃至今后合同履约都有重要的影响,在选择分包商时应充分考虑。

5)分包商的资源情况。分包商的人力资源情况特别是项目管理队伍以及工人队伍是执行好分包工作的重要保证,包括自有工人和劳务外包情况。分包商的施工机具和财务状况也是总承包商需要考虑的重要因素。

选择分包商是总承包商在工程总承包环节中非常重要的工作,影响因素也很多(这里没有谈及另一个重要但显而易见的因素——价格),总承包商应视工程项目情况、业主特点及自身情况进行综合考虑、评价做出选择。

3. 分包商的义务与权利

分包商就是按照与总承包商签订的合同完成总承包合同项下部分工程的人或组织,其本质也是承包商。因此其义务和权利与工程总承包商的义务与权利类似,但正是由于分包商在工程总承包项目中是"第三人代为履约"或"受托履约"的特点,其义务与权利稍显不同,主要包括:

1)类似于工程总承包商,需完成总承包合同中的部分工程(参见总承包商的责任义务)。

2)尽管分包商与业主之间没有合同关系,但是按照合同原则或合同规定,分包商对其分包工程承担总承包商在主合同项下所有的责任和义务。FIDIC分包合同格式1994年第1版第4.2款规定:"除非分包合同条款另有要求,分包商在对分包工程进行设计(在分包合同规定的范围内)、实施和竣工以及修补其中任何缺陷时,应避免其任何行为或疏忽构成、引起或促成承包商违反主合同规定的承包商的任何义务。除此之外,分包商承担并履行与分包工程有关的主合同规定的承包商的所有义务和责任"。这一点无论对于分包商还是总承包商来说,应该给予极大的关注,为了避免争议或误解,在分包合同中应明显注明这样的内容,以防影响工程项目的顺利开展甚至造成分包商违约而同时也"连带"总承包商对业主违约。

3)一般情况下在实际工程项目执行中,就实施过程中的技术和施工细节、方法或安全等分包商有义务与业主直接接触或接收业主（业主工程师）的指示、指令。为防止争议，在分包合同中也应明显注明这样的内容，以提高工作效率、防止安全事故的发生，促进工程项目的顺利进行。但是，业主（业主工程师）和分包商应将有关结果的函件抄送或直接告知总承包商，或邀请总承包商参与。

4）分包商在执行分包合同项下工程时，对于业主违约造成的损失应通过总承包商这一渠道向业主索赔。

5）为执行主合同项下的分包工程并按合同规定承担相应的总承包商在主合同项下所有的责任和义务，分包商有权知晓主合同相关内容。FIDIC分包合同格式1994年第1版第4.1款规定："总承包商应提供主合同（工程量表或价格表中所列的总承包商的价格细节除外，视情况而定）供分包商查阅，并且当分包商要求时，总承包商应向分包商提供一份主合同（上述总承包商的价格细节除外）的真实副本，其费用由分包商承担……"。

4. 分包商的管理

从工程总承包项目的管理来说，对分包商的管理是总承包商最重要的工作。因为一个大型的EPC国际工程总承包项目，很多工程项目的具体实施是由分承包商来完成的。从广义上讲，设备、材料的供货商也是分包商，只是他们的工作多在"离岸条件"下，即不是在工程项目现场完成的，所以在谈及分包商时一般不包括他们而已（但会在后面的章节中讨论），但是管理原则和目标是一致的。因此，总承包商对分包商的管理策略、方法、能力和效果对于一个EPC工程总承包项目来说至关重要，是工程项目能否顺利完成并取得预期效果的重要保证，当然也是总承包商综合能力的体现，甚至是评价是否为一个合格总承包商的重要标准。鉴于分包商的重要性和其在工程总承包合同项下的特殊地位即"受托履约"，对于分包商的管理重点在于：

1）通过综合评价选择适宜的分包商，前面已有专门的章节讨论。其要义是防止"图便宜"而强调适宜性，注重分包商以往业绩以及良好的合作经历，容易交流、沟通和整体控制等。

2）缜密制订分包合同。一是细化合同中分包工程部分的范围、执行标准、进度、检验验收及结算等内容，二是将主合同项下对总承包商的要求中"适用"的部分明确地"移植"于分包合同之中，既避免责任缺失又防止因分包、分包商不在主合同的"链条上"而产生的风险。

3）在实际操作中，为分包商支付的预付款比例（甚至还有调遣费、材料款等名目）一般要高于业主支付给总承包商预付款的比例，因此作为一种平衡在必要的情况下，在合同中要求分包商加大履约保函比例数额，并将重大问题（如严重安全问题，工期拖期严重等）明确列为分包商严重违约项而可能导致终止合同的条款，以此增加分包商的紧迫感和责任心，减少总承包商相应的风险。

4）牢固树立分包商责任有限而总承包商责任"无限"、总承包商可能倍增级地承担分包商违约责任造成重大损失这一理念并贯穿于对分包商的整个管理之中，防止"因小失大"的风险。

5）全方位、全过程地加强对分包商的管理与控制，坚决防止"以包代管"的风险；另外，如同主合同中规定"严禁将整个工程分包出去"一样，总承包商应严格掌控分包商的无序"转让"和再分包行为。

6）加强与分包商的沟通与交流，在管理"严"的前提下，努力建立友好、互信、互助的关系，切实协助解决分包商在项目实施过程中存在的问题，例如资金、外部协作等，在思想意识上把分包商的问题、困难当作总承包商自己的事去考虑。努力建立与分包商的长期、友好合作关系，真正做到"荣辱与共，互利共赢"。这是防范分包风险长期、有效的措施。

7）扎实做好计划管理，努力为分包商所分包工程的实施创造条件、提供必要的保障。例如为施工分包商按计划提供施工图、促使业主对完工部分的及时验收或预验收，防止"窝工"风险。对于 EPC 工程总承包项目来说，在签订分包合同时往往整个设计工作并未结束，工程量是预测值，所以分包合同多为"单价合同"且采用按进度和工程量预结算待工程结束后最终结算的计价方式，因此在工程分包实施过程中总承包商应及时、准确为分包商"预结算"工作量并支付相应的工程款，促进度、保稳定、保分包商收益，形成良性循环。

5. 指定分包商

FIDIC 合同条件银皮书第 4.5 款【指定分包商】指出："本款中，'指定的分包商'系指业主指名的分包商，或根据第 13.4 款【暂列金额】的规定，指示承包商雇用的分包商"。另外，在第 4.5.1 项【反对指定】中规定："在收到业主指示后的 14 天内，如果承包商向业主发出通知提出其合理反对意见并附有详细的支持证明，则承包商没有任何义务雇用业主指示的指定分包商。如存在下列情况时，承包商的拒绝被视为合理的，除非业主赔偿承包商因这些事件后果的损失：

（a）有充分理由确信分包商没有足够能力、资源或财政实力。

（b）分包合同中没有明确说明如果指定的分包商、分包商代理及其雇员对物品任何失职或滥用时，是否对承包商进行赔偿。（或）

（c）分包合同未规定对于分包工程（包括设计，如果有），指定的分包商应：

（ⅰ）承担承包商应承担的义务和责任，使得承包商能够解除合同项下承包商相应义务和责任。（以及）

（ⅱ）补偿因分包商履行这些责任或完成这些义务产生的失败后果造成承包商合同项下或与合同相关的责任和义务方面的损失。"

从上述 FIDIC 合同条件可以看出，业主有权指定分包商，但总承包商也可以以合理的理由拒绝业主的推荐，同时在 2017 年版的银皮书中给出了几个"合理理由"的范例，总结这些范例主要体现在如果被指定的分包商能力、人力和财力不足，或者分包商不能以合同的形式保证对其在履约发生错误行为导致总承包商的损失给以补偿或免除总承包商主合同项下责任与义务时，总承包商有权拒绝业主的指定。1999 年版 FIDIC 合同条件银皮书第 4.5 款【指定分包商】规定："本款中，'指定分包商'系指业主根据第 13 条"变更和调整"的规定，指示承包商雇佣的分包商。如果承包商对指定的分包商尽快向业主发出通知，提出合理的反对意见，并附有详细的依据资料，承包商不应有任何雇佣任务"。比较 1999 年版 FIDIC 合同条件银皮书，可以看出 2017 年版的银皮书对于总承包商的"合理拒绝"更加细化，而 1999 年版银皮书只是规定了业主有权指定分包商，而总承包商在有合理理由情况下可以拒绝业主指定的分包商，至于什么是合理的理由没有进一步的解释。再来看 1987 年第 4 版"红皮书"对指定分包商定义为："可能已由或将由业主或工程师所指定、选定或批准的进行合同中所列暂定金额的工程的施工或供应货物、材料、设备或服务的所有专家、货商、商人以及其他人员；以及按合同条款规定，要求承包商将工程分包给他们的一切人员，在从事这些工程的施工或供应货物、材料、设备或服务的过程中，均应视为承包人雇佣的分包人，并在合同中称为'指定分包商'。"

对于"指定分包商"这个条款，在其他合同条款如英国土木工程师协会 ICE 合同条款中也有类似的描述。然而，从 1987 年版红皮书、1999 年版银皮书和 2017 年版银皮书中对有关涉及"指定分包商"条款的描述和演变来看，笔者以为 FIDIC 的立场也是越来越严格"限制"业主指定分包商的行为。因为工程总承包合同的签署是市场经济条件下双方的自愿行为，任何"指定""指派"或"固定"都与自由、自愿原则有相悖之处，也给自愿原则签订的合同项下的业主与承包商的正常关系可能造成影响。因为在合同项下与业主的"强势地位"相比，承包商实际上是处于"劣势地位"，违反业主的意愿是承包商所顾忌的；二是在工程总承包条件下，工程实施的责任和义务以及相应的权利本应完全归属承包商，特别是 EPC 工程总承包项目中总承包商对工程完成以及工程的预期目标（性能保证等）负全责，而业主几乎是免责的。"指定分包商"（含指定供货商）的参与在实践中很可能会"干扰"EPC 工程总承包项目合同中业主与总承包商的关系。

关于业主、总承包商、指定分包商三者的实质性关系即责任、义务和权利，从 ICE、FIDIC 以及有关法律、法规的相关描述来看众说纷纭。有观点说指定分包商与一般分包商一样属于受总承包商之托代为履约分包合同项下的工程，总承包商应对指定分包商所做的工程、提供的材料或服务对业主承担责任；有观点说合同可以约定指定分包商，可以直接向业主"申请工程款"；也有文献说对于指定分包商的破产和清算，由于是业主指定的分包商，业主应承担指定分包商的破产风险，总承包商对此不承担责任等。总之，"指定分包商"的说法和做法法律责任不是很清晰，作者以为还是以合同关系来称谓、解释和使用为好。如果体现"指定"则应对业主负责，在同一个工程项目中以业主作为纽带与总承包商是协同、协作的关系；如果体现"分包"则对总承包商负责，合同关系上（包括付款）与业主无关。

"指定分包商"（含指定供货商）的引入很可能对工程合同的条款（业主与总承包商之间的主合同、总承包商与分包商之间的分包合同）、业主与总承包商之间的责任关系以及具体的工程合同的履约带来一定的干扰和相应的风险。

第五章

合同生效及项目启动

第一节　EPC 工程总承包项目的时间节点

在安全与环境（含健康）、质量、进度、成本工程总承包的各大要素中，安全与环境（含健康）、质量是红线、底线，是工程总承包项目中的保证性任务，但它并不创造直接的经济效益。成本是经济效益性指标，直接与项目最后的经济效益挂钩，当合同的工作范围、价格等确定以后项目成本就意味着项目的经济效益，因此控制成本、降低成本从总承包商获取利益的角度就是工程建设的目的。那么在这各大要素中剩下来的就是进度，控制、加快进度是确保工程总承包项目顺利完成、控制和降低成本的重要手段，而且是日常性每时每刻都可以使用的手段，因此进度是时刻影响项目成本的重要因素。过往的事件证明，在实际工程总承包项目的实施过程中为了弥补工程拖期而抢进度，是危害安全、健康、环境、质量以及提高项目成本的最大风险。因此，以时间节点为代表的进度控制是 EPC 工程总承包管理中最重要的日常工作之一，下面列举 EPC 工程总承包项目中的重要时间节点及划分。

1. 合同生效日

合同生效日（Effective Date）从法律的角度是合同中第一个也是最重要的时间节点之一，从时间上来说标志着该工程总承包项目合同存在了。这一部分在本书第三章有相关的论述，在此不再赘述。

2. 工期计时日

工期计时日（Commence Day）是考核工程项目工期、进度的原始点，这个时间点是合同当事人自愿约定的，也是合同谈判中各方经常力争的条款。对于工程总承包商来说，能够争取到条件合适的工期计时日不仅对整个项目的进度保证提供了条件，而且也会促进业主加快项目建设前期准备性工作，促进工程项目建设实质性开始，例如必要的许可、工程地质勘探、资金筹措、进入现场条件等。与此同时，如果工期计时日确定的前提条件设定得不合适或没有注明当某些条件未满足时合同工期如何调整，会导致承包商面临很大的工期违约风险。例如，如果未将业主支付预付款及履约付款证明（如信用证、付款保函等）列入工期计时条件（已作为合同生效条件除外），而且业主此项义务的完成拖期很久，总承包商就面临在没有业主"资金保证"的前提下开展工作，会造成当业主不履约此项义务时承包商资金损失的风险，但如果此时不积极开展工作又可能造成承包商工期违约的风险。

【合同实例1】

The Contract shall come into force on the date of its signing by the Parties. Nevertheless, the duties of the Parties under this Contract shall only commence on the date on which the last of the conditions set out below in items (a) to (c) have been fulfilled:

(a) signing of the Contract by the authorized representatives of the Parties;

(b) receipt by the Buyer of the Advance Payment Guarantee in accordance with Article X; and

(c) receipt by the Seller of the Advance Payment in accordance with Article Y.

合同自双方签署之日起生效。但是，双方根据本合同仅将下列（a）至（c）段中规定的最晚一项条件得到满足作为双方合同计时日：

(a) 双方授权代表签署合同。

(b) 买方根据第 X 条收到预付款保函。（和）

(c) 卖方根据第 Y 条收到预付款。

【合同实例2】

"Commencement Date" shall be the first day following the completion of all of the conditions below:

(a) The government of the Province of SL, formally undertakes, by issuing the necessary administrative acts, the construction of the electric infrastructure necessary to provide electricity to the Plant; and

(b) The Central Bank grants Buyer an extension of the term to clear the Shipments through customs within the periods set forth in the Contract. In this sense, Vendor shall assist Buyer in the obtaining of an extension of time by the Central Bank if applicable, providing necessary support and documentation and convenient thereto;

(c) The Buyer obtains the Anticipated Import Affidavit from the authorities;

(d) The issuing of the Advance Payment Guarantee as stablished in the Clause A;

(e) The Advanced Payment is received by Vendor.

"工期计时日"应为完成以下所有条件后的首日：

(a) SL省政府通过颁布必要的行政法令，正式承诺建设发电厂并给我们的工厂供应电力。（和）

(b) 国家中央银行给予了买方延长的期限，以在合同规定的期限内通过海关清关。从这个意义上说，供应商应协助买方获得国家中央银行给的这个延长时间（如适用）所提供必要的支持、文件和便利。

(c) 买方从当局获得进口许可证书。

(d) 按合同第A条开具预付款保函。

(e) 供应商收到预付款。

所以，总承包商在合同谈判过程中积极争取比较全面、合理、有利的"工期计时日"的前提条件，是减少总承包商工期延误风险的有效措施。关于"工期计时日"的其他方面在本书第三章也有相关的论述，在此不再赘述。

3. 工程里程碑

"里程碑"（Mile Stone）是工程建设业的"约定俗成"的一个用词，并不是法律甚至合同语言，在工程建设项目中除其他用途外，经常作为承包商与业主之间付款、奖励甚至罚款的依据或标志。一般用某一工程建设进程的典型标志作为"里程碑"，即所谓的"形象工程"。比如在桥梁建设中把所有桥墩交付作为一个"里程碑"，或者是"大桥合拢"作为一个"里程碑"。这种用法常见于一个"相对比较成熟的工程建设领域"或者说是在业主和承包商都比较熟悉的领域，简单地说就是合同当事人在提到这个"里程碑"时对于大约的工程量和建设时间各方都有个基本概念，这样便于工程费用结算和奖罚，也很容易调动承包商特别是具体施工的工人的积极性。还有一种"里程碑"是按某一数量较大的工作量来作标志的，比如在某工程需要浇筑大量混凝土时，也可以把浇筑某一定数量的混凝土作为一个"里程碑"。总之，"里程碑"不是一个进度的标准节点，但在有些工程项目中，特别是在某一段特别希望加快的进度中，合同当事人会当作考量工程进度的方法之一，常常很有成效，甚至将有些"里程碑"正式写入合同作为整个合同工程结算（预结算）的一部分。

4. 施工完成日

施工完成日或完工日（Completion Date for Site Work）是指现场施工工作完成的时间，是工程总承包项目中最重要的时间节点。完成现场施工也是工程总承包中耗时最长、工作量最大和情况最为复杂的工作，因此也是最重要的"里程碑"，在实际中也是工程项目付款的重要节点。对于 EPC 总承包工程项目来说，对于"完工日"的定义和解释稍有差别，有些合同规定"完工日"是指现场合同范围内的建设工程包括土建、道路、管网、电力、安装等全部完成；对于一些工业类的项目来说，有些合同还将设备及生产线的无负荷试车也包括在施工完工之列。这个时间节点在 FIDIC 系列合同条款中没有列出，虽然与"Time for Completion"英文表述很接近，但意义不同。在 FIDIC 系列合同条款中的"Time for Completion"是指"竣工时间"，即达到竣工验收，可以交付使用的时间。

【合同实例】

"Completion Date" means the date on which the construction, erection and installation of the Plant and Equipment have been successfully completed and the No-Load Tests have been carried out successfully and the Plant and Equipment are ready for Commissioning.

"完工日期"是指施工建设和工厂以及设备的组对和安装已成功完成且也成功地进行了无负荷试车的日期，此时设施和设备已做好调试准备。

5. 竣工试验

竣工试验（Test on Completion）是为了检验所完成工程项目是否满足了合同项下相应的规定要求，以交付业主竣工验收和投入试运行前的试验。这里说的竣工试验是指整个工程项目的竣工试验，不是单体子工程的测试或试验。不同的行业和不同的合同对于竣工试验内容、范围的界定不完全相同。在 FIDIC 合同条件银皮书第7.4 款【由承包商试验】中规定："为有效合理进行规定的试验，承包商应提供所需的所有仪器、帮助、文件和其他资料、临时用电、供水设备、燃料、消耗品、工具、劳力、材料，以及具有适当资质和经验而且有能力的人员。根据业主要求中规定的标准或适用法律中明确规定对所有仪器、设备和工具进行校验；如果业主要求，承包商应在进行试验前将校验证书提交给业主。承包商应向业主发出一份通知，说明对工程中任何生产设备、材料及其他部分进行规定试验的时间和地点。考虑到试验的位置，为了业主人员能够参与，这份通知应该在合理的时间发出。根据第 13 条'变更和调整'的规定，业主可以改变进行规定试验的位置或时间安排或细节，或指示承包商进行附加的试验。如果这些变更或附加的试验表明，经过试验的生产设备、材料或加工工艺不符合合同要求，承包商应负担进行本项变更和任何误期产生的费用……"。

另外，在 FIDIC 合同条件银皮书第 12.1 款【竣工后试验程序】中规定："如果业主要求规定了竣工后试验，应适用本条规定：

竣工后的试验时间应在工程或部分工程（视情况而定）已由业主接管后，在合理可行的范围内尽快完成。

业主应提供所有电力、水、排水（如适用的话）、燃料、消耗品、材料、业主人员和设备可供竣工后试验使用。承包商应提供所有一切装置、协助、文件和其他信息、设备、仪器仪表、劳动力，以及恰当、合格、经验丰富和称职的工作人员作为必要条件高效完美地完成竣工后试验……"。

在一个 EPC 交钥匙工程总承包项目中特别是含生产设备供货这个重要环节的 EPC 工程总承包项目中，往往会把在 FIDIC 合同条件中所说的"竣工试验"和"竣工后试验"合并在一起称为"竣工试验"且分为本书下面描述的无负荷试车、带负荷试车（工业试验）、性能考核试验、可靠性试验等，由 EPC 工程总承包商在有关方面（包含业主）的协助下负责完成，或由承包商协助业主负责完成。下面就一般 EPC 工程总承包项目在现场施工完成后应该由承包商完成的竣工试验简述如下：

1）无负荷试车。无负荷试车（No-Load Test）是指在现场土建、安装工程完成后对每一单体设备在无负荷空载（不带料）条件下进行"启动试运转"，以检验安装后的这台设备是否可以按要求运行，其目的主要是检验该设备以及与该设备有关的施工特别是安装工作是否合格。

另外，如果该工程总承包项目是一个工业类且是一个"流水线"的话，还要把该"流水线"上的所有设备按照"流水生产"的要求进行"无负荷连动试车"，以模拟并检验在无负荷条件下该生产线是否可以按照流水线生产的"逻辑要求"连动运行，当然，在实际中如果生产线分为多段的话，也可以在生产线各段内先联动试车，然后再将"各段"连在一起试车，也被称之为"生产线连动"。这项工作往往是由在该总承包工程项目中具体负责安装的分承包商来负责完成，而且这个时间节点也是作为"里程碑"向负责安装的分包商支付工程款的依据。

【合同实例 1】

No-Load Test shall mean the testing, checking and running of the Equipment without materials.

无负荷试车是指在不带料的情况下，对设备的测试、检查和运行。

【合同实例 2】

No-Load Tests：

The last activities of the Erection period shall be the testing of each individual item of the Supplies, Materials and any other equipment and/or System for their proper function without any load or material. The No-Load Tests shall include pre-operation checks, adjustments, lubrication checks, rotation checks, sequential tests and control of the equipment and the running in (dry run) and other items as further detailed in Article 16.7.1.

无负荷试车：

安装期间最后的工作应是在无负荷或不带料情况下，测试检验供货、材料和任何其他设备和（或）系统每一单项的功能是否正常。无负荷测试应包括操作前检查、调整、润滑检查、转动检测、设备连锁测试和控制以及设备运行（不带料）情况及其他项和在 16.7.1 项中详述的其他项目。

2）带负荷试车（工业试验）。在工业类特别是加工型工业类的 EPC 工程总承包项目中，日常生产就是物料加工。带负荷试车（Load Test）就是模拟工业生产将物料投入到单体设备和整条生产线中，以测试、检验设备"带料"的运行状况，也称为"带料试车"。这项试验往往也是从单体车间开始到整个生产线逐步展开，负载量也是按行业以往的经验来逐步增加，合同条款中也可能会对加载量的递增进行约定，这个过程也被称之为"带料打通"。这项工作往往是由工程项目总承包或成套设备供货商（如果有）组织有关设备供货商负责完成。同时这项工作也为该生产线的性能考核做准备，也是性能考核的前提，合同中一般会约定在负荷率达到一定限度且连续运转多少天后承包商方可申请工程项目的性能考核。

【合同实例】

Load Tests：

The Load Tests, being the first activities of the Commissioning, shall be the testing of each individual item of the Supplies, Materials and any other equipment and/or System for their proper function with material. The Load Tests shall include operation checks, adjustments, lubrication checks and refill, sequential tests and control of the equipment.

带负荷试车：

作为调试阶段的第一项工作，带负荷试车应测试供货、材料以及任何其他设备和（或）系统的每一项，以检验在其带料情况下功能是否合适。带负荷试车应包括操作检查、调整、润滑检查和重新注油、设备的控制和连锁测试。

3）性能考核试验。性能考核试验（Performance Test）是指对工程项目中合同规定的各项功能（性能）考核是否得到满足的试验，是工业生产类EPC工程总承包项目中非常重要的环节和时间节点，更是工程项目是否被业主接收的主要条件，也是工程项目费用结算的重要节点。

【合同实例】

"Performance Test" shall mean the tests to be carried out under the supervision of the Contractor or its authorized representative to ascertain whether the delivered Equipment is able to attain the Performance Guarantee and its readiness for production.

"性能考核试验"是指在承包商或其授权代表的监督下进行的测试，以确定所交付的设备是否能够达到性能保证值及是否具备条件投入生产。

这项工作往往是由工程项目总承包商联合成套设备供货商（如果有）及业主共同完成。这将在后面第九章中讨论其有关细节问题。

4）可靠性试验（考核）。可靠性试验（Reliability Test）是为了检验所建工程项目整个系统长期、稳定运行的情况，这一点在工业生产领域非常重要。一般在合同中会规定在设定（设计）能力下连续运转多长时间作为可靠性考核的指标，因为在额定能力下长期、稳定地运行是工业生产领域追求的目标。

【合同实例】

"Performance & Reliability Test" means the tests specified in the Contract and such other tests as may be agreed by the Parties in writing to be made on the Plant in order to prove the Performance & Reliability Guarantees; The Performance & Reliability Guarantees are set out in the Technical Conditions.

"性能和可靠性试验"是指按照合同中当事方书面约定的内容对工厂设备进行测试，以证明其是否满足了相应的性能和可靠性保证值，而该性能和可靠性保证值列于技术条件部分。

关于竣工试验这个概念、内容在不同的国家、不同行业以及对于不同的业主，有不同的习惯和要求，阶段的划分和名称也不尽相同。但其核心要义没有本质区别，目的在于检验工程建设项目是否满足合同规定的功能、性能的要求。然而，不同的划分、不同的内容甚至不同的称谓，由于在不同的项目中当事方（业主、总承包商、业主指定分包商等）的责任划分不同，可能会产生工作范围界定不清而导致的责任不清，从而导致相关纠纷的风险，这将在后续的章节中讨论。

6. 工程预验收

预验收（Provisional Acceptance）是指承包商按合同规定完成竣工试验后向业主提出申请验收的过程，是工程总承包项目中最重要的环节和时间节点之一。在 FIDIC 合同条件中被称为业主接收（Employer's Take Over）。在 FIDIC 合同条件银皮书第 10.1 款【工程和分项工程的接收】规定："除第 9.4 款【未能通过竣工试验】和第 10.2 款【部分工程的接收】中所述情况外，当：

（a）除下面（i）段允许的情况以外，工程已按合同规定竣工，其中包括竣工试验的通过。

……

（e）已按照本款规定颁发工程接收证书，或被认为已经颁发时，业主应接收工程。"

当然在实际中，竣工验收或业主接收并不意味着合同项下的工程项目百分之百地满足合同要求或完成，或者说不是工程项目只有百分之百满足合同要求才能竣工验收，业主才可接收，因为这里涉及的是工程项目是否能够被使用（即使在有微小缺陷情况下）和业主商业运行的问题（理论上讲，业主不接收不能开展商业运行）。因此在实际中是即使工程项目仍有部分缺陷和不足但基本不影响工程的被使用时，业主会接收工程并要求承包商在业主接收工程项目并使用后某一期限内完成这些缺陷或不足的"整改项"及扫尾工作，这时的验收在实际中被称之为"预验收"并颁发"预验收证书"（Provisional Acceptance Certificate，PAC）。

【合同实例】

Provisional Acceptance Certificate: The Certificate issued by the Owner under the "Provisional Acceptance" Clause. This certificate shall certify that all Reliability Guarantees and Performance Guarantees have been achieved in accordance with the Contract and that all documents to be supplied by the Contractor to the Owner before the Provisional Acceptance have been received.

预验收证书：业主根据"预验收"条款签发的证明书。本证书应证明所有可靠性保证和性能保证均已按照合同完成，且在预验收之前业主已经收到了应由承包商提交的所有文件。

对于这种即使工程项目仍有部分缺陷和不足但基本不影响工程的使用而被业主接收的情况，FIDIC 合同条件实质上也是支持的，只是在 FIDIC 合同条件中称为"接收证书"（Taking-over Certificate，TOC）。在 FIDIC 合同条件银皮书第 10.1 款【工程和分项工程的接收】中规定："业主在收到承包商（申请）通知后 28 天内，或者：

（i）向承包商颁发接收证书，注明工程或单位工程按照合同要求竣工的日期，除了对工程或单位工程预期安全使用目的没有实质影响（正如接收证书中所列）的少量收尾工作和缺陷（直到或当收尾工作和缺陷修补完成时）。（或）

（ii）通知承包商拒绝申请，说明理由，并指出在能颁发接收证书前承包商需做的工作，需要修补的缺陷和（或）需要提交的文件。承包商应在再次根据本款发出申请通知前，完成此项工作。

如果业主在这 28 天期限内未颁发接收证书，又未拒绝承包商的申请，且如果已经达到了以上第（a）到（d）段描述的条件，在业主收到承包商申请通知后的第十四天时，工程或单位工程应视为符合合同规定竣工，接收证书应视为已颁发。"

7. 缺陷通知期

在业主接收或前述的预验收之后并不意味着承包商在合同项下的任务完成和责任解除了，尽管就工程项目建设而言大部分甚至绝大部分建设工作已完成。在此之后有两项工作还需继续，一是在获得业主接收时或承包商获得预验收证书时尚残留的缺陷或不足的"整改项"及扫尾工作需要按期修复和完成，二是对在缺陷责任期内因承包商原因造成的缺陷承担责任（承包商修复或业主、第三方修复，承包商承担费用）。

缺陷通知期（Defects Notification Period），也称之为质保期，或"缺陷责任期"，是指承包商按照合同约定承担缺陷修复义务，且业主预留质量保证金的期限，自工程通过竣工验收之日起计算。缺陷通知期一般为1年，最长不超过2年，具体由业主与承包商双方在管理合同中约定。

【合同实例】

General Guarantees: The duration of the General Guarantees shall finish in Twelve (12) Months after the issuance by the Owner of the Provisional Acceptance Certificate or special issuance of the Provisional Acceptance Certificate.

一般性质保：一般性质保的期限应在业主签发预验收证书或特殊验预收证书后12个月内结束。

但是，无论是称作缺陷通知期、缺陷责任期，还是称为质保期，也不论是按1年计算还是按2年计算，这个概念和期限一般是指整个工程项目而言，对于工程项目的某些部分或某些设备或设备的某部分，其缺陷责任期（质保期）并不一定是1年或2年。例如混凝土的损坏、机械铸件的损坏，如果是因为设计、制造（建设）等本身的原因造成的，承包商（供货商）依然有责任免费修复缺陷，而不受这里所谓"缺陷责任期"或"质保期"的限制，除非合同中有特殊约定。关于这一点，如果合同中有特殊约定则按约定执行，如果合同中无明确约定则适用"默示条款"的默示义务，即按该行业通常规则处理。关于这类质量保证及其风险，承包商（供货商）务必引起高度重视，发生这类问题时应自觉遵守合同中专用条款（如果有）或遵守该"默示条款"并寻求友好解决方案，切不可自以为主合同项下1年或2年的缺陷责任期或质保期结束后就不会再追究责任。

8. 工程最终验收

最终验收（Final Acceptance）是指在缺陷通知期（质保期）结束并且承包商按合同及有关约定完成了在获得预验收证书时尚残留的需要修复的"缺陷或不足整改项及扫尾工作"，以及在缺陷责任期内新出现缺陷的修复或与业主达成其他解决方法后向业主申请的验收，获得批准后业主应颁发最终验收证书（Final Acceptance Certificate，FAC）。

FIDIC合同条件中没有使用"最终验收"这样的词汇，而是在"缺陷责任"中提到在缺陷责任完成或在"移出有缺陷的工程"后业主应颁发"履约证书"（Performance Certificate）以表示对工程的认可。FIDIC合同条件银皮书第11.9款【履约证书】规定："直到业主向承包商颁发履约证书，注明承包商完成合同规定的各项承包商义务的日期后，才应认为合同规定的承包商的履约义务已经完成。履约证书应由业主在最后一个缺陷通知期期满后28天内颁发（复印件送DAAB），或在承包商提供：（a）所有承包商文件，如果适用，业主已经或被视为已经对第5.6款（b）段中规定的竣工记录发出了无异议通知；（b）按照合同要求已经完成了所有工程的施工和试验（包括修补任何缺陷）后；立即颁发。如果业主未能在该28天内颁发履约证书，应认为履约证书已经在本款要求的应颁发日期后28天的日期颁发。只有履约证书才被视为构成对工程的认可接收。"

【合同实例 1】

"Final Acceptance Certificate" shall mean a certificate to be issued by the Buyer at the end of the Guarantee Period after the Works are completed in all respects.

"最终验收证书"是指买方在工程全面完成后的质保期结束时签发的证书。

【合同实例 2】

Final Acceptance Certificate:

The certificate to be provided to the Contractor by the Owner at the Final Acceptance in accordance with the "Final Acceptance" Clause.

Final Acceptance:

The Final Acceptance cannot occur if the Contractor has not:

Given all the updated and "As-Built" Drawings and Documents to the Owner; and completed administrative filing of the construction works completion report acceptance, according to the Laws, without any objection of relevant construction authority.

最终验收证书：

业主在最终验收时根据"最终验收"条款向承包商颁发的证书。

最终验收：

最终验收不能出现下列情况，承包商没有：

向业主提交全部更新的"竣工"图和文件，并依照法律规定完成工程建设竣工报告验收的行政备案，有关建设主管部门对该报告未有任何异议。

第二节　项 目 启 动

在本章第一节"2. 工时计时日"中谈到，从工时计时日开始真正意义上的合同项下的工程项目就开始计算工期了。下面系统分析一下项目启动的条件和有关问题。

1. 商务条件

1）承包商保函。在一个EPC工程总承包项目中，一般来说总承包商对于业主开出的保函可能有两个，一个是预付款保函，一个是质保金保函。

质保金保函是必要时在项目验收进入缺陷通知期（质保期）前由承包商向业主开出，而预付款保函则是在合同签订、生效后为了获得业主预付款而开出的，这是合同生效后业主第一次正式向承包商付款，是一种来自业主作为启动资金用的无息贷款，一般作为项目启动的最重要条件和标志之一。

2）业主付款保函（信用证）。对于业主来说项目资金来源可能的渠道有：政府、国际金融组织和机构，政府双边贷款或援助，商业银行、出口信贷、项目融资、BOT方式与PPP方式等。对应不同的资金来源渠道业主对承包商的支付保证形式和支付方式也不尽相同。但是国际总承包项目最为常见的资金来源方式是由业主方银行开具的信用证或付款保函，因此，业主由银行开具信用证或付款保函作为付款保证是工程项目启动的重要保证之一，而且开证银行的等级或资信（如要求国际一流商业银行等）及信用证的格式都要在项目合同中约定。当然，有时也根据业主商誉情况、彼此信任程度及业主要求，也可以考虑约定在项目启动后的某个时间节点前由业主方开具付款信用证，甚至该信用证不是合同全额信用证而是约定一定数额的"滚动信用证"。

在国际工程总承包项目中业主的资金保证和实际中承包商获得业主支付保证是承包商最大的风险之一。因此，从合同谈判、签订及项目启动开始到工程项目每项履约、每项结算确认并获得业主的资金保证都是承包商最重要的工作之一。

3）项目公司的申请与注册。在EPC国际总承包项目中，就项目实施而言，按照当地法律要求（主要是针对纳税），分为"离岸部分"（Off-shore）和"在岸部分"（On-shore）的可能性很大，即一部分工程的实施在项目所在国进行，而另一部分工程实施在项目所在国之外。常见的情况是C部分在项目所在国执行，而E和P部分或E和P的大部分在项目所在国之外执行。很多国家的法律对于EPC工程总承包项目中现场实施（现场施工、制作、服务等）的部分特别是现场施工的部分要求项目所在国的公司执行，因此对于EPC工程总承包商来说，从法律或合同的角度上看，如果总承包商作为实施"在岸部分"的合同主体且不是在项目所在国注册的公司，总承包商此时需要自己在当地注册一个子公司或分公司（视情况而定）以承担起对于政府和业主的承包商的责任和履约合同项下的"在岸部分"工程。其实，由于法律上的要求，承包商需要在项目所在国注册成立公司以履约合同项下的"在岸部分"工程，在合同谈判、签约时业主也会提出这个要求，因为鉴于法律对此的具体要求使得整个EPC工程总承包项目的合同必须"拆解"成"在岸部分"和"离岸部分"两部分，而且两部分不仅工作内容不同而且其税率也是完全不同的。

在项目所在国注册公司可能是一个比较复杂的工作，会涉及总承包商公司内部管理规定、国家法律法规的制约以及项目所在国、地区等法律法规的限制。由于这个公司可能还会涉及"施工"问题，因此有些工程项目所在的国家还会对拟成立的公司的施工资质有限制和要求。总之，在工程项目所在国设立、注册公司经常是总承包商从事国际总承包工程项目不可逾越的问题，应尽早予以重视并积极开展工作，特别是对在注册公司时有资质要求的国家要尽早策划，避免出现项目无法实施这一重大风险。

2. 技术条件

任何一个EPC工程建设项目涉及的技术要求和条件不仅种类繁多，而且可能数量庞大。在合同项下的工作范围和合同价格确定后，工程项目中的技术性问题不仅是每时每刻都伴随着工程项目的执行，而且在一般情况下这些技术性的问题特别是技术性细节问题成为影响项目成本和收益的关键因素，由于其种类繁多、数量庞大而且贯穿工程项目执行始终，因此成为工程总承包项目中的重要风险。

1）业主数据和要求的复核。业主数据和要求（Owner's Date & Requirements）是指业主就本项目提供的技术、环境等有关信息和数据，如气象资料和数据，水文资料和数据，地震资料和数据，环保、排放要求，能耗、消耗要求，产能、规模要求等。

关于业主提供的资料、数据甚至要求，FIDIC合同条件的原则和核心要义是免除、解除许多业主的责任甚至风险而增加给承包商，特别是在FIDIC合同条件的银皮书——《设计采购施工（EPC）/交钥匙工程合同条件》（Condition of Contract for EPC /Turnkey Projects）中更为明显，这也就是业界人士"抱怨"FIDIC合同条件"偏袒"甚至"庇护"业主的原因。FIDIC合同条件的银皮书第5.1款【设计义务的一般要求】中规定："承包商应被视为，在基准日期前已仔细审查了业主要求（包括设计标准和计算，如果有）。承包商应实施并负责工程的设计，并在除下列业主应负责的部分外，对业主要求（包括设计标准和计算）的正确性负责。

准备设计的设计人员应：

①是在其所负责的设计科目上具有相应资格、经验和能力的工程师或其他专业人员。

②遵守业主要求中规定的标准（如果有）。（和）

③在适用法律规定下，具有相应的资质和权利进行工程设计。除下述情况外，业主不应对包括在原合同内业主要求中的任何错误、不准确或遗漏负责，并不应认为业主对任何数据或资料给出了准确性或完整性的表示。承包商从业主或其他方面收到任何数据或资料，不应解除承包商对工程项目执行所应承担的职责。

但是，业主应对业主要求中的下列部分，以及由业主（或其代表）提供的下列数据和资料的正确性负责：

①在合同中规定的由业主负责的或不可变的部分、数据和资料。

②对工程或其任何部分的预期目的的说明。

③竣工工程的测试和性能的标准要求。（和）

④除合同另有说明外，承包商不能核实的部分、数据和资料。"

简而言之，从上述 FIDIC 合同条件的要求来看，除非合同中特别明确外，业主不对其提供的数据、信息完整性、准确性等负责。关于这一点，不仅在 FIDIC 合同条件中，而且在实际的合同中也有很相似的条款和规定。为此，承包商应认真核查这些数据和信息，高度重视由此带来的风险和可能造成的损失。

FIDIC 合同条件和实际合同之所以有这样一些规定，其原因可能源于两点：第一，客观上对于 EPC 工程总承包项目来说，几乎工程项目的全部工作都是由承包商来承担，这与仅负责施工或供货的工程项目相比，承包商可获取的利益面会更大，按照利益与风险共担的原则，承包商应该承担这样的义务，这也是业主选择 EPC 工程总承包这一商业模式的原始初衷和目的。第二，从主观上讲，业主选择的是专业的、合格的承包商，而承包商也承认这一点（否则不能也不应该去承揽这样的工程项目合同）。FIDIC 合同条件在描述对设计者（甚至适用于承包商）的要求时使用了"专业人士""有资格胜任的""有经验""有能力的"等词汇，这里默示的含义是承包商应该比业主对于这些问题更专业、更有经验、更胜任，而实际中、原则上也确实应该如此。关于"专业性问题"的责任，在实际合同中，经常会在适当的部分有这样的陈述："业主的任何评价、批复、接受不解除承包商在合同项下的责任"。理论上讲，对于 EPC 工程总承包项目来说，业主的责任是按合同付款，承包商应以专业、经验、能力甚至敬业、竭力等精神并按合同完成工程项目。这一点在 FIDIC、ICE 等系列合同条款及实际的合同条款中均有此体现。承包商无论是在工程项目实际履约过程中，还是在争议（争端）解决时应高度重视这一点。

2）工程地质报告确认。工程地质勘探（Engineering Geological Survey, Soil Survey）是对拟建构筑物所在地利用一定的机具开挖、物探等作业深入了解地下地质情况的工作，是土建基础工程设计的重要条件，对土建基础工程的施工成本和周期有重要的影响。为了获得投标者的报价，一般在投标前业主会安排专业公司开展此项工作，并将有关报告作为基础条件提交给参与投标者供其作为土建基础工程量计算的依据。工程地质勘探按其工作的深度分为"初步勘探"和"详细勘探"，由于各种原因业主在投标前或合同签订前所进行的这种工程地质勘探可能是"初步勘探"也可能是"详细勘探"，而前者只能作为土建基础工程量估算时的依据，后者才可作为准确土建基础工程量计算的依据。如果在投标时甚至在合同签订时承包商仅获得"初步工程地质勘探报告",一般情况下合同中会约定待最终的"详细工程地质勘探报告"完成后按照事先约定的方法允许承包商修改这一部分的工程量继而修改相应部分的合同价格。如果在投标时甚至在合同签订时承包商获得的是最终的"工程地质勘探报告",但业主也会正式告知承包商"此报告仅供参考",在承包商认为有必要时应该予以核查、确认甚至承包商自己进行相应的工程地质勘探并承担相应的费用。因此,在适当的时间至少是在正式土建基础设计前,承包商应核查由业主提供的工程地质报告或自己重新勘探。如发现二者有较大差异,承包商可以与业主重新讨论由这一变化导致工程量增加而引起费用增加的补偿。这一点承包商也应务必引起高度重视。

3)进入现场条件。在 FIDIC 合同条件银皮书第 2.1 款【现场进入权】中规定:"业主应在专用条款中规定的时间(或几个时间)内,给承包商进入和占有现场各部分的权利"。在第 4.13 款【道路通行权和设施】中规定:"承包商应为其所需要的专用和(或)临时道路包括进场道路的通行权,承担全部费用和开支。承包商还应自担风险和费用,取得为工程目的可能需要的现场以外的任何附加设施。"

由此可见,承包商应该在项目启动前充分考虑、妥善处理进入现场开展工作的条件,包括与业主在合同中的有关约定、处理现场需要处理的问题等,不管实际进入现场的时间与项目启动时间是否有差距。因为实际中,现场工程地质勘探或原有报告复核、场地平整甚至土建基础开挖等工作于"工期计时日"甚至更早就有可能开始了(为了抢工期,有可能在合同生效时甚至更早就开始了部分准备工作,比如部分工程设计)。

3. 行政(法律)许可

尽管在前面谈到为了实施"在岸部分"的工作,按照不同国家的法律、法规需要在项目所在地注册承包商自己的公司,甚至需要获得有关施工资质,但是即使是拥有满足法律、法规要求的公司也不意味着承包商可以随意进入拟开展工作的现场,不管这个工作是简单的进入、查看、地质勘探,平整场地还是工程施工,因为各个国家和地区有不同的许可制度。承包商在项目启动前应充分考虑、处理这一因素,防止不能开展现场有关工作或使工作不连续而导致窝工、成本增加的风险。

第六章 工程设计

工程设计（Engineering Design）的定义是根据工程的要求对建设工程所需的技术、经济、资源、环境等条件进行综合分析、论证，编制建设工程设计文件的活动。工程设计是工程项目建设的"龙头"，这个"龙头"的概念不仅是指在工程建设的程序上先有工程设计后有施工建造，以及整个工程项目的建设进度特别是施工进度受工程设计进度的制约（要等图纸施工），更重要的是一个工程建设项目当项目要求（功能）、工作范围、合同价格等合同条件确定后，工程设计是影响工程项目建设质量、项目性能（功能）、项目成本，当然也包括整体工程量和项目建设速度在内的重要因素，因此工程设计也被称为工程项目建设的"灵魂"。在 EPC 工程总承包项目中，就成本而言，当工程设计方案及详细设计完成后，虽然仍然可以在采购、制造及现场施工等方面有很多提升效率的途径和方法，但是一旦工程设计完成了，采购数量、采购物资的性能、施工工程量就确定了，也就是说在 EPC 中，E 定了，P 和 C 就定了，尽管可以在 P 和 C 部分降低成本，但可想而知幅度有限。由于工程设计工作自身的特点，虽然有各种设计标准、规范，但是这些标准、规范具有"通用性""保底性"（为安全、保险起见）等特点，因此对于工程成本来说工程设计水平的影响具有很大的"弹性"，当然这个"弹性"不仅对于工程项目成本，还可能对工程项目质量、安全和进度构成很大的风险。

第一节 设计阶段与作用

由于目的、设计输入条件、设计时段等的不同，工程设计在工程建设业内大体分为概念设计、基本设计、详细设计和竣工图设计。

1. 概念设计

概念设计（Conceptual Design）又称为概念性方案设计，是对工业（工程）化方案提出的愿望和设想，对于业主来说就是愿望和初步的要求。一般在谈"正式"的设计阶段划分时不包括概念设计，而只有基本设计和详细设计，甚至不谈竣工图设计。概念设计的范围和深度比较难以定义，Palh 和 Beitz 于 1984 年在《Engineering Design》一书中将其定义为："在确定任务之后，通过抽象化，拟定功能结构，寻求适当的作用原理及其组合等，确定出基本求解途径，得出求解方案，这一部分设计工作称为概念设计"。

概念设计一般由业主在项目规划、筹划阶段聘请咨询公司完成，也用于工程项目匡算，有时也是业主招标文件中的一部分。

2. 基本设计

基本设计（Basic Design），在我国工程建设界早期也称为初步设计，基本设计的内容和深度依照工程项目的类型不同而有所变化。一般来说，它是工程项目的总体设计、布局设计和功能设计，与工程项目有关的全专业参与、协同的设计。对于工业加工类工程项目来说，主要体现工艺流程设计、总图布置设计、设备的选型与基本布置设计、供配电及自动化控制设计、安装和土建工程量及相应费用的估算等。基本设计是下一阶段施工图设计的基础，也是编制施工招标、主要设备和材料订货的基础文件。对于有些项目的投标文件，其设计工作也要达到基本设计的深度，以便在投标时给出更准确的价格估算。

3. 详细设计

详细设计（Detail Design），国内业界也称为施工图设计。其是根据已批准的基本设计，绘制出正确、完整和尽可能详细的建筑、安装施工图，包括建设项目工程的详图、零部件结构图和明细表、材料表，甚至还可能包括验收标准、方法、施工预算等。此设计文件应当满足土建施工材料采购、加工以及设备、设施等的安装材料采购、非标准设备制作和土建及安装施工的需要。

4. 竣工图设计

工程项目竣工图（As-Built Drawings）是按照工程完成后的实际情况所绘制的图纸，包括在工程项目施工过程中对原详细设计图中图纸和表格等的修改和核对。主要的目的是为了资料的保存，特别是用于该工程今后改建、扩建以及维修时查阅。有时工程项目竣工图也用作项目结算的依据。竣工图设计可由原设计公司完成也可以由相应的施工或其他单位完成。一般情况下，该项设计文件最晚在工程项目最终验收前提交业主，而且也会成为业主支付质保金或退还质保金保函的前提条件之一。FIDIC合同条件对工程竣工资料提出了相应的要求，FIDIC合同条件银皮书第5.6款【竣工记录】中规定："承包商应编制并随时更新一套完整的、有关工程施工情况的'已完工程'记录，如实记载竣工工程的准确位置、尺寸和实施工作的详细说明。竣工记录的格式、参考系、电子存储系统和其他相关细节应符合业主要求中的规定（如果未规定，则应以业主接受为准）。这些记录应保存在现场，并仅限于用于本款的目的。"

第二节　设计输入条件

设计过程是一个"输入"和"产出"的过程，一般情况下的设计输入包括：业主要求，如功能（性能）要求、流程要求、供货商品牌要求等；自然条件如风力、地震烈度、地形条件、地耐力情况等；对于生产加工类工程项目还包括原燃料情况、电力供应情况等；也包括法律及业主要求使用的设计标准与规范；更包括设计师的思想、经验、能力等。在EPC工程总承包项目中设计的"产出"主要是用于施工的图纸、说明书及设备和材料等的采购信息。不同的设计输入会导致完全不同的设计产品，而在要求设计产品相同但设计输入不同时会导致生产过程（流程）不同、采用设备不同或施工成本不同等。因此设计输入是工程设计工作的重要环节，是设计自身成败与否、工程项目成败与否的关键因素之一，也是影响工程项目成本的重要因素，设计输入不当和错误会导致EPC工程总承包项目产生重大的风险。

1. 业主要求与数据

业主要求和提供的数据是最重要的设计输入之一，例如项目的功能（性能）要求，建、构筑物形式和外观要求，采用设计标准、规范要求，原燃材料数据，气象数据、供电、供水数据等。但是，在第五章第二节中谈到，按照FICDIC合同条件的原则和实际合同条款，在EPC工程总承包项目中业主仅对部分自己提出的要求和数据的正确性负责，其余的数据与信息的准确性、完整性等均由承包商承担责任和风险。同时，实际操作中这些数据和信息资料甚至业主要求等业主并不会在投标、合同谈判和签订时一次性提完，随着工程项目的实施还会有补充、完善甚至新的要求、变更出现。这些业主负责的和不负责的，确定的和不确定的要求、数据和信息等不仅对工程设计的进度和质量有重要的影响，最关键的是它们对整个工程项目的进度、成本、项目的功能（性能）甚至整个工程项目的成败也会产生重大的影响。为了防范、应对这些因素的干扰、风险甚至损失的发生，总承包商及设计分包商（如果有）应高度重视、严格把控设计输入条件来源、时间、责任、准确性等问题。

1）首先在合同签订时要界定哪些要求、数据、信息由业主提供。

2）对于属于业主要求中其"不可推卸责任"且对工程设计和项目成本、目标保证等的信息，如项目功能（性能）、规模、考核办法、适用标准和规范（国家强制性要求的除外）等，要明确列入合同中作为业主责任。

3）对于由业主提供且直接影响工程设计、设备采购、施工方案的进度、成本、保证值等数据，如工业加工类项目的原燃料数据、供电、供水技术数据等，也要求列入合同中作为业主责任。

4）对于业主需要分期、分批提供的数据和信息，在合同签订时要明确约定多版次数据、信息的"基准版本""最后关门时间"等要素以及由此可能带来工期进度、工程成本等变化、调整的方法或原则等。这一点在实际中经常发生，也是产生工程设计进度、采购和施工进度和成本变化等风险的重要原因。

5）对于由业主在招标、合同签订乃至工程项目实施过程中提供的其他各类数据、信息，如现场工程地质资料、气象数据和资料、地震资料、水文资料等，承包商也应及时向有关方面核实或重新获得（含自费获得）。同时，对于自身就需要了解、掌握的用于作为设计输入的数据和信息，承包商要科学、谨慎、及时地获取，确保数据和信息充分、全面及准确。

2. 变更

除了常规的业主要求和提供的数据是重要的设计输入以外，还有一个重要因素——变更，而在实际中这一变更在合同签订后可能会发生在自工程设计到项目竣工验收的工程项目整个实施全过程，因此，变更对包括工程设计在内的工程实施的每个阶段都产生影响。

产生变更的原因主要有三个：业主原因（改变想法、资金变化等），外界原因（法律要求、例外事件等），承包商原因（优化建议、能力不适等），其中因为业主想法的改变产生的变更是最常见的，也是在工程设计过程中对工程设计影响比较大的因素。因此，无论是工程项目的总承包商还是设计分包商（如果有）都应在工程设计过程中高度重视业主方提出的变更并及时采取相应的对策：

1）及时评估该变更对设计、采购及施工的影响并以正确的形式告知业主。

2）及时与业主商谈修改原合同的相关部分并就进度、费用、保证值等问题（如果有）签订新的补充协议。

3）及时将这种双方已经确定的变更以规定的设计程序传递给设计者做设计变更或重新设计。同时也将可能的影响传递给采购和施工环节，避免因信息传递不畅造成损失。

3. 供货商提供的数据与资料

工程总承包项目，特别是 EPC 工程总承包项目不仅有大量的设备、材料采购任务，而且采购工作与设计工作相辅相成，互相支持又互相制约。基本设计的成果是采购清单和采购招标的基础，在基本设计获得批准后就可以正式开展采购工作。而设备订货完成后则会要求设备供货商按时提交所购设备的有关资料和数据作为详细设计的依据和基础资料，如设备的外形尺寸、设备重量、用电和控制要求、用水情况等，所有这些都是工艺设计、结构设计、电气和自动化设计及给水排水设计等的基础、设计输入。由于采购设备种类、数量繁多、周期漫长，而且有些已签订合同的设备需要重新设计或改进部分设计，所以由供货商提供数据、资料作为设计输入这项工作数量大、时间跨度大、出错率高，是影响设计质量、设计进度甚至性能保证的重要因素，也是在设计环节上难以掌控的风险之一，因此应该准确把握、严格控制。

1）在采购合同中明确要求供货商提供的资料和"硬件设备"一样是采购（供货）的一部分，供货商同样要对其质量、进度等负责，同时设备付款、罚则等要与资料提供直接挂钩。同时明确规定供货商提交资料的版次、内容深度、时间、联系人、确认人等要素。

2）由于许多大型工程公司多采用矩阵管理架构，即无论采购工作和设计是分属两个公司还是同属一个公司，他们至少分属两个不同的部门或者两个不同的业务板块。由于供货商资料不仅需要催缴，还要及时检查、确认该资料的准确性、适宜性等技术环节，所以实际中可能出现负责采购的不负责或不懂资料的技术问题，而负责设计的懂技术、需要资料者又不直接接触采购和向供货商索要设备资料的情况。因此，在工程公司内部组织制定科学的、有效的"采购设备的资料管理制度"并有效实施十分重要。

3）在实际操作中，要特别关注资料版次的内容深度、准确度和约定时间等；注重资料传递的及时性和准确性，对于不正确的资料要及时返回并更新。

4）设计者（部门）对供货商提供资料的正确性和时限性的评价、考核是确认供货商是否完成"资料供货"任务和相应付款的唯一凭据，以此确保硬件设备供货和资料提供同等重要的管理理念的落实，降低供货商在提交设备资料环节产生的风险。

4. 工程设计的技术标准和法规

原则上说，工程设计的依据有两个，一个是业主的要求特别是功能（性能）、设计原则的要求，二是技术标准、规范和法律法规。在工程设计中采用的技术标准和法律法规既是工程设计要遵守的法则，从设计管理来说也是工程设计的输入条件之一。不同的技术标准、规范和法律法规要求会导致最终设计产品的成本和性能等均不相同。同时，工程设计依据的标准、规范不同，会导致计算方法、设计习惯等操作层面很多的不同，因此产生的设计速度和难度差距也很大。

FIDIC 合同条件银皮书第 5.4 款【技术标准和法规】中规定："设计、承包商文件、实施和竣工的工程均应符合工程所在国的技术标准，建筑、施工和环境方面的法律，适用于工程将生产的产品的法律，以及业主要求中提出的适用于工程或适用法律规定的其他标准。

所有这些关于工程和各单位工程的法规，应是在业主根据第 10 条'雇主的接收'的规定接收工程或单位工程时通行的。除非另有说明，合同中提到的各项已公布的标准，应视为在基准日期适用的版本。

如果在基准日期后，上述版本有修改或新的标准生效，承包商应通知业主，并（如适宜）提交遵守新标准的建议书。如果：

（a）业主认为需要遵守，且这样的遵守需要对工程实施进行改变。

（b）遵守新标准的建议书构成一项变更时，业主应按照第 13 条'变更和调整'的规定着手做出变更。"

由此可见，在开展国际工程总承包项目时设计者至少要遵守两类标准与规范，一是工程项目所在国的标准与规范，特别是强制性标准与规范，二是业主在合同中要求的标准与规范。标准、规范问题涉及 EPC 全方位、全过程，即不仅涉及工程设计，还涉及所采购设备的设计和制造、验收，涉及现场施工方法及工程验收等，但由于本章节是讨论关于工程设计问题，所以，其他方面涉及的标准、规范问题将在后面的章节讨论。

在国际工程总承包项目中，有些国家标准、规范齐全且只允许使用本国标准与规范，有些国家即允许使用本国标准、规范也可选用经批准的其他国家的标准与规范，而有些国家基本没有自己的标准与规范但只允许使用被批准的一些国家的标准与规范。因此，在国际工程总承包项目中，总承包商或设计分包商首先要了解项目所在国这方面的法律法规，然后才能同意业主要求的、与该国法律法规不冲突的第三国的标准和规范用于本合同项下的工程项目并明确于所签合同之中。国际上被第三国比较普遍接收的工程设计规范有美国的 ASTM、原英国的 BS、德国的 DIN、日本的 JIS，以及欧洲规范 EN 等，中国的国家标准（GB 标准）在国外的工程设计中采用比较少。而在这些标准、规范中，有些是项目所在国要求强制执行的"强制性"标准、规范，比如有关涉及消防、安全等；有些是"非强制性"标准、规范，例如厂内道路、混凝土设计规范等。对于"非强制性"标准、规范，承包商应力争说服业主同意采用承包商（设计分包商）比较熟悉的标准、规范作为本项目适用的标准、规范。

由于社会和技术的进步，各国、各类标准、规范经常不断更新、升级，及时处理标准、规范的升级换代问题也是承包商（设计分包商）面临的风险。FIDIC 合同条件银皮书第 5.4 款【技术标准和法规】中有这样的陈述："除非另有说明，合同中提到的各项已公布标准，应视为基准日期适用的版本"。而这里提到的"基准日期"在 FIDIC 合同条件银皮书第 1.1.2 项规定为："基准日期系指投标书日期前 28 天的日期"。FIDIC 之所以有这样的规定是因为合同中的价格是基于承包商在投标时对工程量和单价的考虑，而工程量是依据一定法律法规及标准和规范的工程设计计算（或估算）而来。所以 FIDIC 把递交投标书前 28 天作为一个界限即"基准日期"，在这个日期以后且在项目合同履约期内新的法律、法规，或更新的法律、法规公布实施并对项目产生影响时，承包商可以提出变更建议书。

在国际 EPC 工程总承包项目的工程设计这个环节，承包商可能面临的法律、规范方面的风险有：

1）因项目所在国家法律、法规和（或）业主要求的原因，承包商不得不使用不熟悉的国家法律法规及标准规范并可能导致设计进度、质量等方面的风险和损失。

2）尽管雇用了熟悉合同规定的法律法规和标准规范的其他咨询公司，但因控制、管理或利益关系等原因导致设计质量、进度和成本以及由此引起的其他方面的风险和损失。

3）因采用的国家法律法规和标准规范与承包商（或设计分包商）已经熟悉的国家的法律法规和标准规范的差异导致在投标时工程量估算与实际值的偏差，致使实际成本的增加。

4）对这些国家的法律法规和标准规范的增减、更新了解不及时、不准确、不全面导致违约的风险和损失。

为此，在开展国际工程总承包项目时，在涉及工程设计中采用标准、规范问题时，承包商应积极采取有效措施最大限度降低相关的风险和损失：

1）在参与投标等前期阶段，应认真、全面、深入地了解项目所在国相关规定，为合同谈判、项目执行奠定好基础。

2）工程设计公司应该积极培养一支掌握国际上常用标准、规范的工程设计队伍，如 EN、ASTM 规范。

3）在合同谈判中，力争说服业主对于项目所在国非强制性使用的标准、规范采用承包商熟悉的标准与规范。

4）在采用其他国家标准、规范时必须正视不同标准、规范之间的差异，在设计效率以及审核把关等方面给予高度关注。

5）当以分包形式聘用其他设计公司时，应更加注重设计管理，特别是两个公司之间各专业的配合以及有效使用"限额设计"等的方法控制工程量，不能"一包了之"。即使总承包商不了解、不熟悉所采用的标准、规范，也要开展一定的审核程序或再聘请第三方审核，防止工程设计完全失控。

6）当合同约定可以采用承包商熟悉的标准、规范但必须转换成另一国的标准、规范时，承包商及设计分包商（如果有）首先应注意与负责标准、规范转换的合作伙伴合同的签订，以工程设计获得批准为第一要务并与费用支付有机结合，同时注重完成时间、工程量控制等因素；其次也要加强了解该国标准、规范的特点，加强与合作伙伴的沟通与协作，使工程设计的审批更加顺利同时防止发生工程量增加的风险。

第三节　设计过程管理

1. 总承包项目中工程设计的作用与设计管理

设计是一个历史悠久的服务行业，而工程设计的功能和性质除了前面的描述以外，还应该多一个特色——咨询，即工程设计在过去的几百年中往往是以"咨询"为抓手向客户提供服务。在本章开篇就对工程设计的定义做了解释："工程设计是根据工程的要求，对建设工程所需的技术、经济、资源、环境等条件进行综合分析、论证，编制建设工程设计文件的活动"。由此可见，工程设计的成果至少有两个特性，一是它是一份文件，包括图纸、说明、表格；二是它不是一个最终的产品，是作为第三方的服务商为投资者（第一方）雇用建设者（第二方）提供的"技术层面"的支持或代表投资者对建设者提出的"技术要求"，是为投资者提供的咨询。因此，设计者（设计分包商、设计部门）在工程建设的产业链上既不是投资者，也不是工程项目施工的具体实施者，是这个过程的桥梁，简单通俗地讲："它既不是出钱的，也不是具体干活的"，是"咨询的"。至于它在工程总承包项目中的作用和意义稍后会讨论，但确定其咨询身份和桥梁的作用，对于整个工程总承包的管理、工程总承包项目中设计的管理（或管理设计）都非常重要。

关于设计管理，站在不同的角度会有不同的定义、解释和理解。英国设计师Michael Farry于1966年提出："设计管理是在界定设计问题，寻找合适设计师，且尽可能地使设计师在既定的预算内及时解决设计问题"。这是站在一个设计师的角度给出设计任务、找到合适的人，并协助设计师解决设计中遇到的问题从而完成设计任务来理解设计管理。而传统的教科书中从组织、管理的角度对设计管理的定义为：在一定的组织环境下，对组织中所拥有的资源进行有效的计划、组织、领导和控制，有效地完成组织所既定的设计任务目标的过程。这是设计公司（设计院）作为一个从事工程设计的企业的角度，来描述设计管理的工作内容以及目的。那么站在工程总承包项目的角度如何来定义、解释、理解设计管理，也会是仁者见仁智者见智。但是，站在工程总承包项目管理的角度，除了在意工程设计在EPC中作为"一份子"自身的管理诸如质量、进度、成本以外，更应关注工程设计在EPC工程总承包项目这个"产业链"上发挥的作用，特别是对采购、施工的支撑和促进以及设计与采购、施工之间的协同。所以在工程总承包项目中做好设计自身管理固然重要，但在工程总承包项目中管理好设计及其作用更为重要。

国外的研究表明，工程设计影响着质量事故的百分之四十和工程投资的百分之八十。在工程总承包项目的管理链条上：在进度上，采购等待着设计参数，现场施工等待着设计图和文件；在质量上，设计（含文件）的质量直接影响采购的准确性、现场施工的质量；在成本上，设计工作完成后百分之八十以上的成本已固定，至于仅靠采购的议价、现场施工管理水平的提高，其成本的降低是有限的。这些数据和实际的情况已被工程建设界所公认，但是，在工程总承包项目的实际管理上，无论是工程公司层面的管理还是工程项目（项目经理部）层面的管理是否在"设计管理"还是"管理设计"上使用了百分之四十到百分之八十的精力？答案应该是否定的，这里的原因是多方面的，但风险却是显而易见的。

2. 工程总承包项目中设计环节的风险

工程设计在工程总承包项目中的责任与义务是由工程总承包这项业务或业务的特性和需要产生的，并以合同或内部委托的形式赋予工程设计这项业务，这个合同或委托包括工程总承包商与业主之间的主合同，也包括工程总承包商与设计分包商之间的工程设计合同（如果有）以及公司内部的委托（单）关系。

前已述之，FIDIC合同条件是国际工程总承包项目合同的模板，其内容涉及工程总承包的各个方面，或者说工程总承包项目中当事方关心的问题，在FIDIC合同条件中基本都能有所体现。因此，首先归纳一下在FIDIC合同条件银皮书第5条中有关工程设计的条款和要求，这些内容是国际EPC工程总承包项目中承包商（设计分包商）有关工程设计的责任与义务（但不限于）：

1）承包商被认为在基准日期前已仔细检查了业主要求（包括设计标准和计算，如果有），除应业主负责的部分外，承包商对业主要求（包括设计标准和计算）的正确性包括遗漏负责。

2）承包商从业主或其他方面收到的任何数据或资料，不解除承包商对设计和工程施工承担的责任。

3）承包商应该按规定的语言编制并提交承包商文件，包括设计、竣工文件和操作、维修手册（视情况）等。

4）承包商按合同要求报审有关文件，如果该文件不符合合同要求，承包商应自费修正并重新上报审核。

5）除另有约定，工程设计未经业主审核，相应的工程项目不得开工。

6）业主对工程设计的审核或之前形成的协议，不解除承包商的任何义务和责任。

7）承包商保证设计、文件、施工、竣工全部符合项目所在国的有关法律，适用于工程将生产的产品的法律，适用于合同中业主要求的适用于本工程的合法的其他标准。

8）承包商使用基准日期前生效的法律、标准、规范完成承包商文件，包括设计图、操作手册等，如果在基准日期后上述法律、标准、规范修改或更新，承包商应通知业主并提出建议书，由业主确定是否做出相应的变更。

9）即使是经过业主的同意或批准，任何承包商的文件（含设计等）发现任何错误、遗漏、含糊、不一致、不适应或其他缺陷，承包商仍应自费对这些缺陷和带来的问题进行改正。

现将上述承包商在工程设计环节的主要责任与义务列于表6-1。

表6-1　承包商的工程设计责任与义务

	事项	内容要求
承包商的工程设计责任与义务	设计输入	审查业主要求和资料；自我收集资料和数据
	设计及文件	按规定完成设计和有关文件
	报审报批	按规定提请业主审查批准设计和文件，否则不得开工
	修改	修改设计和文件中的错误和缺陷
	法律法规和标准规范	设计和文件等应遵守有关法律法规和标准规范；当法律法规和标准规范变化时向业主提出建议
	与业主的责任关系	业主不对所提资料、数据等的全面性、准确性负责；业主审核、同意与批准等不解除承包商的责任

从上面的表述中可以看出，国际EPC工程总承包项目与国内项目相比，承包商（设计分包商），或工程总承包公司内部的设计部几乎承担涉及工程设计全部工作的责任。

FIDIC合同条件中这些规定在实际工程总承包项目的合同中也会体现并细化为合同中的相应条款。此外，除了这些合同中的"明示条款"以外，在具体合同中特别是"合同通用条款"中会用一些词汇以"合同原则"来"暗示"或规范工程总承包特别是工程设计工作，诸如良好的经验、专业、技能、安全、行业惯例等。

【合同实例】

The Contractor undertakes to perform the Works and to deliver to the Owner the Supplies Systems, Drawings and Documents in a timely, professional, safe and environmentally responsible manner and in accordance with the Scope of Works, all other terms and conditions of the Contract, all Permits, all applicable Laws and Best Industry Practice.

Best Industry Practices: The most stringent of the practices, methods, specifications, standards of safety, engineering, design, procurement and performance (including standards relating to the operation and maintenance of the completed Plant) and acts which are generally engaged in or observed by ×× design, engineering, and construction industries with respect to the design, engineering and construction of facilities similar to the Plant and which, with respect to any objective, may be expected, in the exercise of reasonable judgement, to accomplish the same in a manner consistent with applicable Laws, Permits, reliability, safety and environmental protection requirements, economy and expediency.

承包商承诺按照工程范围、合同的所有其他条款和条件、所有许可证、所有适用法律和最佳行业实践，及时、专业、安全和对环境负责地实施工程，并将供货、图纸和文件交付给业主。

最佳行业实践：是指最严格的实践、方法、规格、安全标准、工程、设计、采购和履约（包括与已完成工厂的运营和维护有关的标准），这些设计、工程、建设行为要参照、遵守××国类似工厂相应的设计、工程和建设，就任何目标而言，其合理的评判标准是希望以满足所适用法律、许可证、可靠性、安全和环境保护要求、经济合理的方式来完成。

关于这一点在 FIDIC 合同条件和有关国际法律中对于工程设计和"工程师"（"咨询工程师"）这样的行业或职业都有类似这样的"职业技能""职业操守""原则要求"等要求或规定，比如在 FIDIC 合同条件银皮书第 17.4 款【由承包商赔偿】中规定："承包商还应保障并保护业主免受承包商在履行承包商设计义务过程中的所有行为、错误或疏忽的伤害，这些行为、错误或疏忽会导致工程（或工段、部分或主要设备项目，如果有）竣工时，不符合第 4.1 款【承包商的一般义务】规定的预期用途"。这里所说的"预期用途"就是工程项目业主的最终愿望和目标，是一个原则的概念、原则的要求。在合同条款中对某项事宜没有进行表述或没有清楚表明时，业主可以利用这样的原则指证承包商违约，类似的条款也可见于 FIDIC 咨询服务合同中，在 FIDIC 咨询服务合同中就有关于咨询工程师（The Consultant）要"尽职"工作的规定，FIDIC 业主咨询工程师标准服务协议书（1998 年第 3 版白皮书）第 5 条【认真尽职和行使职权】规定："（1）咨询工程师在根据协议书履行其义务时，运用合理的技能、谨慎勤奋地工作……"。

由于在 EPC 工程总承包项目中，承包商承担了绝大部分工作，而且是一个系统的、连续的工作，理论上业主只负责付款、检查和验收。因此承包商在从这个完整链条上获得"系列利益"的同时，系列的风险甚至这个完整链条上风险的叠加也随之而来。根据合同条款中承包商的责任和义务（无论是明示的还是默示的），结合工程设计在工程总承包中的作用，归纳在工程总承包项目中工程设计这个环节可能产生的主要风险有：

1）在合同中对于业主是否应该负责的要求、数据和信息分类界定不清，其提交时间、内容及对延误、错误发生的影响描述不够，导致工程设计变更、延误甚至会产生项目性能上缺陷的风险。

2）对于业主提供但需要由承包商核实的数据和信息，因承包商核实的力度不够导致设计输入的错误，特别是对于业主提供的现场工程地质资料，由于时间、费用的原因往往忽视其核实。

3）对于业主要求的忽视、漠视、错误理解、遗漏等带来的风险。在此特别提醒的是"漠视"业主要求在中国的传统设计公司中会时有发生，一些设计师在一些传统的工程项目中会按照自己对以往同样或同类工程项目的理解及在以往工程项目中的做法去开展设计，而不去理会业主的要求，甚至在工程设计审查时依然与业主的要求"对抗"。

4）对于供货商提供的设计资料索要、更新不及时，准确性核实不够导致工程设计延误和错误。

5）工程设计无论是由总承包商内部的设计部还是设计分包商完成，由于条块划分和考核机制的原因，设计者的利益与工程总承包商的最终效益一致性差，产生进度、成本上的风险。

6）设计部门（分包商）对于国际标准、规范的不熟练，以及这些标准、规范的更新带来的风险。

7）设计部门（分包商）能力、内部专业间配合以及设计习惯（如设计文件内容和深度、图纸表示等）不适应国际工程总承包项目要求带来的风险。

8）设计部门（分包商）与业主（业主工程师）沟通不及时、沟通效果不佳带来的风险。

9）业主的审核对进度和成本带来的风险。

现将上述工程设计可能产生的风险原因和结果简述于表6-2。

表6-2 工程设计可能产生的风险

	产生原因	风险结果
工程设计可能产生的风险	合同中关于业主要求、数据等阐述不清晰	设计更改、延误以及项目功能受损
	对于业主提供数据和信息等审查不够	设计输入错误
	忽视业主要求，按设计者自己的理解和经验设计	不满足业主要求
	对供货商提供的设计资料管理不当	设计延误和错误
	工程管理与设计管理脱节，利益不一致	进度和成本受影响
	设计者对标准规范掌握不够	进度和成本受影响，业主拒绝批准
	设计部门能力及内部管理缺陷	同上
	与业主沟通不畅	进度受影响
	业主审核不顺利	进度和成本受影响

在国际工程总承包项目中，排除外界的影响包括自然条件干扰、政治环境变化、大经济环境变化等因素外，工程总承包项目内部工程设计环节是可能产生风险的最大因素之一。因为工程设计本身的复杂性，接口的多样性，业主干预的可能性，特别是工程设计的工作质量（设计质量、进度，对降低成本和提高性能的作用）在工程总承包中如何衡量、考核、奖惩等管理要素难以掌控。而且在具体工程总承包项目实施中对这些要素的管理如何"实时"发挥积极的作用而不是"秋后算账"，是EPC工程总承包项目管理中最大也是最难解决的问题之一。工程设计之所以在工程总承包项目的运行链上会对工程总承包项目构成风险，其实质是在工程总承包项目中的工程设计自身没有在这个运行链上履行（或很好履行）其应尽的责任和义务，而从管理的角度上看是因为工程项目管理没有到位，没有使工程设计发挥应有的作用甚至发挥了不利的作用。

3. 工程设计环节的风险防范与加强设计管理

设计管理本身是一门科学，有其固有的规律，例如人才培养与使用，计划安排与专业配合，审校与审查，信息反馈、绩效的考核等，这些工作在任何时候都是设计管理的重要组成部分。这里重点分析、研究在EPC工程总承包项下的设计管理要点以及工程设计对工程总承包的影响和如何增加工程设计对工程总承包项目的贡献。

在以往的、传统的雇佣或合同关系中，工程设计是直接服务于业主的，其合同关系也是设计（咨询）公司（院）直接与业主签订的工程设计合同，这一点在国内更是如此。而且按照国际惯例设计合同只是对设计工作本身负责，是直接责任和有限责任，责任限度一般最大为工程设计合同额，即卖方对终端客户的最大经济责任限度是工程设计合同的合同总额，而不论工程设计工作的质量如何、给终端客户（业主）造成多大的损失。但是在工程总承包的情况下，如果工程设计工作的质量影响到终端客户——业主的利益，业主追究总承包商的责任绝不限于工程设计合同（费）的额度，而是相应部分的工程甚至整个工程项目相关费用。简单地说，在工程总承包情况下，由于工程设计的失误导致业主对工程总承包商的索赔与工程总承包商索赔设计分包商的额度不对等而且差距可能"巨大"，这样就出现了一个责任的"真空区"，这个"真空区"无论是工程总承包商与设计分包商分属两个独立法人公司之间还是在同一个公司的工程管理部与设计管理部之间是客观存在的。这个"真空区"是工程总承包项下的最大的风险之一。因此，建立有效的工程设计的工作质量（这里所说的工作质量不仅是工程设计质量，还包括协同、进度、成本等）与工程总承包效益之间的联动机制是工程总承包项下设计管理或管理设计的关键。

工程总承包项下工程设计的管理的重要性和特殊性，要求工程总承包项下对工程设计的管理采取与工程总承包业务特性相适应的管理模式和方法。

无论是总承包项下的设计分包还是同一公司下的"设计分工"，就管理模式来说无非是"矩阵式"管理和"直线式"管理两种。前者员工是双线汇报的模式，其上司有两个，一个是流程上司，一个是专业上司，流程上司负责日常管理与考核，专业上司负责晋升和任免；而后者直线式管理一切都是单一的、直接的。站在工程设计公司的角度，矩阵式管理资源利用充分、专业技能提高快。站在某个具体项目的角度直线式管理效率高、保证性强、奖惩措施直接且易于操作。正是这两种模式有各自明显的优缺点，无论是在理论上还是实践中都难分伯仲。而在实际中就某一个工程总承包项目而言，几乎没有可能把整个工程项目所需要的设计人员全体、全天候纳入这个项目之中而不计其效率和成本，因此横向的协同与管理应该是"永远"存在的，即使是在"直线式"模式下工程设计人员数量随工程进度也会调整、变化。因此，在此讨论的是工程设计与项目管理属于"矩阵式"管理模式下的风险防范措施与工程设计管理的要点。

(1) 工程总承包商自行完成工程设计

1）在公司内部分配制度上，努力提高工程量指标、项目结算利润（与工程量指标分列，增加设计者对项目更多的关注感）在设计产值（工资）分配中的比例。

2）至少在项目周期内将设计总负责人（含技术总负责人，如果有）纳入项目工程部的管理和考核体系，在可能的情况下将主要专业负责人也同时纳入。

3）在投标阶段，组织设计团队认真研读标书要求并首先按要求开展技术标的编制，在适当时推出对公司竞标有利的不同方案，但必须注明成"参考项"或"备选项"；同时充分利用标书澄清阶段的机会"推销"本公司的优势，争取中标机会，有利于签约后合同的顺利完成且利益最大化。总之，工程总承包商要注重设计工作前移化、精细化，从起跑线开始防范风险并为后续工程项目的执行创造有利条件。

4）合同中的技术文件包括图纸、技术说明和设备规格书等应尽量详细、全面，任何模糊甚至遗漏在工程项目执行中都可能成为承包商的风险和损失。

5）在工程设计开工前做好合同技术文件的交底和开工报告。组织参与前期项目投标和合同谈判的技术人员讲解合同技术部分的要点，从投标到合同签订过程中双方交流甚至争执的焦点，避免在合同执行中因人员变动使一些问题再"炒冷饭"影响进度甚至业主对承包商内部管理、信息传递的不满。在条件允许的情况下，在各专业负责人的安排上尽量让原来参与投标的人员担当，保持工作的连续性以提高效率，降低影响进度的风险。

6）作为职业素质培养，在设计人员中强化遵守合同和经济意识。在保证满足合同、规范要求和项目目标功能的前提下，追求技术方案及设计优化的经济效益。充分利用 BIM 等现代手段，在完成工程设计的同时给出工程量甚至相应的工程项目造价（成本）。

7）在项目实施阶段，严格按合同要求和公司内部制度开展设计过程管控，做到实时监控和奖惩，防止因总承包商自己有设计团队而造成的"灯下黑"，在进度、工程量控制、设计优化等方面真正发挥本公司拥有设计资源的优势；注意在过程中采用的设计标准、规范的更新，做好与业主的及时沟通，防止相应的风险的产生。

8）采用限额设计在某种程度上是防止成本"突破"的比较有效的办法，特别是土木的结构设计，对于工程设计工作质量与工程总承包效益因种种原因"挂钩"不明显时"限额设计"非常实用。但是，限额设计最大的问题是限额的"额度"制订的依据不充分，一般为投标报价时的工程量或投标额，而投标报价时设计工作的深度很浅，一般情况下可最多达到基本设计深度，也就是说，还没有开始正式设计之前怎么知道这个"限额"的额度准确值是多少？所以，限额设计是个经常使用的方法也是比较有效的方法，但是依然是一个比较粗犷性的办法，具有一定的局限性。

9）在公司内部的设计和采购部门之间建立技术与商务方面的联动机制，设计部门做好采购工作的技术支持，在合同框架下提高采购物资的性价比；建立有效的供货商资料的收集、验证和传递制度，确保设计所需资料的及时性和准确性，保证工程设计进度和质量。做好设计部门与现场施工的衔接，适时安排设计人员驻场服务包括必要、可行的现场变更，保证工程建设质量、加快建设进度。

关于采用"投保"的方式防范工程项目中的风险，在传统的项目中被广泛使用。但是在工程总承包项目中特别是 EPC 工程总承包项目中，现有的保险产品叠加后还是不足以覆盖 EPC 工程总承包商所承担的全面责任；尽管就工程设计而言，也有类似的"勘察设计责任保险"，但是也如同 EPC 工程总承包一样，其"覆盖面积"也不足以弥补工程设计可能产生的风险。因为这些保险一般只能关注到"公共类事务"特别是重点在"被保项"产生的人身安全、财产安全等，但 EPC 工程总承包项目中包括了大量的设备采购和工程设计，而这些与业主的预期、合同的目标（工程的预期功能、性能）以及项目进度（含设计进度）、成本直接相关，相反，目前的保险产品不能覆盖工程预期、工程成本这些最大风险项。造成上述情况的原因是这些风险涉及大量的技术和管理细节而非承包商（设计商）以往的经验、信誉等，因此对于保险公司来说难以对于这类保险业务进行事先评估、事中分析确认、事后确定赔偿。因此目前市场上各主流保险公司提供的保险产品主要集中在建筑工程一切险、施工人员意外伤害保险等一些常规保险。所以对于 EPC 工程总承包项目以及 EPC 工程总承包项下的工程设计来说，通过购买商业保险一般只能解决安全类风险分担问题，而难以解决工程的预期功能性（主要取决于工程设计和设备性能）、成本、进度等风险的分担问题。

（2）总承包商采用设计分包模式　当工程总承包商与承担工程设计工作的公司不是一个法人单位而是以合同的形式进行设计分包时，在参考上述"（1）"中有关风险防范措施原则外，应特别注意以下六点：

1）在投标阶段，积极组织设计分包商认真研读标书要求并按要求开展技术标的编制；在项目实施阶段，管理设计分包商严格按合同要求开展工程设计。

2）宜将工程设计费拆分为固定费＋工程量或项目成本（利润）挂钩分别结算。

3）工程总承包商应安排自己的设计经理其至主要专业负责人参与整个设计工作的全过程；参与并组织好设计审查会、设计联络会等与业主接口的会议或活动，协调、管控工程设计的全过程，杜绝"一包了之"。

4）特别关注、控制与投标报价或合同中方案不同的设计变更，包括业主提出的变更和设计分包商自行的变更，任何的变更应按总承包商与设计分包商之间的合同约定提前提交总承包商审查、批准。

5）对于设计分包商在进度、工程量或其他优化方案方面的贡献，总承包商要及时给予奖励，充分调动设计者的积极性。

6）工程总承包商积极组织好由供货商提供的资料搜集、验证和传递，确保设计所需资料的质量和进度。

第四节　设计审查与批复

1. 关于业主审查的要求

前面谈过，在 EPC 工程总承包项目中，业主的最主要权利与义务是付款、过程检查（审查）和结果验收，而在一般长达几年的工程项目执行过程中，业主方经常性的工作就是检查或审查承包商的工作过程和阶段成果，特别是对于设计和现场施工过程的检查和审查。尽管对于工程设计和现场施工来说都是有标准、规范的，但是相对而言，施工的标准和规范都很细化、很具体，作业者易于操作和执行，检查者易于检验，模糊的空间、灵活的程度不大，因此可能产生的争议就不大。然而，工程设计的审查和检查则不同，因为虽然工程设计也有标准、规范，但相对于施工来说，这些标准、规范没有施工的标准、规范那么细化、具体，因此在审查者和被审查者之间容易产生理解的不同甚至争议。然而，由于业主的"优势"地位让这种理解的不同甚至争议使得业主（业主工程师、业主咨询公司）的意见和要求在审查这个环节上占有主导地位，即承包商不服从业主就不批准，从而使业主的审查成为工程设计中承包商最大的风险之一，而且难以评估、预测和控制。

FIDIC 合同条件银皮书第 5.2.2 项【由雇主审核】中规定："除非业主要求中另有说明，审核期不应超过 21 天，从业主收到一份承包商文件和承包商通知的日期算起；'承包商文件'不包括任何业主要求或条款中未规定要提交审核的文件，但是包括保证规定的承包商文件完整性的所有文件。

'承包商通知'系指说明承包商认为相关承包商文件已准备好根据本款第 5.2.2 项进行审查和使用，并符合业主要求和相关条款，或列明不符合的内容。

如果业主要求或这些条款中规定了要提交业主审核的承包商文件，这些文件应依照要求，连同通知一并上报。

业主应在审核期内向承包商发出通知：

（a）无异议（可能包括对工程无实质性影响的次要事件的意见）。

（b）承包商的文件（在说明的范围）不符合业主的要求和（或）合同，并附理由。

如果业主未在审查期内发出通知，则应视为业主已发出对承包商文件无异议的通知（前提是承包商依赖的所有其他承包商文件，如果有，均已发出或被视为已发出无异议通知）。

如果业主指示需要更多的承包商文件来证明承包商的设计符合合同要求，承包商应立即准备并提交给业主，费用由承包商承担。

如果业主根据上述（b）段发出通知，承包商应：

（i）修改承包商的文件。

（ii）根据本款第 5.2.2 项的规定重新提交业主审查，审查期应从业主收到之日起计算。

（iii）对于任何此类修订和重新提交和（或）业主随后审查造成的任何延误，无权获得工期延长。

如果业主因此类重新提交和随后的审查而招致额外费用，业主有权根据第 20.2 款【付款和/或竣工时间延长的索赔】规定要求承包商支付发生的合理费用。"

FIDIC 合同条件银皮书第 5.2.3 项规定："除第 5.6 款【竣工记录】和第 5.7 款【操作和维护手册】规定的承包商文件外，要求提交工程各部分的承包商文件供审查：

（a）在业主发出（或视为已发出）对与设计和施工有关的所有承包商文件无异议通知之前，不得开始该部分的施工。

（b）该部分的施工应符合承包商文件。

（c）承包商可通过向业主发出通知并说明理由，修改先前已提交审查的任何设计或承包商文件，如果承包商已开始施工与此类设计或承包商文件相关的工程部分：

（i）暂停该部分工作。

（ii）第 5.2.2 项【由雇主审核】的规定应适用，如同业主已根据第 5.2.2 项（b）段就承包商的文件发出通知一样。

（iii）在业主就修订后的文件发出（或视为已发出）无异议通知之前，不得恢复本部分的工作。"

综合上述 FIDIC 合同条件有关设计审查的中心要义是，合同中规定的承包商的文件（包括设计文件）需要按规定报送业主审核，审核后被认为"不符合"的部分承包商要自费修改并再报审，未经审核（通过）的部分工程不得开工。

尽管有专家说 FIDIC 合同条件没有"强行要求"工程设计需要业主批准，可能是因为在 FIDIC 合同条件中没有使用"业主批准"（The Approval by Owner）这个词组，而是使用了"业主审核"（Review by Employer），但是有关这一部分的"通篇描述"总结下来 FIDIC 合同条件中规定的有关承包商文件（包括工程设计）是需要业主批准的，否则不得开工；而且在实际项目的合同中也会有类似这样的规定，即要么不得开工，要么自担责任和风险。

2. 设计审查的风险与防范

由于工程设计工作的特殊性在于尽管有设计标准、规范的约束，但是评价与确认工程设计对标准与规范的"符合"与"不符合""好"与"坏"仍然具有很大的不确定性，与此同时由于业主在工程总承包项目中的地位使得业主（业主工程师）这个审核人（评阅人）在审核承包商工程设计文件时占据非常主动的地位，即在很大程度上业主审核人的意见成为工程设计成果是否通过、是否修改的"标准"，因此在工程总承包项目实施过程中，设计审查成为工程设计环节乃至整个工程总承包项目的最大风险之一。因为这一审核直接影响工程项目的进度和采购、施工成本（当然也包括工期成本）。实际中，这也是工程总承包项目风险中发生概率最大的风险之一，工程总承包商、工程设计分包商应该作为风险防范、风险应对的重中之重。

（1）在合同谈判阶段，要明确业主审查文件的内容和深度 在合同中明确业主审查文件的内容和深度是首要任务，防止在实际操作中发生争议而影响工程项目的实施。

【合同实例】

The Contractor's Drawings and Documents List, which the Owner requires for Approval, is found in the Appendices.

业主需要批准的承包商的图纸和文件目录见附录。

至于要求业主的审查期限，尽管在 FIDIC 合同条件中规定了 21 天，而且在实际合同中也会根据审核内容的数量规定审核期在 14～30 天。但是，业主（业主工程师）的任何质疑、反对等都可能使得这个"审核期"重新计算，因此在实际中，关注合同条款中这个"审核期"的意义和作用不大，理论上讲这个"审核期"可以无限长，除非合同中有特殊约定（但实际中难以约定），工程设计"审核期"的"无限性"是工程设计环节最大的风险之一。

（2）在合同谈判阶段，努力缩小业主审查的范围　按照实际需要和国际惯例，除按法律法规要求政府（当局）审查的安全、消防、环保等外，承包商可以努力与业主协商，要求业主只审查工程项目的基本设计而不审查项目的详细设计。因为基本设计描述的是项目功能（性能）、工艺、设备、建、构筑物形式和布置等工程项目最重要的特征，这些是业主最为关心的。而详细设计的作用是把基本设计思想、要求加以落实并变成可以实施的施工图，是给建设分包商施工使用的。当然，其中也会涉及到建、构筑物结构的安全稳定等重要问题，以及可能会涉及有关使用方便（如行走、检修甚至施工方便）、美观、建设成本等。但是，当总承包商使用专业、经验丰富、资深的设计公司开展详细设计时，首先，是对上述这些问题该设计公司作为资深、能力强的专业公司有能力解决；其次，业主是否能找到资质、能力、经验高于承包商选用的设计公司本身就是一个问题，除了其比被审者拥有更大的审查话语权外。因此，在合同谈判时，承包商应该以使用"合格的"（qualified）设计分包商等理由努力设法说服业主放弃对工程设计中详细设计的审查。在中国的工程建设界，业主不审查承包商的详细设计，因为所用的设计公司（院）是具有一定设计资质的设计公司或设计院。此外，作为承包商应该特别注意，由于在投标、合同的技术文件中因为对一些如检修维护、安全方便、防雨防漏措施、人行走道通畅等细节无法进行详细描述，且像"安全"和"方便"等这样的要求在很多标准、规范中是"只有底线没有上限"，在实际审查中因审查者要求过高、个人"偏好"等原因导致审批时间过长或建造成本增加，这样的问题在实际操作中经常发生，而且累计起来给承包商带来的风险和损失也不可忽视。

如果不能说服业主放弃对详细设计的审批，为了降低影响工期的风险，对双方争议时间较长且承包商坚信正确的部分，承包商应有权先行实施，但承诺自担风险。实践证明，这样的条款可说服业主列入双方的正式合同之中。

（3）加强与业主（业主工程师）的沟通　一般来说，EPC 工程总承包项目都是采取边设计、边审查、边施工的"三边"工程，这种情况从基本设计提交后几乎会延续到工程项目的预验收，对于比较大的工程承包项目来说要历时近 2～3 年的时间。在这个过程中加强与业主、业主工程师的交流与沟通非常重要。实践证明，工程设计的审查、批准影响进度、成本方面的风险主要由双方对合同、事件本身的理解、误解和各自的立场和利益不同等原因造成的。

首先，作为承包商（设计分包商）要深刻理解合同条款，要遵守合同规定；其次，要正确理解业主（业主工程师）评价、反对的理由和真实目的，在实际的国际工程项目中由于习惯、语言等差别，被审查者和审查者之间常常是由于没有完全理解对方的意图甚至没有理解对方在说什么就争论许久；第三，双方对有争议的问题要在合同中的表述、要求的理解应一致，如不一致应力求统一；第四，作为卖方，承包商要努力创造积极、和谐、友好的气氛，并与业主、业主工程师建立良好的合作、理解和信任关系，其中信任在工程设计这种以资历、经验、能力等"软实力"为特征的工作成果审查中非常重要，失去信任是工程设计审查中很大的风险；第五，在上述基础上，对于双方立场或利益不同的争执，双方都会寻求"整体利益"最大化的解决方案。这种情况下，承包商适当的接受、让步也是为了整个工程项目利益的最大化。

（4）总承包商应严肃而准确地对待业主提出的修改或反对意见　总承包商（设计分包商）应

该建立"业主审核意见"处理机制和制度，针对不同性质导致不同成本变化的业主意见制定分级处理、审批规定，既要防止设计人员"轻易应允"，又要防止设计人员"顶着不办"。对于审查过程中业主方提出的正确或可接收甚至对承包商负面影响不大的意见，应该督促设计者尽快修改、获得批准并交付现场施工使用。尽管在前面提到努力建立工程设计工作质量与总承包项目效益连动机制，但是实际中仍然不能完全解决这个问题，这一点在工程设计审查环节也很突出。因为若设计不能获得批准就不能获得相应的收益，因此设计者需有尽快获得审批的直接动力；但是站在总承包商的角度，对于可能造成风险和损失的审查意见据理力争甚至拒绝接受，有可能使整个工程项目利益最大化，但在这一点上，总承包商与"设计者"之间并非利益完全"一致化"，这也是设计环节中一大风险。

3. 设计错误与设计批复

在 FIDIC 合同条件银皮书第 5.8 款【设计错误】中规定："如果在承包商的设计和（或）文件中发现错误、遗漏、含糊、不一致、不充分或其他缺陷，则应按照第 7.5 款【缺陷和拒收】的规定对这些缺陷和其带来的工程问题进行纠正。如果此类承包商的文件曾是业主根据第 5.2.2 项【由雇主审核】发出（或视为发出）无异议通知的，则第 5.2.2 项的规定应适用，等同于业主已就承包商文件按第 5.2.2 项（b）段的规定发出了通知。本款下的所有更正和重新提交应由承包商承担风险和费用"。另外，在 5.2.2 项【由雇主审核】中规定："对于任何此类修订和重新提交和（或）业主随后审查造成的任何延误，无权获得工期延长。如果业主因此类重新提交和随后的审查而产生额外费用，业主有权根据第 20.2 款【付款和/或竣工时间延长的索赔】要求承包商支付发生的合理费用。"

因此，按照上述 FIDIC 合同条件的要求，对于任何涉及工程设计中的错误和问题，没有通过审批的要修改，对于已经批准并施工的部分要改正，而且承包商应支付相应的费用，甚至对于因设计错误造成的重复审查所产生的费用都由承包商承担，而且无权为此要求延长工期。这样的一些要求，在实际的 EPC 工程总承包合同中也有同样体现。

前面谈论的工程设计错误是出现在设计审查或工程项目验收之前发现的，这些错误会在工程项目验收之前加以纠正并赋予实施形成"工程"。但有些工程设计错误（也包括设备制造错误和施工建造错误）在工程项目验收之前甚至责任缺陷期内未被发现，但是他们会对整个工程仍会形成风险和造成损失，这是实际存在的也是业主无法有效防范的，因此工程设计错误/缺陷（也包括设备制造错误和施工建造错误）存在于整个工程生命周期之内，为此承包商的风险也存在于整个工程生命周期之内，对此承包商应该给予高度的重视。

另外，在 FIDIC 合同条件银皮书 1999 年版第 5.2 款【承包商文件】中有一段规定："（根据前一段的）任何协议，或（根据本款或其他条款的）任何审核，都不应解除承包商的任何义务或职责"。这一条在新的 2017 年版中没有列出，但是在实际项目的合同中业主往往仍会坚持将类似的原则列入正式合同中。对于业主既要审查承包商文件（包括设备制造、施工建造）而且审查不通过不允许开工建设但这种审查又"不负责任"的规定，应该这样理解：第一，尽管在 EPC 工程总承包项目中业主的权利与责任是付款、检查和验收，实际上业主真正最根本的义务只有付款，其他都应该是承包商的责任，业主之所以检查、审批是业主对自己更负责的行为而不是对承包商义务负责的行为；第二，FIDIC 合同条件的原则、国际工程建设业、相应法律界和公众公理认为，承包商是有丰富经验的、良好专业素质和能力以及敬业精神的，而且承包商在投标和合同签订时也有这样的承诺（合同的通用条款有这样的描述），甚至公众公理认为承包商理应比业主包括业主工程师更加专业、富有经验。因此，业主无论是从其出资人的角色还是其自身的专业能力，都有权利要求不对其审查、同意、批准等行为的正确与否承担责任（除了合同中专门规定的工程预期目的、验收标准等外），而要求不解除承包商在合同项下相应的责任与义务。在 FIDIC 合同条件及实际合同的"通用条款"中有关"承包商责任与义务"中会要求承包商的所有工作应保证（保障）实现合同项下工程的预期用途，这里的工作包括但不限于工程设计、供货、施工建造、服务等，这个要求也是工程总承包合同中的"纲领性"要求，属于"隐性条款"。这一条款的原则既可以适用于前面说的工程设计错误，也可以适用于设备制造错误、施工建造错误和整个工程项目，甚至延至于责任缺陷期内没有发现、"发作"的缺陷事件中（无论业主审查、同意、批准和接收与否）。实际中，例如设计错误（缺陷）导致建、构筑物的寿命缩短，机械设备的设计或加工缺陷影响其寿命等，在短期内是不能发现或发生的，但是一旦发生而且有证据显示为承包商（供货商）的设计或制造等缺陷原因所致，承包商（制造商）仍需按合同有关条款（如果有）、相应法规（如果有）或行业惯例承担相应的责任。

前已述之，工程设计阶段乃至整个工程项目实施期间，工程设计审查对于承包商来说是一个比较复杂、漫长且是常见的、比较重大的风险，但是，有效的识别、分析和应对是可以降低甚至化解这一风险的发生概率及造成的损失。

【合同实例 1】

1.1　Review of Documents

(a) The Owner shall have the right to review and comment on all Documents prior to their issuance for manufacturing or construction of the Plant and/or Equipment and shall provide any comments to the Contractor within fourteen (14) Days after receipt of such Documents. The Contractor's Drawings and Documents List, which the Owner requires for Approval, is found in the Appendices.

(b) In the event that any of the Owner's comments on any of the Documents require the Contractor to make changes or corrections thereto, the Contractor shall make such changes or corrections in a timely fashion and resubmit to the Owner for further review. If the Contractor does not agree to any changes or corrections, and notifies the Owner of such disagreement within fourteen (14) Days after receipt of such changes or corrections requested by the Owner, the Contractor shall have the right to proceed with manufacturing or construction of the Plant and/or Equipment at its own risk without any corresponding right to claim for increase in the Contract Price or an extension to the Time Schedule.

1.2　Errors and Omissions

The Contractor is responsible for any discrepancies, errors or omissions in the Documents prepared by it, whether such Documents have been reviewed or approved by the Owner or not. If errors, omissions, ambiguities, inconsistencies, inadequacies or other defects are found in the Documents, they and the Works shall be rectified at the Contractor's cost, notwithstanding any approval or comment under this Article.

1.3　Contractor's Responsibility

The Contractor acknowledges and agrees that any comments or approval of any Document or failure to comment or approve by the Owner will not relieve the Contractor of any of its responsibility for the Works or submission of the Documents in accordance with the provisions of this Contract.

1.1 文件审查

（a）业主有权在签发工厂和（或）设备的建造或制造许可通知之前对所有文件进行审查和评价，并在收到这些文件后14天内向承包商提出意见。承包商需要业主批准的图纸和文件目录见附录。

（b）如果业主有任何意见要求承包商对其进行更改或更正，承包商应及时进行更改或更正，并重新提交业主进一步审查。如果承包商不同意做任何更改或更正，并在收到业主这样的更改或更正要求后14天内通知业主该歧义，则承包商有权在自行承担风险的情况下实施工厂和（或）设备的建造或制造，而无相应的权利要求提高合同价格或延长工期。

1.2 错误和遗漏

承包商应对其编写的文件中的任何不符、错误或遗漏负责，无论此类文件是否已由业主审查或批准。如果文件中发现错误、遗漏、含糊不清、不一致、不足或其他缺陷，则无论根据本条款有任何批准或评论，它们和工程应由承包商出资予以纠正。

1.3 承包商责任

承包商知晓并同意，业主对文件的任何评论或批准，或未发表评论或批准，根据本合同条款都不会免除承包商对工程或提交文件的任何责任。

【合同实例2】

2.1 Approval and Checking of Documents

2.1.1 The Contractor will provide the Owner with all documents listed in, and in manner specified in Clause 4.4 "Drawings and Documents", and shall ensure that such Drawings and Documents will allow the Owner to：

(a) obtain an accurate knowledge of the design, operation and maintenance of the Works; and

(b) check the carrying-out of the Works.

2.1.2 Document Approval Period

If the Owner has any observations or Approvals to make on the documents received from the Contractor in accordance with Clause 2.1.1, the Owner will be granted a period of fifteen (15) Days from the receipt of the documents to make its observations or Approvals. If during this period the Owner makes no comments, the documents will be considered as Approved by the Owner seven (7) days after notification by the Contractor of the expiry of the fifteen (15) days period mentioned above.

2.1.3 Whenever the Owner has any observations on the documents received from the Contractor, the Contractor will issue revised documents on the basis of such observations in the shortest time possible and the procedure defined in Clause 2.1.2 above will be followed again. If the Contractor does not agree with the Owner's observations, it will submit in writing its reasons to the Owner. The Parties will then meet to agree upon a solution as soon as reasonably practical.

2.1.4 Neither the submission of any Drawings and Documents to the Owner, nor the review, Approval of, the raising of queries or observations on, the making of objections to, the making of comments, suggestions or recommendations by the Owner on any Drawings and Documents shall give rise to any liability of the Owner for Drawings and Documents (including for the accuracy and correctness thereof) and the Contractor shall remain fully liable for any such Drawings and Documents (including for the accuracy and correctness thereof) and such liability of the Contractor shall not in any way be affected by such submission or any review, Approval, query, observation, objection, comment, suggestion or recommendation by the

Owner, or relieve the Contractor from any of its obligations or responsibilities under the Contract. The Contractor cannot modify any reviewed with no comments, consented Approved or deemed Approved document without the prior written Approval of the Owner except when such modification is an expected progression of the design.

The refusal to Approval a drawing or document by the Owner does not alter any of the Contractor's obligations or responsibilities under the Contract.

The Contractor shall check and verify that any suggestions, observations, comments and recommendations of the Owner are proper and correct and will not give rise to the breach of this Contract, before acting on them.

2.1.5 The time for the Approval procedure as described above in the Sub-Clauses 2.1.2 and 2.1.3 shall be included in the Master Schedule.

When a Drawing or a Document requires re-Approval due to a reason attributed to the Owner such as the raising of queries or observations on, the making of objections to, the making of comments, suggestions or recommendations by the Owner on any Drawings and Documents which as already been observed or Approved by the Owner, the time schedule for the preparation of the Drawing or Document may be extended by the time needed to do the re-Approval, by no more than a maximum of one (1) Month.

If the refusal to Approve and/or the re-Approval of a drawing or document is due to a reason attributed to the Contractor, the Contractor will then be liable for any delays in accordance with the Contract.

2.1.6 The Contractor may at its cost and risk proceed with the design and/or other work prior to acquiring the relevant Approvals and/or Permits.

2.1 文件的审查和批准

2.1.1 承包商将按合同第4.4款"图纸和文件"要求的文件清单和规定的方式向业主提交所有文件，同时这些图纸和文件能确保业主做到：

a) 准确了解工程的设计、操作及维修情况。(和)

b) 检查工程进展情况。

2.1.2 文件批复时限

如果业主对根据第2.1.1项对从承包商收到的文件有任何评价或批准，则业主应从收到文件之日起15天内给出。如果在此期间内，业主没有给出评价意见，则在上述15天期限届满后承包商给业主发出通知的7天之后，这些文件被视为业主已经批准。

2.1.3 无论何时业主对从承包商收到的文件提出任何意见，承包商将在尽可能短的时间内根据这些意见完成修正后的文本，并将再次履行上文第2.1.2项所规定的程序。如果承包商不同意业主的意见，它将以书面形式向业主说明理由。然后，双方将当面讨论以求达成合理可行的解决方案。

2.1.4 无论是向业主提交任何图纸和文件，还是业主对这些图纸和文件的审查、批准、提出疑问或意见、异议、评论、建议或推荐，均不引起业主的任何责任（包括其准确性和正确性），而承包商仍应对这些图纸和文件承担全部责任（包括其准确性和正确性），并且承包商的这种责任义务不受这种提交或业主的任何审查、批准、查询、观察、异议、评论、建议或推荐的影响，或者是免除承包商在合同项下的任何义务或责任。未经业主事先书面批准，承包商不得修改已经审查过的无评论、批准或视为已批准的文件，除非此类修改是对设计预期的改进。

业主拒绝批准图纸或文件并不改变承包商在合同项下承担的任何义务或责任。

承包商在实施之前，应检查并验证业主的任何建议、意见、评论和推荐是否适宜和正确，同时不会导致违反本合同。

2.1.5 上述2.1.2项和2.1.3项中所述审批步骤的时间应列入控制（主）进度时间表。

当对业主已经审查到或已经批准的任何图纸和文件，由于业主又对其提出疑问或意见、异议、评论、建议或推荐，进而进行重新审批时，则为了重新审批所需准备图纸或文件的时间可以延长，但最多不超过一个月。

如果拒绝对图纸或文件的批准和（或）重新批准是由于承包商的原因，则根据合同承包商将对任何延误负责。

2.1.6 在获得相关批准和（或）许可之前，承包商可以自担费用和风险开展设计和（或）其他工作。

第七章

设备及材料供货

EPC 工程总承包这个工程建设界的交付模式更常见于工业类总承包项目，而在工业类工程总承包项目中，设备、材料（不含土建施工材料）的采购、供货的金额在整个工程项目合同中占很大比例。据统计，在电力行业一般会占到40%~50%左右，有色冶炼行业一般会占到50%以上，在石化行业占60%~70%。从合同额的角度，在工业类的 EPC 工程总承包项目中"供货"（Supplies）占有重要的地位，当然这里的"供货"并不意味着完全是"采购"的概念，因为在工业领域很多设备供货商特别是主机设备供货商是 EPC 工程总承包项目的总承包商，这里 EPC 中的"P"实际上不完全代表着 FIDIC 合同条件或人们日常认为的总承包项目中的"采购"（Procurement），而是同时也含有生产制造（Production）的含义，但是就工程总承包管理而言仍然是需要按照"采购"的程序和控制去管理。

另外，在工业类工程总承包项目中，除了合同中的具体要求、具体条款外，实现业主的"工程预期用途（目标）"这个任务主要是通过这些设备（供货）配以合适的工艺流程来实现的。因此无论是从合同的价值还是完成合同的终极目标——业主的最终建设预期来看，设备和材料的供货都是非常重要的环节。

第一节 采购和供货商的管理

在 FIDIC 合同条件中没有使用"供货商"（Supplier）这个概念或名称，也没有有关将"供货商"作为分包商的提法，即使是在"设计采购施工（EPC）/交钥匙工程合同条件"的银皮书里有大量采购、供货的情况下，也没有使用或出现"供货商"的提法，依然是使用承包商的概念。而且就 EPC 项目来说，在整个 FIDIC 合同条件（银皮书）中真正论及采购、供货的条款也有限。在最新版的银皮书（2017年版）有关分包商的定义第1.1.70项规定："分包商系指为完成部分工程，在合同中由承包商指名为分包商或设计者或被任命为分包商或设计者的任何人员，以及这些人员财产所有权的合法继承人"。而在1999年版银皮书有关分包商的定义第1.1.2.8项规定："分包商系指为完成部分工程，在合同中由指名为分包商或被任命为分包商的任何人员，以及这些人员财产所有权的合法继承人"。比较2017年版和1999年版的银皮书可知，对有关分包商的定义中在2017年版中多了一个"设计者"的称谓，但依然没有添加"供货者（商）"这个称谓。但是在实际中特别是"设计采购施工（EPC）/交钥匙工程"应该将供货商视为分包商，并按有关合同条款管理与控制。

尽管 FIDIC 合同条件中没有给出供货商和供货的定义，但在实际中即使是 EPC 工程总承包合同，在定义了承包商之外，合同中也会对供货和供货商加以定义，下面给出一个实际的 EPC 工程总承包合同中关于供货和供货商的定义或解释，供读者们参考。

【合同实例】

Supplier means the person named as Supplier in the Contract Agreement and the legal successors in title to such person.

Supplies means all Materials, Plant and Spares provided by the Suppliers for the purposes of the Permanent Works.

供货商是指合同协议中被指定为供应商的人和该人所有权的合法继承人。

供货是指由供货商提供的用于永久性工程的材料、生产设备和配件。

1. 正确选择供货商和做好采购基础工作

如前所述，由于供货商在 EPC 工程总承包项目中应该视为本工程项目的分包商，因此，供货商的选择、批准等如同前述的分包商一样，不仅工程总承包商需要谨慎、认真对待，而且同样"合格供货商名单"也需要业主批准。

所谓"合格供货商"（Qualified Supplier）在 EPC 工程总承包项目中是指能够实现工程预期功能且其所提供的设备或材料被业主所接受的产品提供者。这里有两个关键因素，一是供货商所提供的产品能够保证业主预期的使用目标，二是该供货商要被业主所接受、认可（因为可实现预期目标的供货商可能有多个，不是每个供货商都被业主所接受）。

由于施工分包商是"见图施工"，其最终"产品"一般没有使用性能的考核，价格因素主要包括材料费、机具费和人工费，因此施工分包的价格除管理费、利润因素外，总体的价格差别不大。但是，设备本身不仅有直接成本因素，还有性能差别、品牌差异，甚至有原产地的差别以及不同供货商的产品会导致"子系统"配套设施不同等因素的影响。比如同样是电气控制柜，ABB 公司的产品和西门子公司的产品就有很大的差别，而这些产品跟国产同类产品相比，各方面差异就更大。这些因素导致工程总承包商在工程项目投标阶段，对于设备特别是主机设备及其供货商的选择就有了预选方案，同时也基本固定了"预选方案"这部分供货的价格和功能（性能）。鉴于作为工程总承包项目中"永久性工程"的组成部分，设备和材料又具有成本、性能和种类繁多等要素的特点，因此，设备采购和供货商的选择既是工程总承包项目是否能够实现业主预期目的、承包商完成性能考核和移交以及工程成本控制等的重要环节，也是工程总承包商需要高度防范的风险之一。

1）在项目投标阶段，总承包商应对拟用的设备和材料特别是主机设备展开询价比较并以此确定报价的基准，形成不少于两家供货商的"短名单"（Short List 或 Vendor List），并作为投标书的附件和将来合同的附件。同样，对于一些关键部件或辅助设备如轴承、电机、电缆等也要分类、分级形成供货商的"短名单"以作为投标书的附件和将来合同的附件。在工程项目投标阶段此项工作是确定"供货"部分价格的依据，在工程实施阶段既是承包商采购的依据，也是防范合同签订后业主对采购工作提出新要求、高要求而引起工程延期、成本增加风险的有效措施。

2）在必要和可能的情况下与重要的设备、材料供货商在"主合同"签订前与之签订采购协议或意向，避免主合同签订后供货商涨价的风险。另外，在投标期间，邀请业主方对关键设备、材料的供货商进行考察，为上述供货商"短名单"的形成和批准创造条件。

3）作为合同重要附件的设备规格书（设备表）（Specification）特别是主机设备的规格书应该尽量详细，除规格、数量、性能保证等参数外，尽量将材质、加工精度、防护等级等影响成本的参数列入，以防止验收时违约的风险。

4）对于项目中用量较大的设备、材料如电机、电缆、钢材等尽可能采用"集中采购"，降低采购成本并为业主未来备品备件成本的降低创造条件。

5）如果"主合同"签订后或采购、制造过程中，由于种种原因致使原来合同"短名单"中供货商减少或完全"消失"，此时工程总承包商（或成套设备供货商，如果有）应该立即与业主协商及时更换这些设备（材料）的供货商"短名单"，防止因个别设备（材料）的采购对工程项目进度、成本造成的不利影响。

2. 指定供货商和分交制造

在 EPC 工程总承包项目中，不仅有业主指定施工分包商的情况，也有业主指定供货商的情况。同样，在 FIDIC 合同条件中有涉及指定分包商（主要是指施工分包）的内容，但没有讨论指定供货商的情况。笔者以为，与指定分包商一样，在工程总承包项目中对于各种主体关系的管理应以"合同关系"为主线，"指定"与"非指定"仅表现在签订合同前的选择过程的不同，合同签署后仅有合同项下的"供需关系"和"买卖关系"。因此，在 EPC 工程总承包项目合同中对指定供货商的管理与指定分包商的原则是相同的。然而，在 EPC 工程总承包项目中，指定供货商与指定分包商的情景又有一定的不同，应该做好相应的风险防控与管理。

1）按照 FIDIC 合同条件的规定和实际的情况，承包商可以以"合理的理由"拒绝使用指定分包商。但是，在实际的 EPC 工程总承包项目中对于设备和材料的供货来说，业主指定供货商、指定某种品牌甚至指定某种型号主要是因为业主认为只有这个供货商、这个品牌甚至这个型号才能满足业主的要求甚至业主的某种"偏好"，这种情况在 EPC 工程总承包项目的采购、供货中经常发生，而且常常是约束性的而不是可选性的，总承包商（成套设备供货商，如果有）无法拒绝，因为其可能本身就构成业主要求。

2）当指定供货商成为业主要求时（不是推荐），承包商应在与业主的主合同签订之前甚至在投标报价时就与该指定的供货商至少签订采购意向书，在必要和可行的情况下要求业主（业主代表）参与"见证"签署该采购意向书，以便在将来实施采购时如发生任何偏离以此为据与业主平等协商解决。

3）在与"指定供货商"签订供货合同后，从工程总承包项目管理的角度，"指定供货商"与普通供货商同样应该纳入工程总承包项目、采购工作的统一管理之下，无论是在制造进度、质量检验，还是在运输发货、考核验收等各环节一视同仁，总承包商切勿因为是"业主指定"而放松管理，或认为由业主指定的供货商出现问题时总承包商可以不承担责任。按照 FIDIC 合同条件和具体的 EPC 工程总承包合同，这种"指定"不解除总承包商合同项下的任何责任与义务，除非合同中另有特殊、明确的规定。

关于"分交制造"，这里应该至少包括两个方面，一个是承包商为了降低成本特别是降低运输成本，在工程项目所在地或所在国将部分设备部件在当地加工制造，然后再与其他部件组装成一套完整设备，这在国际 EPC 工程总承包项目中是一种很好的降低成本和风险的办法。第二种情况是由于某种原因业主要求将部分"非关键部件"交由业主或业主指定方制造，然后再与承包商加工制造的部分组对构成完整的设备。

当"分交制造"是因为承包商从自身的利益出发采用在项目当地或附近区域制造部分设备时，要重点关注和解决如下问题，可在争取总承包项目利益最大化的同时，有效防范随之而来的风险。

1) 在确定这种"分交制造"方案前，要充分调研拟选地的制造条件和运输条件。首先要保证加工质量和制造进度，其次要充分考虑制造后成品运输的可能性和运输成本。

2) 综合考虑制造成本、运输成本、出口退税、进口关税（应注意一般情况下进口关税由业主负担）等因素，做出综合性经济分析、比较和决策。

3) 要充分研究和考虑两地制造甚至多地制造在质量管控、进度协调、人员调配等方面的因素给"分交制造"带来的困难和问题，确实做到既有"计划性利润"，更有"实际性利润保证"，防范可能出现的风险，实现预期的目的和效益。

业主要求"分交制造"的情况一般会发生在招标或合同谈判之中。在一些发展中国家而且具有一定加工能力的发展中国家实施项目时，业主可能在招标文件中明确提出核心部件由承包商直接提供，而非核心部分由承包商提供图纸和技术服务在项目当地或附近地区（国家）加工，目的在于利用当地成本低的优势并可减少运输费用。还有一种情况是在合同谈判过程中业主"突然"提出要求分交制造部分非核心部件。为了满足业主的要求，促进合同签约，承包商往往会同意业主这种"分交"的要求，进而出现对于同一台设备由两个合同主体来完成，而且有时的分包商是业主（或业主指派的第三方），因此，在有这种"分交制造"可能发生的情况下，承包商应关注初始报价和过程管理。

1) 由于被要求分割一部分"工作"，就意味着在保持利润率不变的情况下势必减少承包商的利润总额，因此有时承包商试图以提高自留部分的价格来弥补利润总额减少的损失，但是这样会"暴露"承包商供货部分的价格过高，从而使业主误以为承包商其他部分的报价也高，对于争取合同反而不利。因此，此时承包商应合理分配自己留下部分和分给业主部分的利润比例，防止因小失大，在可能的情况下用以适当增加"图纸费"和技术服务费比例的办法来补偿"分交出去的损失"。

2) 由于尽管这种分交是业主的要求，但是对于整机的加工质量、性能保证等仍然是由承包商负责。因此承包商要像管理自己的加工制造一样来管理分交出去部分的加工，一般情况下承包商应该派出专业技术人员在加工制造过程中进行指导和更加严格的监督。另外，承包商也要把这种"分交"制作的制造者不管是业主自身在当地的加工基地还是当地的第三方，都应按照工程总承包项目项下的分包商来管理。

第二节 技术标准和产品认证

1. 技术标准与设备设计审查

在 EPC 工程总承包中，其实不止工程设计中涉及标准、规范问题，在制造、采购这个环节也涉及法律和法规、标准和规范的问题。在 FIDIC 合同条件银皮书的第 5.4 款【技术标准和规范】中有关于标准和规范的论述和要求，但应该仅限于工程设计和有关的承包商文件。在 FIDIC 合同条件银皮书的第 7 条"生产设备、材料和工艺"的第 7.1 款【实施方法】中规定："承包商应按以下方法进行生产设备的制造、供货、安装、试验、投产准备和（或）修复及材料的生产加工、供货和试验以及工程实施作业期间的所有其他作业和活动：

(a) 按照合同规定的方法（如果有）。

(b) 按照公认的良好惯例，使用恰当、精巧、仔细的方法。

(c) 除合同另有规定外，使用配备恰当的设施和无危险的材料。"

在这些要求中没有提及设备和材料制造、供货方面的技术标准，但是承包商所提供的设备和材料无论是材料选择还是加工制造都会涉及有关技术标准。而在实际合同中也确有有关于这个方面的规定。

【合同实例】

1.1 The Seller represents and warrants that the Equipment in every respect meets the requirements specified in this Contract and shall be fit for the purpose specified herein. The Seller represents and warrants that the Equipment shall be new and unused and at the time of passing of risk shall be free from defects in design, engineering, material and workmanship. The Seller further represents and warrants that the design, engineering, materials, workmanship and manufacturing of the Equipment shall be in accordance with the applicable standards and specifications set forth in Annex 3 (Equipment Specification-Design Criteria & Standards).

1.2 Codes and standards

The design, engineering, materials, workmanship and manufacturing of the Equipment shall be carried out in accordance with the applicable codes and standards as stipulated in the Annexes.

1.1 卖方声明并保证设备在各方面都符合本合同规定的要求，并应符合此处指定的目的。卖方声明并保证设备应是新的和未使用过的，在风险转移时，在设计、技术、材料和加工工艺等方面都没有缺陷。卖方进一步声明并保证设备的设计、技术、材料、加工工艺和制造应符合附件3（设备规格书——设计准则与标准）中规定的适用标准和规范。

1.2 规范和标准

设备的设计、技术、材料、加工工艺和制造应按照附件规定的适用规范和标准进行。

关于在国际 EPC 工程总承包项目的合同中承包商供货部分（包括设备和有关材料）的技术标准和规范要求，一般情况下除合同中双方约定外，因为既然业主同意了供货商的"短名单"，所以应以设备和材料加工、制造所在国家或生产商的标准规范为准。但是，还应该注意的一个问题是，这些设备和材料应该满足项目所在国的"强制性"国家标准和规范（如果有）。例如，十年前石棉制品在中国允许制造和使用，但是在有些国家不仅不允许制造也不允许使用。所以在采购、供货环节也要了解工程项目所在国相应的法律、法规，避免产生相应的风险。

无论是在 FIDIC 合同条件还是实际合同中，关于设计和设计审查都有很多定义、要求和规定。在 EPC 工程总承包项目中，承包商负有设备制造、采购、供货的责任，而设备制造还涉及一个设备设计问题，不管是以前已经完成了设计还是要为本项目进行专门设计。那么有关设计的审查是否包括设备设计？沿着 FIDIC 各版本的出版时间轴线和其内容轴线分析至 2017 年版的《设计采购施工（EPC）/交钥匙工程合同条件》（银皮书），虽然该版本既有设计方面的描述、规定，也有设备方面的描述、规定，但是关于设备设计的审查问题，没有明确说明。在实际的 EPC 工程总承包合同中绝大多数也是如此，而且一般业主也不会要求审查所购设备的设备设计并批准。但是，从合同的全面性、严谨性考虑，在 EPC 工程总承包项目合同中对此应该进行明确的规定。由于设备设计文件涉及到供货商的技术秘密，而且由于专业性很强，业主很难有合适的人员对此进行审查，因此，除极个别专门为本项目开发的设备外，承包商所供设备的设备设计文件不应作为承包商文件提交业主并由业主审批。这样的条款应该在 EPC 工程总承包合同中明确提出，防止因模糊不清给承包商带来相应的风险和损失。

2. 产品认证

在国际 EPC 工程总承包项目中关于设备、材料的采购和供货可能会涉及有关所供货物的产品认证问题。关于对产品的认证可能是业主要求也可能是项目所在国的法律、法规要求，可能在合同中明示，也可能存在于承包商应满足（符合）的项目所在国有关法律、法规的"暗示要求"中，EPC工程总承包商（成套设备供货商，如果有）对此应给予高度重视。

关于产品的认证主要是关注产品质量和产品安全等问题。国际上常见的认证有欧盟认证（CE 认证），欧盟的防爆认证（ATEX 认证），俄罗斯的 PCT 认证（GOST 证书），美国的 UL 安全认证，当然也包括中国的 CCC 认证等。在国际 EPC 工程总承包中，承包商（成套设备供货商，如果有）应该按照法律、法规和合同要求做好所供设备和材料的产品认证工作。

1）在投标或合同签订前了解业主和项目所在国的法律法规是否要求进行产品的有关认证，哪些产品需要认证；必要时尽早联系相关认证机构并洽谈认证事宜。

2）在工程总承包项目中增加了产品认证环节不仅会因认证费用本身增加成本，更会因为这些认证对产品的材料、加工过程和精度、安全等多方面产生影响以及造成生产成本的增加及制造周期的延长，因此承包商在投标报价时要有充分的考虑。

3）详细了解认证要求，在设备、材料加工制造时充分满足认证要求。

4）合理安排生产、认证甚至再认证的时间，防范交货进度延误风险。

另外，与 1999 年版相比，在 FIDIC 合同条件银皮书 2017 年版中增加了"质量管理和合格验证体系"的要求，其中，第 4.9.1 项【质量管理体系】规定："承包商应编制并实施 QM 体系，以证明符合合同要求。QM 体系应在开工之日起 28 天内专门为工程做好准备并提交给业主。此后，每当 QM 体系更新或修订时，应立即向业主提交一份副本。质量管理体系应符合业主要求（如果有的话）中所述的细节，并应包括承包商的程序：

（a）确保根据第 1.3 款【通知和其他通信交流】承包商文件发出的所有通知和其他通信、竣工记录、O&M（运行维护）手册以及同期记录可以确切追溯与其相关的工程、货物、操作、加工工艺或试验。

（b）确保工程执行各阶段之间和各分包商之间的接口得到恰当协调和管理。（以及）

（c）承包商文件应提交给业主审查。

承包商应定期对 QM（质量管理体系）体系进行内部审核，至少每 6 个月一次。承包商应在完成后 7 天内向业主提交一份报告，列出每个内部审核的结果。每一份报告应酌情包括改进和（或）纠正质量管理体系和（或）实施质量管理体系的拟议措施。

如果承包商的质量保证证书要求对其进行外部审计，承包商应立即向业主发出通知，说明在任何外部审计中发现的所有问题。如果承包商是联合体，本义务应适用于联合体的每个成员。"

另外，在 FIDIC 合同条件银皮书第 4.9.2 项【合规验证体系】中规定："承包商应编制并实施合规验证体系，以证明设计、材料、业主提供的材料（如果有）、设备、操作和加工工艺均符合合同要求。合规性验证体系应符合业主要求（如果有）中的详细论述，且应包括承包商进行的所有检查和试验结果的报告方法。如果任何检验和测试结果不符合合同要求，则适用于第 7.5 款【缺陷和拒收】。"

值得注意的是，这些质量管理体系一般是指整个公司或公司的某系列（板块）产品（包括工程总承包），不是针对某单个产品。而对于某一具体工程总承包项目（属于单个产品），可能只要针对该项目具体情况稍加修改即可成为这个项目的质量管理体系文件。另外，需要注意的是这些质量管理体系是需要有资质的第三方机构来认证的，例如 ISO 质量管理体系认证（ISO 9000、ISO 14000 等系列）。因此，当合同中要求承包商在执行 EPC 工程总承包合同时要具有"质量管理体系和合规性验证体系"并按这些体系运行，就意味着总承包商及其分包商（供货商）应该都要有同样的体系和体系认证。由于这样的"体系认证"往往是一个比较复杂且漫长的过程，因此总承包商应对此及早做好准备，不仅自己要建立这样的体系并获得相应的认证，而且分包商（供货商）也同样要获得这些认证。对比 1999 年版 FIDIC 合同条件，2017 年版的银皮书在质量管理上增加了不少内容，表现了客户的质量需求以及全社会质量意识的提高，但这些要求与以往的版本有比较大的变化，目前实际的应用经验并不是很多，因此承包商在遇到实际合同中有这方面要求时应给予高度重视，防范违约风险的发生。特别是应明确这些质量体系建设和认证是否要覆盖到分包商、供货商这个层面，因为这个层面涉及到的参与该项目的成员数量巨大。

第三节　试验与检验

前已述之，在 EPC 工程总承包项目中设备和材料供货占有近 50% 的合同份额，因此这部分供货的质量以及对产品质量的检验和试验显得很重要，是 EPC 工程总承包项目管理的重要工作。FIDIC 合同条件在第 7 条"生产设备、材料和工艺"中有很多关于试验和检验的描述和规定，归纳起来主要有：

1) 承包商应按合同规定自行检验。
2) 业主有权在正常工作时间内的任何时候对加工过程、质量、进度等进行检验。
3) 对于业主的检验承包商应给予配合和支持，包括必要的机具、工具、设施等。
4) 对于约定好的检验，因一方原因造成延误、变更，另一方有权要求补偿或索赔。
5) 上述检验不解除承包商在合同项下的任何责任与义务。

在实际合同中应该分别对承包商的检验、业主参与检验及业主自行检验（如果有）做出详细规定，包括时间、内容、标准、方法等，防止界限不清、责任不清导致争议的风险。

1. 制造商（承包商）自检

承包商（制造商）的检验一般包括两部分，一是制造商按照本公司的质量管理规定开展例行检验并出具检验报告，该例行检验报告按照总承包商与制造商的采购合同约定应提交总承包商或制造商留存备查。二是根据总承包商与制造商的采购合同规定，总承包商对所采购设备和材料制造过程、制造质量的检验，即所谓承包商的"质量控制计划"（QCP），这个 QCP 也是总承包商对业主的承诺，一般情况下应该构成主合同中技术附件的一部分。作为工程总承包商无论是从满足合同要求，还是从扎实做好所供设备和材料的质量管理的角度，都应该高度重视并切实做好在 EPC 工程总承包项目中合同额约占 50% 的设备、材料的质量检验工作。

1）对于经常开展 EPC 工程总承包项目的总承包商来说，应该建立一支自己的质量检验基本队伍并配备相应检测手段和设施，除特殊情况需聘请第三方检验机构帮助（协助）质检外，自己应承担质检或部分质检工作。

2）科学、合理地制订质量控制计划（QCP）并严格执行，在必要的情况下，总承包商内部的 QCP 应该比与业主签订的主合同中的 QCP 更加严格、更加细致，加大检验的密度和深度，防止质量以及可能引起后续的进度风险。

3）产品质量源于生产，把质量检验作为一种重要的质量控制手段，注重加强全过程的质量控制。对于重要、关键的设备的质检应该延长至对其主要加工材料的检验；对于一些敏感、重要的设备、部件应巡回检验甚至驻厂检验。

4）在条件允许的情况下，将质检与设备"催交"相结合，提高采购环节的整体效率与效益。

5）如有使用第三方质检帮助（协助）总承包商质检，应加强对该第三方机构的沟通与管理，确保质检工作的质量和整体进度。

2. 业主检验

按照 FIDIC 合同条件和实际合同规定，业主在合适的时间内有权"全时段"、全过程地对供货进行检验。在实际操作中业主会根据所采购设备的重要性、特点提出要求并进行检验，而不会参加全部的质检过程。业主检验可能是单独检验也可能是与总承包商一起参加某些项检验，业主的检验可能是业主自己工程师负责也可能是业主委托第三方代表业主检验。业主检验对于承包商（供货商）来说是非常重要的环节，如果不能通过业主检验（或视为业主检验通过），则合同项下的设备和材料不能发货，因此业主检验及检验结果会对项目进度产生极大的影响，这是采购环节乃至整个项目影响进度的重要因素。

1）在合同附件中或在合同签订后的尽早时间内与业主约定好业主质检的时段、内容（项目）、标准和方法等。

2）在业主质检前承包商（制造商）要做好充分的准备，包括其自身应有的检验，在有些合同中业主会要求只有在承包商检验合格的情况下，业主才进行质检。由于合同中会规定业主对某项检验的次数，承包商应防止超过合同规定的检验次数导致产生承包商承担额外费用和交货延期的风险。

3）对于合同规定业主检验的项目，注意在油漆（如果有）、覆盖、掩蔽、包装、运输前适宜的时间及时通知业主检验，否则因业主检验需去掉或拆除影响检验的这些物品所需费用由承包商承担。

4）在检验前双方应再次商讨或确认统一检验方法、检验标准，特别是检验仪器、仪表。对于检验结果不一致，双方要认真分析检验方法、检验步骤、所用仪器仪表等方面的影响，防止外界因素的影响和干扰，真实反映所检测对象的质量，努力达成一致，对于严重的分歧应通过第三方复验解决。

3. 修复、复验与拒收

在 FIDIC 合同条件银皮书第 7.5 款【缺陷和拒收】中规定："如果检查、检验、测量或试验结果，发现任何生产设备、材料、设计或加工工艺有缺陷，或不符合合同要求，业主应在承包商的试验报告上提出意见（背书）或给予承包商同等效力的证书。承包商应立即为必要的修补工作做准备并提交方案。业主可以审查该方案，也可以通知承包商说明如果进行所建议的工作，相应的生产设备、材料、设计或加工工艺并不会符合合同要求。在收到此类通知后，承包商应立即向业主提交经修订的方案。倘若业主在收到承包商的方案或者经修订的方案后 14 天内没有发出通知，就应认定为业主已经给出了无异议通知。倘若承包商未能立即提交修补方案（或经修订的方案），或对业主给出或者视为已给出无异议通知涉及的建议修补工作实施失败，业主可以：

（a）指示承包商按照第 7.6 款【修补工作】中（a）和（或）（b）段行事。（或者）

（b）通知承包商，拒收该设计、生产设备、材料或加工工艺并说明理由；这种情况下适用第 11.4 款【未能修补缺陷】中（a）段。

在修补任何生产设备、材料、设计或加工工艺的缺陷后，如果业主的要求是就这些项目重新进行试验时，承包商应自担风险和费用按照第 7.4 款【由承包商试验】规定重复进行试验。如果此项拒收和再次试验使业主增加了费用，业主有权按照第 20.2 款【付款和/或竣工时间延长的索赔】的规定要求承包商支付这些费用。"

无论是 FIDIC 合同条件还是实际的合同规定，在检验"不合格"情况下承包商应自费对产品进行修复，且所耗时间不能向业主索赔。如果业主对修复后的产品进行再次试验，这些试验应该在同等条件下进行，业主再次检验的费用由承包商承担。对于出现检验不合格或承包商拒绝修复的情况，业主有权拒收、扣除相应费用并安排其他方从事该项工作。

如果因为业主的原因导致检验错误、延误，承包商有权进行相关进度和费用的索赔。

在此，承包商应该特别注意一点就是，业主的检验甚至已经发放相关检验通过的证书仍然不解除承包商合同项下的责任与义务，也就是说即使业主检验通过甚至已发往现场的设备和材料，在发现不符合合同要求时，承包商仍需要自费移除现场、更换合格的设备和材料且承担合同项下的一切责任。

【合同实例 1】

Article X　Inspection

X.1　Test and Inspection

X.1.1　The Owner and its authorized representative will have the right of inspection of the Equipment during any stage of engineering or manufacturing. The Contractor agrees to secure this right of inspection for the Owner from any subcontractor or supplier with whom the Contractor contracts to engineering or manufacture any part of the Equipment.

X.1.2　If certain tests or inspections of any part of the Equipment as specified in Annex Y (Quality Specification) are to be performed, the Contractor shall give the Owner a reasonable advance notice of at least two (2) weeks of such test and/or inspection and of the venue of such test/inspection. The Contractor shall obtain from its subcontractors or suppliers any necessary permission or consent to enable the Owner to attend the test and/or inspection. The Contractor shall provide the Owner with a certified report of the test and/or inspection.

X.1.3　If the Owner or its authorized representative fails to attend the test and/or inspection, then the Contractor or its subcontractors or suppliers may proceed with the test and/or inspection in the absence of the Owner or his representative and provide the Owner with a certified report of the results thereof.

X.1.4　The Owner or its authorized representative will have the power to reject any work performed or being performed that does not conform with the requirements of this Contract, whereupon the work rejected will be re-performed and any defects made good at no additional cost to the Owner. Neither any previous inspections nor the lack of any inspections will relieve the Contractor of any obligations contained herein.

X.1.5 The Contractor will be responsible for all costs of Owner's additional inspections regarding Equipment that has failed previous inspections.

第 X 条 检验

X.1 测试与检验

X.1.1 业主及其授权代表有权在工程或制造的任何阶段检验设备。承包商同意确保业主在与承包商签订工程或制造设备的任何部件合同的任何分包商或供应商那里拥有此项检查权。

X.1.2 如果要对附件 Y（质量规范）中指定的设备的任何部分进行某些测试或检查，承包商应至少 2 周前向业主发出合理的预通知说明这些测试和（或）检验以及这些测试（检验）的地点。承包商应从其分包商或供应商处获得必要的许可或同意，以使业主能够参加测试和（或）检验。承包商应向业主提供经确认合格的试验和（或）检验报告。

X.1.3 如果业主或其授权代表未能参加测试和（或）检验，则承包商或其分包商或供应商可在业主或其代表缺席的情况下进行测试和（或）检验，并向业主提供经确认合格的检验结果报告。

X.1.4 业主或其授权代表有权拒收完工的或正在进行的任何不符合本合同要求的工作成果。重新完成拒收的工作和修复任何缺陷都不应增加业主的费用。任何已完成的检验或没检验都不免除承包商对此的任何义务。

X.1.5 承包商将负责业主对以前检验未通过的设备进行再次检验所发生的额外费用。

【合同实例 2】

X.2 Refusal of Supplies

X.2.1 The Owner reserves the right to refuse all or part of the Supplies if：

1) the Supplies do not comply with the Contract or the Scope of Works；

2) the Contractor has not carried out the repairs or replacements in a proper manner agreed by the Parties for repairs in compliance with the Contract; or

3) the Contractor has not carried out the repairs or replacements in a proper manner, within a time agreed by the Parties for repairs in compliance with the Contract.

X.2.2 Refused Supplies Prior to Delivery

Should the Contractor be required to replaceRefused Supplies prior to Delivery：

1) The Supplies so replaced shall, when approved by the Owner, be considered as the Original Supplies and will be paid for by the Owner in the manner indicated in the Contract.

2) The Owner and Contractor shall agree to the procurement of replacement Supplies from a source other than the Contractor if the relevant Supplies are not available from the Contractor. The Contractor shall be responsible for the additional cost incurred by the Owner as a result of procurement from source other than the Contractor as well as the procurement and use of the replacement Supplies shall not affect the Owner's rights under the Performance Guarantees and Reliability Guarantees. The Contractor shall not invoice nor receive any payment for the replacement Supplies not provided by him. The Owner shall provide an Amendment to the Contract Price to reflect a reduction equal to the value of the replacement cost of such Supplies.

X.2.3 Refused Supplies After Delivery

Should the Contractor be required to replaceRefused Supplies after the Delivery：

1) the refused Supplies shall be dismantled and removed from the Site.

2) the Contractor at its Cost and risk.

3) the Contractor shall repay the Owner all amounts paid to him for the refused Supplies unless the Contractor replaces the Supplies forthwith.

4) the Supplies so replaced shall, when approved by the Owner, be considered as the original Supplies and will be paid by the Owner in the manner indicated in the Contract unless the Owner has already paid for the Supplies.

5) the Owner and the Contractor shall agree to the procurement of replacement Supplies from a source other than the Contractor if the relevant Supplies are not available from the Contractor (or not available to be replaced by Contractor forthwith). The Contractor shall be responsible for the additional cost incurred by the Owner as a result of procurement from source other than the Contractor. The Contractor shall not invoice nor receive any payment for the replacement Supplies not provided by him. The Owner shall provide an Amendment to the Contract Price to reflect a reduction equal to the value of the replacement cost of such Supplies. The procurement and use of replacement Supplies shall not affect the Owner's rights under the Performance Guarantees and Reliability Guarantees.

X.2 供货拒收

X.2.1 业主保留拒收全部或部分供货的权利，如果：

1) 供货不符合合同或工程范围。

2) 承包商未按照合同规定以双方约定的适当方式进行维修或更换。（或）

3) 承包商没有按照合同规定在双方约定的期限内以适当方式进行维修或更换。

X.2.2 交货前拒收

如果承包商在交货前被要求更换被拒绝的供货：

1) 经业主批准，所更换的供货应视为原始供货，由业主按照合同规定的方式付款。

2) 如果从承包商处无法获得相应的供货，则业主和承包商同意从承包商以外的资源采购所要更换部分的供货。承包商应对业主因从承包商以外的资源采购而发生的额外费用负责，并负责保证采购和使用更换的这些供货不应影响业主在性能保证和可靠性保证项下的权利。承包商不得为未提供的替代供货开具发票或收取任何费用。业主应提供合同价格修正案，以反映相当于此类供货重置成本价值的减额。

X.2.3 交货以后的拒收

如果承包商在交货后被要求更换被拒绝供货：

1) 被拒收的供货从现场要被拆除并移走。

2) 承包商承担费用和风险。

3) 承包商应全数偿还业主这部分被拒绝的供货已支付的款项，除非承包商立即更换这些供货。

4) 经业主批准，所更换的供货应视为原始供货，由业主按照合同规定的方式付款，除非业主已经支付了这部分供货款项。

5) 如果从承包商处无法获得相应的供货（或承包商无法立即更换），则业主和承包商应同意从承包商以外的资源采购所要更换部分的供货。承包商应对业主因从承包商以外的资源采购而发生的额外费用负责。承包商不得为未提供的替代供货开具发票或收取任何费用。业主应提供合同价格修正案，以反映相当于此类供货重置成本价值的减额。采购和使用更换的这些供货不得影响业主在性能保证和可靠性保证项下的权利。

第四节　采购与运输

在 EPC 工程总承包项目中的采购工作主要是指在合同项下为实现业主预期项目的功能而采购的那些设备、设施、仪器、材料等，一般不是指土建施工用的沙子、石子这些物资的采购，而且这部分采购工作在工业类 EPC 工程总承包项目中约占 50% 以上的合同金额。FIDIC 合同条件以及国际工程建设界由于历史的原因而习惯于使用 EPC 来代表"工程总承包/交钥匙工程"，而且使用采购的英文"Procurement"的简称 P 代表 EPC 三项工作的其中一项。其实 EPC 工程总承包项目中采购的设备、材料是要送达项目现场进行安装形成永久性工程并实现业主预期项目目标的，因此无论是从业主的角度还是从承包商的角度，这个责任或工作被称之为"供货"（Supplies）会更贴切一些，这样既可以包含采购（Procurement）又可以包含另一个必不可少的环节——"运输"（Transportation）。

在国际 EPC 工程总承包项目中运输也是非常重要的环节，执行工程项目的人员、采购的设备和材料、必要的施工用机具等都要通过运输这个环节抵达或送达项目现场，因为是"异国他乡"和"千山万水"，因此这里运输涉及的问题不仅仅是简单的成本问题，而且会涉及项目所在地的港口条件、内陆运输条件、海关清关等这些可能在国内工程项目上根本不是问题的问题，但在国外就可能是重大、难以解决的问题。因此，在国际 EPC 工程总承包项目中采购和运输不仅涉及直接成本，而且在 EPC 工程总承包的链条上对工程项目的进度和工程总成本影响很大，有时甚至是致命的影响。

1. 采购与运输计划

作为国际 EPC 工程总承包链上的重要一部分，采购和运输工作贯穿于工程总承包项目从投标开始到工程项目现场清理、撤离的全过程，同时采购和运输对工程项目的成本和进度、承包商顺利并全面履约及最终是否实现业主终极预期目标产生重大影响，因此应全面、细致、科学、合理地进行策划与实施。

1）在工程项目投标阶段，承包商首先应根据标书中业主要求初步确定主要设备和材料可能的来源包括国家和所在地区，结合工程项目所在地情况初步确定运输方式，即是海运，或是陆运，还是海陆联运的混合方式？

2）如果需要海路运输，应了解相应的港口条件，对于不熟悉的特别是规模不大的港口要进行必要的实地考察、了解其装卸能力；在伴有内陆运输的情况下也要了解、考察从港口到工程项目现场的路况，特别是在有大件设备、重量大或（和）体积大的材料运输的情况下，更应认真研究港口的装卸能力、内陆运输道路的承载、宽度、限高以及沿途的桥梁、涵洞等情况，测算运输成本以及判断特殊大件、超大件运输的可能性并探索经济、合理的可行性运输方案。

3）在主合同签订后，承包商应尽快根据合同工期、工程总承包项目的主进度计划（Master Schedule），结合所采购设备、材料的制造周期、现场安装进度要求、质检通过的难度、运输条件、清关速度、现场堆存能力以及采购资金占用等因素，制订科学、合理的采购和运输计划。

4）对于制造周期长、质量控制困难的产品例如大型机械设备和部件，如减速机、电机、铸件、锻件等要尽早采购，防止因制造周期长或因检验不合格而修复甚至重新制造导致的工期拖期；对于大体积、超重量的设备、材料也要尽早采购、运输，防止运输过程出现例外事件导致项目工期延误。货物进口清关速度也是开展国际 EPC 工程总承包项目中必须考虑的风险之一。

5）在外界条件许可的情况下，结合现场进度情况，合理安排采购进度，力求减少资金占用。

2. 当地采购与第三国采购、运输的比较

在全球经济一体化的今天，特别是互联网技术高度发达的情况下，为了寻求项目利益最大化，全球采购是承包商必须思考、采用的方法之一，承包商不能仅在承包商所在国以"熟悉、习惯、易控制、偏好"等为理由限于或主要限于在承包商所在国或某一个国家进行采购，这一点中国的工程总承包商（设备成套商，如果有）应特别注意。

1）在满足质量、供货周期的前提下，充分考虑开展全球采购特别是项目所在国的采购。要统筹考虑直接采购成本、出口退税、进口关税（结合业主免税情况，必要时可以与业主协商相关利益的分享）、运输成本和风险等因素，确定相应设备、材料的采购地，做好采购的整体筹划。

2）在工程总承包商内部管理机制上建立适应"全球采购"的机制，防止采购、运输、现场施工管理各行其是，缺少项目整体效益一盘棋的现象。重视在项目所在地（国）的采购，特别是对于像电缆及电缆桥架、电机、风机、钢材等通用设备和材料的采购力求"属地化"和"就近化"；对于公司内部采用矩阵式管理的即将采购、运输与工程管理等分列的工程公司，应将部分采购人员和职能前移至项目所在地（国），切实推进"全球化采购"，努力寻求采购、运输和整体工程项目利益最大化。

3）在有"全球采购"计划的情况下，应注意合同中供货商"短名单"（Vendor List）的编制和报批；在主合同签署后的采购实施过程中如发生采购地变化应该及时与业主协商变更、修改、补充供货商"短名单"，防止因合同中"原产地"的条款发生违约的风险。

4）在采购地分散的情况下，应加强承包商"质检"和进度"催交"以及运输工作的组织与管理，确保供货的质量和进度。

3. 包装与运输方式的选择

在国际 EPC 工程总承包项目中应按项目所在地的位置来确定是采用陆路运输还是海运或海陆联合运输。对于中国的承包商来说有些国家可以直接采用陆路运输的方式，比如中亚地区、俄罗斯的远东地区，有些国家则需要海运加部分陆路运输，有些国家则视情况既可以海运也可以陆路运输。但原则上，如果可以利用海运的地区应该尽量以海运为主，因为海运的费用一般要远远低于陆路运输，而且总体来说海运的安全性更高一些。

另外，有些项目在国际间采用海运抵达项目所在国家或附近国家港口后，可以选用陆路运输将货物运至工程项目现场也可以再利用水运比如内河即"二次倒运"将货物运至工程现场。这时要针对不同情况特别是货物的重量、体积大小情况和"倒运"的条件（比如现场临近码头的装卸条件）等来确定"二次倒运"的方式。但实践证明，只要条件允许，采用水运的方案优于陆路运输，其原因不仅是水运的成本低而且水运的风险相对较小，陆路运输的路况、繁忙程度、途径地区的村庄、桥梁、涵洞等不可控因素较多，增加运输的风险。至于采用海运时是采用整箱装还是拼箱装，也就是用集装箱装运还是散装运输，这需要视货物情况以及发货与接货港口情况而定，一般的工业类 EPC 工程总承包项目的货物运输大部分为"散装船"运输居多。

无论是采用海运还是陆运，货物的包装与装船、装车是影响运输费用和运输安全的另一重要因素。这里所说的包装并不是指包装材料而是指在采用"散装船"或陆运时如何"打包"装车、装

船。在国际运输业，除集装箱外，一般都采用按货物的重量或体积中收费高的一个作为计费单位，即如果是体积小重量大就按重量计算运费，如果是体积大重量轻就按体积计算运费。因此，在装运前做好所运货物的有效"拼装"以降低每个单元和整个运输货物的体积是降低运输费用和提高运输安全性的有效途径。在实际中，用一个项目发运货物的体积比或容积比来衡量"打包"或"拼装"的水平，也是评价运输部门工作质量的重要标志。有人针对不同的项目执行团队对同类但不同的项目的运输情况研究发现，完成一个项目全部运输后统计下来平均体积比（体积/重量）最小的 A 项目为 2.2，而最大的 H 项目为 7.5。由于同类项目所运输的货物形状等因素具有可比性，因此可以看出不同的运输部门的工作和管理水平会导致不同的"拼装"或"打包"，对于一个项目的运输成本有很大的影响。

再者，当有多个港口可以作为发货和接货的港口时，应结合发货物情况、时间进度安排，认真调研各港口的设施情况、收费情况、淡旺季分布等，力求降低运输成本和风险。

4. 交货方式、货物所有权及照管

FIDIC 合同条件银皮书第 7.7 款【生产设备和材料的所有权】中规定："从下列两者中较早的时间起，在符合工程所在国法律强制性要求规定范围内，每项生产设备和材料都应无扣押和其他阻碍地成为业主的财产：

（a）当上述生产设备、材料运至现场时。

（b）当根据第 8.11 款【雇主暂停后对生产设备和材料的支付】的规定，承包商有权得到按生产设备和材料价值的付款时。

（c）当承包商得到按照第 14.5 款【拟用于工程的生产设备和材料】确定的设备和材料款项时。"

这是从法律或从国际贸易"物权"的角度来看承包商的"供货"何时成为业主具有"所有权"的资产，对于 EPC 工程总承包商来说可以借鉴或利用的意义或许在于可以利用国际贸易中"交货方式"的概念在合同条款和实际中要求业主尽早支付供货款。

在国际贸易中交货方式的不同意味着交货地点、付款时间、运输保险以及买卖双方相关责任等各不相同，现将国际贸易中常见的交货方式及其特点简述于表 7-1。

表 7-1 国际贸易中常见的交货方式

简称	英文	交付地点	双方责任要点
工厂交货	EX Works，EXW	卖方负责在其所在地将货物交付买方	买方承担运费和风险，卖方不办理出口结关
货交承运人	Free Carrier，FCA	卖方将货物办理清关后，在指定的地点交付给买方指定的承运人	卖方办理出口结关，买方承担运费和风险
船边交货	Free Alongside Ship，FAS	卖方在指定的装运港码头或驳船上把货物交至船边	从船边起买方须承担货物的全部费用和风险，卖方办理出口结关
船上交货	Free on Board，FOB	卖方在指定的装运港把货物送过船舷后交付	货过船舷后买方须承担货物的全部费用、风险，卖方办理出口结关

(续)

简称	英文	交付地点	双方责任要点
成本加运费	Costand Freight, CFR	卖方须将货物运至指定目的港	卖方办理出口结关并支付运费,货物越过指定港的船舷后风险及其他费用由买方承担
成本、保险费加运费	Cost Insurance and Freight, CIF	卖方须将货物运至指定目的港交付给买方	卖方承担运费及海运保险费,卖方办理出口结关
运费付至……	Carriage Paid to …, CPT	卖方将货物运至指定目的地	卖方支付运至目的地的费用,货物交至承运人后的风险和费用从卖方转给买方;卖方办理出口结关
运费及保险费付至……	Carriage and Insurance Paid to …, CIP	卖方将货物运至指定目的地	卖方承担运至目的地运费和保险费,卖方办理出口结关
边境交货	Delivered at Frontier, DAF	卖方将货物运至边境上的指定地点交货	卖方承担运至目的地运费和保险费,卖方办理出口结关
目的港船上交货	Delivered Ex Ship, DES	卖方将货物在目的港船甲板上交付给买方	卖方承担运费和海运保险费,买方办理进口结关
目的港码头交货	Delivered Ex Quay (Duty Paid), DEQ	卖方将货物在指定目的港的码头交付给买方	卖方承担运费和海运保险费以及关税、捐税和其他交货中出现的费用,卖方办理进口结关
未完税交货	Delivered Duty Unpaid, DDU	卖方将货物在进口国指定的地点交付给买方	卖方承担运费和保险费(不包括关税、捐税及进口时应支付的其他官方费用),买方办理进口结关
完税后交货	Delivered Duty Paid, DDP	卖方将备好的货物在进口国指定地点交付	卖方承担将货物运至指定地点的一切费用和风险,并办理进口结关

上述这些定义、概念主要涉及物权转移、风险转移、货款支付、运费和保费支付等,所有这些对于贸易项下买卖双方都非常重要。然而,在国际贸易的学术界和实际中,关于货物的物权和风险的转移节点经常会发生争议。例如,关于 FOB,以往比较普遍的观点是依据《国际贸易术语解释通则 2000》(即《INCOTERMS 2000》)及在此之前的"版本"规定:在 FOB 交付方式下货物"越过船舷"即代表货物所有权转移给买方,同时相应的风险也随之转移给了买方。但是多年来人们因对使用"船舷""越过船舷"作为标志或节点,无论是对概念的理解还是对在实际中可能出现的复杂状况难以达成一致而争论不休。对此,《INCOTERMS 2010》已将风险移转由"passing the ship's rail"改为"on board the vessel",即将"越过船舷"改为"货船之上",这一修改更加明确了以货物放置于货船之上为标志。

由于《联合国国际货物销售合同公约》(《the United Nations Convention on Contracts for the International Sale of Goods》,CISG)并未对物权何时移转做出规定,仅规定若将来发生纠纷应依法庭地的国际私法判断(即依照准据法解决)。INCOTERMS 亦未对物权移转时期加以规定,仅 CIF "华沙

"牛津规则"第六条对 CIF 何时移转物权有所规定，其虽系针对 CIF 所制定的，但一般认为该原则也可类推适用到其他有提供 B/L 义务的条件。

上述有关问题对于"成套设备供货"工程项目（合同）具有更重要意义，即承包商"只供货不施工"（可能包括工程设计）的情况，因为这种情况下供货的交付方式可以有多种。在 EPC 工程总承包项目中，对于工程总承包商来说不仅要负责把货物移交给业主，还要将这些货物变成永久性工程并实现业主对工程的预期功能，因此除特殊约定外（如业主在货物运输方面有优势并负责运输），承包商应在工程现场交付所采购的货物。然而在实际中，EPC 工程总承包项目的总承包商也是可以利用这些国际贸易中的"概念"作为"付款里程碑"来确定供货部分的付款条件，力求业主早日支付供货款项。

在国际 EPC 工程总承包项目中，与采购、供货类的"工程款"支付有关的"交付方式"主要有 FOB、CIF、DDU、DDP 等，对此，将在本章第五节"货款的支付"中讨论。

FIDIC 合同条件银皮书第 4.16 款【货物运输】中规定："承包商应：

（a）在不少于 21 天前，将任何工程设备或每项其他主要货物运到现场的日期通知业主。

（b）负责工程需要的所有货物和其他物品的包装、装货、运输、接收、卸货、存储和保护。

（c）负责与所有货物的进口、运输和装卸有关的清关、许可证、费用，包括向现场交付所需的所有义务。（以及）

（d）保障并保持业主免受因进口、货物运输引起的所有损害、损失和开支（包括法律费用和开支）的伤害，并应协商和支付由于货物运输引起的所有第三方索赔。"

按照 FIDIC 合同条件，在 EPC 工程总承包项目中，承包商不仅要负责所供货物的装货、运输，还要负责卸货、清关（在后面的章节中将详细讨论）、储存和保护。此外，FIDIC 合同条件银皮书 1999 年版第 17 条的"风险和职责"在 2017 年版中被改为第 17 条"工程照管和保障"，其中第 17.1 款【工程照管的职责】规定："除非根据这些条款或以其他条款终止合同，根据第 17.2 款【工程照管的责任】，承包商应从开工日期起承担照管工程、货物和承包商文件的全部职责，直到工程竣工之日止，这时工程照管职责应移交给业主。如果对某单位工程或部分工程颁发了（或将视为已发）接收证书，则对该单位工程或部分工程的照管职责应移交给业主。如果根据这些条款或其他条款终止合同，承包商应自终止之日起不承担对工程的照管责任。在照管职责按上述规定移交给业主后，承包商仍应对在接收证书上注明日期时的任何扫尾工作承担照管职责，直到此扫尾工作完成为止。如果在承包商负责照管期间，由于第 17.2 款【工程照管的责任】中所列以外的原因，致使工程、货物或承包商文件发生任何损失或损害，承包商应自行承担风险和费用，修正该项损失或损害，使工程、货物和承包商文件符合合同要求。"

因此，当货物运抵现场后承包商要精心堆存、妥善保护，既要防止货物的丢失，更要防止设备和材料在储存和搬运时的损坏，包括淋雨、冰冻等。要根据使用要求特别是安装进度计划科学、合理地摆放、堆存这些设备和材料，做好分类和标识，方便使用时查找和辨识。设备部件的丢失、储存和摆放错乱是实际中带来施工效率降低、工程进度拖期风险的重要因素。

5. 操作和维修手册

FIDIC 合同条件银皮书第 5.2 款【承包商文件】中规定："承包商文件应包括以下文件：

（a）业主要求中规定的文件（如果有）。

（b）为满足根据第 1.12 款【遵守法律】所规定的承包商责任范围内的准许、许可、执照和其他监管批准。

（c）适用第 5.6 款【竣工记录】和第 5.7 款【操作和维修手册】中所述的文件。"

此外，在 5.7 款【操作和维修手册】中规定："如果业主要求中没有规定承包商应编制的操作和维护手册，则本款不适用。

承包商应为工程编制一套完整的操作和维护手册（即本条款中的'操作和维护手册'），并保持更新。

操作和维护手册的格式和其他相关细节应符合业主要求，在任何情况下，这些手册应：

（a）足够详细，以便业主：

（i）运行、维护和调整工程，以确保工程、单位工程和（或）生产设备（视情况而定）的性能继续符合业主要求和履约保证中规定的性能标准。

（ii）操作、维修、拆卸、重新组装、调整和修复生产设备。

（b）包括业主未来生产设备运行和维护所需的备件清单。

在竣工试验开始前，承包商应根据第 5.2.2 项【由雇主审核】的规定，向业主提交工程或单位工程（视情况而定）的临时运行和维护手册。

如果在竣工试验期间，在临时运行和维护手册中发现任何错误或缺陷，承包商应立即纠正错误或缺陷，风险和费用由承包商承担。

在根据第 10.1 款【工程和分项工程的接收】颁发任何接收证书之前，应根据第 5.2.2 项【由雇主审核】向业主提交最终的运行和维护手册。"

由此可见，无论是按照 FIDIC 合同条件还是实际的工程总承包合同，操作和维修手册不仅是合同中规定的承包商文件，而且也是业主（业主人员）培训或参与试生产和日后正常生产的重要工具，同时也是业主接收工程的前提条件之一，这一点在 1999 年版的银皮书第 5.7 款【操作和维修手册】中表述得更简单、更清楚："在竣工试验开始前，承包商应向业主提供暂行的操作和维修手册，上述操作和维修手册的详细程度应能满足业主操作、维修、拆卸、重新组装、调整及修复生产设备的需要。在业主收到足够详细的最后的操作和维修手册及业主要求中为此类目的规定的其他手册前，不应认为工程已经按照第 10.1 款【工程和分项工程的接收】规定的接收要求竣工"。在一个工业类 EPC 工程总承包项目中各类设备有几千台甚至上万台，与之配套的操作和维修手册数量可想而知，在实际当中人们往往没有像重视设备采购、检验、交付那样重视有关操作和维修手册相应的工作，带来的问题和违约经常发生。由于语言、习惯等原因，这一点对于中国的承包商（成套设备供货商）更应该引起高度的重视。

1）由于操作和维修手册属于"承包商文件"，按照 FIDIC 合同条件原则，操作和维修手册中任何错误、遗漏、不符等在任何时候都是承包商的责任。

2）作为承包商文件，操作和维修手册应该使用合同规定的通用语言。这一点对于中国的工程总承包商来说存在着很大的风险，因为前面谈过在工业类 EPC 工程总承包项目中有几千台甚至上万台设备，供货厂商也有上千个，所以保证每个供货厂家、每份操作和维修手册都使用合同规定的语言在今天是很困难的。因此，作为工程总承包商应该专门成立一个机构，配备适宜的翻译和专业技术人员，自采购合同签订后就检查、督促设备、材料供货商有关操作和维修手册事宜，对于不能满足合同要求的应及时要求供货商修改，确实因为语言等问题达不到合同要求时总承包商的"专门机构"应及时"补位"帮助供货商完成合格的操作和维修手册，以满足合同要求。

3）操作和维修手册作为承包商文件，在合同中又有时间要求，承包商要特别注意的是，因为操作和维修手册是作为业主人员培训的教材之一，同时在工程项目"试车"阶段业主人员也要使用，因此在实际中操作和维修手册一般会"随机发货"或早于这个时间，防止耽误现场使用。但是，承包商应注意的是，既然是承包商文件，操作和维修手册的传递及移交应该按照合同中关于"承包商文件"部分进行，而不是随设备移交。按照 FIDIC 合同条件原则，这个手册可以有"临时版"用于培训和调试、试车阶段，但是，最终版本不得晚于工程项目竣工前提交。操作和维修手册作为业主竣工验收的必要条件，有关合同中这一条规定承包商应予以关注，防止影响工程项目的竣工验收。

6. 报关与清关

报关与清关是国际 EPC 工程项目必不可少的环节，是一项专业性和法律性很强的工作同时也是政府性行为很强的工作，不同的国家其工作难度差别很大。以往的 FIDIC 合同条件、英国的 ICE 等涉及报关、清关的规定、职责等很少。在 FIDIC 合同条件银皮书 2017 年版有三处提及有关清关问题。一个是第 2.2 款谈到业主【协助】时，二是在第 4.16 款谈到【货物运输】时，三是在第 14.5 款谈到【拟用于工程的生产设备和材料】的付款时，归纳总结其要义如下：

1）承包商应该负责清关工作。
2）在承包商请求下，承包商清关需要时，业主应该给予合理的协助。
3）在承包商申请"拟用于工程的生产设备和材料"的付款时，应该提交"清关提单"。

在国际 EPC 工程总承包项目中，作为外国的工程总承包商虽然按照合同规定不得不负责清关工作，但是，在实际操作中清关工作能否完成、是否如期顺利等，具有很大的不确定性，是影响现场安装工程进度乃至整个工程项目进度的重要风险因素，工程总承包商应加强防范和化解。

1）公司或项目管理部应有专门机构和人员负责清关工作。
2）对于在当地比较有影响力的业主，应努力说服业主代替承包商承担清关工作。（或）
3）选择在当地清关能力比较强的运输公司承担从码头至工程现场的运输工作并将清关责任与货物运输到场联系在一起。
4）准确了解工程项目所在国海关要求，做好货物发运和报关文件；努力与当地海关建立良好的信任和合作关系。

第五节　货款的支付

在国际 EPC 工程总承包项目中，与施工部分付款不同，供货部分的付款一般按"里程碑"节点支付，比如发货（FOB/CIF）、货到现场（DDP）、安装完成（试车）、性能考核完成、验收移交等。与中国国内的 EPC 工程总承包不同的是，在国际 EPC 工程项目中几乎没有像中国国内采购、供货设备时那么多付款（请款）的名目，如材料款、进度款、发货款等。一般来说除预付款外业主最早可能支付的款项是发货款，即按 FOB 条件支付"货款"，因此对于一般的工业类工程项目来说，承包商在收到首次预付款后长达 1 年多甚至更长的时间里，承包商是得不到业主支付的供货款的。

工程承包是专业工程公司的日常经营性业务，各类工程收款几乎是工程公司的全部（唯一）收入来源,相对于承包商而言,绝大部分业主工程款源于投资计划,投资并运营工程项目是业主盈利的主要手段而不是延迟支付工程项目款甚至节省工程项目款项。因此同一笔款项对于业主和承包商的意义及作用不同,有关这一点无论是在合同谈判和日常请款过程中承包商应努力与业主沟通,获得业主的理解和支持,保证、促进业主付款是工程管理极为重要的内容。

1)承包商从公司高层到工程项目管理各部门,要充分认识到工程项目收款不仅是增加项目、公司现金流(收入)问题,早日收款更是进一步降低工程项目系统风险最好的方法之一,特别是政治风险、业主资金风险、汇率风险和物价上涨风险等。

2)在合同谈判阶段努力促使业主对承包商在资金上的理解和支持,同时,以EPC总承包商责任不因业主的付款而变化为由,充分消除业主担心付款后承包商因压力、责任心的降低而影响工程质量和进度;对于银行信誉好、授信额度高的承包商在必要时适当增加履约保函的比例换取增强业主信任和提高其中"期间付款"比例,改善项目的现金流,提高公司运行质量。

3)力求增加以FOB(CIF)或(和)DDP(DDU)为节点的供货款支付比例。在实际项目中,供货部分货到现场(DDP)承包商获得90%的供货款一般还是可以实现的(通常欧洲供货商要求FOB付款100%+10%质保金保函)。

4)在工程项目合同正式生效后,承包商应尽快将供货部分价格分解到每台(套)设备、每种材料中形成分项价格表(如果合同签署时分项价未细分至单台设备时)并提交业主,在供货部分请款时以此分项价格表和装船单或海关提单为依据向业主申请供货部分付款(合同中应明确这样的付款条件),防止个别业主人员以"点货"方式为依据对付款产生干扰的风险。在必要时可以在合同条款中加入"本工程总承包合同项下承包商的供货范围包括,但不限于如下设备和材料,为了保证实现本工程的预期目的,任何遗漏和错误均为承包商的责任"等条款,以消除业主的担心和防止个别业主人员"点货"的要求。因为前已述之在EPC工程总承包项目中有上千台(种)甚至更多的设备和材料,而且这些设备多数是"散件"运至现场等待组装和安装的,任何形式的"点货"常给承包商带来很大的困难,产生阻碍及时付款的风险。

5)按照合同、L/C等付款文件要求认真准备付款申请,防止请款文件不符被拒付的风险。

【合同实例1】

The terms of payment of the Contract Price shall be as follows:

Miles tone 1: Fifteen percent (15%) of the Contract Price as Advance Payment shall be paid within fourteen (14) Business Days after signing of this Contract and acknowledgement in writing by the Owner of receipt of correct and complete invoice and the corresponding Advance Payment Guarantee from the Contractor, whichever is later. The Advance Payment Guarantee shall be valid until issuance of the Performance Security.

Milestone 2: Seventy-Five (75%) of the Contract Price shall be paid pro-rata on a progress basis within thirty (30) Business Days after the respective delivery of the Equipment and Documents and acknowledgement in writing by the Owner of the receipt of the Equipment and Documents and relevant correct and complete invoice and provision by the Contractor of all documentation needed for customs clearance as set out in Article 9.6, whichever is later.

Milestone 3: Ten percent (10%) of the Contract Price shall be paid after issuance of the Operational Acceptance Certificate within thirty (30) Business Days after acknowledgement in writing by the Owner of receipt of the relevant correct and complete invoice and the Performance Security from the Contractor, whichever is later.

合同款的付款条件如下：

里程碑1：15%合同价格作为预付款应在本合同签订后14个工作日内，且业主以书面形式确认收到承包商的正确和完整的发票和相应的预付款保函后支付，以较晚者为准。预付款保函有效期至签发履约保函为止。

里程碑2：75%合同价格应在设备和文件各自交付后30个工作日内按比例，并由业主书面确认收到设备和文件以及承包商根据第9.6款规定的清关所需的所有文件后支付，以较晚者为准。

里程碑3：10%合同价格应在业主签发了运行验收证书并书面确认收到相关正确和完整的发票及承包商的履约保函（以较晚者为准）后30个工作日内支付。

【合同实例2】

Schedule of Payments

1) Supplies

(a) Documents and/or Manufacturing Tests：

portion of the Supplies amounts value of the Contract Price as indicated in Chapter C "Special Conditions", which the relevant Documents and/or Manufacturing Tests report have been provided to the Owner；

(b) Supplies "Delivered FOB"：

portion of the Supplies amounts value of the Contract Price as indicated in Chapter C "Special Conditions", which the relevant shipping documents have been provided to the Owner；

(c) Supplies "Delivered to the Site"：

portion of the Supplies amounts value of the Contract Price as indicated in Chapter C "Special Conditions", which have been brought to the Site for incorporation into the Permanent Works；

(d) Supplies "Progressively when Erected"：

portion of the Supplies amounts value of the Contract Price as indicated in Chapter C "Special Conditions", which have been incorporated in the Permanent Works (Erection completed)；

(e) Supplies "Provisional Acceptance"：

portion of the Supplies amounts value of the Contract Price as indicated in Chapter C "Special Conditions", upon the issuance of the Provisional Acceptance Certificate by the Owner, in accordance with Clauses 6.12 "Provisional Acceptance Certificate".

2) Site Works (not including the Supervision)

支付步骤：

1) 供货

(a) 文件和（或）制造测试部分：

第C章"专用条款"所示合同款中所列已向业主提供相关的文件和（或）制造测试报告的供货部分价值。

(b) "FOB交付"的供货部分：

第C章"专用条款"所示合同款中所列已向业主提交相关装运单据的供货部分价值。

(c) "现场交付"的供货部分：

第C章"专用条款"所示合同款中所列已提交现场用于形成永久性工程的供货部分价值。

(d) "安装时累计"的供货：

第 C 章"专用条款"所示合同款中所列已经形成永久性工程（完成了安装）的供货部分价值。

(e)"预验收时"的供货

在第 C 章"专用条款"所示合同款中所列当业主根据第 6.12 款"临时验收证书"签发临时验收证书时的供货部分价值。

2) 现场工程（不包括监理）

第八章

现场施工

现场施工（Site Work）是 EPC 工程总承包项目中最重要的部分之一。首先即使是在工业类的 EPC 工程总承包项目中设备和材料部分占 50%，仍然有 50% 左右的部分要在现场完成。第二，无论是国际项目还是国内项目，现场都会远离承包商的管理总部，是一个独立作战的单位，可利用的资源主要是现场项目经理部的力量，同时现场是实施工程建设和完成业主预期目的的所在地，是 EPC 工程总承包项目主要"矛盾"的聚集地，工程项目中工程设计、采购的设备和材料以及建设施工本身存在的问题在现场施工、试车、考核和整改、修补缺陷等过程中"集中暴露"并需要在规定时间内解决。第三，虽然在工程设计和采购、供货过程中业主（业主工程师）也参与其中，但是多为结果检查、文件审批，但是现场的施工过程承包商都会与业主（业主工程师）、监理公司（如果有）、施工分包商、供货商现场服务人员等多方面人员"混合作战"，同时也要经常面临工程项目所在地当局乃至周边居民（村民）的监督、甚至是干扰，工作难度非常大。在实际中，现场的工作是工程公司中上至公司高层，下至公司员工都非常关注的部分，由于历史的原因和工作的性质特别是工作难度、作业环境，习惯上人们把现场施工看成几乎是工程总承包的"全部"，是"人力、物力、财力、注意力"的所在地。当然，在现代化的工程总承包项目特别是 EPC 工程总承包项目中已经更强调了 EPC 三个单一功能之外的总承包项目管理的重要性（这也是本书的观点和关注点），但不能否认的是，现场工作、现场施工仍然艰难而重要，甚至说极为重要，是工程总承包项目矛盾和风险最集中的地方。正是鉴于这一点以及历史的原因，FIDIC 合同条件中，对于现场施工有大量的阐述和要求。虽然与 FIDIC 合同系列条件中的"施工合同条件"和"设计——施工合同条件"相比没有那么详尽，但"EPC 工程总承包项目合同条件"中的施工部分也有很多的内容和要求。

第一节 开工准备与开工

在 EPC 工程总承包项目中现场施工开始是工程项目进展（进度）的一个重要时点和标志，虽然在 EPC 工程总承包项目中不是要等工程设计完全结束后才开始着手施工，而是属于边设计、边采购、边施工的"三边工程"，但是现场施工的开始也说明工程设计和采购工作已经进行到了一定程度。与此同时也"应该"表明包括现场各项准备工作在内的一切涉及现场施工的准备工作必须就绪，否则不仅影响现场施工的进展、影响工期，还有可能造成窝工甚至现场混乱，因此现场开工的准备工作非常重要。

1. 当局许可

对于进入工程现场施工,在很多的地区和国家按照法律、法规的要求需要当地政府或机构的许可。尽管在 FIDIC 合同条件中没有对此提出要求,但是在实际操作以及具体合同中"进场施工许可"应为承包商的责任。这种许可(批准)可能会包括要求承包商在项目所在国家注册工程公司(以执行现场工程)甚至要求该公司具有一定等级的施工资质,如果需要施工资质那么又需要一定的程序和条件来向政府或当局申请以获得批准;另外,部分国家和地区的行政管理部门(机构)在工程项目现场开工前要求办理登记、注册手续等。总之,工程总承包商应准确、及时了解工程项目所在地(国家)的要求,在现场施工开始前的适当时间,除获得业主的同意外务必做好政府(机构)要求的(如果有)"进场许可"批复工作,确保现场施工得以启动,防止现场施工组织计划出现不能得到落实的情况。

【合同实例】

18.3　Permits, Authorities Approval

18.3.1　Contractor's Permits and Approval

The Contractor shall be responsible for obtaining all transport, Construction, erection Permits and Approvals and any other necessary Permits from the respective Authorities needed for the Works and the performance by it of this Contract. The Owner at the Contractor's request shall reasonably assist the Contractor in ascertaining the procedures to be followed to obtain such Permits.

The Contractor shall keep the Owner informed of all Permits and Approvals required to be obtained by it for the purposes of this Contract and shall provide a copy of all such Permits and Approval to the Owner.

18.3　许可,当局批准

18.3.1　承包商的许可和批准

承包商应负责从工程及其履行本合同所需的相关机构处获得所有运输、施工、安装许可和批准以及任何其他必要的许可证。应承包商要求,业主应该合理地协助承包商确定获得此类许可证应遵循的程序。

承包商应随时告知业主为本合同目的应需获得的所有许可证和批准的情况,并向业主提供所有此类许可证和批准的副本。

2. 开工指令

在 FIDIC 合同条件银皮书第 8.1 款【工程的开工】中规定:"除非合同协议书说明开工日期,业主应在开工日期前不少于 14 天向承包商发出通知,指出开工日期。除非在专用条款中另有说明,开工日期应在第 1.6 款【合同协议书】规定的合同全面实施和生效日期后 42 天内。承包商应在开工日期那一天或其后,在合理可能的情况下尽早开始工程的设计和施工,随后应以正常速度,不拖延地进行工程"。关于开工日期,在第 1.1.4 项【开工日期】中规定:"开工日期系指根据第 8.1 款【工程的开工】下发的业主的通知内规定的日期。"

从 FIDIC 合同条件的规定来看,这里的"工程开工"或"开工日期"应该是指整个工程项目开始日期或合同工期的计时日期,但是在实际合同中的整个工程项目开始日期或合同工期的计时日期是多个约束条件中最晚达到的那一天,而不一定是银皮书中第 8.1 款规定的具体天数,请参见本书第五章第一节中有关"工期计时日"的内容。因此,银皮书中第 8.1 款所说的"开工日期"不是工程现场施工的开工日期。但是,对于 EPC 工程总承包项目现场的施工来说,其开工日期确实需要限定并获得业主的批准,一般称之为"施工通知书"(Notice to Preceed for Constraction,NTP C)。

【合同实例】

22.2.2 Notice to Proceed for Construction (NTP C)

The Owner will issue the Notice to Proceed for Construction (NTP C) when:

(a) the Owner has obtained the legal control of the land plot envisioned as construction Site for the plant;

(b) The Owner has been granted with the construction license;

(c) The Contractor has obtained the necessary construction permit and licenses for the performance of the Works under the Contract;

(d) the Owner has received the Advance Payment Bank Guarantee pertaining to the Construction value of the Contract as per Charter C-Special Conditions-Clause 14.1.1 b), 14.1.1.d) and 14.1.1 e);

(e) the Contractor has received the Advance Payment pertaining to the Construction value of the Contract as per Charter C-Special Conditions-Clause 14.1.1 b), 14.1.1.d) and 14.1.1 e)。

22.2.2 施工通知书(NTP C)

业主将签发施工通知书(NTP C),当:

(a) 业主已取得工厂建设用地土地的法律控制权。

(b) 业主获得了建设执照。

(c) 承包商获得了执行本合同项下工程的建设许可和执照。

(d) 业主收到合同第 C 章——专用条款——第 14.1.1 项 b)段、第 14.1.1 项 d)段和第 14.1.1 项 e)段中规定的与施工部分合同价值对应的预付款银行保函。

(e) 承包商收到合同第 C 章——专用条款——第 14.1.1 项 b)段、第 14.1.1 项 d)段和第 14.1.1 项 e)段中规定的与施工部分合同价值对应的预付款。

由上面的实例可见,在实际操作中承包商要想进入现场施工是有条件的,而且也需要业主的批准。而这些条件有些取决于承包商,有些取决于业主。理论上业主和承包商都希望承包商早日进入现场开始施工作业,但是,当业主因其自身的各种原因不希望承包商进场施工时,业主便会以适当的理由拒绝、推迟签发施工通知,防止承包商的索赔。

在实际中,业主方推迟现场施工的原因除上述工程现场用地未获批准、未获得建设执照外,还可能是业主资金安排出现问题,业主对工程投入使用后产品市场预期的改变等。由于签发现场施工通知书的主动权在业主方,因此业主为了保护自身的利益,在拒绝或推迟签发现场施工通知书时的理由不限于上述土地权、建设许可等,也可能是承包商现场准备不足、施工安全不到位等。对此,承包商应及时了解情况掌握业主相关动态,做好与获得业主施工通知书密切相关的材料、机具、人员等的准备和调遣,减少不必要的成本增大的风险。

3. 进度计划与施工组织

FIDIC 合同条件银皮书第 8.3 款【进度计划】中规定:"承包商应在收到第 8.1 款【工程的开工】规定的通知后 28 天内,向业主提交一份执行工程初步计划。该计划应使用业主要求中说明的计划编制软件编制(如无规定,则使用业主可接受的计划编制软件)。

……

在任何情况下，倘若业主通知承包商并指出进度计划（在指出的部分）不符合合同要求，或未反映实际进度或其他承包商违背义务情形时，承包商应在收到该通知后14天内遵照本款要求向业主提交一份修订进度计划"。同时，在第8.3款【进度计划】中还要求承包商随该计划提交一份'支持性报告'并包括：

（ⅰ）工程实施所有主要阶段的描述。

（ⅱ）在工程实施中承包商拟采用方法的一般描述。

（ⅲ）对应工程实施各主要阶段，用于现场的承包商各层级人员人数和各种类型设备的数量合理估计的详情说明。

（ⅳ）倘若是一个修订的计划，标出与承包商先前提交的计划存在的任何重大变化。

（ⅴ）承包商克服任何误期对工程进度影响的方案。"

前已述之，FIDIC合同条件有关现场施工的内容和规定很多，从上面的第8.3款关于"进度计划"一项就可以看出这些规定内容丰富、要求细致。按照第8.3款，承包商的"进度计划"以及计划的变更要及时报送业主，进度计划以及实际进度不满足合同要求时要修改，同时这个进度计划不仅要包含时间节点还要包括施工方法和人力、机具安排等。

虽然在主合同中会有工程设计、采购供货、现场施工、试车调试、考核和验收等进度安排和要求，而且实际中在合同签署后（也许在合同签订时，视情况）的短期内总承包商也应编制更为详细一些的"控制进度"或"主进度计划"（Master Schedule）并报业主批准或备案。但是，随着时间的推移、工程设计和采购工作不断地深入特别是根据工程设计获得业主批准的进展情况，总承包商要结合整个项目的进度要求（合同工期）和上述实际情况及时制订、修订现场施工进度计划，包括每个单元（车间）、每个子项的土建施工和安装施工进度安排等，这不仅是FIDIC合同条件、实际合同的要求，也是工程总承包商自身的需要。当然，在实际合同中这个现场施工进度计划所应包含的具体内容，则由承包商与业主具体协商确定，但是在FIDIC合同条件中提及的施工方法、人力和机具安排等，在具体的合同中可能体现在"技术方案"或"施工组织"等章节中，而"施工计划"仅体现时间进度。然而，在国际工程总承包项目中，FIDIC合同条件要求以及业主（业主工程师）都十分在意承包商过程的管理、过程的保证措施，因此这些施工技术方案、施工组织措施等也是合同中要求承包商事先提交业主审查或备案的内容，不是简单提交一个时间进度计划，这一点中国的工程承包商在承接国际工程项目时应特别引起注意。这个现场施工计划及相关的施工组织和实施方案是保质、按期完成合同目标的重要保证。

1）首先，合同中规定的工程项目验收时间即"合同工期"仍然是这份现场施工进度计划的"底线"（Dead Line），以"关门时间"或"底线"结合当前的实际情况"倒排工期"是安排工程进度的常规做法。

2）结合已经完成的工程设计进度特别是业主审批情况，比较准确地评估"供图速度"与现场施工综合能力的匹配关系，既要保证足够的现场人力、物力加快现场建设进度，又要防止图纸供应不上造成"窝工"的风险。

3）充分与各施工分包商沟通、协商，共同研究、制订这份现场施工计划，夯实计划的基础；结合客观的施工难度和施工周期以及后续工序的需求情况，科学、合理地安排各子项的开工和完工时间，特别要注意土建施工和安装施工的衔接，即对于安装工作量大、时间长的子项优先安排土建施工，要统筹考虑切忌只管进度不管协同共进。

4）根据进度计划需求和实际完成情况，工程总承包商要密切关注、严格管控施工分包商的人力安排、机具调配、材料准备等情况，及时发现分包商可能拖期的风险，需要时工程总承包商应采取要必要的措施帮助、督促甚至撤换分包商，最大限度地保证工程项目建设进度，防止产生工期延误风险。

4. 承包商进场与现场资源的使用

现场（Site）这个词在工程总承包项目中应该是使用频率最高的词汇之一，无论是在 FIDIC 合同条件还是实际具体的合同中。在 FIDIC 合同条件银皮书第 1.1.67 项规定："现场系指将实施永久工程和运送生产设备与材料到达的地点，以及合同中可能指定为现场组成部分的任何其他场所"。因此，现场在 EPC 工程总承包项目中既是施工建设"C"的工作场地，也是"E"和"P"以及整个工程项目实现预期功能的场所，如前所述这是一个"各方矛盾"的聚集地，在工程总承包项目中占有重要的地位。在 FIDIC 合同条件中从承包商进入现场、现场作业到撤离现场都有一系列的要求和规定，实际的工程总承包合同也是如此。

对于进入现场，FIDIC 合同条件银皮书第 2.1 款【现场进入权】中规定："业主应在合同文件中规定的时间（或几个时间）内，给予承包商进入和占用现场各部分的权利。此项进入和占用权可不为承包商独享。如果根据合同，要求业主（向承包商）提供任何基础、建筑物、生产设备或进出通道的占用权，业主应按业主要求中规定的时间和方式提供。但业主在收到履约担保前，可保留上述任何进入或占用权，暂不给予。如果在合同文件中没有规定上述时间，业主应自开工日期起给予承包商进入和占用现场的权利。如果业主未能及时给予承包商上述进入和占用的权利，使承包商遭受延误和（或）招致增加费用，承包商根据第 20.2 款【付款和/或竣工时间延长的索赔】的规定有权要求任何此类费用加上利润和（或）延长工期。但是，如果出现业主的违约是由于承包商的任何错误或延误，包括在任何承包商文件中的错误或应用文件提交延误造成的情况，承包商应无权得到上述延长期和（或）费用加上利润。"

如果将这里的"开工日期"理解成"合同工期计时日"，那么承包商在合同工期计时日开始就有权要求业主允许承包商进入、"占有"并"使用"现场，当然，这并不意味着承包商可以开始"总承包工程的现场施工建设"，前面已经谈过，承包商开始"现场施工建设"尚需业主的"开工通知书"。但是承包商尽早地进入工程现场具有重要的意义，因为承包商在正式开始"总承包工程的现场施工建设"之前，为了加快进度，有许多准备或可以提前做的工作，而这些工作一般不需要业主批准或容易批准或如果施工后与业主最终批复有差异时修改方便。总之，承包商应充分利用可以进入现场到正式获得现场工程施工"开工通知书"这个"空档期"开展一些必要、可行的现场工作，努力降低整个项目工期延误的风险。这些工作可能包括：修建进场道路、建设临时办公区、初步厂内道路（路基部分）、厂地平整（挖方和填方）、部分基础开挖和处理等。

初步厂内道路、厂地平整甚至部分基础开挖一般在投标阶段或工程设计的早期基本确定，而且即使与将来业主批准的正式工程设计有一定差异，承包商的修改工作量一般不会很大，而初步厂内道路完成后对将来正式施工建设所用货物、机具、人员的交通运输会带来方便，提高劳动效率，降低安全风险。

关于进场道路，FIDIC 合同条件银皮书第 4.13 款【道路通行权和设施】规定："承包商应为其所需要的专用和（或）临时道路包括进场道路的通行权承担全部费用和开支。承包商还应自担风险和费用，取得为工程目的可能需要的现场以外的任何附加设施"。另外，在银皮书第 4.15 款【进场通路】中规定："承包商应被认为在基准日期已对现场的进入道路的适宜性和可用性感到满意。承包商应采取必要的措施，防止任何道路或桥梁因承包商的通行或承包商人员受到损坏，这些措施应包括正确使用适宜的车辆和道路。除本条款另有规定外：

（a）承包商应（就双方而言）负责因其使用现场通路造成的破坏进行修复，及所需要的任何维护。

（b）承包商应提供进场道路的所有必需的标志或方向指示，还应为其使用这些道路、标志和方向指示取得必要的有关当局的许可。

（c）业主不应对由于任何进场通路的使用或其他原因引起的第三方索赔负责。

（d）业主不保证特定进场通路的适宜性和可用性。（以及）

（e）因进场通路对承包商的使用要求不适宜、不能用而发生的费用应由承包商负担。

由于业主或第三方在基准日期后更改该通路而导致通路不适合或不可用，导致承包商延迟和（或）遭受损失时，承包商应有权在根据第20.2款【付款和/或竣工时间延长的索赔】索赔此类费用和（或）延长工期。"

上面描述的进场道路应该是指由国家（社会）公共交通系统的某个"转运点"链接工程总承包项目现场的道路，FIDIC银皮书使用了很大的篇幅来阐述这个问题的根本要义是工程承包商在"基准日期"即递交投标书的28天前已经对上述路况和一切条件都很清楚，承包商在报价之中应包含为执行本工程项目使用上述道路所产生的一切费用和责任，并由承包商承担且保证业主不因该道路的使用受到任何追责。其实，在实际中FIDIC银皮书中的要求与实际情况会有比较大差异，承包商在项目投标、合同谈判和签署时应将进厂道路问题在合同中分清责任和义务，而不是简单、笼统地将其全部列于承包商责任之下。

1) 作为EPC工程总承包项目，采购物资的运输不仅是承包商的责任，而且在一些欠发达的国家和地区还是一项非常艰巨的任务。因此，在项目投标阶段承包商必须详细了解运输条件特别是陆路运输条件，必要时应前往现场实地踏勘运输路线。从公共交通系统"转折点"到工程项目现场这一段"进厂道路"，应该根据情况由业主与投标者（承包商）共同讨论由谁来负责建设这段道路（已有道路除外）。如果双方确定该道路为投标范围（即拟建工程项目的一部分），承包商应将其建设费用（如果有）计入工程报价之中列入投标文件，合同签署后由业主在工程总承包合同项下支付。

2) 在对这段"进厂道路"做投标报价时，还应注意的问题是这段进厂路一般情况也可能会成为未来业主进场（厂）和日常运营使用的道路。如果是这样的话，这条道路将成为永久性道路而非施工期的临时道路，其建设标准和费用将有很大的不同，对此承包商与业主在合同中要明确说明。

3) 由于这条进厂道路即使在建设期间也可能被业主使用，因此不能规定在工程项目验收前有关这条道路的所有责任均由承包商承担。总之，在合同中应该明确无论是道路建设还是使用和维护中承包商和业主各自的责任和义务。

另外，承包商在进入现场时应进一步充分了解、调查、核实现场条件，特别是用水、用电、业主设备和设施等。按照FIDIC合同条件银皮书第4.19款【临时公用设施】规定："除下述情况外，承包商应负责提供其所需的临时公用设施，包括电、气、通信设施、水和其他承包商为执行工程可能会要求的服务设施。本款的下列规定只适用于在业主要求中规定由业主提供公用设施给承包商使用的情况。承包商应有权为了工程建设目的而使用业主要求中已提供详细情况和价格的现场公用设施。为了使用这些服务设施，承包商应自己承担风险和费用，安装必要的仪器仪表来计量消耗量，为测量消耗量安装的仪器应经业主同意。承包商应测量在合同数据规定的每一付款区间（如果没有说明，按每个月计）消耗的数量（如果有的话），承包商为此的付款（按业主要求中规定的价格计算）应包括在有关报表中。"

原则上，承包商在履行合同项下的工程总承包项目时所需的水、电、气等条件及有关机具、设施都应由承包商自担，然而无论是 FIDIC 合同条件还是实际情况，在条件允许的情况下，承包商可以利用业主原有的设施、设备以及已有的供水、供电、供气等设施和条件（尽管在 2017 年版银皮书中取消了原来 1999 年版中第 4.20 款【业主设备和免费供应的材料】规定业主可以免费提供），只要承包商按事先商定的条件向业主支付相应的费用即可。这里也包括由承包商承建的本工程建设项目内包含的供水、供电等设施，在投入使用后也可以使用，只要按规定支付业主费用即可。承包商应在工程项目投标时调查、确认此类问题并将有关协议作为主合同的一部分，同时在承包商正式进入现场时应进一步检查、落实这些条件，防止对后续施工建设造成不利影响。

5. 现场安保与避免干扰

FIDIC 合同条件针对工程总承包现场安保以及维护现场正常工作不受干扰，对承包商的责任做了比较多的要求和规定，现归纳于表 8-1 之中。

表 8-1　银皮书有关现场安保避免干扰的规定

条款	规定内容
4.21 【现场安保】	承包商应负责现场的安全，以及： a）负责阻止未经授权的人员进入现场 b）授权人员应限于承包商的人员、业主的人员，以及由业主向承包商发出通知经确认的授权人员（包括业主在现场的其他承包商）
4.14 【避免干扰】	承包商应避免对以下事项产生不必要或不当的干扰： a）公众的方便（或） b）所有道路和人行道的进入、使用和占用，不论他们是公共的或是业主或是其他人所有的 承包商应保障并保持业主免受因任何此类不必要或不当的干扰造成的任何损害、损失和开支（包括法律费用和开支）的伤害
4.8 【健康和安全义务】	保持现场、工程以及正在实施工程的其他地方（如果有）无不必要的障碍物，以避免对人员造成危险为工程提供隔离、照明、安全通道、警卫和岗哨等

在实际中，自承包商被授权进入工程总承包项目现场至工程项目移交业主（Take Over），承包商应负责整个现场的安保（保卫）、道路畅通、作业现场整洁、避免场内被干扰而影响现场工作、安全以及保证现场所有人员的健康、安全、环境（HSE，关于健康、安全、环境我们将在后面的章节中专门讨论）等各项现场"维护"工作。关于承包商对于现场的"维护"工作，从下面的实例中也可以了解业主对这方面的要求。

【合同实例】

15.0　Site Activities

The Contractor shall be responsible for all cost and protection, security and maintenance incurred for the housing of its personnel and any Sub-Contractor personnel.

15.1　Cleaning of Site

At all times during the Contractor's performance of the Works, the Contractor shall keep the Site and the Works free from waste material or rubbish resulting from the Works or caused by the Contractor's employees or Sub-Contractors or their employees.

On the completion of the Works, the Contractor shall clear away and remove from the Site all constructional equipment, surplus materials, rubbish, and Temporary Works of every kind, which the Owner has not by written agreement purchased from the Contractor.

15.2　Fencing, Lighting, Guarding and Fire Fighting

The Contractor shall be responsible for the proper fencing, lighting, guarding and watching of the Site until the Provisional Acceptance. The Contractor shall be responsible for the proper provision during this period of temporary roadways, passage ways, guards and fences within the Site area as far as may be necessary by reason of the Works.

The Contractor shall provide and maintain adequate, portable fire fighting equipment on the Site until Provisional Acceptance to the approval of the local fire authority.

15.0　现场活动

承包商应负责其人员和任何分包商人员的住房所产生的所有费用及相应的防护、安保和维修。

15.1　现场清理

在承包商实施工程建设期间，承包商应随时清理现场和工程项目中因工程实施或承包商的员工或分包商或其员工产生的废料或垃圾。

工程完成后，承包商须从现场清除及移走业主并未以书面形式向承包商购买的所有施工设备、剩余物料、垃圾及各种临时工程。

15.2　护栏、照明、防护和消防

承包商应负责适当的护栏、照明、守卫和现场监控，直至临时验收。只要工程建设需要，承包商在这段期间应恰当地准备现场内临时道路、通道、警卫和护栏。

承包商应在现场提供和维护适当的便携式消防设备，直至临时验收时获得当地消防当局验收批准。

第二节　工程的延误

延误（Delay）无论是对于业主还是对于承包商来说都是工程总承包项目中最常见的风险之一，也是承包商在执行工程总承包合同时最经常遭受索赔罚款的原因之一。

延误可分为结果延误和过程延误，结果延误是指竣工延误或验收延误；过程延误是指某一过程或几个过程进度延误了，但最后的竣工验收日期没有延误。FIDIC合同条件对于竣工时间延长做了很多的说明，在银皮书第8.5款【竣工时间的延长】中规定："如由于下列任何原因，致使达到按照第10.1款【工程和分项工程的接收】要求的竣工受到或将受到延误的程度，承包商有权按照第20.2款【付款和/或竣工时间延长的索赔】的规定提出延长竣工时间：

（a）变更（除非没有要求去遵守第20.2款【付款和/或竣工时间延长的索赔】的规定）。

(b) 根据本合同条款的某款，有权获得的工期延长事项。（或）

(c) 由业主、业主人员或现场业主的其他承包商造成或引起的任何延误、妨碍和阻碍（由政府行为或传染病导致由业主提供的材料出现不可预见性短缺的情况，如果有）。

当按照第20.2款【付款和/或竣工时间延长的索赔】规定确定每一项工期延长时，业主代表应对以前按照第3.5款【商定或确定】规定所做的确定进行复查，可以增加，但不得减少总的延长时间。

如果是由于业主的原因导致延误和承包商的原因导致延误同时发生，应按照专用条款（如无规定，应视情况对所有相关情况给予充分的考虑）中的规则和程序对承包商申请工期延长的权利进行评估。"

按照造成延误的责任方来分，延误可分为承包商原因造成的延误、业主原因造成的延误、当局原因造成的延误和例外事件造成的延误。在EPC工程总承包业务链上按照造成延误的原因来分，延误可分为工程设计造成的延误，工程变更造成的延误，采购供货造成的延误，施工人员、机具不足和组织能力不足造成的延误，物资短缺造成的延误、一般性自然条件变坏和例外事件造成的延误等。

1. 业主造成的延误

由于EPC工程总承包项目中绝大部分工作是承包商完成的，理论上业主参与的工作和责任不多，正常情况下由于业主的原因造成的延误应该也不多：

1）未及时获得当局批准、许可造成的延误，如土地、建设许可、环保许可等。
2）资金不足或工程款支付不及时造成的延误，如信用证开具、预付款、期中付款等。
3）业主提出工程变更造成的延误，因技术原因、资金原因、用途原因或外界原因造成的变更。
4）审查、审批承包商工程设计不及时造成的延误，这是实际中最常见的原因。
5）业主对采购供货部分的质检以及现场工程施工质量检验不当造成的延误。
6）业主其他原因造成的延误。

鉴于在正常情况下业主方对工程设计审批和供货及施工质检是导致工程项目进度延误的主要的、经常性的原因，业主（投资者）应该给予高度重视。这是由于这些审查和检验人员或是业主聘任的咨询公司（人员），或是业主直接聘用的工程师甚至是因为项目建设而临时聘任的工程师，而并非真正的投资者。在工程建设中质量是前提，至关重要，但是建设工期也是建设成本和投资回报的重要保证。因此业主除应要求咨询工程师们按标准、合同规定和职业操守严把质量关外，也要把审批速度作为一项考核指标来要求、衡量咨询工程师工作效率的标准。据以往的项目经验，业主可以建立一个审查者与被审查者的"联动机制"使二者有一定深度的"融合"树立一个"保质量争进度"的共同目标，避免出现"提问题者不管解决问题，解决问题者不知道还会提什么问题"的局面。

2. 承包商造成的延误

在EPC工程总承包项目中由于绝大多数的工作是由承包商承担的，因此，在正常情况下工程进度的延误多属于承包商的责任或由承包商来承担责任。由于影响工程进度的因素繁多而且相互交织，因此在一般情况下，正常的工程总承包项目履约中工期延误对于承包商来说是风险发生概率最高的一项。不同阶段承包商的原因可能引起的延误见表8-2。

表8-2　不同阶段失误引起的延误

阶段	延误原因
前期准备阶段	投标时工期估算误差大，致使"先天性"延误；保函开具延误或资金准备不足
工程实施阶段	工程设计进度以及设计审查速度慢；采购不及时（包括漏采、错采），发货运输不及时（包括漏发、错发）及清关速度慢，现场施工组织和能力不足（含人力、物资、机具等）
检验、验收阶段	供货和施工质检不顺利，项目考核、验收不顺利
其他	缺陷多或修复时间长及其他承包商原因

由于一般情况下工期延误是工程总承包商、分包商经常出现的风险，在"质量、成本、进度、安全（健康和环境）"工程管理四大要素中，实践证明进度是"纲领性"因素，一个工程项目一旦进度延误，质量、成本和安全风险会大幅度上升，甚至损失接踵而来，因此工程项目的进度保证是承包商顺利完成工程项目预期目标的基本保证。其中，保证工程设计、设计审批进度和现场施工人力、机具充足以及组织管理有效是关键因素。

3. 当局造成的延误

在 FIDIC 合同条件银皮书第 8.6 款【当局造成的延误】中规定："如果：

（a）承包商已努力遵守了工程所在国依法成立的有关公共当局或私人公用事业实体所制订的程序。

（b）这些当局或实体延误了或扰乱了承包商的工作。

（c）延误或扰乱是不可预见的。

则上述延误或扰乱应被视为根据第 8.5 款【竣工时间的延长】（b）段规定的延误原因。"

在国际 EPC 工程总承包项目的实际操作中"当局的干扰"确实是存在的，具体表现因各国、各地（州）的法律、习惯和执法水平的差异而不同，主要的表现可能有：

1）在因法律、法规要求的行政和技术许可审批过程中当局执法不当，致使"获批"时间延误导致了工程进度延误。

2）部分当局以"执法"为名经常性的"检查""督导"从而干扰了工程项目进度，如安全检查、卫生检查、用工检查等。

3）当地的"民间团体"以当地习俗、"行规"等名义对工程项目现场进行检查、安排人员参与工程项目的某些活动甚至会议，干扰了承包商的工作。

4）个别"民间团体"经常以工程项目实施过程中的某些作业如运输、打桩、装卸等造成交通不便、噪声和扬尘等名义"为民请愿"甚至组织项目现场周围居民干扰、阻止工程现场施工，造成工程进度延迟。

尽管 FIDIC 合同条件银皮书对于"当局造成的延误"做出了规定，而且实际工程项目中这种"延误"也是经常存在的，但是，在实际操作中很少有业主同意将这种"延误"具体化并列入合同之中予以承认和补偿。为此，承包商在实际工程项目履约中应认真对待当局行为可能产生的延误并采取积极的措施防止、减少相应风险的发生。

1）承包商应严格遵守当地的法律法规，尊重当地的习惯，积极配合当局的检查、督导；积极与当地政府、机构建立良好、互信、互相支持的合作关系，努力将出现的问题"合法、合理、合情"地友好解决。

2）发生"当局造成的延误"时，承包商应按照合同规定的要求、程序及时以书面报告的形式向业主提出有关费用、工期补偿的申请，并积极与业主协商，合理解决。

3）承包商应积极与当地居民、社会团体建立广泛的联系，积极为当地的发展、生活水平的提高做贡献，参与必要的社会公益事业，树立承包商良好的社会形象。

4. 例外事件和其他外界因素造成的延误

例外事件（Exceptional Events）在2017年版以前的FIDIC合同条件中长期被称之为"不可抗力"（Force Majeure），是一种发生于合同双方（多方）之外的且合同双方（多方）无法预知、无法"驾驭"的外界因素。例外事件在造成工程总承包项目延误中是另一种属性的延误，虽然称之为"例外事件"，但也常见于国际工程总承包项目之中。尽管"例外事件"的定义和划定常常是一个争议的话题，但是，国际工程建设界和法律界都承认存在着"例外事件"这个事实，而且一般情况下，例外事件的发生会造成工程项目的延误。关于"例外事件"将在第十四章中专门讨论。

除了例外事件以外，在国际EPC工程总承包项目中还会有一些其他的外界因素导致工程总承包项目的延误，而这些外界因素同样也不是合同双方（多方）所能预判和控制但又不能"升级"为例外事件，比如物价变化、某些关键物资短缺，劳动力不足、连续性暴雨和风雪等。这些因素是常见的但又"构不成"例外事件，一般情况下承包商无法向业主申请补偿更谈不上"索赔"。在EPC工程总承包项目中，无论是FIDIC合同条件的立场还是实际合同都将"一般性外界因素"造成的影响归由承包商承担。在FIDIC合同条件银皮书第4.12款【不可预见的困难】中规定："除合同另有说明外：

（a）承包商应被认为已取得了对工程可能产生影响和作用的有关风险、意外事件和其他情况的全部必要资料。

（b）通过签署合同，承包商接受对预见到的为顺利完成工程的所有困难和费用的全部职责。

（c）合同价格对任何未预见到的困难和费用不应考虑予以调整。"

由此可见，由于这些外界影响因素难以确定和其对工程项目的影响程度，FIDIC的立场是以"承包商在合同签署时已经充分了解工程项目要求、现场的情况、可能的风险因素"等为由不支持承包商对费用及时间延长的索赔。为此，承包商在前期投标和合同签署时应认真研究工程项目的各种条件，充分考虑相应的风险及其影响。

1）认真分析政治稳定性和经济发展情况特别是汇率、物价、重要物资的生产和供应情况；对于经济欠发达国家和地区重要的工程建设所需物资，积极研究进口的可能性。

2）充分了解项目所在地工程建设市场情况，了解当地合格分包商资源和劳动力情况，以及从第三国或其他地区引进劳动力的可能性。

3）认真收集当地气候变化数据，特别是历史上降雨、风雪、温度等的变化情况，做好极端情况的应急准备。

4）根据掌握的数据结合以往公认的经验，承包商在合同谈判时努力与业主友好协商，对于上述"比较极端情况"对成本、进度等的影响在合同中确定一个"修正办法"，努力、合理地降低承包商的风险。

5）如果不能在合同中确定上述的"修订办法"，但在实际履约中如果遇到上述"极端情况"，承包商应及时向业主提出报告说明情况，以"合适的方法"积极与业主沟通、协商，努力寻求相应的补偿。

5. 延误的赔偿（补偿）

(1) 业主对承包商的赔偿（补偿） 对于 EPC 工程总承包项目来说，在因业主方原因导致的延误中，承包商可能获得的赔偿或补偿是比较少的。

1）关于业主提出变更造成的延误。如前面的章节所述，承包商应在业主提出变更时就变更导致费用、工期的变化等，与业主之间积极协商并以补充协议的形式确定相应的赔偿或补偿（如果有），不能等到完成该"变更"后再与业主讨论与此项"变更"有关赔偿或补偿问题。

2）如果是因为业主获得的许可、批准等原因导致整个工程项目延误。一般情况下会导致工程项目的"开工计时日"推迟，如果这种推迟时间不是很长，则业主不必对承包商进行赔偿或补偿。但若这种推迟时间过长，合同双方应重新商谈合同条款中有关工期甚至费用等问题，做出相应的合同变更。当业主因资金原因延迟支付承包商工程款时可能会产生两种情况：一种是工程项目继续执行由承包商"垫资"，由业主按合同约定以某种"利息"赔付承包商费用，但没有工程进度（工期）赔付；第二种是导致工程项目暂停甚至终止，此时双方按合同中有关"暂停和终止"条款另行协商处理。至于在实际中常见的因业主对工程设计审查和批准、供货质量检验及现场施工检验造成的延误，承包商很难拿出确切的证据证明承包商无责而完全是业主方的责任导致了延误而要求业主赔偿或补偿。

3）关于"当局造成的延误"。如同业主审查审批造成的延误一样，对于当局造成的延误承包商难以拿出确切的证据，实际中承包商需要与业主协商可能的补偿办法。至于"其他外界因素"导致的延误尽管经常发生，但是承包商无法依据合同条款要求赔偿或补偿，只能及时并以适当的方式与业主协商努力争取获得理解、支持和补偿。

4）关于"例外事件"造成的延误。首先承包商要与业主确认"例外事件"的成立（这在实际中并不容易），然后按照双方合同中有关"例外事件"条款的规定协商解决，有关"例外事件"问题将在后面章节中详细讨论。

(2) 承包商对业主的赔偿（业主索赔） 除合同明确约定外，在 EPC 工程总承包项目中承包商几乎承担工程项目履约过程中绝大多数延误的责任和相应带来的风险及损失，至于像"例外事件"、当局造成延误等是否可以获得业主的赔偿或补偿，要视具体事件情况以及承包商与业主之间的"博弈"情况而定。

关于承包商因延误给业主的赔偿（业主对延误的索赔）在实际工程项目中有三种情况：一是，仅对"结果延误"赔付，即只对以最后的考核验收为时间节点的目标负责；二是，既对"结果延误"赔付也对"过程延误"赔付，即承包商不仅要对最后的考核验收时间负责，还要对合同中确定的过程中其他进度节点负责（如果有），如果即使最终考核验收时间满足合同要求，但某一（些）过程时间节点逾期承包商也要赔付业主；三是，虽然合同中设定了过程时间节点和相应的逾期罚则，但如果最终考核验收时间节点满足合同要求，承包商中间的逾期责任免除，但如果承包商既延误了过程时间节点，又延误了最终的考核验收时间，承包商将面临"过程延误"和"结果延误"双重罚款。一般情况下在实际合同中以上述第一种情况为主。

【合同实例】

12.4 Late Completion and Liquidated Damages

(a) If the Contractor fails to complete the Works and achieve First Product by the 29 June 2015, and the delay is not due to Force Majeure, the Owner shall be entitled to impose on the Contractor liquidated damages at the following rates:

(i) For the first two (2) weeks after the Long Stop Date: no liquidated damages will be imposed;

(ii) For the third (3rd) week after the 29 June 2015: zero point five percent (0.5%) of the Contract Price per full week of delay;

(iii) For the fourth (4th) to sixth (6th) week after the 29 June 2015: zero point seven five percent (0.75%) of the Contract Price per full week of delay;

(iv) For the seventh (7th) to eighth (8th) week after the 29 June 2015: one percent (1.00%) of the Contract Price per full week of delay;

(v) For the ninth (9th) to eleventh (11th) week after the 29 June 2015: one point two five percent (1.25%) of the Contract Price per full week of delay;

(vi) For the twelfth (12th) week after the 29 June 2015: one point five percent (1.50%) of the Contract Price per full week of delay.

subject at all times to a maximum of ten percent (10%) of the Contract Price for liquidated damages for delay.

(b) The payment of liquidated damages shall not relieve the Contractor from its obligations to complete the Works, or from any other duties, obligations or responsibilities which it may have under the Contract.

(c) Notwithstanding the above, the Owner may by written notice to the Contractor terminate the entire Contract or any part of it with immediate effect after twelve (12) weeks of delay.

12.4 延误和罚款

(a) 如果承包商未能在2015年6月29日前完成工程并实现第一批产品,且延误并非由于不可抗力造成的,则业主有权按以下费率对承包商收取违约金:

(i) 2015年6月29日后的前两周内:不收取违约金。

(ii) 2015年6月29日后的第3周:每延误1周,合同价格的0.5%。

(iii) 2015年6月29日后的第4到第6周:每延误1周,合同价格的0.75%。

(iv) 2015年6月29日后的第7至第8周:每延误1周,合同价格的1%。

(v) 2015年6月29日之后的第9至第11周:每延误1周,合同价格的1.25%。

(vi) 2015年6月29日之后的第12周:每延误1周,合同价格的1.50%。

在所有情况下延误最大违约金为合同价格的10%。

(b) 支付违约赔偿金不应免除承包商完成工程的义务,也不免除承包商根据合同可能承担的任何其他工作、义务或责任。

(c) 尽管有上述规定,在延误12周后业主可以向承包商发出书面通知,要求立即终止整个合同或其任何部分。

第三节 工程的暂停

暂停(Suspension)是工程建设的一个非正常状态,但是在实际中也经常发生,工程暂停可能来源于业主方、工程承包商或有关当局的指令。如果当局指令工程项目暂停的原因是业主或承包商违法、违规，则业主或承包商应承担合同项下各自的责任，如果该暂停指令源于当局法律、法规变化或当局方面的其他原因，就工程项目的合同而言应适用于"例外事件"条款。

在正常情况下，承包商作为以承担工程项目为盈利手段的工程公司，提出暂停的原因一方面可能是自身问题（人员、能力、资金等），另一方面可能是来自业主的问题（付款不及时、变更不给予补偿、要求超出合同范围等），在实践中以后者居多。然而，就工程被暂停来说，源于承包商提出的情况占比并不会很大。

工程暂停的提出者多为工程项目的业主（业主工程师）。业主提出工程暂停的原因可能是针对承包商违约，例如对工程质量不满，或对安全现状或管理不满，或认为进度太慢需要停工整顿等；也可能是业主自身的原因，例如业主资金不足，或对工程项目最终产品的市场预期有变化，或来自其他方面的条件变化、压力或要求等。

1. 业主提出的暂停

由于种种原因，业主可能会要求暂停部分甚至全部过程项目，而这种暂停可能是短期的、延长的甚至是长期的（从工程总承包的角度属于终止合同）暂停。

（1）暂时停工　FIDIC 合同条件银皮书第 8.9 款【雇主暂停】规定："业主可以随时指示承包商暂停工程某一部分或全部的工程。在暂停期间，承包商应保护、保管并保证该部分或全部工程（视情况而定）不致产生任何变质、损失或损害。如果这类暂停是承包商责任所致，则第 8.10 款【雇主暂停的后果】、第 8.11 款【雇主暂停后生产设备和材料的付款】和第 8.12 款【拖长的暂停】不应适用。"

按照 FIDIC 的立场，无论任何原因业主都有权随时要求承包商暂停部分工程或全部工程，而且比较银皮书 2017 年版与 1999 年版可知，在 2017 年版中取消了 1999 年版中的"业主也可以通报暂停的原因"（"The Employer may also notify the cause for the suspension"）这一条，因此说明 FIDIC 对于业主暂停权利的立场更趋向"随时并无须原因"（即 2017 年版中连解释原因也取消了）。由于这一暂停具有的"随时性"和"随意性"，因此它对于承包商的影响不仅是对工作量的变化和承包商现场人员、机具、材料的利用或使用造成影响，而且对于在暂停之前某一时段已经做好的有关人力、机具、材料等的计划甚至已经实施了的部分和整个项目乃至公司层面的管理费用也会产生影响。对此，承包商应给予高度重视。

（2）暂停的后续工作　FIDIC 合同条件银皮书第 8.10 款【雇主暂停的后果】中规定："如果承包商因执行业主根据第 8.9 款【雇主暂停】的规定发出的指示，和（或）根据第 8.13 款【复工】规定因为复工而遭受延误和（或）招致增加费用，承包商有权遵照第 20.2 款【付款和/或竣工时间延长的索赔】的规定提出对延期补偿和（或）支付合理的成本加利润。但在承包商完善下列工作时无权获得相应的时间延长和产生费用的赔付：

1）因承包商有缺陷的设计、加工工艺、设备或材料导致的后果。（和/或）

2）承包商未能按照第 8.9 款【雇主暂停】尽到保护、保管或保证的义务而产生的决定、损失或损害。"

另外，对于暂停后 EPC 工程总承包中的生产设备和材料即"设备和供货"部分的付款也做出了相应的规定。FIDIC 合同条件银皮书第 8.11 款【雇主暂停后对生产设备和材料的付款】中规定："在下列条件下，按照第 8.9 款【雇主暂停】承包商有权得到且尚未运到现场的生产设备，和（或）材料（按暂停开始日期时）价值的付款：

（a）生产设备的生产或生产设备和（或）材料的交付被暂停达到 28 天以上且

ⅰ）按照进度计划，在暂停阶段计划完成并准备将生产设备和（或）材料运至现场。（和）

ⅱ）承包商向业主提供合理的证据表明生产设备和（或）材料符合合同要求。（和）

（b）承包商已按业主的指示，标明上述生产设备和（或）材料为业主的财产。"

因此，暂停以后的后续工作首先是承包商按照合同要求应保护、保管并保证该部分或全部工程不致产生任何变质、损失或损害；其次，对于当业主要求"复工"时，承包商提出因本次暂停而产生的费用和工期的补偿要求；第三，当暂停达到一定时限时，承包商可要求业主支付按计划已完成并准备发往现场的、合格的生产设备和材料相应的款项。但是，如果这项暂停是由于承包商的责任所致，则承包商无权要求工期延长或费用补偿。另外，如果是承包商在完善有缺陷的设计、工艺、设备或材料导致的后果和（或）因承包商未能尽到保护，保管或保证的义务而产生的测定、损失或损害时，承包商也不能获得上述的补偿。

上述的暂停不可能是无限期的，为此，FIDIC 合同条件银皮书第 8.12 款给出了"拖长的暂停"的概念并规定："如果第 8.9 款【雇主暂停】所述的暂停已持续 84 天以上，承包商可以通知业主要求允许继续施工。如果业主在收到承包商根据本子条款的通知后 28 天内未根据第 8.13 款【复工】发出通知，承包商可以：

（a）同意继续暂停，在这种情况下，双方可以就整个暂停期间导致的延长时间和（或）成本加利润（如果承包商方面发生费用）的赔偿和（或）暂停的生产设备和（或）材料的付款达成一致。

或者（如果双方未能在该（a）段下达成一致）

（b）在发给业主一个（第二个）通知后，将工程受暂停影响的部分视为删减项目（如同第 13.3.1 项【指示变更】中指示的那样）并立即生效，包括解除按照第 8.9 款【雇主暂停】规定的进一步保护、保管和保证的义务。如果暂停影响到了整个工程，承包商可以根据第 16.2 款【由承包商终止】发出终止的通知。"

因此，当上述业主提出的工程项目暂停时间超过一定期限后，承包商有权选择同意继续暂停工程"等待"并就工期和因暂停产生的成本加利润要求索赔，也可以在向业主发出通知后将暂停的部分从整个工程总承包项目中删除，如果是整个工程项目发生了这样的暂停，承包商可以要求终止工程项目合同，解除相关合同项下义务并进行"工程结算（清算）"。

（3）复工与终止合同　在上述暂停是由业主方提出的情况下，承包商在收到业主复工通知书后应着手暂停工程的复工工作。FIDIC 合同条件银皮书第 8.13 款【复工】中规定："在收到业主发出的通知后，承包商应尽可能复工，继续进行已被暂停的工程。在该通知规定的时间（如果没有规定，则在承包商收到该通知后立即开始），承包商和业主应共同对受暂停影响的工程、生产设备和材料进行检查。业主应记录在暂停期限内工程或设备或材料中发生的任何变质、损失、损害或缺陷并将该记录提供给承包商。承包商应负责立即修复在暂停期间发生的工程或生产设备或材料的所有这类变质、损失、损害或缺陷，使其完成修复后满足合同要求。"

在此承包商应该注意的是，以 FIDIC 的立场上述"复工"除业主通知书外没有任何附加条件，不管双方对有关暂停的进度和费用补偿是否达成一致，也不管业主和承包商对暂停期间承包商对工程、生产设备和材料等的保护、保管、保证情况联合检查的结果如何。

当"业主暂停"达到一定时间并在承包商发出"申请"复工要求通知书后一定时间内业主仍未发出"复工通知"时，承包商有权提出终止合同；有关终止合同的程序和终止后合同双方的责任与义务将按合同"终止"条款执行。

【合同实例】

15.5 Suspension

15.5.1 The Owner may at any time suspend any part of the Contract or the Works, for any reason, by giving Written notice to the Contractor, specifying the part of the Contract to be suspended and the effective date of the suspension.

15.5.2 The Contractor will continue to execute any non-suspended part of this Contract. When the Owner gives notice to the Contractor to proceed on the suspended part, the Contractor shall resumed its activities within ten (10) Days or within an agreed to time by the Parties.

If the Contractor's performance of any of its obligations is suspended for an aggregate period of more than six (6) Months, then at any time thereafter and provided that at that time such performance is still suspended, the Contractor may give a notice to the Owner to meet so the Parties may agree on the terms of continuing such Suspension.

Otherwise the Owner shall be required to and within ten (10) Days of receipt of such notice, either order the resumption of such performance or issue a Variation in accordance with Clause 5 "Change in Scope of Works" to exclude the performance of the suspended obligations from the Contract.

If the Owner fails so to do within such period, the Contractor may, by a further notice to the Owner, elect to treat the suspension, where it affects a part only of the Works, as a deletion of such part in accordance with Clause 5.5 or, where it affects the whole of the Works, as termination of the Contract under Clause 17.6 "Termination for Convenience".

15.5.3 The Owner will reimburse the Contractor for direct extra expenses incurred (but no profit element or loss of profit) due to and during the suspension, which could not be avoided by reasonable alternatives such as making the Works safe and secure, and which shall comprise:

1) reasonable cost incurred for protecting and securing the Works or Plant;

2) reasonable fee for retaining key Contractor's employees working for this project who cannot be reassigned during the suspension period;

3) the reasonable costs of the demobilization and remobilization of the Contractor's and Sub-Contractor's employees and construction equipment;

4) justifiable and reasonable suspension fees payable to its own Sub-Contractors and/or suppliers, except where the suspension is ordered due to any act, omission, default or breach of this Contract by the Contractor or an event of Force Majeure; and

5) the costs relating to any other step taken by the Contractor pursuant to any instructions received from Owner pursuant to Clause 15.5.7 d).

15.5.4 The extent and method of reimbursement will be mutually agreed upon. Suspension will not limit or waive the Contractor's obligations under the Contract, and any required Schedule adjustment shall be agreed to by the Parties in accordance with the Contract.

15.5.5 The Owner will not be liable for any damage or loss of anticipated profits on account of the suspension.

15.5.6 Any payment due to the Contractor or refund to the Owner under this Clause will be promptly made. The Owner's liability is limited to the due payment and the Contractor releases the Owner from any further or additional liability arising out of the Suspension including liability for prospective profits or loss of opportunity.

15.5.7 During any period of suspension, the Contractor must:

1) take all reasonable steps which are necessary for the care, security and preservation of the Works and the Plant;

2) not remove from the Site any Supplies, Materials or any part of the Plant or any construction equipment or Temporary Works, without the prior consent of the Owner;

3) take all reasonable measures to minimize the costs and losses of suspension to the Owner and the Contractor, including meeting with the Owner on a regular basis; and

4) take such other reasonable steps as the Owner may direct.

15.5 暂停

15.5.1 业主可因任何原因，以任何理由，向承包商发出书面通知，指明合同的暂停部分和暂停的生效日期，从而随时暂停合同任何部分或整个工程。

15.5.2 承包商将继续执行本合同的任何非暂停部分。当业主通知承包商继续实施已暂停的部分时，承包商应在10天内或在双方商定的时间内恢复其工作。

如果承包商其履行责任被暂停总时间超过6个月，则在此后的任何时间且此时暂停还在持续时，承包商可通知业主见面，以便双方可以就持续暂停的有关问题达成一致。

否则，业主须在收到该通知后十天内，下令恢复施工或根据第5条"变更工作范围"发出变更，将暂停部分工程的履行责任从合同中剔除。

如果业主未能在该期限内这样做，承包商可另行通知业主，当该暂停只影响工程的某个部分时选择根据第5.5款将受影响的暂停部分从工程中删除，或当暂停影响整个工程时，按第17.6款"终止"条款终止合约。

15.5.3 业主要补偿承包商停工期间因暂停发生的直接额外费用（但没有利润要素或利润损失），而这些费用又无法拿出合理的替代方案（如使工程安全、可靠）来避免，这些费用包括：

1) 为工程或生产设备防护和安保产生的合理成本。

2) 在暂停期内，为保留无法重新安排工作的承包商的关键员工所产生的合理费用。

3) 承包商和分包商雇员和施工设备的调遣所产生的合理费用。

4) 向自己的分包商和（或）供应商支付公平且合理的暂停费用，除非因承包商的任何行为、遗漏、错误或违反合同以及不可抗力事件而下令的暂停。（和）

5) 承包商根据第15.5.7项d) 段自业主处收到的任何指示采取的任何其他步骤的费用。

15.5.4 补偿的范围和方法将共同商定。暂停不限制或免除承包商合同项下承担的义务，任何必要的进度调整应由双方根据合同条款来达成一致。

15.5.5 业主对因暂停而造成任何预期利润的损害和损失概不负责。

15.5.6 根据本条款向承包商支付的任何款项或给业主的退款将是即期支付。业主的责任仅限于到期付款，承包商免除业主因暂停而产生的任何进一步或额外责任，包括潜在利润或机会损失的责任。

15.5.7 在暂停的任何时候，承包商必须：

1) 采取一切必要的合理步骤，对工程和生产设备进行照管、安保和防护。

2）未经业主事先同意，不得将任何供货、材料或生产设备的任何部分或任何施工设备或临时工程从现场移走。

3）采取一切合理措施，最大程度地减少因暂停使业主和承包商产生的费用和损失，包括定期与业主会面。（和）

4）采取业主可能指示的其他合理步骤。

2. 承包商提出的暂停

在本节的开篇已经提到，承包商提出暂停可能是因为自身人员不足、能力不够或资金限制等原因，也可能是因为业主付款不及时、提出变更但不给予补偿等原因，且在实际中以后者居多。FIDIC 合同条件银皮书第 16.1 款【由承包商暂停】规定："如果，

（a）业主未能根据第 2.4 款【雇主的资金安排】提供合理的证据。

（b）业主未能遵守第 14.7 款【付款】。（或）

（c）业主未能遵守：

（i）有约束力的协议，或根据第 3.5 款【商定或确定】做出的最终和有约束力的决定。（或）

（ii）DAAB 根据第 21.4 款【取得 DAAB 的决定】做出的决定（无论是否有约束力或为最终和有约束力）。

以及这种不履约构成在合同项下业主对其义务的重大违约。

承包商可在向业主发出通知（该通知应表明是根据第 16.1 款发出）不少于 21 天后暂停工作（或放慢工作速度），直至业主补救了该违约行为为止。

这一行为不应损害承包商根据第 14.8 款【延误的付款】规定获得融资费用和根据第 16.2 款【由承包商终止】规定提出终止合同的权利。

如果业主随后在承包商根据第 16.2 款【由承包商的终止】发出终止通知之前，按照上述通知中所述的方式对违约进行了补救，承包商应在合理可行的情况下尽快恢复正常工作。

如果承包商因根据本款暂停工程（或放慢工作速度）而引起延误和（或）产生费用，承包商应有权根据第 20.2 款【付款和/或竣工时间延长的索赔】规定要求延长时间和（或）支付这种成本加利润的费用。"

从上面 FIDIC 合同条件的规定可以看出，对于承包商来说这种"暂停"的"权利"仅限于业主在规定期限内未履行付款义务、未执行有关协议或决定而构成重大违约时才具有。关于承包商暂停的权利，这些阐述主要是围绕着业主付款的内容和业主未遵守有关协议和决定，诸如"业主资金安排计划"、有约束力的协议和决定等，在实际中难以甄别上述"业主违约"的真实性、可靠性和可执行性。因此在实际合同中，明确约定业主付款条件和承包商可以接受的其他内容作为鉴别业主是否违约而承包商是否可以提出暂停的标志，是常见的、可操作的方法，也是承包商降低此项风险的有效措施。

尽管上述暂停是因为业主违约，承包商不得不按照合同有关条款提出的，但是，如果在承包商按照合同有关条款"有权利"发出终止通知之前，如果业主"改正了错误"，对其违约行为进行补救，承包商应在合理可行的情况下尽快恢复正常工作。无论是在 FIDIC 合同条件还是实际合同中都是这样的规定，其目的是要求承包商应该尽力去履行合同义务、实施工程项目，完成工程建设，实现业主的投资预期。

当然，当"承包商的暂停"后的一定时间内业主仍未对其未按合同规定付款等"违约行为"

补救时，承包商有权按"承包商终止"有关条款终止合同，并按合同有关规定进行工程项目费用的结算（清算）。

第四节　变更和调整

1. 变更和调整的基本概念

变更（Variation）在工程建设业是一种常见的情况，但是由于很多的原因，变更也是在工程建设过程中在业主与承包商之间产生"摩擦"的重要因素之一。

这里说的"变更"其全称应该是"工程变更"（Work Variation），也有称之为"工程调整"（Work Adjustment）或"工程改变"（Work Alternation）。所谓工程变更是指在工程项目实施过程中，按照合同约定的程序，监理人（或业主人员）根据工程需要，下达指令对招标文件中的原设计或经监理人批准的施工方案进行的在材料、工艺、功能、功效、尺寸、技术指标、工程数量及施工方法等任一方面的改变，统称为工程变更。FIDIC合同条件银皮书第1.1.78项指出："变更指按照第13条【变更和调整】的规定，经指示作为变更的，对工程所做的任何更改"。而FIDIC合同条件银皮书第13.1款【变更权】中规定："在颁发工程接收证书前的任何时间，业主可根据第13.3款【变更程序】提出变更……"

在FIIDIC合同条件的各系列、各版本中都将"变更"作为单独章节并花费许多笔墨加以论述，而且随着时间的推移、合同范围的拓展（从单一施工合同变成EPC工程总承包合同），在FIDIC合同条件中关于变更的要求和观念等也发生不少变化。例如，在FIDIC合同条件红皮书（1987年版）第51.1款阐述："如果工程师认为有必要对工程或其中任何部分的形式、质量和数量做出任何变更，为此目的或出于其他理由，工程师认为上述变更适当时，其有权指示承包商进行，而承包商也应进行下述任何工作：

(a) 增加或减少合同中所包括的任何工作的数量。
(b) 省略任何这类工作（但省略的工作由业主或其他承包商实施者除外）。
(c) 改变任何这类工作的性质或质量的类型。
(d) 改变工程任何部分的标高、基线、位置和尺寸。
(e) 实施工程竣工所必需的任何种类的附加工作。
(f) 改变工程任何部分的任何规定的施工顺序或时间安排。"

FIDIC合同条件新红皮书（1999年版）第13.1款对变更的阐述是："在颁发工程接收证书前的任何时间之内，工程师可通过发布指示或要求承包商递交建议书的方式，提出变更。承包商应遵守并执行每项变更，除非承包商迅速向工程师发出通知，说明（附详细依据）承包商难以取得变更所需的物资。工程师接到此类通知后，应取消、确认或改变原指示。每项变更包括：

(a) 合同中包括的任何工作内容数量的改变（但此类改变不一定构成变更）。
(b) 任何工作内容的质量或其他特征的改变。
(c) 任何部分工程的标高、位置和（或）尺寸的变化。
(d) 任何工作的减少，但要交他人实施的工作除外。

(e) 永久工程所需的任何附加工作、生产设备、材料或服务，包括任何有关的竣工试验、钻孔和其他试验及勘探工作。（或）

(f) 实施工程的顺序或时间的改变。

除非并直到工程师指示或批准了变更，承包商不得对永久性工程作任何改变和（或）修改。"

FIDIC 合同条件银皮书（1999 年版）第 13.1 款【变更权】规定："在颁发工程接收证书前的任何时间，业主可通过发布指示或要求承包商提交建议书的方式，提出变更。变更不包括准备交他人进行的任何工作的删减。

承包商应遵守并执行每项变更。除非承包商迅速向业主发出通知，说明（附详细依据）：

（ⅰ）难以取得变更所需的物资。

（ⅱ）变更将降低工程的安全性或适用性。（或）

（ⅲ）将对履约保证的完成产生不利的影响，业主接到此类通知后，应取消、确认、或改变原指示。"

在 FIDIC 合同条件银皮书（2017 年版）第 13.1 款【变更权】中规定："在颁发工程接收证书前的任何时间，业主可根据第 13.3 款【变更程序】提出变更。除第 11.4 款【未能修补缺陷】规定外，变更不应包括准备由业主或准备交他人进行的任何工作的删减，除非双方另有约定。承包商应受第 13.3.1 项【指示变更】规定的每一项变更的约束，并应及时、无延误的执行变更，除非承包商迅速向业主发出通知，说明（附有详细证明详情）：

（a）该变更的工作在业主要求所述工程的范围和性质中是不可预见的。

（b）承包商难以取得变更所需要的物资。

（c）会对承包商遵守第 4.8 款【健康和安全义务】和（或）第 4.18 款【环境保护】产生不利的影响。

（d）将对履约保证的完成产生不利的影响。

（e）可能会对承包商完成满足第 4.1 款【承包商的一般义务】所规定预期目标工程的义务产生不利影响。

收到本通知后，业主应立即向承包商发出通知，取消、确认或改变原指示。任何经如此确认或变更的指示须按照第 13.3.1 项【指示变更】进行。"

从上面 FIDIC 历年来多版本关于"变更"的规定可以明显看出的是：

1）在工程项目接收证书颁发之前，业主随时有"自由权"要求变更。

2）原则上承包商需接收变更，除非有合适的理由。

3）变更不得以移出该工程给第三方或业主自己完成为目的，否则变更不成立。

另外，根据横向分析这些版本的"沿革"和纵向分析这些合同各章节、条款及其联系，还可发现有关变更其他的现象和问题：

1）在理论界和法律界，把工程项目执行的变更分为"对合同的变更"和"合同项下的变更"，而前者需要双方同意方可成立，而后者"似乎"不需要另一方（比如承包商）同意就可成立。从对 FIDIC 合同条件中的变更及"纵横二维研究"的结果来看，FIDIC 合同条件中的"变更"其本意属于后者，即属于"合同项下变更"。

2）上述这些规定比较明显出自于"咨询工程师"本色或角度。在早期的版本中只有"工程师"才有权提出变更，即使是业主希望变更也要通过工程师提出；把"变更"看得比较简单，对承包商的影响特别是当这一变更的"量"和"质"变化比较大时对承包商的影响（本项目及整个公司的人力和机具安排、成本、利润等）考虑不充分。

3）即使对于 EPC 工程总承包项目，FIDIC 的立场也显示了项目性质为"施工总承包"的特征，基本还是把变更"简单地"看作工程量的增减，甚至是众多的建筑物工程中多一个建筑物少一个建筑物的问题。

4）尽管规定中允许承包商"拒绝"变更但需要"说明"而且要有详细根据，实际操作比较困难。例如"难以取得所需物资"，这在物质丰富的今天难以成为理由，因此只要业主提出变更，承包商难以拒绝。

5）对于业主提出变更，承包商可能有权索赔工期也可能没有权索赔工期，因为有专家或"理论"认为该变更引起的变化不在关键路径上而只是"吃掉了浮时"；而有些情况可能承包商只能索赔工期而不能索赔费用等，在这方面合同条款规定的界限、严谨性甚至操作性不强，容易造成有关方面的争议。

在 EPC 工程总承包项目中，由于众多的原因，发生变更是难免的、可以理解的也是可以实现的，但是任何的变更都是会产生影响的，特别是对于承包商来说。为此，对于变更笔者以为应谨慎、严肃且双方应公平对待。

1）应该承认在一个总承包工程项目中，由于众多的原因变更是常见的、正常的，承包商应该积极配合。对于这一点，任何一方（业主、业主工程师和承包商）应该不必担心，因为承包商作为服务商应该、也会努力满足客户的需求况且工程项目建设过程的主动权在业主方。

2）当事方在合同签订后，对合同中任何变化应该是严肃的，不应将变更分为"对合同的变更"和"合同项下的变更"，且前者需要双方同意方可成立，而后者不需要另一方同意就可成立。对合同中任何变化均应经双方协商解决且理论上应以文字的形式确认并由提出方提出变更的理由且承当相应的责任或当事方约定责任（含免责）。在项目执行中要充分体现"公平和契约精神"。

3）至于对于由业主提出的变更，承包商是否应该有权提出合理的工期和费用索赔的问题，依然是按照已签订的合同条款及合同原则由当事方友好协商解决。

4）虽然变更在工程项目的执行过程中是常见的，但任何一方不应从思想意识上认为变更是小事。在现代的工程项目中彼此的相关性会越来越强，相互独立的成分越来越少。特别是在现代化工业生产类的 EPC 工程总承包项目中，可能一个看似不大的变更会导致一系列变化，比如将某一部分的供货商由 ABB 变为西门子，也许设备本身的价格、功能等没有什么大的变化，但无论是工程设计还是建造都可能有很大的不同，从而导致的工期甚至整体造价也会有很大的变化。

与变更不同，FIDIC 合同条件中所说的调整（Adjustment）一般是指价格（或与价格有关的问题）或工程进度的调整或改变，而变更是指工作（工程）数量、性质、方法（方式）的改变。这种调整在以"单价合同"为主的"施工合同"中是常见的，因为工程的设计是业主或业主委托第三方（对于承包商来说，应该视为业主方）完成的，承包商在投标或合同谈判阶段仅根据设计确定的工程（工作）性质、估计的工程量以及工程项目位置、物价水平等因素确定出各类"子项工程"的单价并以此为基础与业主签订的工程"单价合同"。当外界条件特别是物价发生变化时（不管这种变化是法律要求的还是自然条件变化或经济规律所致），双方根据合同中约定的原则和"调整公式"调整合同单价。对于像 EPC 工程总承包这样的项目，一般采用"固定总价"合同，除非极为特殊的情况外，其价格及与价格有关事项的调整都是非常困难的，包括政府指令（指导）调价。在"总价合同"中有关价格的调整一般的解决方法是双方协商解决，"调价公式"难见于实际的商务合同中，因为在一个"庞大"的 EPC 工程总承包合同中影响价格的因素繁多，很难用一个或几个因素和"公式"而且这些因素和"公式"是合同双方共同认可的来加以规范、计算和调整。

2. 业主提出的变更

关于业主提出变更的原因，一般是在合同签订后受技术进步或外界社会变化、业主之前考虑不周等因素的影响，业主对工程项目的方案、规模等有了新的想法、新的思路，另一个可能是受业主资金的影响或对市场的研判发生变化使得业主不得不删减（增加）部分工程。

对于以单价为基础的"施工合同"，在"变更"导致的增减、工作性质变化、施工方法等变化不大时，承包商一般按投标时或合同中确定的"单价"结算工程费用。但实际操作中承包商应该注意的是，应该把这部分"变更"产生的影响消化在"月度请款报告"中，避免使用专门的"变更索赔"报告特别是不应在年度甚至工程最后结算时来"索赔"这部分费用。如果该"变更"导致的增减、工作性质变化、施工方法等变化很大时，由于这一变更使得执行项目的人员、机具、材料等都会发生重大变化，进而会影响项目（团队）乃至整个公司成本、利润以及计划安排等，因此原则上承包商应与业主重新讨论并签署新的或补充协议实现这一变更。因此，即使是在施工类的"单价合同"中也应对变更有所"约束"或"限制"。

对于 EPC 工程总承包这样以"固定总价"为基础的项目，原则上不存在着业主"随时和无理由"的变更。由于 EPC 工程总承包项目以固定总价（这里考虑了项目直接成本、管理成本、项目利润以及公司管理成本和利润等）、整体合同条件（包括通用条款、专用条款、技术文本和设计图等）、业主干预少和承包商自主性强等为基本特征，因此业主提出的变更或新的变化原则上均应视为对合同的变更，应该按双方已经签署的合同相应（变更）条款执行（如果有），或由双方协商并签署新的或补充协议。

在此要特别注意的是，对于业主提出的变更，按照 FIDIC 合同条件、行业惯例以及实际合同原则，这一变更均不得以将变更的部分工程（或全部）交由其他方包括业主自己实施为目的。

3. 外界因素导致的变更

除了工程项目合同当事方（业主和承包商）外，在工程项目总承包合同签订后的执行过程中可能会有外界因素迫使对工程进行变更，这些外界因素可能包括：

1）工程项目所在地法律、法规变化，比如环保要求的更改使得生产工艺、设备、施工材料等做相应变化等。

2）工程项目所在地政府、当局指令导致工程变更，比如因政府规划或建设致使部分（甚至全部）工程场地更换、建构筑物限制高度等。

3）"例外事件"的发生和某些自然条件变化导致工程变更。

4）合同中规定或常规性使用的某种（些）生产设备、材料等因故不能获得而需要采用替代物时。

当发生上述情况时，无论是业主首先提出变更还是承包商首先提出变更，双方应按已签署合同中有关条款（如果有）或合同原则以友好协商的方式解决。

4. 承包商提出的变更

一般情况下，承包商提出变更的原因可能有：一是出于职业道德（操守）提出的仅对业主有利（例如建构筑物外形、运营效率、维护成本等）；二是对业主和承包商都有利（例如加快竣工时间等）；三是仅对承包商有利但对业主无害（例如更换某种对承包商更有利或更方便的设备、材料、施工或检测方法等）；四是承包商无法按原合同在不"变更"的情况下继续有效地执行合同。

承包商为了"自身的利益"在对业主及工程无害的情况下，无论是在加快进度还是更换施工方法或材料等方面的变更应该是承包商在合同签署后的执行过程中打破"循规蹈矩"努力创新的行为，这在当代工程承包市场竞争激烈的环境下是提高项目及工程公司效益的有效途径，既有必要而且理论上也是可行的。因为经过了投标阶段的"绝对被动"进入到合同实施过程的"相对平等"，承包商有更多的精力和机会与业主交流、商讨甚至通过变更合同来实现承包商降低风险和效益最大化的目的。当然，提出这种变更时承包商应事先做好策划，编制合理的建议报告并按合同规定的"变更程序"与业主积极、有效地协商并努力获得业主的批准。关于在承包商履约过程中发现因自身的能力或其他非业主原因使得承包商无法执行合同而不得不提出"变更"，这种"变更"实质上属于承包商违约，因此承包商应积极、主动地与业主协商，寻求解决方案。至于"例外事件"导致的变更或改变，按合同中有关"例外事件"的条款执行。

FIDIC 自 1999 年版开始在其红皮书、黄皮书和银皮书中首次引入"价值工程"（Value Engineering）的概念，在 FIDIC 合同条件银皮书第 13.2 款【价值工程】中规定："承包商可随时向业主提交书面建议，提出（其认为）采纳后将：

（a）加快竣工。

（b）降低业主的工程施工、维护或运行的费用。

（c）提高业主的竣工工程的效率或价值。（或）

（d）给业主带来其他利益的。

此类建议书应由承包商自费编制，并应包括第 13.3.1 项【指示变更】（a）到（c）段所列内容。

在收到此类建议后，业主应在切实可行的范围内尽快向承包商发出业主是否同意的意见，业主是否同意应由业主自行决定。承包商在等待答复期间不得延误任何工作。

如果业主同意该建议，不论是否有评论意见，业主应指令做出变更。此后：

（i）对业主合理的要求，承包商应提交任何进一步详细说明。（和）

（ii）然后第 13.3.1 项【指示变更】第 3 段应适用，该款应包括业主对在专用条款中双方利益、成本和（或）延迟之间的共享方面（如果有）的考虑。"

FIDIC 在合同条件中引入"价值工程"的概念并做出了相应的规定，目的是鼓励承包商利用其专业知识和能力在合同项下帮助业主对整个工程项目进行"优化"，使优化后的工程项目发挥更好的功能（效益）。其实，这一条款也是在合同中一个合格承包商"尽职尽责"的默示义务和能力的体现，尽管合同中无法用明示、明确的条款来要求、约束承包商这一能力和行为。然而，在实际中，承包商努力提出这种以"价值工程"为出发点的变更，不仅体现了承包商履行合同的默示义务和其专业能力及职业操守，而且对于 EPC 工程总承包这样的"总价合同"来说，这种变更也可能成为承包商利用机会提高项目经济效益的有利时机和有效手段。经验证明，与投标阶段相比，由于承包商与业主关系的固定化使得承包商"议价"能力相对提高，因此在 EPC 工程总承包项目实施过程中，由业主方提出的"增量变更"和由承包商以"价值工程"为出发点的"优化变更"是承包商提高本项目盈利能力的有利机会和有效手段，承包商应该及时抓住甚至制造这样的机会和条件，实现业主与承包商的双赢。当然，此时承包商也应按合同条款的有关章节和合同原则及时、准确地提交有关变更的建议书，并与业主积极协商形成有关变更的新协议或补充协议。

5. 因法律、法规改变引起的调整

在 FIDIC 合同条件第 13.6 款【因法律改变的调整】中规定："合同价格应根据本子条款的以下规定进行调整，从而考虑因以下变化导致在成本上的任何增加或减少：

（a）工程所在国的法律（包括施用新的法律，废除或修改现有法律）。

（b）对上文（a）段所述法律的司法或官方解释或执行。

（c）业主或承包商分别根据前面第 1.12 款【遵守法律】（a）或（b）段取得的任何许可证、执照或批准。

（d）承包商根据前面第 1.12 款【遵守法律】（b）段获取任何许可证、执照和（或）批准的要求，而这些要求是在"基准日期"之后作制订和（或）正式公布的且他们影响到承包商履行合同规定的义务。在本款中，"法律改变"系指上文（a）、（b）、（c）和（或）（d）段下的任何改动。

如果承包商因法律的任何变化而受到延误和（或）导致费用增加，承包商应有权要求根据第 20.2 款【付款和/或竣工时间延长的索赔】的规定要求延长工期和（或）支付此类费用。

如果由于法律的任何改变，成本有所下降，业主应有权根据第 20.2 款【付款和/或竣工时间延长的索赔】的规定要求降低合同价格。

如果由于法律的任何变化，有必要对工程的执行做出任何调整：

（ⅰ）承包商应立即向业主发出通知。（或）

（ⅱ）业主应立即向承包商发出通知（附有详细的佐证详情）。

在此之后，业主或是根据第 13.3.1 项【指示变更】规定给出指示变更，或是按第 13.3.2 项【建议书要求的变更】规定要求承包商提交一份变更建议书。"

无论是按照 FIDIC 原则还是实际合同条款，当工程项目所在国的法律、法规发生变化对工程项目造成影响时，承包商有权要求相应的补偿；与此同时如果法律、法规的变化导致工程项目成本下降时，业主也有权要求降低合同价格；如果上述变化引起工程的变化则按照"变更"的程序进行。然而，尽管 FIDIC 合同条件和实际合同都为"调整"开了一个"口子"，但是在 EPC 工程总承包合同中因为是"固定总价合同"，而在合同中出现价格调整公式比较困难，因此当发生上述变化时，多数情况下需要合同双方按照有关的合同原则和双方的"供需关系"协商解决。

6. 因成本变化引起的调整

在 FIDIC 合同条件银皮书第 13.7 款【因成本改变的调整】中规定："如果专用条款中没有'成本指数'的定价表，则本款不适用。

可支付给承包商的款项应根据劳动力、货物以及工程的其他投入成本的升降进行调整，增加和减少的数量应按照专用条款中成本指数表的规定进行计算。

如果本条款或这些合同条款中的其他条款未涵盖成本增加或减少的全部补偿，则合同协议书中规定的合同价格应视为包括用于支付其他费用涨跌的意外费用。

根据第 14 条"合同价格和付款"付给承包商的其他应付款的调整数，应按合同价格的每一种货币计算。不应根据成本或现价对已确定价格的工程进行调整。

在获得每个现行成本指数之前，业主在根据第 14.6 款【期中付款】支付期中付款时将使用暂定的指数。当有了新的现行成本指数时，应相应地重新计算调整数。

如果承包商未能在竣工时间内完成工程，应使用以下方式调整价格：

(a) 在工程竣工时间时限期满前 49 天适用的每项指数或价格。（或）

(b) 当前指数或价格。

不管怎样，都是以对业主更有利的为准。"

然而，在 FIDIC 合同条件银皮书 1999 年版中对应的第 13.8 款【因成本改变的调整】中规定："当合同价格要根据劳动力、货物以及工程的其他投入的成本的升降进行调整时，应按照专用条款的规定进行计算"。对比 2017 年版和 1999 年版的 FIDIC 合同条件银皮书可以看出，在 1999 年版中仅提及合同价格可以调整并按"专用条款"规定进行计算，但 18 年后的 2017 年版中相关的内容增加了很多，对调整做了很多的限制，特别是专门说明成本变化这样的调整需要在专用条款中设置"成本指数"的定价表，即在合同的专用条款中有"调价机制"的规定条款。这一点在 EPC 工程总承包项目中很难以实现，因为在 EPC 工程总承包项目中不仅有构成现场工程最大成本的施工用的建筑材料、人力资源等，更重要的还有设备和材料（不含现场施工用材料）的成本，而这一部分在工业类 EPC 工程总承包项目中其成本占比达 50% 甚至更多。因此在实际的工程项目中要确定一个或几个"成本指数"定价表来覆盖整个项目中成本因素的影响并非是一件容易的事，而且对于设备采购来说，材料成本、人工成本与整机设备价格的关系难以计算。可行的部分可能仍然是现场施工的部分，例如确定几项重要的大宗物资价格与工程项目成本的"调价机制"，如水泥、钢材、骨料等。

另外，在 FIDIC 合同条件银皮书对承包商要求的第 4.12 款【不可预见的困难】中规定："除合同另有说明外：

(a) 承包商应被认为已取得了对工程可能产生影响和作用的有关风险、意外事件和其他情况的全部必要资料。

(b) 通过签署合同，承包商接受对预见到的为顺利完成工程的所有困难和费用的全部职责。

(c) 合同价格对任何未预见到的困难和费用不应考虑予以调整。"

因此，在以"固定总价"为特征的 EPC 工程总承包项目中有关工程项目价格的调整是非常困难的，从工程项目投标到合同签署，合同价格的确定也是承包商最大的风险之一。承包商从投标开始到合同执行、工程项目竣工验收、移交的整个过程，应该高度重视价格因素及其变化对整个工程项目的影响。认真分析、严密监控、及时处理价格风险的存在、变化和影响，以"保本增效"为基础，将价格风险控制在"可接受"的范围内。

1）对于 EPC 工程总承包项目，在投标报价阶段承包商应充分调查、了解影响工程项目成本的各项因素及其变化规律，对外报价及最终的合同价格既要有竞争力也要考虑一定的抗风险能力。

2）如可能，努力与业主沟通，在合同的专用条款中建立一个"价格调整机制"，特别是对钢材、钢筋、铜材、水泥（混凝土）等大宗物资来说，以增强抗物价风险能力。

3）在工程项目执行过程中，当外界条件发生变化导致（可能导致）对工程项目成本有较大影响时，承包商应尽早做出应对方案，必要时要尽早"设法"与业主沟通，力争业主的理解和支持，化解或减小相应的风险和损失。

前已述之，变更常见于工程项目建设过程中，但因涉及业主与承包商双方各自的利益，因此也是承包商与业主之间产生矛盾、摩擦的因素之一；而在合同签署后的调整（含进度）也非易事，特别是对于 EPC 工程总承包项目这种"固定总价"类的合同来说，这一调整将更加困难。

【合同实例 1】

1.1 Owner's Variation Request

The Owner reserves the right to request the Contractor to make modifications, additions, omissions or other changes (Variations) as to any aspect of the Scope of Works or the Works priorto the Final Acceptance. Any request for a Variation shall be in Writing and submitted to the Contractor.

1.2 Contractor's Response to Owner's Variation Request

Upon receipt of the Owner's request for a Variation, the Contractor must inform the Owner of the consequences (if any) that it consider that the Variation will have on the Contract Prices, the progress of the Works, the time schedules, Master Schedule and the impact on the Supplies and Systems Performances and any other information that the Contractor deems important in relation to the Contract, or which the Owner may reasonably request.

The Contractor shall provide the Owner, within a maximum period of fifteen (15) Days from the receipt of the Owner's Variation request, a written Variation proposal for Contract Price adjustment and/or changes to the Master Schedule as well as the details on performance requirements (if any).

Upon receipt of the Owner's request for a Variation, if the Contractor believe such request constitute a substantial variation, being a Variation for which it cannot provide to the Owner:

1) a written Variation proposal, within a maximum period of fifteen (15) Days from the receipt of the Owner's Variation request; and/or

2) the written Variation proposal requires Engineering work to be carried out which the Contractor intends to be paid for.

Then the Contractor shall request the Owner within this period of fifteen (15) Days from the receipt of the Owner's Variation, a time extension or an estimate of engineering cost to provide such Variation proposal, specifying the reason (s) and period of time required to provide the Owner such Variation proposal. Otherwise the preparation of the Variation proposal by the Contractor under this Clause shall be at the cost of the Contractor.

The Parties will endeavor to amicably settle any dispute with regard to whether or not a Variation is a substantial variation.

If the Contractor does not return the signed acknowledgement or provide a request for time extension or an estimate of engineering cost to provide such Variation proposal within fifteen (15) Days period referred above or the Parties cannot agree if the Variation constitute a substantial variation, the Owner shall be entitled, following notification to the Contractor, to engage a thirdparty to perform the Variation, and the Contractor will co-operate fully with any third party so engaged provided that the Variation has no adverse justified impact on the guaranteed performances.

1.1 业主的变更要求

业主有权在最终验收前要求承包商对工程范围或工程的任何方面进行修改、添加、删除或其他改变（变更）的权利。任何变更要求应以书面形式提交承包商。

1.2 承包商对业主变更要求的回应

在收到业主的变更要求后，承包商必须告知业主变更的后果（如果有的话），即它认为变更将对合同价格、工程进展、时间表、控制进度、对供货和系统性能的影响，以及承包商认为与合同相关或业主要求的其他重要信息。

承包商应在收到业主变更要求最多15天内向业主提出合同价格调整和（或）控制进度变更的书面建议，以及详细实施要求（如果有）。

在收到业主的变更要求后,如果承包商认为此要求构成重大变更,变更尚无法进行:

1) 自收到业主变更要求之日起最长15天内,给出书面变更建议。(和/或)

2) 书面变更建议书要求进行工程设计工作并提出支付相应的费用。

然后,承包商应在收到业主变更的这15天内,要求业主为提交这样的变更建议书给予延长时间或工程设计费,并具体向业主说明原因以及提交该变更建议书所需的时间。否则,根据本合同条款,准备该变更建议书的费用应由承包商承担。

双方将努力友好地解决关于该变更是否构成重大变更的任何争议。

如果承包商未退回已签的确认书,或在上述15天内就提交该变更的建议书未提出延期、工程设计费要求,或者就该变更是否构成重大变更双方无法达成一致,则业主在通知承包商后有权聘请第三方来执行该变更,承包商将与任何参与的第三方充分合作,前提是该变更对性能保证没有不利的影响。

【合同实例2】

1.1　The Owner may make alterations within the general scope of Works by giving written notice to the Contractor, which is subject to written acceptance by the Contractor. If such alterations affect the cost or Time Schedule required for performance of this Contract, an equitable adjustment in Contract Price or Time Schedule or both will be made. No alteration will be recognized without the prior written approval of the Owner. Any claim of the Contractor for an adjustment under this Article has to be made in writing within fourteen (14) Days from the date of receipt by the Contractor of notification of such alteration. Failure to make such a claim within the required time period constitutes a waiver of the claim. Provided that any alteration proposed by the Owner does not result in a material change in the general scope of Works, the Contractor acknowledges and agrees that such alteration will not relieve the Contractor of any of its responsibility for the Works in accordance with the provisions of this Contract.

1.2　If the Contractor is aware of or believes there is an alteration for which it has not received a written notice, it shall inform the Owner in writing within fourteen (14) Days of such knowledge/belief and include its proposal on time/cost impact. The Owner shall upon receipt of such written notice respond within fourteen (14) Days whether it agrees with such alteration and/or proposal. If the Contractor fails to notify the Owner of such alteration within the stipulated time period, it shall be deemed to have waived its right to any claim for it later on.

1.3　For any alterations required by the Owner or proposed by the Contractor in accordance with this Article 14, the Contractor shall, within fourteen (14) Days, submit to the Owner:

(a) a description of work, if any, to be performed and a programme for its execution;

(b) the Contractor's proposal for necessary modification, if any, to the Time Schedule or to any of the Contractor's obligations under the Contract; and

(c) the Contractor's proposal for adjustment, if any, to the Contract Price.

The Owner shall within fourteen (14) Days after receiving such proposal respond with approval, disapproval and/or comments.

1.4　The Contractor shall upon the Owner's request implement an alteration within the general scope of Works, even if the Parties have not agreed upon the alteration's effect on the Contract, including Contract Price and Time Schedule. In the event that the Parties have not agreed upon the alteration's effect on the

Contract Price or the Time Schedule, the Owner shall pay the undisputed amount of the Contractor's proposal under Article 1.3 (c).

1.5 The Contractor shall be entitled to a reasonable claim for extension of the Time Schedule and/or an increase in the Contract Price in the event of (i) a material change in the Applicable Law and/or standards and codes applicable to the Works after the date of the Contract; or (ii) unforeseeable and adverse physical conditions at the Site, provided that any such alterations have a material, direct and actual impact on the Time Schedule and/or the Contract Price. The Contractor shall prior to submitting such claim inform the Owner in writing of such material alteration and its impact on the Time Schedule and/or the Contract Price and submit the Contractor's proposal for mitigating such impact and, if applicable, for any alteration to the Works.

1.1 业主可在工程总范围内做出变更，并向承包商发出书面通知，且须由承包商书面接受。如果该变更影响履行本合同所需的成本或进度，则需对合同价格或进度或两者均进行合理的调整。未经业主事先书面批准，任何变更不被认可。根据本合同条款承包商对该变更的任何索赔，必须在承包商收到该变更通知之日起14天内以书面形式提出。未能在规定时限内提出这种索赔即构成放弃索赔。如果业主提出的任何变更不会导致工程总范围的实质性变化，则承包商应承认并同意，根据本合同条款该变更不免除承包商对工程的任何责任。

1.2 如果承包商知道或相信有变更，但尚未收到书面通知，则应在14天内以书面形式通知业主，并给出关于变更对时间（成本）影响的建议。业主在收到该等书面通知后，不论是否同意该更改和（或）建议，须在14天内回复。如果承包商未能在规定期限内将此类变更通知业主，则应视为已放弃其以后提出任何索赔的权利。

1.3 对于业主要求的任何变更或承包商根据本合同第14条提出的建议，承包商应在14天内向业主提出：

(a) 对要执行的工作（如果有）的描述及其执行方案。

(b) 承包商关于进度或承包商根据合同所承担的任何义务进行必要修改的建议。（和）

(c) 承包商对合同价格进行调整的建议（如果有）。

业主应在收到该建议后14天内给出批准、反对和（或）评论的回应。

1.4 承包商应响应业主在工程总范围内实施变更的要求，即使双方尚未就变更对合同的影响达成一致，包括合同价格和进度。如果双方尚未就变更对合同价格或进度的影响达成一致，业主应根据第1.3款（c）段支付承包商提案中没有争议部分的款项。

1.5 下列情况下承包商有权对增加合同价格和（或）延长工期进行合理的索赔，如果：(i) 在合同生效日之后，适用于本工程的法律和（或）标准、规范发生重大变化；或 (ii) 现场发生不可预见的和不利的自然情况，前提是任何此类变化对进度和（或）合同价格有重大、直接和实际的影响。承包商在提交此类索赔之前，应以书面形式通知业主此类重大变化对进度和（或）合同价格的影响，并提交承包商关于减轻此类影响的建议，并酌情提交有关工程变更的建议。

第五节　现场工程的竣工、验收与交付

对于EPC工程总承包项目来说，现场工程一般包括土建施工工程（含装饰、装修等）和设备

安装工程（含组对、拼装等）。严格意义上讲，工程竣工（Completion of Work）是指工程或单位工程完成并验收合格。然而 FIDIC 合同条件并没有直接给出工程竣工的定义，只是在涉及竣工时间和竣工日期的条款中隐含了工程竣工的概念。

在 FIDIC 合同条件银皮书中涉及竣工日期（Date of Completion）定义和竣工时间（Time for Completion）要求分别为第 1.1.21 项、第 1.1.76 项和第 8.2 款。FIDIC 合同条件银皮书第 1.1.21 项规定："'竣工日期'系指业主签发的接收证书内规定的日期；或如果第 10.1 款【工程和分项工程的接收】适用，竣工日期为工程或单位工程按照合同完成的日期；或如果根据第 10.2 款【部分工程的接收】允许接收部分工程，竣工日期为业主接收或使用此类部分工程的日期"。而 FIDIC 合同条件银皮书第 8.2 款【竣工时间】规定："承包商应在工程或单位工程（视情况而定）的竣工时间内，完成整个工程和每个单位工程（如果有），包括完成合同提出的，工程和单位工程按照第 10.1 款【工程和分项工程的接收】规定的接收要求竣工所需要的全部工作。"

本节所谈的现场工程的竣工系指 EPC 工程总承包中土建工程（包括分车间、分子项的土建工程，如果有）和安装工程（包括分车间、分子项的安装工程，如果有）的竣工及相应的竣工试验、竣工验收与交付，而不是整个 EPC 工程总承包项目的竣工、验收和交付，严格意义上讲在 FIDIC 合同条件银皮书中属于"单位工程"（Section），因此 FIDIC 合同条件银皮书的有关规定、要求和原则同样适用。然而，与整个工程竣工不同的是，在 EPC 工程总承包项目中这些"单位工程"的竣工与验收，除合同中特殊约定或期中补充协议（合同）规定外，一般这种竣工验收或移交并非承包商移交给业主供业主使用，而是作为在 EPC 工程总承包项目履约过程中可以开展下一步工作和（或）工程付款的"里程碑"，因此也不意味着这部分工程风险的转移和相应"缺陷责任期"的计时开始（合同中特殊约定除外）。这种"单位工程"的竣工与验收不仅对控制整个项目的时间节点和支付"期中工程款"等具有意义，更重要的它也是质量及安全管理的重要手段。在施工生产管理中，一些工程施工的要求是上一工序的完工与竣工（验收），是下一工序开始的前提，无论是同类的土建和安装施工内部之间，还是土建施工与安装工程"界面"之间都是如此。例如，土建的基础工程没有完工（含养护）、验收（含质检），其上部的框架或其他工程不允许开始动工；某一车间（子项）的土建基础（框架）没有验收时与之相关连的设备安装工程不得开始等。

对于现场土建施工和安装工程的竣工验收及移交的程序基本是竣工试验、验收（检验试验报告或施工过程记录等）、移交（提交文件、办理交接手续如验收证书或接收证书等）。

FIDIC 合同条件银皮书在第 9 条"竣工试验"的第 9.1 款【承包商的义务】规定："承包商应在按照第 5.6 款【竣工记录】和第 5.7 款【操作和维修手册】的要求提交各种文件后，按照本条和第 7.4 款【由承包商试验】的要求进行竣工试验。

承包商应在计划开始进行每项竣工试验前最少 42 天，将说明这些试验拟定时间安排和所需要的各项资源的详细试验进度计划提交给业主。

业主可以审查建议的试验进度计划并可以通知承包商说明该计划不符合合同规定。在收到该通知后 14 天内，承包商应修订该试验进度计划来纠正未遵办的事项。倘若业主在收到该试验进度计划或修订后的试验进度计划后 14 天内没有对此发出通知，应被视为业主已经发出了无异议通知。在业主给出无异议通知（或被视为已经发出）前，承包商不得开始进行竣工试验。

包括试验进度计划中的任何日期在内，承包商应提前 21 天将其可以进行每项竣工试验的日期通知业主。承包商应在该日期后 14 天内或业主指示的某日或某几日内开始进行竣工试验，并且应该按照业主已经发出无异议通知或应视为业主已经发出无异议通知的承包商的试验进度计划进行试验。

除非在业主要求中另有说明，竣工试验应分阶段按照以下顺序进行：

（a）启动前试验（视情况，在现场内或外）应包括适当的检验和（'干'或'冷'）性能试验，以证明每项工程或单位工程能够安全地承受下一阶段（b）段中的试验。

（b）启动试验应包括业主要求中规定的运行试验，以证明工程或单位工程能够在所有可能的运行条件下按照业主要求中的规定安全地运行。

（c）试运行（在现有操作条件下尽可能）应证明工程或单位工程运行可靠，符合合同要求。

在工程或单位工程还没有通过上一阶段试验的情况下，不应该开始进行以上（b）和（c）段中描述的各个阶段的试验。

在试运行期间，当工程或单位工程（视情况而定）正在稳定条件下运行时，承包商应通知业主，告知可以进行任何其他的竣工试验，包括各种性能试验。进行性能试验是为了证明工程或单位工程是否符合业主要求中规定的标准和履约保证计划。

包括性能试验，试运行不应构成第10条"雇主的接收"规定的接收。

在试运行期间生产的任何产品、任何由此产生的收益或其他成果应属于业主的财产。

以承包商的立场，一旦工程或某单位工程通过了本款以上（a）到（c）段中每一阶段的竣工试验，承包商应向业主提供一份经证实的这些试验结果的报告。业主应审查每一项这样的报告并可以通知承包商试验结果不符合合同要求，如果业主在收到试验结果后14天内没有发出这样的通知，应视为业主已经发出了无异议通知。

在考虑竣工试验结果时，业主应考虑到因业主对工程（工程任何部分）的使用，对工程的性能或其他特性产生的影响。"

上述FIDIC合同条件的规定是针对整个工程项目的竣工试验，并涉及试运行试验、业主接收等内容，前文已经交代本节仅讨论现场土建施工和安装工程的竣工和移交、接收，整个工程的竣工、验收和移交将在后面的章节中讨论，但是FIDIC合同条件第9.1款的原则和有关要求、规定在此同样适用。在实际中，业主和承包商基本按上述原则签署更加明晰的、操作性更强的合同条款并用于实际合同（项目）的执行，无论是本节所讨论的单位工程检验、测试、竣工验收，还是整个工程的检验、测试和竣工验收，都是对承包商以往工作成果的检验，更是开展下一步工作甚至工程付款和业主颁发相应接收证书的"关卡"，工程承包商（分包商、供货商）应该给予高度重视，周密策划，精心实施。

1）承包商应按合同规定提前向业主提交申请（通知）竣工试验的计划，既包括分工程阶段性验收试验如试桩试验、基础承台试验等，也包括整个工程或单位工程的竣工试验。

2）合同中双方应约定试验的标准、方法等，这些标准、方法可能来自于工程项目所在国的法律法规或行业规定，也可能是由业主（包括业主工程师、监理公司）或承包商提出并经业主批准的部分。

3）该试验可能部分或全部由业主（含业主工程师、业主监理公司）完成，也可能由承包商在业主参与（监督）下完成，也可能由承包商独立完成并将试验报告交业主审查，同一个工程项目不同的单位工程的竣工试验可能采取的形式不同，由双方在合同的专用条款中详细约定并执行。

4）有些单位工程的试验和验收按照工程项目所在国法律或当局要求由政府机构、当局或他们委托的第三方完成，例如消防工程的试验和验收，厂区内"总降"的试验与验收等。这些部分无论是合同中是否有明确规定，承包商（包括业主）都必须按项目所在地法律和当局有关规定执行，承包商对此应特别注意，防止产生"违规、违法"的风险。

5）部分工程（单位工程）按照合同约定或"行业习惯"，由业主（业主工程师、监理公司）检查、监督（记录）施工过程或由承包商记录施工过程并以此作为验收依据，因此承包商应按合同规定或自身的"作业文件"规定做好全过程的记录，这种情况常见于安装工程。因为该记录不可后补，因此承包商高度重视日常性的过程记录。

6）如果未通过竣工试验，承包商可要求重新试验（必要时在重新试验前进行缺陷修复，如果有）并承担相应的费用，但再次竣工试验仍未通过时业主可要求重复试验或拒收此工程或单位工程（视情况而定），如发生业主拒收，承包商仍应继续履行合同规定的其他义务，合同价格应按合同有关规定予以扣减。

7）当竣工试验通过或拒收时，业主应签发相应证书，以便后续工作的开展，同时业主按合同规定支付相应的工程款项。

第九章

试车与竣工试验

在《施工合同条件》（红皮书）、《生产设备和设计——施工合同条件》（黄皮书）、《设计采购施工（EPC）/交钥匙工程合同条件》（银皮书）等 FIDIC 系列合同条件中，如 FIDIC 在其系列出版物"前言"中所说的那样，《设计采购施工（EPC）/交钥匙工程合同条件》（银皮书）"可适用于以交钥匙方式提供加工或动力设备、工厂或类似设施或基础设施工程或其他类型开发项目"。因此，在现场工程（施工）完工以后，对于 EPC 工程总承包项目来说进入了"试车"和考核、验收阶段，特别是工业类的工程总承包项目。设备和系统的调试或试车以及后续的性能考核、验收不仅是工程建设进度的标志或里程碑，而且也是 EPC 工程总承包项目的重要组成部分。特别是工业生产类的 EPC 工程总承包项目，调试（试车）阶段是 EPC 总承包项目矛盾的汇集区，无论是工程设计、采购的设备和材料还是土建施工和安装工程的质量等各种问题都会在单体车间（Section）、系统工程（Work）的调试过程中暴露出来。在有限的时间内修复缺陷、完善系统功能，通过各类考核、验收，是 EPC 工程项目承包商在整个工程建设"收尾"阶段最重要的工作之一，也是检验工程总承包项目成果优劣，业主预期目标是否得以实现的最重要的标准之一。

第一节 无负荷试车（单体与联动无负荷试车）

工业类的 EPC 工程总承包项目一般都是以加工、生产"某种产品"为目的，即使是像电力项目这样的动力工程也是以生产电力（发电）为产品，而且很多的生产是"流水线"式的。因此，单体设备、单体车间（工段）以及系统（生产线）设备、整个系统的运行质量是检验、验收"设计采购施工（EPC）/交钥匙工程"完成情况最重要标志之一。

无负荷试车（No-Loading Test）是指在不加"荷载"即空载情况下设备或系统"干"转的试验，也称之为"冷态试车"（Cold Test）或"干态试车"（Dry Test），在 FIDIC 合同条件银皮书中称为"启动前试验"（Pre-Commissioning）。无负荷试车包括单台设备、单体车间（工段）和系统（生产线）三部分试车，在实际当中是按单台设备、单体车间（工段）、系统（生产线）顺序依次、分别展开的。单体设备的无负荷试车的目的是检验单台设备制造质量和安装工程质量；单体车间（工段）、系统（生产线）无负荷试车也称之为"联动试车"，主要是检验安装工程质量和系统设计的"联动、连锁"功能。这一部分试验是安装工程"竣工验收"的依据，为了方便讨论整个工程的试车和验收，作者将这部分内容从上一章节移至本节之中，它本应是现场工程（工作）、竣工及验收的一部分。

在工程总承包商采用安装分包的情况下，鉴于无负荷试车是检验安装工程质量的手段，同时考虑安装工程分包商在施工机具、人力等特长，无负荷试车是由负责安装工程的分包商自费组织完成，业主和总承包商作为见证、监督、检验、验收方可随时参与。关于无负荷试车的职责在安装分包的情况下，工程总承包商务必在分包合同中予以明确，防止这一职责的空缺或工作扯皮；试验所需动力（如需要）、材料、机具、人力资源等也应在合同中做出明确规定。除业主原因（如果有）、总承包商原因（如设备、材料采购质量、工程设计等）外，安装分包商应对无负荷试车的结果负责，并负责相应缺陷的修复直至完成上述试验。

无负荷试车作为安装工程竣工试验、竣工验收的环节，FIDIC 合同条件银皮书第 9 条"竣工试验"中第 9.1 款【承包商的义务】、第 9.2 款【延误的试验】、第 9.3 款【重新试验】和第 9.4 款【未能通过竣工试验】有关内容和原则同样适用。在安装工程采用分包的情况下，安装分包商也应承担竣工试验失败、重新试验、未能通过竣工试验、拒收等风险和责任。同时，无负荷试车所占用的时间应计入安装工程的总工期，也是考核安装分包商的指标。有关问题和承包商（安装分包商）的措施参见第八章第五节"现场工程的竣工、验收与交付"。

【合同实例】

2.1.12 No-Load Tests（Dry-Run）

The last activities of the Erection period shall be the testing of each individual item of the Supplies, Materials and any other equipment and/or System for their proper function without any load or material. The No-Load Tests shall include pre-operation checks, adjustments, lubrication checks, rotation checks, sequential tests and control of the equipment and the running in (dry run) and other items as further detailed in Article 7.7.1, 7.7.2.

…

7.7.1 No-Load Tests（Dry-Run）

To complete the Erection, the Contractor shall carry out the No-Load Tests of the Supplies and Systems under this Contract. The No-Load Tests shall include:

pre-operation checks and adjustment;

ubrication checks, (1st oil filling and lubrication);

rotation checks, (prior to mechanical coupling when so required in the No-Load Test Procedure);

checking of the electrical and hydraulic circuits;

checking of each individual motor and System's safety devices;

checking of start/stop sequences of all the equipment;

individual equipment and Systems sequential tests; and

the running in (dry-run when required such as weigh-feeder belt etc.).

7.7.2 The Contractor shall provide the No-Load Test methods on the date specified in the Master Schedule, which methods shall have to be Approved by the Owner. The test methods shall allow the result of each No-Load Test to be recorded in a format Approved by the Owner. This report content, when Approved by the Owner, shall form the basis of the End of Erection Certificate.

7.7.2.1 End of Erection Certificate

At the end of the Erection, including the No-Load Tests the Contractor shall request that the Owner issue the End of Erection Certificate subject to the conditions indicated in Chapter C "Special Conditions" being met.

The Owner will provide the End of Erection Certificate to the Contractor when the Contractor has satisfied the conditions indicated in Chapter C "Special Conditions". The End of Erection Certificate shall specify the start of the Commissioning.

7.7.2.2 In the event that the No-Load Test (s) cannot be performed because of a breach of the Contract by, or any delay or prevention on the part of, the Owner or other contractors engaged by the Owner, the Contractor shall request the Owner's Approval to include payment of the amount payable on the issue of the End of Erection Certificate within the Terms of Payment in the next Interim Payment Application, giving the reason why such No-Load Test (s) could not be done. If Approved and paid such payment within the Terms of Payment, which would ordinarily have been made only on the issue of the End of Erection Certificate, shall not relieve the Contractor of its responsibility to provide such No-Load Tests at a later date:

The Contractor shall not be responsible for any delay resulting from a breach of the Contract by, or any delay or prevention on the part, of the Owner or other contractors engaged by the Owner and shall be able to request for an extension of time under the Contract and if the Contractor incurs direct costs as a result of this delay, such cost shall be compensated by the Owner.

Should the No-Load Tests be delayed during the Erection period due to a breach by the Owner of, or any delay or prevention on the part of the Owner or other contractors engaged by it, the Parties shall meet and agree to the direct associated cost, which the Owner shall bear. The Owner shall decide to either keep the required Contractor's personnel on Site for the duration equal to the delays or having them return to provide the No-Load Tests.

7.7.3 Completion of Outstanding Work and Remedying Defects

To ensure that the Works are ready for the Commissioning, and are otherwise in the condition required by the Contract, the Contractor shall as soon as practicable after the End of the Erection:

1) complete any work which is outstanding on the date stated in the End of Erection Certificate, as soon as practicable and within a duration agreed by the Parties after such date; and

2) execute all works of reconstruction, and remedying defects or damage it is, or which it ought to be aware of, acting in accordance with Best Industry Practice, or as may be instructed by the Owner during Commissioning.

7.7.4 Failure of Completion of Outstanding Work and Remedying Defects

If any further defect appears or damage occurs, the Owner shall promptly notify the Contractor of any defect or damage inWriting. The Owner may carry out any remedial works itself or engage any third party to carry out such Work, in a reasonable manner and at the Contractor's risk and cost, if the Contractor fails to initiate action for remedying any defects or damages within ten (10) Days from the notification or a reasonable time agreed by the Parties.

2.1.12 无负荷试车（干运行）

安装期间的最后活动应是在没有任何负载或材料条件下，测试供货、材料和任何其他设备和（或）系统的每一项单项是否正常工作。无负荷试车应包括操作前检查、调整、润滑检查、旋转检查、设备连锁测试和控制以及运行（干运行）和其他项目，详见第7.7.1项、第7.7.2项。

……

7.7.1 无负荷试车（干运行）

为了完成安装，承包商应根据本合同对供货和系统进行无负荷试车，无负荷试车应包括：

操作前检查和调整。

润滑检查（第一次加注和润滑）。

旋转检查（无负荷试车程序要求时，在机械耦合之前）。

检查电气和液压回路。

检查每台单独的电机和系统的安全装置。

检查所有设备的启动（停止）顺序。

每一设备和系统连锁测试。（和）

运行（需要空车运行，如称重给料皮带等）。

7.7.2 承包商应在主进度规定的时间提供无负荷试车的方法，该方法须经业主批准。该测试方法使得每项无负荷试车测试的结果能按照业主批准的格式记录。此报告内容经业主批准后，应构成"安装结束证书"的基础。

7.7.2.1 安装结束证书

安装结束时，包括无负荷试车，承包商应要求业主签发安装结束证书，但须符合第C章"专用条款"中所示的条件。

当承包商满足第C章"专用条款"中所示的条件时，业主将向承包商签发安装结束证书。安装结束证书将标志着调试的开始。

7.7.2.2 如果因为业主或业主雇用的其他承包商违反合同或任何延迟或阻碍而无法实施无负荷试车，承包商应请求业主批准，在下次期中付款申请中包括支付"安装结束证书"项下的应付款项，并给出无法进行此类无负荷试车的原因。如果按付款条款批准并支付了这一付款（通常只在签发了"安装结束证书"才支付），不应免除承包商在今后进行该无负荷试车的责任：

承包商对业主或业主雇用的其他承包商因违反合同造成的任何延误，或延误或妨碍的部分不承担责任；并且承包商应能够根据合同规定请求延长时间，如果承包商因这种延误而产生直接费用，该费用应由业主予以赔偿。

倘若在安装期间因业主的违约延误了无负荷试车，或业主雇用的其他承包商延迟或妨碍了一部分，双方应会面并同意由业主承担直接相关费用。然后业主应做出决定是让所需承包商的人员留在现场而时间长短等同于延误的时间，还是让他们（将来）再返回现场进行无负荷试车测试。

7.7.3 完成未完成的工程和修复缺陷

为确保工程为试运行做好准备，并满足合同要求的条件，承包商应在安装结束后尽可能：

1）在双方同意的期限内尽快完成到颁发"安装结束证书"为止尚未完成的工程。（和）

2）完成所有重建工程，并修补缺陷或损坏或应该知晓的部分，这些行为要按照最佳行业惯例行事，或按业主在试运行期间的指示行事。

7.7.4 没有完成未完成部分的工程和修复缺陷失败

如果出现任何进一步的缺陷或损坏，业主应立即以书面形式通知承包商这些缺陷或损坏情况。如果承包商未能在通知后10天内或双方商定的合理时间内采取行动修补这些缺陷或损坏，则业主可以以合理方式并由承包商承担风险和费用来自行完成这些修补工程，或让任何第三方完成这些工程。

第二节 调试——负荷试车与工业试验

负荷试车（Load Test）或带负荷试车是指工业类建设项目竣工后，按照试车规程要求向联动机组进行投料的试生产的过程。

在 EPC 工程总承包项目特别是加工类的工业项目中，工程的最终目的是"加工产品"，因此"带料生产"是最终目的。如果说上一节谈的"无负荷试车"是检验单体设备制造质量、单体设备和单体车间以及整个工程（生产线）的安装质量的话，带负荷试车则是在前面说的质量过关的情况下，检验单体设备的功能（性能）及整个系统（生产线）的功能优劣以及是否满足合同要求和业主的预期目标（工程目标）。

鉴于负荷试车是在设备和系统制造质量及安装质量得到验证的基础上，为了检验设备和系统的功能性，因此参与这项工作的可能有业主、工程设计公司（如果有）、设备（材料）供货商、成套设备供货商（如果有）、总承包商和安装分包商（如果安装工程为分包）。由此可见，负荷试车阶段（及以后各阶段的试验、考核）会有各工程建设参建单位和人员参加，因此从负荷试车开始及以后的试验（调试）工作既是技术性很强的工作，也是组织、协调性很强的工作，一般情况下此项工作由工程总承包商或业主负责组织实施。

既然从带负荷试车到性能考核和验收是为了检验设备及系统的功能（性能）是否达到、满足合同和业主预期，那么在这个过程中无论是对单体设备还是对整个系统（工程）都会有大量的缺陷修复（Remedy）、调整改进（Adjustment）甚至设备和系统改造（Modification）等工作，因此这个过程在工业工程项目领域也称为"调试"（Commissioning），顾名思义"调试"用通俗的工程语言就是"一边调，一边试"，因此"调"和"试"充分反映了这个阶段的工作特点及性质，这一点可能与民用或基础建设类项目有很大的不同。根据工业项目的不同，这一调试的周期也不相同。在 EPC 工程总承包项目中，调试的时间是整个工程总工期的一部分，一般情况下工艺过程比较简单的大约需要 1~3 个月，工艺过程比较复杂的要 3~6 个月甚至更长。

工业试验（Industrial Test or Work Test）是在带负荷试车的基础上，在限制一定的负荷量和连续运行一定时间条件下的试验，目的是检验一定负荷下设备和系统连续运转的能力，或者是在某段时间内连续运转时设备和系统的带负荷能力（产量）。是否进行"工业试验"因行业（领域）和业主的不同而不同，但该项要求的目的是从设备和系统的安全可靠的角度考虑，限制承包商在带负荷试车不久就试图满负荷或大负荷"冲击"额定（设计）产量以实现性能考核从而对设备或系统造成损坏或损伤，这项要求的本质是要求调试、考核、验收等工作要以循序渐进的安全方式进行。一般情况下，工业试验以在 70%~80% 的额定能力（产量）下连续运转 10~15 天，最多 30 天视为通过。与负荷试车一样，工业试验作为调试工作的一部分，仍以工程总承包商或业主负责组织实施，其他情况如前所述。

由于调试这项工作的性质特殊、内容复杂，参加单位和人员繁多且责任交叉，因此，从主合同及分包合同（如果有）的约定到具体实施，总承包商都要认真、细致、全面、有效地组织。

1）充分考虑本工程项目所采用的工艺、设备的成熟程度以及项目所在地开展修复、调整甚至改造的条件，合理确定调试的周期，防止、降低因调试不顺利导致延期罚款的风险。

2) 在工程主合同中应约定好业主的责任,诸如生产用原燃材料的保证、岗位工人的提供、电力保证(或其他动力)等。在此应特别注意,FIDIC 合同条件银皮书中只有在第 12 条"竣工后试验"中规定在有"竣工后试验"试验时,才由业主提供上述人力、物资,而在"竣工试验"阶段由承包商负责相应的人力、物资。产生这一矛盾的原因在于 FIDIC 合同条件中的"竣工后试验"与本节中的"竣工试验"的定义不同,本书所说的"竣工试验"是指整个工程项目的竣工试验,不是单位工程如单体车间或土建、安装工程的竣工试验。在工业生产类工程项目中调试、性能考核是"竣工试验"必不可少的一部分,是竣工的前提,所用原燃材料、动力、人力(工人)应由业主提供,这一点应在双方的合同中加以明确,防止发生因责任不清影响调试甚至考核进度的风险。

3) 将参与调试的各项有关工作(包括前面的无负荷试车、联动试车等)的责任签入工程设计分包(如果有)、供货(特别是主机设备)和安装工程分包(如果有)等合同之中;明确工程设计分包商(如果有)和设备供货商负责有关设计缺陷的修复、整改及设备设计、制造方面的缺陷修复和整改甚至更换的责任与义务;明确安装分包商对于安装工程的缺陷、错误修复和整改(尽管安装工程已验收但不解除安装分包商合同项下的责任)以及他们协助整个项目调试中缺陷修复、整改工作过程中涉及到的设备、材料等的拆装工作。

4) 总承包商应组织(或聘用)经验丰富、专门的调试队伍,编制好调试大纲和调试手册,制订好调试计划;有效地组织、协调调试组、设计分包商(如果有)、设备供货商、安装分包商(如果有)及业主工人队伍按计划做好调试工作,及时修复、整改调试过程中出现的缺陷和错误。

5) 将业主随工程项目(设备)订购的备品、备件在调试前发往现场并与业主协商将这部分备品、备件在必要时作为调试期间有关损坏部件的替代品(用后随即由承包商另行采购补足),减少因等待备品、备件而占用宝贵的调试时间。

【合同实例】

16.7 Commissioning

16.7.1 "Commissioning" means the activities during the period of time following completion of construction, erection and installation of the Plant and Equipment when the Plant and Equipment are started up and tested under load conditions with raw materials in order to demonstrate that they perform properly in accordance with the requirements of the Contract.

16.7.2 The Contractor and its technical supervisors, assisted by the Owner's personnel, will carry out the Commissioning of the Works. The Contractor shall perform the Commissioning activities within the time set out in Chapter C "Special Conditions" Clause 12.2 "Contractual Dates".

16.7.3 The Contractor shall be responsible for and shall provide the care and custody of the Works and the required maintenance of the Works assisted by the Owner's personnel, until the Provisional Acceptance.

16.7.4 The Contractor is responsible for the safety of and liable for the acts and omissions of Owner's personnel who assist the Contractor during Commissioning or Start-up or who operate the Works (or a portion of the Works) under the control, supervision and instruction of the Contractor pursuant to this Contact, as if they were acts or omissions of the Contractor, save in the case of the Owner's personnel's misconduct, negligence, acts or omissions which are contrary to the most elementary rules of diligence which a conscientious person would have followed in similar circumstances.

16.7 调试

16.7.1 "调试"是指在工厂和设备完成了施工、建造和安装后,工厂和设备在带料条件下启动和试验的一系列活动，以证明其可按合同要求正确运行。

16.7.2 承包商及其技术监理将在业主人员的协助下进行工程调试。承包商应在第 C 章"专用条款"的第 12.2 款"合同日期"规定的时间内实施调试。

16.7.3 承包商应负责对工程的照管和保护，以及在业主人员协助下工程所需的维修，直至临时验收。

16.7.4 根据本合同，承包商对安全事项负责，对业主人员在调试和启动期间协助承包商，或在承包商控制、监督和指导下运营工程（或部分工程）过程中的作为和不作为负责，除非业主人员的这些渎职、失职、作为或不作为违反了一个有良知的人在类似情况下应遵循的最基本勤勉规则。

第三节　性能考核

性能考核（Performance Test）是指在一定的条件下，考核、检验工程（单位工程）的有关指标是否满足合同中规定的相关要求（业主要求）。一般情况下，在 EPC 工程总承包项目中当承包商通过了工程的带负荷试车或"工业试验"后（如果合同有要求），对于工业类特别是生产型工程项目，承包商按照合同规定可以开展单位工程（整体工程）、生产车间（工段）和生产线的性能考核工作。在实际中，由于业主的情况不同特别是先前是否具有生产操作经验的情况，性能考核阶段的组织者可能有所不同。一种情况是由业主主导组织，承包商作为"监理"（Supervisor）的身份指导业主人员开展工程项目的性能考核；另一种是由总承包商主导组织，业主（业主工程师）或业主咨询公司人员参与（见证或监督）并派业主工人协助生产及维修等工作。在性能考核期间设计分包商（如果有）、供货商、安装分包商（如果有）人员视情况或合同约定决定是否参与。

1. 性能考核准备

性能考核对于工业类的 EPC 工程总承包项目来说是一个"大考"，受整个合同工期（调试期）、考核次数（如果有）和生产消耗（产品废品量）限制等因素影响，给通过性能考核的时间也很有限。因此，无论是从承包商的时间消耗、人力物力消耗，还是调试、考核期间给业主成本增加、不合格产品的处理等角度考虑，在"考前"承包商都应该做好充分的准备。

1）在性能考核前的一定时间内（或签订合同时），与业主（业主工程师）或业主咨询公司制订或再次确认性能考核办法，与业主商定性能考核的开始日期。

2）检查、校验涉及性能考核用的在线和离线计量仪器、仪表、设备等。

3）认真检查被考核的单位工程、工程中设备与设施及工艺系统的可靠性、稳定性，努力消除故障隐患。

4）检查并确保考核期间是否拥有充足的原料、燃料、动力等生产必需品。

5）做好调试期间调试组成员、业主工人、维修维护人员的人力资源安排。

6）在调试前准备好可能出现问题的设备的备品、配件，防止在调试过程中出现故障时因等待备品、备件而影响性能考核的期限。

2. 性能保证指标

性能保证指标（Performance Guarantee）在生产型工程项目中包括能力（产量）、消耗（电力、燃料、原材料等）、噪声、排尘、排废、运转率等，这些内容既是承包商提供工程这种产品的性能指标，也是业主的预期目标。对于业主来说这些指标越先进其投资效益越高，但对承包商来说这些指标越先进则考核难度越大，通过考核的风险也越大，因此也是工程项目投标、合同谈判的焦点之一。一般由业主在招标文件中提出并在合同谈判期间经过双方的"讨价还价"后确定，是主合同中技术文本的重要内容。

1）正确理解性能考核指标与日常运行指标的区别。相对于日常运行来说考核的时间要短得多，因此考核指标要"优于"日常运行指标，所以，不能因为日后投运后的实际生产的月均指标、年均指标低于"考核指标"来指责承包商未完成合同任务。

2）客观地制订性能考核指标。承包商在与业主商讨这些指标时既要体现竞争力、努力满足业主要求，但也不可一味地追求"高指标"，使性能考核困难甚至考核失败遭受罚款损失和商誉损失；要特别注意业主要求中"最低可接受性能指标"即"拒收"指标的确定，努力杜绝"拒收"现象出现的风险。

3）正确使用考核指标的"战略性让步"。在投标和合同谈判期间，为了满足业主要求或战胜竞争对手，对于一些明知无法到达的，但业主坚持或竞争对手已给出的保证值，投标的承包商应结合针对该指标的违约罚款和社会影响可以考虑"战略性"让步并在工程实施时争取达标，以防止失标风险，但同时也要注意防止因此而出现的"拒收"风险。

3. 性能考核方法

对于性能考核来说，制订的考核指标很重要，但采用的考核方法也很重要，不同的考核方法得出的考核结果可能差别很大。考核方法包括测试方法（试验方法）、考核程序和步骤、限定条件等。

1）如果不能将考核方法与主合同同时签订，承包商也应尽早与业主（业主工程师）、业主咨询公司商讨每项考核指标的考核办法，包括测试方法（试验方法）、考核程序和步骤、限定条件等并形成协议或会议纪要作为合同的补充部分。

2）尽量采用校验后仪器、仪表、设备（设施）测定（确定）考核指标，避免出现人为计算或间接推导等不定因素，如物料消耗尽量采取直接计量或仪器检测而避免用最终产品产量来推导，以免在确认考核值时双方发生"争执"。

3）细化考核办法，特别是计量（计算）误差、限定条件等；对于要求连续运转时间长的考核项目，力争设置合理的允许短暂"停车（料）"条件，防止出现"前功尽弃"的风险。

4）鉴于作为考核指标的单位能耗、料耗、排放等与系统能力（产能）有直接的关系，在国际工程项目中承包商应注意业主（合同中）是否要求限制额定产量来考核单位消耗，这将影响最后的考核结果，因为这种限制意味着不能用大产量"摊薄"单位消耗。

5）在考核期内，坚持稳定、科学操作与增强巡检和及时抢修并举的方针，确保系统的连续性、稳定性。

4. 性能考核通过与失败

FIDIC 合同条件银皮书第 9.3 款【重新试验】中规定："如果工程或某单位工程未能通过竣工

试验时，应适用第7.5款【缺陷和拒收】的规定。业主或承包商可要求按相同的条款和条件，重新进行这些未通过的试验和相关工程的竣工试验。此类重复做的试验均应视为用于本条款目下所做的竣工试验。"

另外，第9.4款【未能通过竣工试验】规定："如果工程或某单位工程未能通过根据第9.3款【重新试验】的规定重新进行了竣工试验，业主应有权：

（a）下令根据第9.3款【重新试验】再次重复竣工试验。

（b）如果此项试验未通过造成的影响，使业主实质上丧失了工程或单位工程的整个利益，且在此情况下，业主需采取与第11.4款【未能修补缺陷】中（c）段规定的相同补救措施时，（业主）拒收工程。（或）

（c）如果此项试验未通过造成的影响，使单位工程的使用不能够达到合同规定的拟定目标，且在此情况下，业主需采取与第11.4款【未能修补缺陷】中（c）段规定的相同补救措施时，（业主）拒收单位工程。（或）

（d）如果业主要求，应颁发接受证书。

在采用以上（b）段办法的情况下，承包商应继续履行合同规定的所有其他义务，业主应有权分别遵照第20.2款【付款和/或竣工时间延长的索赔】向承包商索要赔款或者按照第11.4款【未能修补缺陷】中（b）（i）段或（b）（ii）段扣减合同价格，这一权利的使用不损害业主根据合同或其他规定可以拥有的任何其他权利。"

由于对于生产型工程总承包项目来说，自从带负荷的调试工作开始后，调试所用的原燃料、辅助材料、动力能源和人力（工人）均由业主提供而且一般情况下是无偿的，生产的产品（废品）为业主资产。因此，根据行业和项目性质、特点的不同，有些工程总承包项目的合同对考核失败的次数有明确限制（控制成本），有些则不做限制，但是合同总工期的限制在两种情况下都是存在的，是相同的。因此，理论上讲，对于不限制考核次数的工程项目，承包商可以多次（申请）进行多次性能考核试验。

当性能考核试验通过后，承包商可以按合同规定进入下一程序，如可靠性试验（如果有）、向业主申请颁发预验收证书等。当性能考核失败可根据合同约定进行多次（重复）试验（试验次数视合同规定）直至性能考核通过，或逾期未通过工程（单位工程）单项指标的性能考核，而宣告性能考核失败，并按合同有关规定执行（罚则）。

【合同实例1】

Article 17　Performance Test

"Performance Guarantee" means all values guaranteed by the contractor in connection with the performance of the Equipment as set out in Annex 4 (Performance Guarantee and Liquidated Damages), which are to be attained during the Performance Tests.

"Performance Test" shall mean the tests to be carried out under the supervision of the contractor or its authorized representative to ascertain whether the delivered Equipment is able to attain the Performance Guarantee and its readiness for production.

17.1　The Performance Test shall be conducted by the Owner under the instruction and supervision of the contractor and in accordance with Annex 4 (Performance Guarantee and Liquidated Damages).

17.2　Performance Guarantee

(a) Performance Guarantee values and quality of the Equipment shall be as stipulated in Annex 4

(Performance Guarantee and Liquidated Damages).

(b) The Performance Test shall be performed within three (3) months after the Completion Date. If the Performance Guarantee values are not achieved during the first Performance Test, the contractor shall be obliged to modify and/or improve the Equipment to enable it to attain the Performance Guarantee values. The time for such modification and/or improvement shall be limited to three (3) months after the first Performance Test. During that period, the Owner is free to use the Equipment without restriction. Dates and duration of stoppages required by the contractor shall be notified in advance to the Owner and as far as possible agreed upon between the Parties. The contractor shall use its best efforts and bear all expenses arising from any modifications and/or improvements in order to attain the Performance Guarantee values.

(c) If for any reason attributable to the Owner the Performance Test cannot be carried out for a period of nine (9) months after the Completion Date, the Performance Test shall be deemed completed.

(d) In the event that the Performance Guarantee values are not achieved within six (6) months after the Completion Date, due to reasons attributable to the contractor, the contractor shall pay to the Owner the liquidated damages stated in Article 18, or at the Owner's sole and absolute discretion, to request the contractor to remedy and rectify the shortfall in Performance Guarantee values within a mutually agreed period of time, and failing which, the Contractor shall pay to the Owner the liquidated damages stated in Article 18.

(e) If the execution of the Performance Test is postponed due to any reason attributable to the contractor, the Owner shall be allowed to make use of the installed Equipment for commercial operation throughout this period.

17.3 Operational Acceptance Certificate

Whenever the Performance Test has been carried out and performance of the Equipment achieves the Performance Guarantee values as stipulated in Annex 4 (Performance Guarantee and Liquidated Damages) or the contractor has paid in full the liquidated damages in Article 18 for non-fulfilment of the Performance Guarantee, the Performance Test shall be deemed completed. The Owner shall issue the Operational Acceptance Certificate to the contractor upon completion of the Performance Test.

第17条　性能考核

"性能保证"是指承包商在附件4（性能保证和违约罚款）中对设备性能规定的所有保证值，这些保证值要在性能考核期间达到。

"性能考核"是指在承包商或其授权代表的监督指导下进行的测试，以确定所提供的设备是否能够达到性能保证要求及可以准备交付生产使用。

17.1　性能考核应由业主在承包商的指示和监督下，按照附件4（性能保证和违约罚款）进行。

17.2　性能保证

(a) 设备的性能保证值和质量应按照附件4（性能保证和违约罚款）的规定执行。

(b) 性能考核应在完工日后3个月内进行。如果在第一次性能考核期间未达到性能保证值，承包商应有义务修复和（或）改进设备，使其能够达到性能保证值。此类修复和（或）改进的时间应限于第一次性能考核后三个月内。在此期间，业主可不受限制地使用设备。承包商要求的停工日期和持续时间应提前通知业主，并且双方之间应尽可能达成一致。承包商应尽最大努力，以达到性能保证值，并承担修复和（或）改进产生的所有费用。

(c) 如果由于业主的任何原因，在完工日后九个月内无法进行性能考核，则性能考核应视为已完成。

（d）如果由于承包商的原因，在完工日后六个月内未达到性能保证值，承包商应向业主支付第18条规定的违约金，或由业主自行决定，要求承包商在双方同意的一段时间内修复和整改性能保证值方面的短板，如果再失败，则承包商应向业主支付第18条规定的违约金。

（e）如果性能考核因承包商的任何原因而推迟执行，则允许业主在这个期间使用已安装的设备进行商业运行。

17.3 运行接收证书

凡进行了性能测试，并且设备性能达到附件4规定的性能保证值（性能保证和违约罚款），或者承包商已全额支付了第18条中未达到性能保证情况下的违约金，性能考核应视为已完成。业主应按照已完成性能考核向承包商颁发运行接收证书。

【合同实例2】

8.10 Performance Test Procedures

8.10.1 The Contractor shall carry out the Performance Tests as part of the Commissioning. The Contractor shall be responsible and bear all expenses for labor （other than the Owner's personnel） and materials arising from adjustment, modifications or replacement which the Contractor decides to proceed with on the Supplies and associated parts, in order to achieve the Performance Guarantees indicated in Chapter C "Special Conditions" Clause 15.2 "Performance Guarantees".

8.10.2 If the Performance Tests rates exceed or equal the Performance Guarantees in accordance with Chapter C "Special Conditions" Clause 15.2 "Performance Guarantees", the Owner shall then issue the Performance Guarantees Certificate.

8.10.3 If at the end of the Commissioning period the Performance Tests results are below the values listed in Chapter C "Special Conditions" Clause 11.5 "Performance Guarantees", then the procedures for non-compliance of the Performance Guarantees will be applied in accordance with this Chapter D Clause 15.6 "Procedure for Non Compliance of the Guarantees".

15.2 Performance Gurantees （Chapter D General Conditions）

15.2.1 Performance Guarantees Tests Procedures

The Contractor shall propose to the Owner for its Approval, the specific Performance Test procedure it intends to use to determine if the Works achieve the Performance Guarantees for the purposes of Clause 8.10 and such tests shall be performed within the period indicated in Chapter C "Special Conditions".

15.2.2 The Contractor's Performance Guarantees are listed in Chapter C "Special Conditions"

15.2.3 The pre-conditions to the Performance Guarantees are listed in Chapter C "Special Conditions".

15.2 Performance Gurantees （Chapter C General Conditions）

15.2.1 Procedure for the Performance Tests

The Contractor shall provide the Owner with, the procedure （s） for Performance Guarantee tests in accordance to Chapter D "General Conditions" Clause 15.2.1 thereafter to be agreed by the Parties: Two （2） months prior to the relevant tests.

The Performance Tests may begin any time from the start of: The Commissioning.

Both Performance and Reliability Tests can be done simultaneously.

All the Contractor's Performance Guarantees values indicated in the Contract Documents shall be fully achieved.

Liquidated Damages shall be applied in accordance with Clause 16.2 if the Performance Guarantees values (indicated in Technical Conditions, Chapter E01) are not achieved.

15.2.2　The Contractor's Performance Guarantees (indicated in Technical Conditions, Chapter E01)

15.2.3　The pre-conditions to the Performance Guarantees are as follows:

The Owner shall provide materials and personnel in accordance to Clause 10.1.4.

All performance data and Performance Guaranteesis based on the characteristics and other general descriptions of the raw materials and fuels as specified in accordance to Chapter E02 "owner's requirements and basic data".

8.10　性能考核的步骤

8.10.1　作为调试的一部分，承包商应进行性能考核。承包商应负责并承担所有人工费用（不含业主人员）以及在承包商决定对其供货和相关部件进行调整、修改或更换时所需任何材料的费用，以达到第 C 章 "专用条款" 的第 15.2 款中所示的 "性能保证"。

8.10.2　如果性能考核指标超过或等于第 C 章 "专用条款" 的第 15.2 款规定的 "性能保证"，则业主应颁发性能保证证书。

8.10.3　如果在调试期结束时，性能考核结果低于第 C 章 "专用条款" 的第 15.2 款 "性能保证" 中列出的数值时，本合同第 D 章第 15.6 款 "未达到保证程序" 中规定的未达到性能保证值的程序启用。

15.2　性能保证（第 D 章通用条款）

15.2.1　性能保证考核步骤

就拟用于测定工程是否达到第 8.10 款中规定的性能保证值的具体性能考核步骤，承包商应向业主提出请示批准，这项考核应在第 C 章 "专用条款" 规定期限内进行。

15.2.2　承包商的性能保证值列在第 C 章 "专用条款" 中。

15.2.3　性能保证考核的前提条件列于第 C 章 "专用条款" 中。

15.2　性能保证（第 C 章专用条款）

15.2.1　性能保证考核步骤

承包商应按照第 D 章 "通用条款" 中第 15.2.1 项向业主提交性能保证考核的步骤。双方商定：相关试验前两个月。

性能考核可以开始的时间：从调试开始。

性能考核和可靠性考核可以同时进行。

合同文件中注明的所有承包商的性能保证值应全部达到。

如果性能保证值（如第 E01 章技术条款所示）没有达到，则按第 16.2 款执行违约罚款。

15.2.2　承包商的性能保证值（如第 E01 章技术条款所示）。

15.2.3　性能保证考核的前提条件如下：

业主应按照第 10.1.4 项规定提供物料和人员。

所有性能数据和性能保证值都是基于第 E02 章 "业主要求和基本数据" 中所确定的原料和燃料的特性及其他概况性描述。

第四节 可靠性考核

在一些项目中业主会在合同中要求承包商进行工程项目（生产线）可靠性试验（Reliability Test）作为考核的一部分。可靠性试验是检验工程项目（生产线）在一定荷载的条件下连续运转的能力，其核心要义是同时检验"产能"和"连续运转"的情况。在实际中可靠性考核可以与性能考核连在一起进行，也可以在通过性能考核后另择时间（段）进行。

多数情况下所谓可靠性考核是在连续30天内保持90%以上的额定能力运行且以运转率不低于80%或90%作为可靠性考核指标。对于合同条款的制订和实施，承包商应该特别注意的是对于连续30天"90%以上的额定能力"和连续30天"90%以上的运转率"的理解和定义。以额定（设计）产能为1000吨/天的生产线工程项目为例：首先，要明确连续30天"90%以上的额定能力"是指每天的能力（产量）均不得低于900吨，还是在30天内生产产品总量不低于2700吨即可；第二，要明确连续30天不低于"90%的运转率"是指30天内每天的运转率不低于90%即21.6个小时（24×0.9），还是30天内运转时间总数不低于648个小时（30×24×0.9）。总之，由于可靠性考核是检验工程（系统）可靠性、稳定性能力的，其考核时间比较长，因此首先要明确考核内容、考核方法以及考核方法中有关的概念和定义，避免在后期确认考核结果时出现被拒绝认可的风险；考核过程中继续坚持稳定操作和及时巡检、及时维护以及维修并举的方针，力求避免出现事故性"中断停车"的风险。

在经过了无负荷单机试车、联动试车、带负荷试车、工业试验（如果有）、性能考核和可靠性考核（如果有）之后，可以认为EPC工程总承包项目特别是工业生产类工程总承包项目的绝大部分工作已经结束。当各项考核顺利通过后，对于一些不影响工程或单位工程预期使用目的的缺陷项和收尾工作，在与业主就进一步完成修复和"扫尾"工作计划达成一致后，承包商可以向业主申请验收、交付并由业主签发"预接收证书"。对于部分单位工程甚至是整个工程未通过相应考核时，双方按合同有关规定执行扣款、拒收和其他罚款等"合同罚则"并按规定由业主签发相应的证书，但是，无论是扣款、罚款、拒收还是业主已经签发了"预验收证书"，仍不解除承包商合同项下的其他责任与义务。有关"业主接收"及相关问题，将在第十章"交付与接收"中讨论。下面给出有关可靠性考核的实际合同条款，便于读者更好地理解这部分内容。

【合同实例】

8.11 Reliability Tests Procedures (Chapter D General Conditions)

8.11.1 The Contractor shall carry out the Reliability Tests as part of the Commissioning. The Contractor shall be responsible and bear all expenses for labor (other than the Owner's personnel) and materials arising from adjustment, modification or replacement which the Contractor decides to proceed with on the Supplies and associated parts, in order to achieve the Reliability Guarantees indicated in Chapter C "Special Conditions" Clause 15.4.2 "Reliability Guarantees".

8.11.2 Should the Reliability Test values exceed or equal the Reliability Guarantees in accordance with Chapter C "Special Conditions" Clause 15.4.2 "Reliability Guarantees", the Owner shall then issue the Reliability Guarantees Certificate.

8.11.3 If at the end of the Commissioning period the Reliability test results are below the values listed in Chapter C "Special Conditions" Clause 15.4.2 "Reliability Guarantees", due to reasons attributable to the Contractor, then the procedures for non-compliance of the Reliability Guarantees will be applied in accordance with this Chapter D Clause 15.6 "Procedure for Non Compliance of the Guarantees".

11.4 Reliability Guarantees (Chapter D General Conditions)

11.4.1 Procedures for the Reliability Tests

The Reliability Tests shall be based on the following:

Reliability (%) = Wh × 100/(Wh + Sh)

With: Wh = WORKING HOURS of the System

Sh = SHUTDOWN HOURS of the System

due to incidents relating to the equipment or a System component which are solely attributed to the Contractor.

Incidents relating to the equipment or a System component, which are solely attributed to the Contractor shall include component failure, required adjustment or any modifications to the Supplies, design and/or performance or non-performance of any of the Works.

Incidents relating to the equipment or a System component, which are not attributed to the Contractor are listed in Chapter C "Special Conditions".

11.4.2 The Contractor's Reliability Guarantees are listed in Chapter C "Special Conditions".

11.4.3 The pre-conditions to the Reliability Guarantees are listed in Chapter C "Special Conditions".

11.4 Reliability Guarantees (Chapter C Special Conditions)

11.4.1 Procedure for the Reliability Tests

The Reliability Tests may begin any time from: the start of the Commissioning

Both Performance and Reliability Tests can be done simultaneously.

Incidents which are not attributed to the Contractor shall include:

Failure of Power Supply;

Failure of Supplies and manpower in accordance with Chapter C Clause 15.4.3;

Operation error by the Owner's personnel, except when such error is due to wrong instruction by the Contractor;

Scheduled adjustment stops;

Production adjustment stops (yield control stops);

Production stops due to market conditions。

11.4.2 Contractor's Reliability Guarantees are as follows:

All the Contractor's Reliability Guarantees values shall be achieved.

Liquidated Damages shall be applied in accordance with Clause 16.3 if the Reliability Guarantees (indicated in Technical Conditions Chapter E01) are not achieved.

11.4.3 The pre-conditions to the Reliability Guarantees are as follows:

The Owner shall provide materials and personnel in accordance to Clause 10.1.4.

All performance data and Reliability Guarantees is based on the characteristics and other general descriptions of the raw materials and fuels as specified in accordance to Chapter E02 "owner's requirements and basic data".

8.11 可靠性考核步骤（第 D 章通用条款）

8.11.1 作为调试的一部分，承包商应进行可靠性考核。承包商应负责并承担所有人工费用（不含业主人员）以及在承包商决定对其供货和相关部件进行调整、修改或更换时所需任何材料的费用，以达到第 C 章 "专用条款" 第 15.4.2 项中所示的 "可靠性保证"。

8.11.2 如果可靠性测试值超过或等于第 C 章 "专用条款" 第 15.4.2 项规定的 "可靠性保证值"，业主应颁发可靠性保证证书。

8.11.3 如果在调试期结束时，是由于承包商的原因，可靠性测试结果低于第 C 章 "专用条款" 第 15.4.2 项所列值时，则应按照第 D 章第 15.6 款 "未达到保证程序" 中的规定启用未达到保证程序。

11.4 可靠性保证（第 D 章通用条款）

11.4.1 可靠性考核的步骤

可靠性测试按照如下方式进行：

$$可靠性（\%）= Wh \times 100/(Wh + Sh)$$

式中 Wh——系统工作时间（h）；

Sh——系统停车时间（h）。

因设备或系统部件造成的相关事故，责任完全由承包商承担。

因设备或系统部件造成的相关事故（仅归责于承包商的）应包括部件故障，对供货及设计和（或）工程履约或未履约部分的任何调整或修改。

不归承包商负责的与设备或系统部件有关的事故列于第 C 章 "专用条款" 中。

11.4.2 承包商的可靠性保证值列于第 C 章 "专用条款" 中。

11.4.3 可靠性保证的前提条件列于第 C 章 "专用条款" 中。

11.4 可靠性保证（第 C 章专用条款）

11.4.1 可靠性考核的步骤

性能考核可以开始的时间：从调试开始。

性能考核和可靠性考核可以同时进行。

非承包商原因导致的事故包括：

供电事故。

按照第 C 章第 15.4.3 项规定的供货和人力资源问题。

业主人员操作失误，除非该失误是由于承包商指导错误所致。

因计划性调整而停车。

因生产性调整（生产控制）而停车。

因市场原因而生产停车。

11.4.2 承包商的可靠性保证如下：

所有的承包商可靠性保证值都要达到。

如果可靠性保证（如技术条款第 E01 章所示）没有达到，则按照第 16.3 款启用违约罚款。

11.4.3 可靠性保证的前提条件如下：

业主按照第 10.1.4 项提供原料和人力。

所有性能数据和可靠性保证值都是基于第 E02 章 "业主要求和基本数据" 所确定的原料和燃料的特性和其他一般描述。

第十章

交付与接收

工程项目的交付（Hand Over, Transfer）和接收（Take Over, Acceptance）是一个问题的两个方面，对于承包商来说是交付，而对于业主来说是接收（验收），它是工程建设（对于承包商来说）和工程使用（对于业主来说）一个极为重要的标志和里程碑。

从合同明示条款的角度，按照 FIDIC 合同条件的立场，工程交付（接收）即工程的竣工验收就是承包商按照合同规定完成工程或单位工程的全部工作（含工程建设、培训、操作和维修手册等文件交付）并通过了竣工试验后，向业主转移合同项下的工程或单位工程。然而，有些国家和地区按照法律法规的要求，工程项目的竣工验收即交付（接收）需要有政府（当局）部门或机构参与部分工作并给以验收批准。例如在中国，原国家计划委员会曾于 1990 年 9 月 11 日颁布了《建设项目（工程）竣工验收办法》。按照这个办法，工程竣工验收是指建设工程依照国家有关法律、法规及工程建设规范、标准的规定完成工程设计文件要求和合同约定的各项内容，建设单位已取得政府有关主管部门（或其委托机构）出具的工程施工质量、消防、规划、环保、城建等验收文件或准许使用文件后，组织的工程竣工验收。因此，承包商除按合同的一般规定由业主验收外，还要注意工程项目所在地的法律、法规是否有要求工程或单位工程（部分工程）的验收需要政府或当局主持或参与，这一点也许属于承包商的"默示义务"。

第一节 交付（接收）的作用和意义

虽然工程的交付和接收是同一个事物，但对承包商和业主的作用及意义却有所不同。对于承包商来说其意味着工程项目基本完成（除个别缺陷和扫尾工程及缺陷通知期内的"质保"任务外）、工程项目的照管责任及相关风险转移给业主，及按合同规定收取该里程碑工程款；对于业主来说则是接管工程项目的照管任务和相应的风险以及可以使用该工程发挥其功能（效益）。一般情况下承包商的"迫切"程度要远大于业主，所以承包商会对此更加积极。

FIDIC 合同条件银皮书第 17.1 款【工程照管的职责】规定："除非根据这些条件或以其他条款终止合同，根据第 17.2 款【工程照管的责任】，承包商应从开工日期起承担照管工程、货物和承包商文件的全部职责，直到工程竣工之日止，这时工程照管职责应移交给业主。如果对某单位工程或部分工程颁发了（或按上述应视为已发）接收证书，则对该单位工程或部分工程的照管职责应移交给业主"。因此，以 FIDIC 的立场，除了按合同规定在工程交付（接收）后承包商可以获得相应的工程款外，对于工程承包商来说工程的交付（接收）的最大意义，在于除设计、供货、建设和照管期间造成的潜在缺陷、损害等风险外（这些风险按照合同规定仍存在于缺陷通知期甚至若干年内），工程承包商合同项下的建设风险、照管风险宣告结束或转移。另外，按照 FIDIC 合同条件银皮书第 1.1.24 项【缺陷通知期限】的规定："缺陷通知期限从工程或单位工程（或部分工程）竣工开始计算"；以及银皮书第 14.9 款【保留金的发放】规定："颁发工程接收证书后：（a）工程，承包商应在报表中包括保留金的前一半，或（b）单位工程，承包商应在报表中包括保留金前一半的相关百分比"。因此，工程的移交和转移还意味着工程或单位工程的缺陷通知期开始计算（移交证书所规定的竣工日期计算）和承包商可以获得保留金的返还或部分返还（如果有）。关于工程项目的交付和接收的作用及影响见表 10-1。

表 10-1 工程项目的交付和接收的作用及影响

被影响方	作用
双方	重要建设节点和里程碑 工程或单位工程的缺陷通知期已开始计算 工期延误或部分延误的风险已消除或固化
承包商	工程照管的责任和风险转移 获得保留金或部分保留金（如果有） 获得相应的工程款
业主	接收工程照管的责任和风险 可以使用工程或单位工程，实现预期目的

然而，应该特别注意的是工程的交付（接收）并不解除承包商和业主各自在合同项下的其他义务。FIDIC 合同条件银皮书第 11.9 款【履约证书】规定："直到业主向承包商颁发履约证书，注明承包商完成合同规定的各项承包商义务的日期后，才应认为合同规定的承包商的履约义务已经完成"。而工程或单位工程交付（接收）时承包商获得的是工程项目的预验收证书（FIDIC 合同条件中称为"工程接收证书"）而不是最终接收证书（FIDIC 合同条件中称为"履约证书"），也就是说工程交付（接收）后合同双方的责任和义务并未完全解除。交付（接收）后承包商的主要义务是完成"扫尾"工程和缺陷修复（含缺陷通知期内再发生的缺陷），而业主的主要义务依然是按合同规定支付工程款项。

第二节 工程交付的条件和促进交付的措施

工程项目的交付与接收由于涉及到业主和承包商的核心利益，同时这一过程涉及问题的范围、内容、深度复杂且具有很多不确定性。因此，无论是从技术的角度，还是从商务的角度，无论是在合同谈判时，还是实际交付实施中，业主与承包商之间都会有很多矛盾、争执甚至争端，但是，无须怀疑的是任何一方都不会希望无限期地延长交付（接收）的时间。因此，双方应在合同中科学、合理、全面、细致地制订交付（接收）条款，在工程实施中承包商努力按合同完成工程项目，在后期竣工试验、竣工验收、交付（接收）中双方应本着公平、合理的态度积极配合。

FIDIC 合同条件银皮书第 10.1 款【工程和分项工程的接收】规定："当：
（a）工程已按合同规定竣工，包括已通过竣工试验的及下面（i）段中剔出项外允许的情况。

（b）如果适用，业主对根据第 5.6 款【竣工记录】（a）段提交的竣工记录已经发出或应视为已经发出无异议通知。

（c）如果适用，业主对根据第 5.7 款【操作和维修手册】提交的暂行的操作和维护手册已经发出或应视为已经发出无异议通知。

（d）如果适用，承包商根据第 5.5 款【培训】已经进行培训。

（e）已按照本款规定颁发工程接收证书，或被认为已经颁发时；除第 9.4 款【未能通过竣工试验】和第 10.2 款【部分工程的接收】中所述情况外。

业主应接收工程。

承包商可在其认为工程将竣工并做好接收准备的日期前不晚于 14 天，申请颁发接收证书。若工程分成若干个单位工程，承包商可类似地为每个单位工程申请接收证书。

如果根据第 10.2 款【部分工程的接收】接收了工程的任何部分，在达到第（a）到（e）段描述的条件前不得接收剩余的工程或单位工程。

业主在收到承包商通知后 28 天内，或者：

（i）向承包商颁发接收证书，按照合同要求注明工程或单位工程竣工的日期，任何对工程或单位工程预期安全使用目的没有实质影响的（列于接收证书中）少量收尾工作和缺陷（直到或当收尾工作和缺陷修补完成时）除外。（或者）

（ii）通知承包商拒绝其申请，说明理由，并指出在能够颁发接收证书前承包商需做的工作、需要修补的缺陷和（或）需要提交的文件。承包商应根据本款再次发出申请通知前完成这些工作。

如果业主在这 28 天期限内未颁发接收证书，或未拒绝承包商的申请，而如果已经达到了以上第（a）到（d）段描述的条件，在业主收到承包商申请通知后的第 14 天，工程或单位工程应视为符合合同规定竣工，接收证书应视为已颁发。"

应该特别注意的是，在 FIDIC 合同条件的内容中，涉及业主接收工程的概念、定义和时段有：竣工试验、业主接收证书（竣工验收证书）、竣工后试验（如果有）、缺陷通知期（质保期）、履约证书，因此在 FIDIC 合同条件中所说的"业主接收"或"工程接收证书"并不是合同意义上的承包商义务已经完成，只有在缺陷通知期后业主颁发了"履约证书"，才真正表示承包商的合同义务完成以及业主完全接收了合同项下的工程。在 FIDIC 合同条件银皮书第 11.9 款【履约证书】中规定："直到业主向承包商颁发履约证书，注明承包商完成合同规定的各项承包商义务的日期后，才应认为合同规定的承包商的履约义务已经完成……，只有履约证书应被认为构成对工程的认可"。

在实际中，经常将 FIDIC 合同条件中的"接收证书"（Taking-over Certificate，TOC）称之为"预接收证书"（Provisional Acceptance Certificate，PAC）；将"履约证书"（Performance Certificate）称之为"最终接收证书"（Final Acceptance Certificate，FAC）。其实，从 FIDIC 合同条件中关于"业主接收"使用了英文"Employer's Taking Over"而不是用"Employer's Acceptance"或者"Acceptance by Employer"，也许可以把"Taking Over"在这里解释成中文的"接管"更为合适，因为接管是指这个工程接过来管理并不意味着接收或同意这个工程建设质量、功能等满足了工程的预期（合同要求）。这一点请读者无论是在阅读理解 FIDIC 合同条件时，还是在起草、讨论实际合同以及对待该"接管"后承包商责任时都要务必引起注意，对有关接收（接管）的概念、定义和用词要理解及使用准确、清晰、恰当；对待接收（接管）后合同双方的责任要认识清晰、履行到位，防止不应有的误解和风险。

以 FIDIC 合同条件的原则和实际中业主与承包商之间的需求，一般情况下，工程交付（接收）

的条件可以概括地总结为：

1）按照合同规定完成竣工（实质性竣工，可有少量扫尾工程和微小缺陷），通过了竣工试验（含就部分缺陷问题已与业主达成一致）。

2）业主对"竣工记录"没有给出反对通知。

3）业主对按合同规定提交的操作和维修手册没有给出反对通知。

4）承包商按合同规定完成了相关的培训工作。

5）承包商提出交付（接收）申请。

6）承包商获得了业主签发的"接收证书"（预验收证书）。

承包商经历了招标投标、合同谈判和签署、工程设计、设备和材料采购与运输、现场施工和调试验收长达几年的艰辛，工程的交付与接收是承包商特别是项目经理部梦寐以求的目标。但是，由于如前所述，这一移交（接收）过程将意味着工程项目的照管风险、工期延误（全部或部分，如果有）、一些工程缺陷（如果有，但接收证书注明需要修复、整改的除外）等均被业主所接收（接受），为此业主会非常谨慎地对待其接收的条件甚至不轻易批准交付（接收）。但是，这一交付（接收）的过程实施同时也意味着业主将占有并使用该工程或单位工程，意味着可以让该工程或单位工程发挥"效益"，这是业主的预期目的。FIDIC合同条件银皮书第10.2款【部分工程的接收】规定："除业主要求中可能说明或可能经双方同意的以外，任何部分工程（单位工程以外），业主均不得接收或使用"。从这个角度讲，承包商应抓住业主因此而产生的接收意愿的动力，促进工程项目早日交付（接收）。

承包商应统筹考虑、全面安排，从投标阶段开始到工程项目实施全过程都积极地做好各项工作，为在工程收尾阶段顺利、高收益地完成工程项目的交付创造有利条件。

1）在合同中，有关交付（接收）的条款要科学、合理、公平、明确、细致，努力减少可能产生的歧义和争执；要特别明确交付（接收）接收证书或预接收证书是业主使用该工程的前提条件，这一点对承包商特别有意义。

2）合同中设置允许"单位工程"交付（接收）的条件。实践中承包商应努力将可能交付的单位工程早日交付，减小承包商的相应风险并获得应有的收益，同时也可促进业主早日使用已接收工程发挥其预期作用。

3）除完成工程施工、竣工试验（性能考核）、培训这些广为关注的"硬指标"外，更要特别注意完成与"承包商文件"相关的操作和维修手册、竣工记录以及其他文件的整理与移交，这些文件要按移交计划提前准备、整理甚至必要的翻译。

4）在工程实施过程中，及确保安全和质量的前提下，坚持以工程进度为主线"抓大放小"，甚至以"小损保（求）大利"，确保"主控制进度"（Master Schedule）的实现，防止为"追工期"导致的安全、质量、成本等方面的风险，为按期交付（接收）创造有利条件。

5）及时以积极的态度与业主（业主工程师）交流、沟通交付（接收）事宜，特别是与业主商讨好扫尾工作和微小缺陷的修复，消除业主的担心和顾虑。

6）在工程项目调试、竣工试验（性能考核）阶段，承包商积极组织有效力量，及时修复、整改缺陷与不足，甚至更换必要的部分（部件），努力缩短竣工试验（性能考核）时间，保证竣工试验（性能考核）的顺利完成或减小"不满足项"的数量及实际值与合同保证值之间的差距。

7）对于工程的某一部分或单位工程中的缺陷、不足，在有限时间内经修复、整改、更换等措施仍难以实现合同要求的，承包商应平衡因此项"不满足"导致的违约罚款与不能早日整体或分项交付所产生的费用和风险的关系，考虑以"罚款换交付"的可能性，以获得业主的"让步接收"，促进双方在交付（接收）问题上达成一致。有关"让步接收"问题将在下一节深入讨论。

【合同实例 1】

9.12 Provisional Acceptance

9.12.1 Provisional Acceptance Certificate

After the successful completion of the Commissioning, the Owner will declare the Provisional Acceptance and will issue the Provisional Acceptance Certificate, to the Contractor, after the Contractor has:

1) handed over to the Owner all up-to-date (as-built) documentation it is liable for under the Contract which is listed in Chapter C Clause 10.2 "Contractual Dates", in the quantity indicated in Chapter C "Special Conditions";

2) repaired or replaced the parts noticed as defective during the Commissioning; and

3) the Plant has achieved the Performance Guarantees and Reliability Guarantees.

Nevertheless, the Owner will at its sole discretion be able to accept that some defective parts could only be repaired or replaced during the Guarantee Period, and issue the Provisional Acceptance Certificate which would include a list of such items requiring repair or replacement.

9.12.2 Special issue of the Provisional Acceptance Certificate

If the Works are completed in accordance with the Contract, but cannot achieve the Performance Guarantees and/or Reliability Guarantees because of a breach of the Contract by, or delay or prevention caused by, the Owner or any other contractors appointed by it, the Owner shall issue a Provisional Acceptance Certificate to the Contractor in accordance with Chapter C "Special Conditions".

The End of Erection Certificate shall be issued in conjunction with the Special Issuing of the Provisional Acceptance Certificate if conditions set forth in this Clause 9.7.2.2 still exist.

The Provisional Acceptance Certificate will not relieve the Contractor of its obligation to achieve the Performance Guarantees and Reliability Guarantees, within the time limit indicated in Chapter C "Special Conditions". The work required to achieve the Performance Guarantees and Reliability Guarantees shall be performed by the Contractor at the time the Owner makes the Works or the relevant part thereof available to the Contractor.

If the Works or the relevant parts thereof are made available to the Contractor at a time, which does not permit the Contractor to proceed with the required work needed to achieve the Performance Guarantees and Reliability Guarantees within the Master Schedule the Contractor shall be able to request for an extension of time under the Contract; and if the Contractor incurs direct costs as a result of this delay, such cost shall, if agreed by the Parties, be compensated by the Owner.

9.13 Final Acceptance

9.13.1 The Final Acceptance will take place at the end of the Supplies' General Guarantee Period. After agreement by the Parties that the Scope of Works within the limit of the Contract have been accomplished by the Contractor in the manner specified in the Contract, the Owner will issue the Final Acceptance Certificate if Sub-Clause 9.13.2 has been fulfilled, without relieving the Contractor of any of its outstanding obligations or liabilities under the Contract.

9.13.2 The Final Acceptance cannot occur if the Contractor has not given all the updated "As-Built"

Drawings and Documents to the Owner.

9.12 预接收

9.12.1 预接收证书

调试成功完成后,业主将宣布预接收,并在承包商完成下列工作之后向承包商颁发预接收证书:

1) 向业主移交所有最新版的(竣工)文件,该文件应符合本合同第 C 章第 10.2 款"合同日期"以及第 C 章"专用条款"中所列数量。

2) 修复或更换在调试期间发现有缺陷的部件。(和)

3) 工厂到达了性能保证和可靠性保证要求。

然而,业主可以自行决定接受某些能够在保证期内维修或更换的有缺陷的部分,并签发预验收证书,在该预验收证书中将包括需要修复或更换项目的清单。

9.12.2 特殊签发的预接收证书

如果工程按照合同完成,但因业主或由业主指定的任何其他承包商违反合同或延误或妨碍而无法达到性能保证和(或)可靠性保证的要求,则业主应按照第 C 章"专用条款"向承包商颁发预接收证书。

如果第 9.7.2.2 段中规定的条件仍然存在的话,应结合有关预验收证书的特别签发条款签发安装结束证书。

预接收证书不免除承包商在第 C 章"专用条款"所示的时限内履行性能保证和可靠性保证的义务。对于需要承包商完成性能保证和可靠性保证的工程,业主应将该工程或相关部分提供给承包商。

如果一次向承包商提供工程或其相关部分,使承包商无法在主控制工期表内完成性能保证和可靠性保证所需的工作,则承包商应能够根据本合同请求延长时间;如果承包商因这种延误而产生直接费用,则此类费用如双方同意,可由业主补偿。

9.13 最终接收

9.13.1 最终接收将在供货总保证期(质保期——译注)结束时进行。经双方同意,承包商以合同规定的方式完成合同内的工程内容后,如果满足了第 9.13.2 项,业主将签发最终接收证书,但不免除承包商合同项下任何未尽的责任或义务。

9.13.2 如果承包商没有将所有最新的"竣工"图和文件都提交给业主,则不能进行最终接收。

【合同实例 2】

19 Acceptance Procedure

19.1 Completion Notice and Inspection

The Contractor shall notify the Owner when he considers that the Works are complete. Following such notice a formal inspection of the Works shall be carried out by both Parties to which any of the Parties to the Contract may call in an expert at their own expense. The findings of such inspection shall be recorded in writing and signed by the Parties. Any reservations in respect of known defects, faults or applying liquidated damages for delay shall be included in this report, as well as any other objections raised by the Owner and/or the Contractor. Each Party shall receive one copy of the report.

The Contractor shall also notify the Owner when he considers that parts of the Works which entitle the

Contractor to call for a progress payment are complete. In this case, the Owner shall inspect the Works and may, for internal accounting purposes, issue an interim payment certificate, if the relevant payment milestone has been reached. This shall, however, not replace or prejudice the acceptance procedure which shall be performed after completion of the whole of the Works.

19.2 Acceptance Certificate

Based on the results as stated in the inspection report the Owner shall:

(a) confirm to the Contractor by an Acceptance Certificate that he accepts the Works as correct and complete or that he accepts the Works, although not fully complete or correct, subject to the Contractor's remedying of any such defects and deficiencies, stating the date of acceptance accordingly; or

(b) notify to the Contractor that he refuses acceptance until any outstanding Works are completed and/or defects or deficiencies are corrected. In this case the Contractor shall immediately proceed with and complete the required remedial work and then restart the acceptance procedure as per Article 19.1.

No implied acceptance is permitted under this Contract.

19.3 The Owner reserves the right to use the Works any time after the issuance of the Completion Date Certificate.

第19条 接收步骤

19.1 完工通知和检验

承包商认为工程已完成时，应通知业主。在发出该通知后，双方要对工程进行正式检验，对此，合同的任何一方均可自费聘请专家参加检验。该检验的结果应以书面形式记录，并双方签字。对于已知缺陷、错误或因延误而要求违约罚款的任何保留权，以及业主和（或）承包商提出的任何其他异议均应包含在报告中，每一方将有一份报告的副本。

承包商在认为有权要求支付进度付款的部分工程完成时，也应通知业主。在这种情况下，业主应检查工程，如果已达到相应的付款里程碑，可以签发临时付款证明。但是，这不应取代或损害整个工程完成后应执行的验收程序。

19.2 接收证书

基于检验报告的结果，业主将：

（a）用验收证书向承包商确认其接受工程为正确和完整的，或其接受工程尽管不完全完整或正确，但承包商对任何这样的缺陷和不足应进行补救并说明相应的验收日期。（或）

（b）通知承包商，在完成任何未完工的工程和（或）缺陷或不足得到纠正之前，业主拒绝接受。在这种情况下，承包商应立即着手完成所需的补救工作，然后按照第19.1款重新启动验收程序。

本合同不允许默示接受。

19.3 业主保留在签发了完工日证书后随时使用工程的权利。

第三节 "让步"接收与拒收

1. "让步"接收

在本章的上一节中，提到了"让步"接收的概念，所谓"让步"接收就是指工程的某一部分

（或某一指标）或几部分（或几个指标）或单位工程未满足合同相应的要求，经业主与承包商协商以"违约罚款"或其他补偿形式作为对业主损失的补偿从而将竣工试验（性能考核）视为通过，并由业主签发相应的验收证书（接收证书）或预接收证书。"让步"接收是工程交付（接收）中的一种实际操作方法，并不是一种标准的"合同规定做法"，所以，在 FIDIC 合同条件中并没有这样一个概念。但是，在工程总承包项目特别是 EPC 工程总承包项目中除了建、构筑物有很多质量、功能等合同指标要求外，工程项目中各种设备、各系统（单位工程）、整个系统（工程）等会有更多的制造质量、施工质量（特别是安装）、性能质量、安全指标、环保指标、可靠性指标等合同规定指标，任何一个 EPC 工程总承包项目的承包商几乎很难百分之百地满足（完成）合同中对上述指标的全部要求，甚至即使业主允许有调试时间或项目工期继续延长，承包商也可能不能实现某一合同规定的全部性能指标的要求。因此，工程承包商对某一项或几项未能达到考核（验收）指标要求甚至未履约实施的部分工程（单位工程），在平衡了继续履约完成（或试图完成）与支付违约罚款之间的利弊后，主动向业主"请求"支付违约罚金而放弃继续履约，这从承包商的角度有时也许是更明智的选择。因为为了工程或单位工程的某项合同指标要求的满足，承包商经常必须组织大量的人力，有时也要花费大量的财力来"攻关"解决，综合考虑花费的直接成本、占用资源（人力和工机具）、对外声誉影响（特别是工程拖期）以及早日结束一个"旧工程"而开辟新项目等各项因素，适当支付部分"违约金"比延迟交付（接收）对于承包商更有利，当然，这样一个"平衡"或"妥协"必须是合同双方共同的意愿，因此，业主的接收与同意是关键因素。

虽然前面说了，这样的"让步"接收在 FIDIC 条件中没有规定，但是从 FIDIC 的立场来看，FIDIC 合同条件也并不是要求承包商"毫无瑕疵"地完成或交付合同项下的工程，比如在 FIDIC 合同条件银皮书第 10.1 款【工程和分项工程的接收】中其要义是"任何对工程或单位工程预期安全使用目的没有实质影响的少量收尾工作和缺陷"不影响工程或单位工程的接收。因此 FIDIC 的原则也是支持类似这种业主"让步"接收或有条件接收，而这些"条件"包括在一定期限内承包商继续完成到签发"接收证书"时仍未完成的少量工作、任何缺陷与不足的修复等，同时也可以包括"未满足项"的违约罚款甚至"未完成项"的合同额扣减等。因此，为了能够实现这样的"让步"接收，首先，双方在合同条款中应有条款明确除"拒收"外，不拒绝（或接受）承包商以违约罚款的形式补偿其过失或违约责任；其次，合同条款中明确不拒绝（或接受）单位工程验收（接收）；第三，在工程或单位工程竣工验收（接收）时，当发生了具备上述"让步"接收条件时，双方应本着务实的原则友好地商谈达成"让步"接收的条件，促进工程或单位工程的早日移交（接收）。

然而，有一点应该注意，在一些工程总承包项目中，业主会要求某些考核（验收）项目或指标不接收"违约罚则"而是在"不达标"的情况下要求承包商"完善"（Make Good），例如一些环境保护的指标如废气排放、废水排放、废料排放、噪声等，当该项考核未通过合同要求指标时，业主可能不接受对承包商的"违约罚款"作为补偿而是要求承包商继续不断地"持续完善"（Make Good）。对此，承包商应特别注意合同中这样的条款，它意味着承包商可能有在该工程的全生命周期内不断地自费提供改进服务的风险。

2. 拒收

拒收（Refuse）是指当工程或单位工程的竣工试验指标或某项指标未达到合同要求且触及了相应"拒收"条件的"红线"而被业主启用"拒收"条款。在 2013 年我国住房与城乡建设部制订的

《建筑工程施工质量验收统一标准》（GB 50300—2013）中第 5.0.8 项规定："经返修或加固处理仍不能满足安全或重要使用功能的分部工程及单位工程，严禁验收"。

拒收作为一项条款在 FIDIC 合同条件中出现在设备和材料采购的环节，即 FIDIC 合同条件银皮书第 7 条"生产设备、材料和加工工艺"的第 7.5 款【缺陷和拒收】中，这一点在本书第七章第三节"试验与检验"中介绍过，但第 7.5 款中的"拒收"是指设备和材料甚至可以拓展到设计、加工工艺方面的拒收，而非工程或单位工程。

在 FIDIC 合同条件银皮书中有关工程或单位工程的拒收"隐藏"于第 9 条的"竣工试验"的第 9.3 款【重新试验】和第 9.4 款【未能通过竣工试验】之中。FIDIC 合同条件银皮书第 9.3 款【重新试验】规定："如果工程或某单位工程未能通过竣工试验，应适用第 7.5 款【缺陷和拒收】的规定，业主或承包商可要求按相同的条款和条件重新进行这些未通过的试验和相关工程的竣工试验。此类重复做的试验均应视为是出于该条款目的做的竣工试验"。而第 9.4 款【未能通过竣工试验】规定："如果工程或某单位工程未能通过根据第 9.3 款【重新试验】的规定重新进行了竣工试验，业主应有权：

（a）下令根据第 9.3 款【重新试验】再次重复竣工试验。

（b）如果此项试验未通过造成的影响，使业主实质上丧失了工程或单位工程的整个利益，且在此情况下，业主需采取与第 11.4 款【未能修补缺陷】中（c）段规定的相同补救措施时，（业主）拒收工程。（或）

（c）如果此项试验未通过造成的影响，使单位工程的使用不能够达到合同规定的拟定目标，且在此情况下，业主需采取与第 11.4 款【未能修补缺陷】中（c）段规定的相同补救措施时，（业主）拒收单位工程。（或）

（d）如果业主要求，应颁发接受证书。

在采用以上（b）段办法的情况下，承包商应继续履行合同规定的所有其他义务，业主应有权分别遵照第 20.2 款【付款和/或竣工时间延长的索赔】向承包商索要赔款或者按照第 11.4 款【未能修补缺陷】中（b）（i）段或（b）（ii）段扣减合同价格，这一权利的使用不损害业主根据合同或其他规定可以拥有的任何其他权利。"

因此，在经过试验、重新试验，直至在合同规定的调试期内、合同最长工期内（如果有）或合同规定的试验次数内（如果有）工程或单位工程的竣工试验仍未获得通过，业主有权拒收该工程或单位工程并按合同规定向承包商索赔或扣减合同价格。同时，业主将根据自己的意愿决定是否雇佣第三方或自己对未通过考核的工程或单位工程进一步进行修复、更换甚至重建。

在实际中，尽管"拒收"作为工程建设项目中比较严重的"事件"并不经常见到，但是也会偶尔发生，特别是单位工程出现被"拒收"的概率可能会更大一些，而整个工程被业主拒收是很少见的。如果发生整个工程被拒收，应属于工程建设行业重大事件，无论是对业主方还是对承包商都会造成很坏的影响。在实际合同中拒收的条款多限于工程质量和产能等的缺陷低于设定的"红线"，特别是在工业类工程总承包项目中。因为一个工业生产的工程项目，如果该工程项目形成的生产线或部分车间生产的产品达不到规定的质量要求，这将意味着业主在此工程或单位工程上的预期目标"零实现"或者说其投资无法收回；如果是该生产线或车间的产能过低将导致消耗的增加、劳动生产率的降低、生产成本的增加而严重影响工程项目的经济效益、导致竞争力下降甚至丧失竞争力或亏损而无法继续经营。

一般情况下，无论是工程施工建设质量还是所形成的生产线产品的质量，涉及拒收的条件基本以国家、行业标准中某一等级或最低等级即"合格"为标准,因为低于这一等级是法律或行业所摒弃的,或者低于这一标准时该工程所生产的产品丧失市场竞争力。而作为产能的拒收条件即"红线"标准,在成熟的工业领域一般会在"性能考核指标"中设定,如72个小时的平均产能低于预期产能即设计产能的80%~85%时拒收。因为一条生产线长期在低产能下运行,其公司的经济效益会受到严重影响,失去市场竞争力甚至倒闭。因此,工程建设项目触及"拒收"的红线是作为投资者——业主方所不能容忍的,也就必然采用对承包商最严厉的罚则。为此承包商要高度重视并积极防范"拒收"事件发生的可能性,拒收事件的发生不仅会使承包商在经济上遭受重大损失而且会在承包商的声誉上产生巨大不良影响。

首先,承包商在合同谈判期间应极其认真地对待"拒收"条件的设置,在努力理解、迎合业主要求的同时,客观评价自身的能力、拟建工程项目自身技术水平和能力及可能产生的风险因素,科学、合理、公平地约定拒收条件;其次,精心、严谨、科学地开展工程项目的实施,为顺利完成性能考核创造有利条件;第三,在工程收尾的工程项目调试、竣工试验阶段及时修复缺陷和不足,更换不适合的设备与材料,正确地评估由此产生的成本增加与遭遇"拒收"风险之间的利害关系,防止因小失大。总之,作为工程承包商应该全方位、全时段地杜绝、防范、减小"拒收"风险的发生,减小公司的经济损失和业内声誉的损失。

第四节 接收后承包商的工作

接收或确切地说预接收并不意味着工程建设的完成,更谈不上工程项目合同的终结,FIDIC合同条件银皮书第11.9款【履约证书】规定:"只有履约证书才被认为构成对工程的接受"。因此在工程项目"预接收"后,不仅有少量未完工工程或微小缺陷和不足需要修复,而且还可能有由于"让步接收"遗留下更多的整改和修复工作、工程项目的预结算、现场清理等除"缺陷通知期"的质保任务外(这项工作将在下一章中讨论)很多的收尾工作。

1. 完成未完工工程和缺陷修复

无论是按照FIDIC合同条件的规定还是实际合同的约定,在业主接收(预接收)时,都会尚有少量未完工工程和微小缺陷及不足的部分工程,甚至会有未通过竣工验收(性能考核)的部分,因此,在业主签发接收(预接收)证书时双方应约定在一定时间内或缺陷通知期内按照合同要求完成上述工作(工程)。关于这一点,FIDIC合同条件银皮书中也有同样的描述。FIDIC合同条件银皮书第11.1款【完成扫尾工作和修补缺陷】规定:"为了使工程、承包商文件和每项单位工程在相应缺陷通知期期限内或尽快达到合同要求(合理的损耗除外),承包商应:

(a) 在该接收证书说明的时间内或业主指示的其他合理时间内,完成在竣工日期时尚未完成的任何工作。

(b) 在缺陷通知期期满或其之前,按照业主或以业主名义给承包商的通知要求,完成工程或单位工程中需要修复的缺陷或损害的所有工作。"

由于这些"扫尾工作"都是在承包商交付(业主接收或预接收)时,对于整个工程而言承包商未按合同要求完成的工作,因此无论是FIDIC合同条件银皮书第11.2款【修补缺陷的费用】中的规定还是实际合同中的规定，完成上述工作（工程）所产生的费用均由承包商承担。与此同时，无论是在业主颁发接收（预接收）证书时未完工的工程或单位工程还是微小缺陷或不足的修复，这些工作在业主接收（预接收）时规定（约定）的时间内完成后，仍然需要按照试验检验和竣工试验的有关规定进行检验和试验，对于通过检验或未通过检验以及有关费用等问题也按前面已经介绍过的原则处理；同样对于在规定（约定）期限内未完成上述工作（工程）的部分，业主将按合同规定对承包商启用罚则或扣减合同价格。

2. 工程预结算

在业主接收（预接收）并签发接收（预接收）证书（可能带有附加条件）的时刻就意味着除了少量收尾工程（含部分待修复的微小缺陷和不足）的工作外，工程的绝大多数工作已经完成，也就意味着与工程付款有关的工程量除上述少量收尾工程外（这部分涉及的金额不大）已经确定，工程及单位工程的工期无论是否延误也已经"固化"，竣工试验（性能考核）以及可能涉及的其他试验和考核如可靠性试验（如果有）等也已完成或以"有条件接收"（让步接收）的形式被视为完成。因此，承包商在获得业主签发验收（预验收）证书后的一项重要工作是与业主就本工程进行工程预结算。对于 EPC 工程总承包项目来说，除了在合同执行过程中发生变更而引起的"增项"，按照合同规定或外界条件变化引起且经业主认可的价格调整（上调）或补偿及因业主或业主分包商原因导致承包商损失而赔偿（补偿）外，工程的预结算一般情况下都是业主在合同总价中扣减承包商因各类未满足合同要求而产生的违约金，因此这可能也是承包商与业主之间耗人、耗时比较多的谈判之一。

1）承包商应与业主就在业主签发接收（预接收）证书时遗留的少量收尾工程及部分待修复的微小缺陷和不足涉及到的"预扣款"达成一致，以便在本次工程预结算时预扣除，在业主签发接收（预接收）证书时另有约定除外。

2）承包商应与业主就工程、单位工程（如果有）、供货（如果有）等涉及工期延误（如果有）问题达成一致，该项延误包括因承包商原因导致的延误、业主及业主分包商（如果有）原因造成的延误、例外事件（如果有）造成的延误及其他事件如当局原因造成的延误（如果有）等。在工业生产类的 EPC 工程总承包项目特别是流水线的生产项目中，如果设定了单位工程或供货的延误罚则，但当整个工程工期满足合同要求时，承包商应以未有实质性影响业主预期为理由努力与业主商讨免除"中间过程"即单位工程和供货延误的罚则。在平衡、抵消了各方面影响因素后确定最终工期延误的结果（如果有），从而确定这一结果导致的对承包商的违约罚款或业主给予承包商的补偿，并以此作为本次工程预结算的重要组成部分（今后的工程决算不应包含此项工期因素）。

3）在竣工试验（性能考核）中，对于虽然未通过竣工试验但在最低保证值（拒收"红线"）以上的工程部分或单位工程，承包商与业主双方应按合同规定的违约罚则或双方另行协商的违约罚则或赔偿办法确定罚款或补偿额度，并将这部分作为本次工程预结算的重要组成部分。

4）在工程项目主合同签署后的工程实施过程中，因业主提出的变更、承包商因 FIDIC 合同条件银皮书第 13.2 款所提及的价值工程（Value Engineering）产生并被业主批准的变更、其他外界原因（法律要求、例外事件等）导致的并与业主协商一致的变更等都会引起的费用变化即合同价格的变化；另外，按照合同规定或外界条件变化引起且经业主认可的价格调整（如果有）也会引起合同价格的变化，因此所有这些变更、调整而引起的合同价格变化都应在事件发生时由承包商与业主予以确认（包括工程量、单价或总价），但除部分变更、调整产生的费用随中间付款支付外，最后的结算一般都在交付（接收）后进行。在此要特别注意的是，上述的变更、调整无论工作量大小、计费单价多少、总费用多少，承包商都应及时、准确地做好有关这些变更、调整文件的管理，包括双方的有关协议、会议纪要甚至来往信件（邮件）等。特别是工程现场的项目经理部应及时、准确地记录好业主、业主工程师经常提出的、看似不大的变更或要求，做好必要的协议、纪要或现场"签证"，这些文件的完整性和准确性对于在工程收尾的工程预结算时，对承包商要求业主补偿或减少业主罚款具有重要意义。然而，有关文件的管理特别是现场项目经理部的文件管理是中国工程承包商经常忽视和欠缺的环节，经常出现"书到用时方恨少"的现象，在向业主提出补偿诉求甚至违约索赔时经常是证据不足，为此应该引起高度重视。

5）承包商使用业主设施、资源等费用的结算，如工程实施期间承包商使用业主提供的水、电、气等。但一般情况下，在工程项目调试、竣工试验、竣工验收期间所用水、油、气、电、原燃材料及人工等应由业主免费提供（合同中应明确约定）而不在承包商与业主之间费用结算的范围之内。

6）在双方就可能有的工程量的"增减项"、工期延误、性能保证值未完成及其他承包商违约和承包商使用业主资源或设施（如水、电）等事项及相应款项增减额达成一致后，业主应将承包商的履约保函（Performance Bond 或 Bank Bond）退还承包商并支付本次工程预结算应支付的工程款。关于缺陷通知期内承包商的保证金则视原主合同相关规定，或是以 FIDIC 合同条件中使用的保留金形式（即原主合同规定的数额，业主按合同约定在支付工程预结算款时扣留的金额），或是业主在工程预结算时"全款支付"但要求承包商另外向业主签发（开出）合同规定的质保金保函（Bank Bond）作为缺陷通知期内承包商的"履约保证"。

3. 现场清理

FIDIC 合同条件银皮书第 11.11 款【现场清理】中规定："一经颁发履约证书后，承包商应：

（a）从现场移走任何剩余的承包商设备、多余材料、残余物、垃圾和临时工程等。

（b）在工程实施期间，将承包商活动影响过的和现在非永久工程占用的现场所有部分恢复原状。（和）

（c）使得现场和工程处于业主要求中说明的状态（如果没有规定，就让其保持干净整洁和安全的状态）。

如果承包商未能在履约证书颁发后 28 天内遵守以上（a）、（b）和（或）（c）段，业主可以出售这些物品（在法律允许的范围内）或用其他办法处理任何剩余的设施和（或）恢复原貌和清理现场（必要时）并由承包商承担费用。

业主应有权根据第 20.2 款【付款和/或竣工时间延长的索赔】提出当该项出售的金额无法弥补上述销售、处理、复原和（或）清理现场所需费用时，要求承包商补齐相应合理性的差额（如果有）。"

FIDIC 合同条件中所说的"履约证书"是指在"缺陷通知期"后业主签发的、证明承包商已完成合同规定的各项义务的证书，在本书中也曾称之为"最终接收证书"。因此 FIDIC 合同条件银皮书第 11.11 款【现场清理】所说的现场清理工作是在"缺陷通知期"后才进行，而不是竣工验收即承包商交付（业主接收）后进行，这个时间节点可能会与一些实际的情况不吻合。因为正如银皮书第 11.11 款描述的那样，现场清理的目的是要求承包商移走、清理在工程项目实施过程中承包商的设备（如起重机）、机具（如施工模板、脚手架）以及施工所产生的"垃圾"等，使得业主在接收该工程后可以"无障碍"地使用工程并实现预期目的。而"缺陷通知期"一般情况下为 12 个月或

24个月，因此很难想象在长达12~24个月内上述对于业主毫无用途但却妨碍业主正常使用其工程的"杂物"存在于现场。因此，在实际中，在承包商交付（业主接收或预接收）后的某个时间内（由合同规定或在承包商交付或业主接收时约定），承包商除保留为其完成遗留的少量"扫尾工程"、修复少量缺陷或损害以及为在"缺陷通知期"内应对相应的缺陷修复（必要和可能情况下）所需的设备、机具和设施外，应及时进行现场清理。当然，FIDIC合同条件银皮书第11.11款【现场清理】原则同样适用，承包商应遵守合同中有关"现场清理"的规定。另外，涉及现场清理工作，承包商应特别关注以下问题：

1）为了消除或减少对业主使用工程的影响，有关为了完成遗留的少量"扫尾工程"、修复少量原有缺陷以及为在"缺陷通知期"内修复"新生缺陷或损害"所需的设备、机具和设施的种类、数量以及存放场地等事宜，承包商应与业主协商并争得业主的同意。关于承包商设备，FIDIC合同条件银皮书第1.1.13项的规定为："承包商设备系指承包商为执行工程所需的所有仪器、设备、机械、施工生产设备、车辆和其他物品。承包商设备不包括临时工程、厂房、材料和任何其他拟构成或构成永久性工程一部分的物品。"

2）鉴于现场（Site）为业主所有，除特殊说明外，现场的物资为业主资产，因此承包商为工程实施自身所带入（采购）的设备、机具及设施（承包商资产）在进入现场时应专门记录造册并在业主（业主工程师）处备案，防止与工程项目形成"永久性"设备、工程设施相混淆，造成承包商现场清理、撤离时与业主产生争议；另外，按照FIDIC合同条件银皮书第4.17款【承包商设备】规定："承包商应负责所有承包商设备。承包商设备运到现场后，应视为工程施工专用。未经业主同意，承包商不得从现场移走承包商设备中任何主要部分。但是，在现场以外运输货物或承包商人员的车辆不需要获得这样的同意"。因此，即使是在工程实施过程中承包商的这些设备、机具和设施等的移出也需经业主的同意，这一点对于从事国际工程总承包的中国承包商来说应该特别注意。而且，在许多情况下，在工程现场也会有属于业主资产的用于工程实施的设备、机具、设施（非形成永久性工程部分），而这些设备、机具、设施也可能依据合同规定由承包商出资或免费使用，并负责相应的照管。因此，由于在工程项目实施期间承包商既是实施者也是工程现场的"照管者"，进入现场的物资包括工程物资（形成永久性工程部分）、银皮书第2.6款【雇主提供的材料和雇主设备】提及的业主其他物资以及"承包商设备"等，承包商应及时、准确登记、造册、管理，在清理和撤离现场时，对于由承包商移出现场的物品（物资）应提前通知业主并获得批准。

3）对于工程现场在工程项目实施过程中剩余的任何物品（除承包商设备外），原则上都是业主的资产，包括现场加工产生的剩余边角料、设备材料的外包装物等。因此，除被确认为"施工垃圾"的物资清理外，任何有价值物品的处置、变卖等承包商在"现场清理"过程中应争得业主的同意，且理论上处置、变卖获得的收入应归业主所有。

【合同实例1】

11.0 Site Activities

The Contractor shall be responsible for all cost and protection, security and maintenance incurred for the housing of its personnel and any Sub-Contractor personnel.

11.1 Cleaning of Site

At all times during the Contractor's performance of the Works, the Contractor shall keep the Site and the Works free from waste material or rubbish resulting from the Works or caused by the Contractor's employees or Sub-Contractors or their employees.

On the completion of the Works, the Contractor shall clear away and remove from the Site all constructional equipment, surplus materials, rubbish, and Temporary Works of every kind, which the Owner has not by written agreement purchased from the Contractor.

11.0 现场活动

承包商应负责其人员和任何分包商人员住房所发生的所有费用和保护、安保及维护。

11.1 现场清理

在工程实施的全周期内，承包商须保持现场及工程中没有工程建设产生的或由承包商雇员或分包商或其雇员造成废物或垃圾。

在工程完工时，承包商须清除所有业主未通过书面协议向承包商购买的施工设备、剩余物料、垃圾及各种临时工程。

【合同实例2】

Article 6　Site

6.7　Upon the issuance of an Acceptance Certificate, the Contractor shall clear away and remove from the Site and Works all Contractor's Equipment, surplus Construction Materials, wreckage, rubbish and temporary works. The Contractor shall leave the Site and Works in a clean and safe condition satisfying applicable environmental requirements and sanitary standards. If any of these items have not been removed within twenty-eight (28) Days after the issuance of the Acceptance Certificate, the Owner may sell or otherwise dispose of any remaining items and the Contractor shall be liable for any costs arising therefrom. However, the Contractor may with the Owner's prior approval retain on Site, during the Guarantee Period, such Contractor's Equipment as are required for the Contractor to fulfil its obligations under the Contract.

第6条　现场

6.7　在签发验收证书时，承包商应从现场和工程中清除所有承包商的设备、剩余建筑材料、残骸、垃圾和临时工程。承包商留下的现场和工程应该是满足环境要求和卫生标准的清洁和安全状态。如果任何这些物品在验收证书签发后28天内未被移除，则业主可出售或以其他方式处置任何剩余物品，承包商应对由此产生的任何费用负责。但是，承包商在业主事先批准的情况下，在质保期内可保留承包商履行合同义务所需的设备。

第十一章

缺陷通知期

第一节　缺陷通知期的定义和理解

在工程建设界，涉及质量缺陷修复期限的名词有：缺陷通知期、缺陷责任期和质量保修期或质量保证期。

关于缺陷通知期（Defects Notification Period，DNP），在 FIDIC 合同条件银皮书第 1.1.24 项中规定："缺陷通知期限或 DNP 系指通知工程或单位工程（或部分工程，如果第 10.2 款【部分工程的接收】适用的话）存在缺陷和（或）损坏的期限，视情况而定；可以是根据第 11.1 款【完成扫尾工作和修补缺陷】中合同数据（若未规定，则为 1 年）规定的期限，也可以是根据第 11.3 款【缺陷通知期限的延长】提出的任何延长期。该期限从工程或单位工程（或部分工程）竣工开始计算"。因此，缺陷通知期是指从工程或单位工程（或部分工程）竣工日期开始到合同规定的缺陷责任期结束即业主颁发履约证书（最终接收证书）的期间，一般情况下为竣工日期后 1 年或 2 年。但工程预验收后"扫尾工作和缺陷修补"完成的部分，该日期可能被延长或由双方另行商定。另外，在缺陷通知期内再次显露出的工程、单位工程或部分工程（含设备、材料等）缺陷和不足、损害（非业主原因），相应的"问题工程"部分其缺陷通知期将被延长。

在 FIDIC 合同条件以前的版本中"缺陷通知期"被称之为缺陷责任期（Defects Liability Period），采用缺陷责任期的概念目的是表明在这个期间内承包商对工程、单位工程（部分工程）显露出的缺陷、不足及由非业主原因产生的任何损害等负有责任。因为工程在建设完成后不久就进入竣工试验和竣工验收，无论合同中如何设定调试时间以及工业性考核、性能考核甚至可靠性试验的考核指标，相对于一个生命周期在几十年以上的工程来说都是很短的，因此在业主接收后设定一个时段稍长的缺陷责任期（1 年或 2 年）以进一步验证承包商的工作质量，保护投资者（业主）的合理、合法权益是非常必要的。FIDIC 合同条件将缺陷责任期的名称改为缺陷通知期，是因为在这个期间通常是由业主直接管理、使用（操作）工程而承包商并不一定在"发生事故现场"，从而当"事故"发生时业主应按合同规定通知承包商，强调了业主"通知"这个概念，但并不意味着事故责任为业主本身。产生"事故"的原因属于业主使用（操作）不当还是承包商原因导致的工程质量事故，则应由双方根据事实协商确定或合同约定的第三方裁决。所以"责任期"改为"通知期"不意味着责任不在承包商方而是为了强调"通知"的必要性和重要性，防止产生不必要的争议并及时解决问题。当然，也有学者认为由责任期改为通知期是因为强调在缺陷通知期内如果出现缺陷、不足和损害，只要业主通知承包商则承包商必须前往现场研究、处理缺陷、不足和损害，至于处理这些缺陷、不足和损害产生的费用则由确认的责任方或双方协商解决，即强调在缺陷通知期内只要业主发出通知，承包商对出现的缺陷都承担修复义务无论责任方是谁。

我国住建部和财政部2017年修订发布的《建设工程质量保证金管理办法》规定：

第二条　本办法所称建设工程质量保证金（以下简称保证金）是指发包人与承包人在建设工程承包合同中约定，从应付的工程款中预留，用以保证承包人在缺陷责任期内对建设工程出现的缺陷进行维修的资金。

缺陷是指建设工程质量不符合工程建设强制性标准、设计文件，以及承包合同的约定。

缺陷责任期一般为1年，最长不超过2年，由发、承包双方在合同中约定。

"第八条　缺陷责任期从工程通过竣工验收之日起计。由于承包人原因导致工程无法按规定期限进行竣工验收的，缺陷责任期从实际通过竣工验收之日起计。由于发包人原因导致工程无法按规定期限进行竣工验收的，在承包人提交竣工验收报告90天后，工程自动进入缺陷责任期。

第九条　缺陷责任期内，由承包人原因造成的缺陷，承包人应负责维修，并承担鉴定及维修费用。如承包人不维修也不承担费用，发包人可按合同约定从保证金或银行保函中扣除，费用超出保证金额的，发包人可按合同约定向承包人进行索赔。承包人维修并承担相应费用后，不免除对工程的损失赔偿责任。"

在工程建设业，与缺陷通知期（缺陷责任期）概念类似的另一种称谓是"质量保修期"或"质量保证期"。2000年国务院279号令颁布的《建设工程质量管理条例》规定：

"第三十九条　建设工程实行质量保修制度。

建设工程承包单位在向建设单位提交工程竣工验收报告时，应当向建设单位出具质量保修书。质量保修书中应当明确建设工程的保修范围、保修期限和保修责任等。

第四十条　在正常使用条件下，建设工程的最低保修期限为：

（一）基础设施工程、房屋建筑的地基基础工程和主体结构工程，为设计文件规定的该工程的合理使用年限。

（二）屋面防水工程、有防水要求的卫生间、房间和外墙面的防渗漏，为5年。

（三）供热与供冷系统，为2个采暖期、供冷期。

（四）电气管线、给水排水管道、设备安装和装修工程，为2年。

其他项目的保修期限由发包方与承包方约定。

建设工程的保修期，自竣工验收合格之日起计算。

第四十一条　建设工程在保修范围和保修期限内发生质量问题的，施工单位应当履行保修义务，并对造成的损失承担赔偿责任。"

从上述三个文件对缺陷通知期、缺陷责任期和质量保修期或质量保证期的定义、描述来看，三者之间有共同点也有不同点。三者最大的共同点：第一，认为要设定一个期限并要求承包商对工程、单位工程或工程的一部分在该期限内出现的"自身问题"负责，承担相应的风险和费用；第二，这个期限的起始点为工程的竣工日即交付（接收）之日；第三，"问题工程"的修复费用由事故责任方承担。三者最大的区别在于：第一，缺陷通知期（缺陷责任期）的终点为合同约定的"期满"，即业主颁发履约证书（FIDIC中使用）或最终接收证书（通俗称谓）时，一般为1~2年，但当在缺陷通知期内出现新的"工程问题"时，在该类问题被修复的同时，相应的"问题工程"部分其缺陷通知期将被延长。而质保期（保修期）对于不同的工程、单位工程或部分工程、设备、材料可能保证的期限不同,如《建设工程质量管理条例》中的列举:①基础设施工程、房屋建筑的地基基础工程和主体结构工程,为设计文件规定的该工程的合理使用年限;②屋面防水工程、有防水要求的卫生间、房间和外墙面的防渗漏,为 5 年;③供热与供冷系统,为 2 个采暖期、供冷期;④电气管线、给水排水管道、设备安装和装修工程,为 2 年。第二,就义务而言,质保期(保修期)与缺陷通知期(缺陷责任期)稍有不同,我国的《建筑法》和《建设工程质量管理条例》规定的保修范围包括地基基础工程、屋面防水工程、有防水要求的卫生间、房间和外墙面的防渗漏、供热与供冷系统、电气管线、给水管道、设备安装和装修工程以及双方约定的其他项目。《房屋建筑工程质量保修办法》第十七条规定,由于用户使用不当或第三方造成的质量缺陷,或不可抗力造成的质量缺陷,不属于保修范围,而缺陷责任不限于上述缺陷的维修,只要是质量缺陷都属于承包商的责任范围,承包商就有修复的义务。质保或保修注重承包商免费维修而缺陷责任则更注重承包商有参与修复的义务。

在具体工程项目合同中应准确地使用"缺陷通知期""缺陷责任期"和"质保期"或"保修期"的概念、定义和要求,在合同签署后各方应正确地理解上述规定的真正要求和含义并遵照执行,防止界限不清、混淆和违约行为发生的风险。

另外,尽管在 FIDIC 合同条件银皮书第 1.1.24 项中建议缺陷通知期为 1 年,或第 11.1 款【完成扫尾工作和修补缺陷】规定中的合同数据规定的期限,抑或根据第 11.3 款【缺陷通知期限的延长】提出的任何延长期,但是这里谈的缺陷通知期以及 FIDIC 合同条件以往版本称作的"缺陷责任期",针对的是整个工程的概念,尽管也包括单位工程、工程的一部分甚至生产设备和材料,但是这个缺陷责任期仍然是一个对于"整体"的概念、承诺和责任。而对于一些特殊的工程、单位工程、工程的一部分或设备和材料或设备的一部分,承包商(供货商)的这种缺陷责任不限于或不受这个缺陷通知期(缺陷责任期)的限制或"保护",或者说承包商(供货商)的缺陷责任期要超过 FIDIC 合同条件或具体合同中这个"一般概念"的责任缺陷通知期。例如前面所述《建设工程质量管理条例》中一些有具体"保修"时限的规定;再如,一台设备中如有"铸件"或"锻造件"部分或轴承等部件或零件,按照该设备设计时的"设计准则"要求或国家(行业)标准或"行业规则",其"正常使用寿命"可能为 10~15 年甚至"无期限"。因此,作为承包商(供货商)应该特别注意的是,除了主合同中规定的一般意义上的缺陷通知期(缺陷责任期)内承包商(供货商)对质量缺陷的责任外,可能在专用合同条款中对单位工程、工程的一部分或设备和材料或设备的一部分其缺陷责任有另行规定,这样的规定也可能存在于"设计准则"(Design Criteria)之中。如果即使通用合同、专用合同条款中没有类似的约定,承包商(供货商)对此也应注意(遵守)国家、行业的法律、规范的要求和规定,甚至"行业规则"或行业约定俗成的常识等这些"默示条款"的要求。承包商(供货商)应在努力保证工程(产品)质量、减少缺陷的同时,在一般性概念的"缺陷通知期"之外出现这里所说的"缺陷事故"时,应正确判断事故的原因、分析责任方,以积极、正确的方式对待或处理事故、承担确实应该承担的责任,防止问题扩大并在争端仲裁甚至法院裁决中发生损失进一步扩大的风险。

第二节 缺陷通知期内承包商和业主的责任与义务

无论是被称之为缺陷通知期(缺陷责任期),还是称作质量保证期(质量保修期),也不论如何定义其内含和外延，缺陷通知期的缺陷责任本应是指承包商（制造商）因其在履约实施合同项下的工程建设、产品销售或服务时因自身的过失（原因）导致的工程（产品）质量缺陷而不满足合同要求时的责任。这些缺陷可能是在工程竣工或产品出厂后的缺陷责任期内发现的，而不是在工程竣工试验或出厂检验时发现的；或由于承包商（制造商）的原始设计、材料选择、加工制造（工程建造）等环节的过失导致工程（产品）在使用后出现未满足预期（合同）要求的；也或是由于承包商（制造商）提供的服务过失如承包商（制造商）的技术指导、承包商（制造商）文件（操作说明书、润滑要求、维修手册等）造成的。也就是说缺陷通知期的缺陷是工程或产品交付（接收）后发现或出现的问题，而不是在此之前的。理论上讲工程（产品）在交付时应该是零缺陷的，至少是未发现缺陷的。但是由于工程建设自身的特点以及业主（买方）的需求特点，使得在工程这种产品在交付（接收）时业主（买方）"愿意"接收带有"对其预期使用目的没有实质影响的缺陷"的工程。这样也就意味着，在工程交付（接收）时或缺陷通知期计时之际工程的某些缺陷、不足、损害就已经存在了，因此在FIDIC合同条件中有关缺陷通知期内承包商的义务、工作首先是包括在工程交付（接收）时，即业主颁发接收证书（预接收）证书时承包商尚未完成的"遗留的历史问题"。

FIDIC合同条件银皮书第11.1款【完成扫尾工作和修补缺陷】规定："为了使工程、承包商文件和每项单位工程在相应缺陷通知期期限内或其后尽快达到合同要求（合理的损耗除外），承包商应：

（a）在该接收证书说明的时间内或业主指示的其他合理时间内，完成在竣工日期时尚未完成的任何工作。

（b）在缺陷通知期期满或其之前，按照业主或以业主名义给承包商的通知要求，完成工程或单位工程中需要修复缺陷或损害的所有工作。

如果在缺陷通知期限期内出现缺陷，或发生损害，业主或以业主名义应通知承包商，之后立即：

（i）承包商和业主人员应共同检查缺陷或损坏情况。

（ii）然后，承包商应为必要的修补工作编制并提交一个方案。（和）

（iii）适用第7.5款【缺陷和拒收】的第2段、第3段和第4段。"

在上述的FIDIC合同条件银皮书第11.1款中的（a）和（b）段中的前一部分，应该是在工程交付（接收）时或缺陷通知期计时之际工程就存在的某些缺陷、不足、损害的"历史遗留问题"，严格意义上说是因为工程这种"特殊产品"经双方同意由承包商在缺陷通知期内完成的"还债义务"并不是缺陷通知期内出现的新的缺陷、不足或损害，只是把这项要求或义务列在了FIDIC合同条件银皮书第11条"接收后的缺陷"之中而已。当在缺陷通知期内出现新的缺陷、不足或损害即第11.1款（b）段中后一部分时，按照第11.1款的要求，业主应通知承包商来共同检查、确认上述问题的情况、原因，并由承包商提出修复、修补、更换等措施的建议书，该建议书应该包括解决问题的技术方案、需用时间和有关的费用等情况，这份建议书如同银皮书第7.5款规定的那样，需要业主的审查、批准。但是在银皮书第11.1款中并没有谈及这些"新生的缺陷、损害"的责任者不同时应如何对待，因为这些"新生的缺陷、损害"产生的原因可能是承包商的责任，也可能是业主的责任，如业主使用、操作不当造成的。尽管2017年版的FIDIC合同条件银皮书将第11条由原来1999年版的"缺陷责任期"改为"缺陷通知期"，而且有专家解释这个修改的根本目的是强调在这个期间出现的工程"问题"，承包商就必须有义务来修复（而费用可以协商）。然而，无论是仔细研读 2017 年版 FIDIC 合同条件银皮书第 11 条前后共计 11 款（1999 年版 FIDIC 合同条件银皮书第 11 条也是共计 11 款），还是实践中的实际合同，都没有明确要求承包商对于上述"问题工程"必须有修复义务，其最根本原因是在发现（发生）缺陷、损害、不足时（此时已经交付或接收且工程已经被业主使用），正常情况下承包商并不在现场，而且造成"工程问题"的原因是属于承包商责任还是业主责任尚需调查、确认，修复的费用谁来承担尚不确定，因此无法确定修复工作是否必须由承包商承担。

对于缺陷通知期内业主和承包商的责任及义务，按照作者的理解简单地说，当工程出现新的缺陷、损害、不足时，业主应该向承包商发出通知，承包商应该"来"，但不一定"干"；但如果承包商不来，承包商要接受业主自己或业主聘请的第三方来修复所产生的风险和费用。对于承包商来说正确地理解缺陷通知期内承包商的责任和义务非常重要，既要积极、及时、准确地处理、修复出现的工程问题，更要努力地确认问题的责任方；既要防止发生工程问题时修复不及时给业主和自身带来损失的风险，也要防止出现"不分青红皂白，大包大揽"，把责任全部揽于自身的风险。

【合同实例】

7.7.4 Failure of Completion of Outstanding Work and Remedying Defects

If any further defect appears or damage occurs, the Owner shall promptly notify the Contractor of any defect or damage inWriting. The Owner may carry out any remedial works itself or engage any third party to carry out such Work, in a reasonable manner and at the Contractor's risk and cost, if the Contractor fails to initiate action for remedying any defects or damages within ten (10) Days from the notification or a reasonable time agreed by the Parties.

12.1.6 Contractor' General Guarantees

12.1.6.1 The Contractor shall remedy any defects in the workmanship, design or Materials, comprised in the Works (including the integrity and mountings thereof) for the relevant Guarantee Period stated in Chapter C "Special Conditions". The obligation to remedy shall include the technical assistance, labor and any other things needed to dismantle or repair any defective parts and install any replacement parts.

12.1.6.2 If the Provisional Acceptance Certificate is issued in conjunction with the Special issue of the Provisional Acceptance Certificates as provided in Clause 7.12.2. above, the Supplies' General Guarantee Period shall commence at the start of commercial production, but in any event, not later than indicated in Chapter C "Special Conditions".

7.7.4 *未完工工程和修复缺陷*

如果出现任何进一步的缺陷或损坏，业主应立即以书面形式将缺陷或损坏通知承包商。如果承包商在收到该通知 10 天或双方商定的合理时间内未能立即采取行动来修补缺陷或损害，则业主可以自行进行补救工程，或让任何第三方以合理方式完成该工程修复，并由承包商承担风险和费用。

12.1.6 *承包商的一般保证*

12.1.6.1 承包商应按第 C 章"专用条款"中规定的相应保证期内修复工程中的加工工艺、设计或材料的任何缺陷（包括整机和支架）。修复义务应包括技术协助、人工和拆除或修理任何有缺陷的部件和安装任何要更换部件所需的其他事物。

12.1.6.2 如果预验收证书与上面第 7.12.2 项中规定的预验收证书的特殊签署同时签发，供货总保证期应按商业生产开始时计算，但无论如何，不迟于第 C 章"专用条款"中的规定。

第三节 缺陷的修复、赔付及缺陷责任期的延长

1. 缺陷的修复与赔付

对于在前面一节谈到的工程交付（接收）时或缺陷通知期计时之际（之前）工程就存在的某些缺陷、不足、损害的"历史遗留问题"，尽管其修复发生在缺陷通知期内，但是其修复责任和费用应完全由承包商承担。当然实际当中如果由于种种原因，对于上述的工程问题或部分工程问题承包商不能或不想完成相应的修复工作，则按合同规定由业主自己或第三方完成相应的工作，费用由承包商承担或业主从合同价格中扣除。

对于在缺陷责任期内新发现（新产生）的缺陷、不足和损害，在业主通知承包商并与承包商共同检查"事故"情况、确认责任方后，双方商定由谁来修复缺陷、不足或损害，并由"事故"的责任方承担相应的费用。在此要注意的是，无论是 FIDIC 合同条件还是实际合同中，对于缺陷通知期的修复任务并没有规定必须由承包商来完成，但是可以确定的是如果该工程问题是由承包商的责任造成的，承包商应该承担相应的费用。

如果在缺陷责任期内新生的缺陷、不足和损害，其责任在于承包商且承包商应继续承担修复义务，在完成修复后与前面完成工程竣工一样，承包商仍需按规定经历修复后的进一步试验，也许是多次试验，直至通过试验或宣布（被宣布）试验失败，业主根据试验结果和合同规定可以接收工程或对承包商罚款或拒收（当该部分触及拒收"红线"时），并按合同中有关拒收条款执行由承包商赔付。如果这些工程问题不是承包商责任所致，业主则可能选择承包商或自己或第三方来修复，有关修复的工期、费用、考核验收等将在双方新的协议中商定。

【合同实例】

18.1 The Contractor guarantees that, at the time of delivery, the Works shall be in a state free from any deficiencies, faults or defects, which is the case if the Works fully comply with the requirements as set forth in the Contract, are in full conformity with Good Industry Practice and are fit for the purposes as foreseen in the Contract and/or are fit for normal purposes and possess characteristics typical of work of this nature and which the Owner can rightly expect. The Contractor guarantees that the Equipment will be of good quality, brand new and free from any security interests or other encumbrances and replacement parts will be available for the Guarantee Period. The Contractor is responsible for Equipment delivered by subcontractors.

18.2 The Guarantee Period starts from (ⅰ) the date of the Operational Acceptance Certificate or, (ⅱ) if the Performance Test cannot be performed due to reasons attributable to the Owner, at least nine (9) months after the date of the Completion Date Certificate, and shall remain in force for a period of twenty-four (24) months (the "Guarantee Period").

18.3 If during the Guarantee Period any defect is found in the Equipment the Contractor shall promptly repair/remedy/replace at its own cost (including all costs associated with removing and reinstalling the defective part) such parts/defects as well as any mechanical damage of the Equipment directly connected to the Works. For the successfully repaired/remedied/replaced part/defect a new guarantee period of twenty-four (24) months will commence from the time of acceptance by the Owner of the repaired/remedied/replaced part/defect, subject to a maximum Guarantee Period of forty-eight (48) months for such repaired/remedied/replaced part/defect. Replacement parts will be delivered on the same delivery terms as specified in Article 8.

18.4　If the Contractor does not fulfil its obligations to repair/remedy/replace at its own cost the parts/defects within a reasonable time, the Owner may, at his option:

(a) carry out the work himself or by others, in a reasonable manner and at the Contractor's cost but the Contractor shall have no responsibility for this work and the Contractor shall pay to the Owner the costs reasonably incurred in repairing, remedying or replacing the defective Equipment and the Owner shall have the right to set-off any such payment due from the Contractor against any payment due to the Contractor;

(b) draw on the Performance Security; or

(c) if the defect or damage deprives the Owner of the whole or substantially the whole benefit of the Works or any major part of the Works, without prejudice to any other rights that the Owner may have, whether under the Contract or otherwise, the Owner shall be entitled to recover all sums paid for the Works or for such part (as the case may be), plus financing costs and the cost of dismantling the same, clearing the Site and returning the Plant and Equipment or such part (as the case may be) to the Contractor.

18.5　The Contractor shall not be responsible for the repair/replacement/remedy of any defect or any damage to the Equipment supplied under this Contract arising out of or resulting from improper operation/maintenance of the Plant or the Equipment by the Owner, and/or normal wear and tear.

18.6　Specific guarantees for wear and tear, as well as Equipment with extended Guarantee Periods, are specified in Annex 4 (Performance Guarantee and Liquidated Damages).

18.7　Minimum Performance Guarantee

The Contractor guarantees that all production departments of the Plant shall at all times perform at ninety percent (90%) of its respective Performance Guarantees, save for steel plate production, which shall at all times perform at one hundred percent (100%) of its Performance Guarantee (the "Minimum Performance Guarantee"), and shall do any and all things necessary, including incurring costs for its own account, to achieve the Minimum Performance Guarantee. If the Contractor fails to achieve the Minimum Performance Guarantee, the Owner shall have the right, but not the obligation, to take any action required to achieve the Minimum Performance Guarantee, including performing the Works by itself or through any third party, and charge any costs incurred thereof to the Contractor.

18.1　承包商保证，在交付时工程应处于没有任何不足、瑕疵或缺陷的状态，这种状态就是工程完全符合合同中规定的要求，即完全符合良好行业惯例、符合合同中预见的目的和（或）符合正常目的，并且具有业主切实期望的典型工程特征。承包商保证设备质量良好、全新、没有任何担保权益或其他抵押，保证期内能够获得替换部件。承包商对分包商交付的设备负责。

18.2　保证期始于：（i）运营验收证书颁发日，或（ii）如果因业主的原因而无法进行性能测试，则至少在竣工证书颁发日后9个月，并保持24个月（"质保期"）。

18.3　如果在质保期内发现设备存在任何缺陷，承包商应立即自费对这些部分（缺陷）以及与工程直接相关设备的机械受损进行修理（补救或更换）（承担包括与拆卸和重新安装有缺陷的部件相关的所有费用）。对于成功修理（补救或更换）的零件（缺陷），新的保证期24个月从业主接受这些修理（补救或更换）过的部件（缺陷）时算起，但此类修理（补救或更换）部件（缺陷）的最长质保期为 48 个月。更换部件的交付条件将与合同第 8 条的规定相同。

18.4 如果承包商未能在合理的时间内自费完成修理（补救或更换）部件（缺陷）的义务，业主可自选：

（a）以合理的方式业主自己或由他人完成这项工作，费用由承包商负责，但承包商对这项工作不再承担任何责任，且承包商应向业主支付修理、补救或更换有缺陷设备的合理费用，业主有权从给承包商的任何应付款中扣除该款项。

（b）从履约保函中扣减。（或）

（c）如果缺陷或损害使业主失去了工程或工程的主要部分的全部或实质上的利益，但这不影响业主可能拥有的任何其他权利，则无论根据合同或其他，业主都有权收回为工程或相应部分支付的所有款项（视情况），加上融资成本和拆除成本，清理现场，将工厂和设备或相应部分（视情况）退还给承包商。

18.5 对于因业主对工厂或设备操作（维护）不当而导致的本合同项下所供设备的任何缺陷或损害和（或）正常磨损，承包商不负责进行修理（更换或补救）。

18.6 附件 4（性能保证和违约罚款）中具体规定了磨损的特殊保证值以及延长质保期的设备。

18.7 最低性能保证值

除了铁板的生产能力应一直满足其 100% 性能保证值（"最低性能保证值"）外，承包商保证工厂的所有生产部门都应一直在其各自对应性能保证值的 90% 情况下运行，且承包商须做一切必要的工作，包括为实现最低性能保证值自担费用。如果承包商未能达到最低性能保证值，则业主应有权，但没有义务，采取任何行动，以实现最低性能保证值，包括自行或通过任何第三方运行工程，并向承包商收取为此所产生的任何费用。

2. 缺陷责任期的延长

FIDIC 合同条件银皮书第 11.3 款【缺陷通知期限的延长】规定"业主应有权对工程或某一单位工程（或如果适用第 10.2 款【部分工程的接收】时为工程的一部分）的缺陷通知期限提出一个延长期：

（a）如果因为某项缺陷或损害达到使工程、单位工程（或工程的主要部分）或某项主要生产设备（视情况而定，并在接收以后）不能按原定目的使用的程度，且该缺陷或损害是由于第 11.2 款【修补缺陷的费用】中（a）到（d）段任何事项引起的。（和）

（b）根据第 20.2 款【付款和/或竣工时间延长的索赔】。

但是，缺陷通知期限的延长不得超过合同数据中给出的缺陷通知期期限截止日后的 2 年。

当生产设备和（或）材料的交付和（或）安装，已根据第 8.9 款【业主暂停】或第 16.1 款【由承包商暂停】的规定被暂停时，对于构成工程一部分的生产设备和（或）材料其缺陷通知期期限满 2 年后发生的任何缺陷或损害，本条规定的承包商各项义务应不适用。"

因此，在缺陷通知期内修复的缺陷、不足或受损害的工程、单位工程、工程的一部分及设备等，应按合同重新计算缺陷责任期，即应延长缺陷通知期，相应延长的期限应根据主合同的原始原则或双方重新确定。至于当出现设备和材料已交付或（和）安装的，但相应的工程已暂停的情况时，在具体的合同中一般双方根据设备和材料的性质来具体协商，也未必如银皮书第 11.3 款所述

"该缺陷通知期不可延长"。

【合同实例】

13.1.9 Extended Guarantees

The new elements of Supplies, Materials, part or equipment provided by the Contractor as replacement in accordance with the above guarantees shall have the same full guarantee period duration as the relevant elements of Supplies, Materials, part or equipment they replace and the Contractor shall continue to be liable to the Owner for repair or replacement of such new parts in the manner set out in the Clause 11.1.3 above for the duration of the Extended Guarantees period.

The start of the Extended Guarantees shall be from the time the replaced elements of Materials, Supplies part or equipment are first put in usage but no more than the maximum Guarantee Period stated in Chapter C "Special Conditions".

13.1.9 延长质保期

当更新供货、材料、部件或设备时，承包商根据上述保证值供应的新部件应具有与相对应原来他们更换的供货、材料、部件或设备的原件相同的完整质保期，承包商应继续按照上述第11.1.3项的规定，在延长的质保期内为业主负责修理或更换此类新部件。

延长质保期的起点应从材料、供货部分或设备的更换元件首次投入使用之时算起，但不得超过第C章"专用条款"中规定的最长质保期。

3. 缺陷通知期防范风险的新尝试

正常情况下一个工程建设不可能完全没有缺陷，因此承包商无论是在竣工验收阶段还是缺陷通知期内甚至在工程交付使用后很长一段时间内都面临着缺陷责任的风险。传统的防范、降低风险的途径主要是在工程实施期间加强工程施工过程和设备及材料加工过程的精心管理和质量控制；在工程竣工试验中精心组织、规范操作并及时修复缺陷、完善和调整系统性能及更换不能满足要求的设备以及设施；在缺陷通知期内积极与业主协同合作，对因自身原因导致的缺陷、不足和损害进行修复，甚至也要更换不能满足要求的设备和设施，完成在交付（接收）后合同项下的各项责任和义务。然而对于承包商在缺陷通知期内可能承担的缺陷责任风险来说，这些工作都是"被动"的、不可预测的，因为无论是业主还是承包商都没人知道潜在的缺陷在哪里，这些缺陷又在什么时候会显现而成为"事故"。另一方面，在缺陷通知期内一旦工程事故发生了，有时又不一定能用简单的方法确定该事故的发生是业主使用（操作）不当造成的还是承包商工程实施不当造成的。更为现实的是，一旦事故发生业主会按照合同规定要求承包商限期调查分析事故甚至直接要求承包商检修、更换，除非承包商有充分的证据表明该事故为非承包商责任所致。实践证明，绝大多数情况下承包商难以有充分的证据证明该事故是由于业主使用（操作）不当造成的，而同时业主的"限期"（合同规定）又不允许承包商进一步承担因"超期"造成业主更大的损失进而将该损失转移给承包商的风险，甚至按照合同规定，当超过该"期限"后业主有权自行或聘请第三方来处理该"事故"，但由承包商承担风险和处理事故所产生的费用。因此，为了防止"事态的进一步恶化"，绝大多数情况下在事故发生后承包商会自担责任处理事故。当然，具体处理的方式可能是承包商自行处理，或委托业主甚至第三方处理，但处理事故的费用由承包商负责。因此，工程的缺陷责任就像悬在承包商头上的一把利剑，不知什么时候会掉下来，也不知道这把利剑掉下来造成的伤害程度有多大。缺陷责任既是承包商的风险也是承包商的无奈。

随着社会的发展，社会分工越来越细化，也越来越专业化。从盈利的角度来讲，现在的投资者在工程竣工后，既可以通过使用（管理或运营）该工程来实现投资预期（目的），也可以委托第三方来管理（运营）该工程。在这种情况下，投资者通过与第三方的"代行管理工程运营"协议来获取与投资有关部分的回报而放弃运营部分的利润来实现投资预期，而且在这种情况下投资者也可回避管理（运营）该工程项目产生的风险。另一方面，承包商作为该工程领域的专业性公司，特别是对于工业领域的工程项目，一般情况下承包商既能建设工程，也能管理（运营）该工程使其发挥作用而实现投资预期目的。因此，一些投资者（业主）愿意承包商作为专业公司（类似于职业经理人）以不同的形式参与其完工后的工程项目的运营管理。业主按照承包商的职责、投入、所担风险等因素与承包商分享工程运营而不是工程建设带来的利益，当然承包商也因此要承担相应的风险。这样的一种新的业主与承包商之间的合作关系，对于业主方来说可以发挥承包商的专业技能、减少自身专业技术和管理人员的数量、降低工程项目运营的风险；对于工程承包商来说，一方面拓展了业务领域，或者称为延长了产业链，增加了新的收入渠道，而且这样的收入相对于传统的工程承包业务来说周期会更长，或者说有了比较稳定的收入来源。再有一点就是对于缺陷通知期承包商的缺陷责任来说，随着承包商参与工程项目投运后的管理与运营，特别是随着这种投入的加深，承包商对于工程项目在缺陷通知期内缺陷的显现、发生、危害等的了解、掌控、处理会更全面、更深入、更主动，因此这种缺陷产生的风险会被更有效地防范和降低。

根据业主的特点、需求和承包商的能力、特点不同，这种工程承包业的售后服务模式也是多样化的，从小的管理（技术）咨询到大的"利润"总承包，不同的服务模式给承包商带来的责任、利益和风险各不相同。

1）无考核指标的技术（管理）咨询（指导）型。在这种模式下，承包商仅提供技术（管理）人员以"顾问"的形式参与该工程项目经营（运行），为业主提供技术或管理方面的指导和咨询，承包商只负责提出建议，是否采纳完全由业主决定，无论是工程的管理人员、技术人员，还是操作人员均由业主负责。业主与承包商之间的合同属于典型的技术咨询型的单价合同，以人工时的形式计费。当然双方可能会根据承包商人员的结构（等级）商定每个咨询工程师（管理者）的价格。这种模式下，承包商只承担"职业道德"责任，而对任何运行结果不承担责任。

2）有责任目标的技术（管理）咨询（指导）型。在这种模式下，承包商仍然是提供技术（管理）人员，以"顾问"的形式为业主提供技术或管理方面的指导和咨询，与1）中不同的是，工程的运行结果与承包商（咨询者）的收益挂钩。一般情况下采用基本酬金＋运行效果的奖励方式签订合同。

3）以运行量（率）为目标的管理（含技术管理）型。在这种模式下，承包商不仅提供技术（管理）人员进行咨询，同时还以除采购、销售、利润（如果有）等因素外的运行效果（如生产量、服务量等）为考核指标签署服务合同。承包商可能会提供关键岗位的管理、技术甚至部分关键岗位的技术工人来参与管理工程（工厂）的运营（生产），而业主负责采购、销售和必要的一般人员的提供（如普通工人、员工）。简单地说承包商对工程的运行量（生产量、服务量、运转量或运转率）负责并以此为基准收取服务费，但不对消耗、成本、利润等经济指标负责。

4）以运行（生产）量和直接运行（生产）成本为目标的综合管理型。在这种模式下，通常情况下业主仅提供该工程项目日常运行（生产）所需的主要原燃材料、水、电、气和工人（也可另行商定），而承包商提供管理、技术甚至关键岗位（生产）的控制人员以及受管理和运行（生产）水平控制及影响的消耗品，如备品配件或其他约定的消耗品（如水、电、气等）。业主以运行（生产）量和直接运行（生产）成本等为指标考核承包商并支付服务费用。

5) 以工程项目收益为目标的"全包"型。在这种模式下，业主仅作为投资者将工程项目"全权"委托承包商运营管理，双方按合同约定指标分享工程项目的收益。

从上面的情况可知，随着序号 1) 至 5) 的递增，承包商的责任、义务和风险不断加大，但与此同时承包商的作用和收益也会不断增强；从角色来看，承包商在工程总承包项目完成后从单纯的工程咨询商逐渐向工程运营商转变，而业主从投资者 + 运营商向纯投资者转变。在社会分工不断走向细化和专业化的今天，使得社会上的每个个体无论是个人还是公司，都在通过延伸和收缩自己的功能及作用来降低风险并获取更大的收益。在工程建设业，工程承包商通过从工程咨询——单一工程建设——工程总承包——工程运营的延伸，发挥了专业优势，实现了功能和产业链的延伸。与传统意义上的 BOT 不同，这里所说的由工程承包商向工程运营商的转变，一般情况下并不需要承包商具有比较强大的资金、资本投入，也不受工程建设投资风险的伤害，更不需要"专营许可"或业主为承包商开立特殊的运营保证，总之，比较容易在普通的工程项目特别是生产型工业项目上推广，其基本前提条件仅需要双方合作的意愿。

从缺陷通知期承包商所承担的缺陷责任和相应风险的角度，由于在工程项目竣工后的"售后服务"中，承包商功能的不断扩大特别是进入到 4) 或 5) 所述的商业模式后，承包商在工程项目运营中深入的程度加大特别是将备品配件及某些消耗品纳入承包商的供货或责任范围，不仅增加了承包商的营业收入渠道，也使得承包商可以通过管控工程项目运营（生产）和"摊薄"工程建设缺陷责任成本实现降低缺陷责任风险的目的，因为工程项目中合同规定的售后维护、维修等费用已包含或部分包含在原工程项目承包合同中，并已由业主另行支付承包商。

第四节 履约证书与工程决算

履约证书（Performance Certificate）是指业主在承包商履约完成合同项下各项义务后颁发的证书，通常也被称之为"最终接收证书"（Final Acceptance Certificate，FAC）。实际上，在 FIDIC 合同条件中使用"履约证书"这个概念更多的是注重从合约的角度说明承包商已经按照合同规定完成了义务，所以这个履约证书是在缺陷通知期期满后颁发。但是，无论是 FIDIC 合同条件还是实际情况，业主颁发了"履约证书"并不意味着合约的结束，双方仍需对尚未履行或未完成的任何义务负责，例如业主的付款义务。所以，应该正确理解"履约证书"的真正含义，防止颁发或获得履约证书后因"不履约而违约"。

FIDIC 合同条件银皮书第 11.9 款【履约证书】中规定："直到业主向承包商颁发履约证书，注明承包商完成合同规定的各项承包商义务的日期后，才应认为合同规定的承包商的履约义务已经完成。

履约证书应在最后一个缺陷通知期期满后 28 天内颁发，或在承包商提供：

（a）所有承包商文件和，如果适用的话，业主已经或被视为已经对第 5.6 款（b）段中规定的竣工记录发出了无异议通知。(和)

（b）按照合同要求完成了所有工程的施工和试验后，包括修补任何缺陷；由业主立即颁发。

如果业主未能在该 28 天内颁发履约证书，应认为履约证书已经在本款要求的应颁发日期后 28

天的日期颁发。

只有履约证书应被认为构成对工程的认可。"

在实际中，业主颁发履约证书（最终接收证书）的前提条件是：

1）主合同或补充合同（协议）规定的缺陷通知期期满。

2）承包商在缺陷通知期内完成相应缺陷、损害的修复、完善、更换（包括在业主接收时未完成的部分工程和存在的微小缺陷、不足及损害）。

3）对于在缺陷通知期内未完成的修复、完善、更换部分（如果有），承包商与业主已就相应的"处理"方案达成一致（如承包商赔偿、被扣款或其他补偿方式）。

4）在整个合同执行中（工程项目实施中），有关合同项下承包商的任何未完成的义务、缺陷和不足的修复及完善、任何有关工程实施以及合同义务的争议及未尽事宜等，双方均已解决或达成一致。

颁发履约证书是EPC工程总承包项目的最重要时间节点，对于工程总承包商来说具有重要的意义。FIDIC合同条件银皮书第11.9款中规定："直到业主向承包商颁发履约证书，注明承包商完成合同规定的各项承包商义务的日期后，才应认为合同规定的承包商的履约义务已经完成"，和"只有履约证书应被认为构成对工程的认可"，这两句话是"履约证书"作用的根本体现。履约证书的颁发表明承包商的合同项下的义务全部完成，同时获得了业主的认可，或者说接受，因此履约证书也被称为"最终验收证书"。然而，对于工程承包商来说有一点应该特别注意，尽管说履约证书的签发标志着承包商的履约义务已经全部完成，但是在实际中对于到颁发履约证书的时点潜在的、尚未发现的工程缺陷、不足等，业主对此仍有追索权，如前面讲到的一个铸件因潜在缺陷而非使用责任发生的断裂事故等。另外，FIDIC合同条件银皮书第11.10款【未履行的义务】中规定："颁发履约证书后，每一方仍应负责完成当时尚未履行的任何义务。为了确定这些未完义务的性质和范围，合同应被认为仍然有效"。另外，颁发履约证书只表明工程承包商的合同任务全部完成，并不意味着业主的合同项下责任的完成，特别是付款义务。承包商与业主之间在申请和签发履约证书的同时，双方最重要的任务之一就是工程的结算或竣工决算。

工程结算的全称应为工程价款的结算，是指承包商与业主之间根据双方签订的合同、含补充协议以及工程实施过程中有关涉及工程款项的"签证"等进行的工程合同价格结算。一般情况下，这样的结算会在工程交付（接收）业主颁发接收证书（预接收证书）时对于大部分合同项下的事宜、款项予以"预结算"，然而在缺陷通知期内又会发生对于承包商处理缺陷责任的考核和评价（这里的缺陷责任还包括在颁发接收证书或预接收证书时遗留的少量未完工工程和微小缺陷责任），对于这些缺陷责任处理的考核和评价也会对工程结算价款产生影响。在这个时期，双方将对颁发接收证书（预接收证书）时的遗留问题（含少量未完工工程和微小缺陷、不足、损害等）、缺陷通知期内新显现的缺陷、损害等问题，以及在整个合同履约过程中因各种原因尚未确定的问题进行处理，达成一致意见并确定相应的付款、扣款、罚款等事项。在此基础上，在对承包商的扣款、罚款与业主手中的保留金（质保金，如果有）或质保金保函（Bank Bond，如果有）和发放接收证书（预验收证书）时扣减的工程款（如果有）抵消、平衡后，业主应支付承包商最后的工程结算款，完成该工程项目合同项下业主的最后责任与义务。至此，从工程总承包项目实施的角度，用通俗的语言来说，一个EPC工程总承包的合同进入了"封闭"状态。

当然，在承包商与业主之间就工程的最后结算达成一致且业主也支付了最后的工程款或对此做出承诺或安排以及承包商在收到业主签发的履约证书后，承包商还应从现场撤离任何属于承包商的设备、机具、多余的材料、残余物以及工程垃圾，彻底清理现场，以满足合同要求或获得业主满意。

【合同实例】

12.13　Final Acceptance

12.13.1　The Final Acceptance will take place at the end of the Supplies' General Guarantee Period. After agreement by the Parties that the Scope of Works within the limit of the Contract have been accomplished by the Contractor in the manner specified in the Contract, the Owner will issue the Final Acceptance Certificate if Sub-Clause 12.13.2 has been fulfilled, without relieving the Contractor of any of its outstanding obligations or liabilities under the Contract.

12.13.2　The Final Acceptance cannot occur if the Contractor has not given all the updated "As-Built" Drawings and Documents to the Owner.

12.13　最终接收

12.13.1　最终接收将在供货的质保期结束时进行，在双方就承包商以合同规定的方式完成合同项下的工程内容后且第12.13.2项也满足时，业主将签发最终接收证书，但是这并不免除承包商合同项下任何未完成的责任或义务。

12.13.2　如果承包商没有向业主提供所有更新的"竣工"图和文件，则无法进行最终接收。

第十二章

合同终止

由于种种原因，在 EPC 工程总承包合同签订后，该合同可能被终止，尽管这是一种非正常状态，但是在工程建设行业也时有发生。从合同被终止提出的角度，可能是业主方，可能是承包商，也可能是第三方特别是政府当局等，同时提出终止合同的内在原因也各不相同。然而，无论是什么原因导致的合同终止，无论是业主方还是承包商方提出的合同终止，在工程建设业都是一件重大的事件，也都会给业主方和承包商方造成很大的损失。下面讨论几种主要的情景、可能产生的风险以及应对措施。

第一节　业主提出的终止

1. 合同终止

合同终止并不经常发生，而发生合同终止时多数的提出者是业主方。前面已经介绍了工程项目的实施过程，一个工程项目从构想到合同签订以及着手实施，经历了工程项目构想、项目规划、立项审批、可行性研究、招标议标、工程设计、采购、工程施工等众多环节，对此业主花费了大量的心血、财力和物力，因此工程项目合同的终止是一件非常慎重甚至是不得已的事件且在其背后一定有其复杂的原因。分析业主提出终止合同的原因可能有：

1）根据最新的研判，工程项目建成后的效果与当初预期有很大的负偏离度，即投资预期变差且不可接受，例如工业生产项目，因市场原因工程项目投产后产品会滞销、竞争力不足导致效益不理想等。

2）业主破产使得工程项目不能继续实施。

3）因各种原因导致业主资金不足，难以支撑工程按计划实施。

4）因承包商的履约不能满足合同要求，使得业主不得不根据合同终止已经签署的合约。

上述列举了四条由业主方提出终止合同的原因，其中一条是因为承包商的原因即承包商不能按要求履约，而另外三条都是因为业主主观的和客观的原因所致。关于因承包商违约导致业主提出终止合同，FIDIC 合同条件银皮书第 15 条"由雇主终止"的第 15.2 款【由承包商违约的终止】规定："根据本条款终止合同时不应损害业主合同项下或其他方面任何权利。

15.2.1　通知

业主有权向承包商发出通知（须述明是根据本款做出的），说明业主终止合同的意向，或在下面第（f）、(g) 或（h）段情况下发出终止合同通知，如果承包商：

（a）未遵守：

（i）整改通知书。

（ii）根据第3.5款【商定或确定】订立的具有约束力的协议或最终且有约束力的决定。（或）

（iii）DAAB根据第21.4款【取得DAAB的决定】做出的决定（无论是否具有约束力还是最终的且具有约束力的），以及这种违约构成承包商在合同项下对其义务的重大违约。

（b）放弃工程，或明确表现出不愿意按照合同履行其义务的倾向。

（c）无合理解释且未按照第8条"开工、延误和暂停"中的规定实施工程，或如果合同数据中规定了延误违约赔偿的最高金额而承包商又未遵守第8.2款【竣工时间】的规定，且延误违约赔偿费超出了业主有权要求的最高金额。

（d）在收到后28天内，无合理理由不遵从业主按照第7.5款【缺陷和拒绝】发出的拒绝通知书或业主按照第7.6款【修补工作】发出的指示。

（e）未遵从第4.2款【履约担保】。

（f）违反第4.4款【分包商】规定，将全部或部分工程进行分包，或未按照第1.7款【权益转让】的规定达成协议就将合同转让。

（g）破产或无力偿还债务；进入清算、代管、重组、关闭或解散；被指定了清算人、接收人、代管者、管理人或受托人；与承包商的债权人进行了整合；或根据适用法律做出的类似于或具有类似影响的上述任何行为或事件。

或若承包商是联营体：

（i）上述任何事宜都适用于联营体任意成员。（及）

（ii）其他成员未及时由业主确认，按照第1.13款【共同的和各自的责任】（a）段，该成员应按照合同规定履行合同项下的义务。（或）

（h）基于合理证据，被判定在任何时间卷入与工程或合同有关的腐败、欺诈、恶意串通或胁迫行为。

15.2.2 终止

除非承包商在收到通知后14天内对按照第15.2.1项【通知】发出的通知所述事项进行了补救，否则业主可以给承包商发出第二次通知立即终止合同。终止日期应是承包商收到第二次通知的日期。

但是，如果是第15.2.1项【通知】中（f）(g) 或（h）段的情况，业主可根据第15.2.1项发出通知，立即终止合同，终止日期应为承包商收到本通知的日期。"

根据FIDIC合同条件的原则并结合实际情况，因承包商（含联营体，如果有）原因导致业主提出终止合同的情况见表12-1。

表12-1 导致业主提出终止合同的承包商原因

责任主体	违约情况
工程公司	未向业主提供履约保函 未按规定将合同，和（或）权益，全部或部分转让给第三方 出现破产、重组、整合、被代管等情况 有意放弃工程或公然表示不再履约

(续)

责任主体	违约情况
项目管理部	未按合同履约且在收到业主"整改通知书"、指示或 DAAB 的决定后不执行 无正当理由使工期延误超过合同规定的上限（如果有规定）
公司和（或）项目管理部	涉及腐败、欺诈等不法行为

在上述七种承包商违约行为中，作为承包商（通常为工程项目经理部）"正常"实施工程过程中违反合同条款的有两条：一是，对工程实施过程中的错误、缺陷、不足等在接到业主（业主工程师）的整改指示或通知后的期限内未及时进行弥补、完善和修改，可能影响工程质量，这主要属于"质量事故"；二是，工程工期延误，且严重偏离"主控制进度计划"（Master Schedule），致使业主有理由认为承包商的工作会导致最后工期严重推迟而影响工程发挥作用。这两类问题是工程总承包项目执行过程中最常见的问题，而且工程承包商日常每天处理的工作主要是"质量和进度"，所以质量和进度是常见的造成承包商违约且可能因此被业主终止合同的因素。

对于进度问题，不应认为距离工程最后工期期限还有时间，目前的工期延误就可以在后面的工作中"追赶"回来而忽视了已经向业主承诺的工程各时间节点。特别是工程的"主控制进度计划"，无论这份"主控制进度计划"已经作为合同或合同附件在合同签署时已经存在，还是在合同签订后承包商按照要求向业主提供，甚至在工程实施过程中不断更新，这份"主控制进度计划"都将成为工程总承包合同的重要组成部分，这是业主考察、判定承包商是否满足合同工期的重要依据，也是业主"判定"因承包商工期严重延误而终止合同的依据。对此承包商应该引起高度重视，防止、降低因工期延误导致业主终止合同的风险。另外，工程合同的转让、分包以及行贿、引诱和欺诈等腐败行为是另一类工程实施过程中承包商的风险。在前面的章节中已经阐述了在工程总承包项目中严禁、严控合同的整体转让和部分分包，如发生这类行为应事先获得业主批准。关于"腐败"行为，承包商也应引起高度重视。在长达几年的工程实施过程中业主与承包商之间的人员交往很多，相互的碰撞很多，"礼尚往来"也在所难免。另外工程项目中行贿、引诱和欺诈等腐败行为的定义也界限不清，但是，这个问题确实是一个非常严肃的问题，对于以"礼仪之邦"著称且热情好客的中国承包商来说，在从事国际工程项目中对此应该特别给予关注，避免此类风险的发生。

关于因业主的原因（非承包商原因）并由业主提出的合同终止。FIDIC 合同条件第 15.5 款【为雇主便利的终止】中规定："业主有权在对其方便的任何时候，通过向承包商发出终止合同的通知以终止合同（通知应说明是根据第 15.5 款予以终止）。在根据本款发出终止合同的通知后，业主应立即：

（a）无权进一步使用任何承包商文件，这些文件应退还给承包商，但承包商已收到付款或付款即将到账的文件除外。

（b）如果第 4.6 款【合作】适用，则无权继续使用（如果有）任何承包商的设备、临时工程、进出安排和（或）承包商的其他设施或服务。（以及）

（c）安排将履约保函退还给承包商。

本款下的终止应在承包商收到该通知或业主返回履约保函两者较晚的日期后第 28 天生效。除非在承包商收到第 15.6 款【为雇主便利终止后的估价】规定的款项后，业主不得实施（任何部分）工程或安排其他实体实施该工程（任何部分）。

终止后，承包商应按照第 16.3 款【终止后承包商的义务】执行。"

从 FIDIC 合同条件银皮书第 15.5 款可以看出，业主有权随时发出通知而终止合同，尽管在 2017 年版的银皮书中的第 15.2 款将标题由 1999 年版的【由业主终止】（Termination by Employer）改为【由承包商违约的终止】（Termination for Contractor's Defaults），似乎看起来业主提出的终止是因为并强调了承包商的违约原因，但是第 15.5 款的标题由 1999 年版的【业主终止合同的权利】（Employer's Entitlement to Termination）却改成 2017 年版的【为雇主便利的终止】（Termination for Employer's Convenience）。与此同时，在 1999 年版的银皮书第 15.5 款【业主终止合同的权利】中有明确规定："业主不应为了要自己实施或安排另外的承包商实施工程，而根据本款终止合同"，但在 2017 年版的银皮书第 15.5 款【为雇主便利的终止】中同样问题的描述却改为"除非在承包商收到第 15.6 款【为雇主便利终止后的估价】规定的款项后，业主不得实施（任何部分）工程或安排其他实体实施该工程（任何部分）"。这就意味着按照 2017 年版银皮书的规定，只要业主"随时"提出了终止合同并支付给承包商到此为止的工程款后，业主既可以自己实施该工程（剩余部分）也可以安排其他承包商实施这些工程。这样的规定赋予了业主"无限的"终止合同的权利，即只需发出"终止通知"和支付已完工部分的工程款项就可以终止合同。尽管在 2017 年版的后面有关规定中也给出了在此情景下要估算承包商已经完成的工程量、支付工程费用甚至附加相应的利润，但是通常情况下这不能弥补承包商从项目投标到工程实施以来，人力、机具、资金等各方面投入的损失。因为上述所谓可以支付给承包商的利润本身难以确定而且最多是对应于已完成部分工程的利润，而不可能还包括后面尚未完成的工程部分，这无论是在经济上还是法律上对承包商来说都有失公平。因此合同的终止条款有可能对承包商构成重大风险，对此在实际合同谈判、签署时承包商应高度重视该条款的设置和表述。

2. 合同终止后的工作

在合同被终止后，无论是因为承包商违约而终止还是由于业主自便性终止，都面临着这两项工作：工程以及围绕着工程实施问题的处理和工程费用的处理即工程款的清算。

1）在因承包商违约而合同终止的情况下，就工程以及围绕着工程实施问题的处理而言，FIDIC 合同条件银皮书 2017 年版比 1999 年版给出了更为详细、严密的规定。关于合同终止后承包商的义务，FIDIC 合同条件银皮书第 15.2.3 项【终止后】规定："根据第 15.2.2 项【终止】终止合同后，承包商应：

（a）立即遵守业主根据本款发出的通知中包含的任何合理指示：

（ⅰ）转让任何分包合同。（及）

（ⅱ）保护生命或财产或工程的安全。

（b）向业主交付。

（ⅰ）业主要求的任何货物。

（ⅱ）所有承包商的文件。（以及）

（ⅲ）由承包商制作或为承包商制作的所有其他设计文件。

（c）离开现场，如果承包商不这样做，业主应有权将承包商驱逐出现场。"

因此，按照上述规定，在合同终止后承包商应该立即转让分包合同，保护并移交工程（含货物）及与本工程有关的承包商文件，并离开现场。与此同时，在合同终止后业主有权继续实施本工程或委托他人继续实施该工程。FIDIC 合同条件银皮书第 15.2.4 项【工程竣工】中规定："根据条款终止后，业主可以继续完成工程，和（或）安排其他实体完成。这时业主和（或）这些实体可以使用任何货物、承包商文件和由承包商编制或以其名义编制的其他设计文件。

在工程完成后，业主应向承包商发出另一个通知，把在现场或其附近承包商的设备和临时工程归还给承包商。承包商应迅速自行承担风险和费用，安排将它们运走。但如果此时承包商还有应付业主的款项没有付清，业主可以出售这些物品（在适用法律允许的范围内），以收回欠款，该收益的任何余额应付给承包商。"

关于在因承包商违约而合同终止的情况下工程款的清算和支付，FIDIC 合同条件银皮书 2017 年版给出了更为明确的规定。FIDIC 合同条件银皮书第 15.3 款【由承包商违约终止后的估价】规定："根据第 15.2 款【由承包商违约的终止】终止合同后，业主代表应根据第 3.5 款【商定或确定】同意或确定永久工程、货物和承包商文件的价值，以及应付给承包商按照合同实施工程的任何其他款项（就第 3.5.3 项【时限】而言，终止日期应为根据第 3.5.3 项达成协议的"时限"的开始日期）。

该估价应包括与第 14.13 款【最终付款】（a）和（b）段所述事项有关的任何增项和（或）扣减项，以及应付余额（如果有）。

该估价不应包括任何承包商不符合合同的文件、材料、生产设备和永久工程的价值。"

另外，FIDIC 合同条件银皮书第 15.4 款【由承包商违约终止后的付款】中规定："业主可根据第 15.3 款【由承包商违约终止后的估价】约定或确定的金额暂不支付承包商应支付款项，直至本款下列规定所述的费用、损失和损害（如果有）均已确定为止。

在根据第 15.2 款【由承包商违约的终止】合同终止后，业主应有权按第 20.2 款【付款和/或竣工时间延长的索赔】要求承包商支付：

（a）根据第 15.3 款【由承包商违约终止后的估价】在扣除应付给承包商的任何款项后，工程实施的额外费用以及业主发生的所有其他合理费用（包括根据第 11.11 款【现场清理】所述的清理、清洗和恢复现场所需的费用）。

（b）业主在完成工程时所承受的任何损失及损害。（及）

（c）延误违约罚款，如果工程或单位工程尚未根据第 10.1 款【工程和分项工程的接收】接管且如果根据第 15.2 款【由承包商违约的终止】终止日期发生在与工程或单位工程（视情况而定）竣工时间相对应的日期之后，这种延误违约罚款应按这两个日期中逾期的每一天支付。"

2）相对于"因承包商违约"导致的业主终止合同而言，在业主自便终止合同情况下，合同终止后承包商的任务比较简单，在 2017 年版的 FIDIC 合同条件银皮书中有关这方面的规定汇集于第 16 条"由承包商暂停和终止"之中。在 FIDIC 合同条件银皮书第 16.3 款【终止后承包商的义务】中规定："在根据第 15.5 款【为雇主便利的终止】、第 16.2 款【由承包商终止】或第 18.5 款【自主选择终止】的规定发出的终止通知生效后，承包商应迅速：

（a）停止所有进一步的工作，业主指示为保护生命或财产或工程安全的工作除外。如果承包商因执行此类指示的工作而产生费用，则承包商有权根据第 20.2 款【付款和/或竣工时间延长的索赔】规定要求支付该费用加利润。

（b）向业主移交承包商已得到付款的承包商文件、生产设备、材料和其他工程。

（c）从现场移走除为了安全需要以外的所有其他物品，并撤离现场。"

关于在"业主自便终止"情况下工程款的清算和支付，在 FIDIC 合同条件银皮书第 15.6 款【为雇主便利终止后的估价】中规定："在根据第 15.5 款【为雇主便利的终止】终止合同后，承包商应在切实可行范围内尽快提交详细的证明资料（按业主的合理要求）：

（a）所做工程的价值，其中应包括：

（i）第18.5款【自主选择终止】中（a）至（e）段所述事项。（以及）

（ii）第14.13款【最终付款】中（a）和（b）段所述事项的任何增项和（或）扣减项，以及应付余额（如果有）。（和）

（b）承包商因这一终止而遭受的任何利润损失或其他损失和损害的数额。

业主代表应根据第3.5款【商定或确定】就上文（a）和（b）段所述事项达成协议或做出决定（和为第3.5.3项【时限】的目的，业主代表收到承包商本款项证明资料的日期应为根据第3.5.3项达成协议的起始日期）。

业主应向承包商支付所商定或确定的金额，而不需要承包商提交报表。"

同时，FIDIC合同条件银皮书在第15.7款【为雇主便利终止后的付款】中规定："在业主收到承包商根据该条款提交资料的112天内，业主应向承包商支付根据第15.6款【为雇主便利终止后的估价】商定或确定金额的款项。"

总之，业主提出终止合同要么是由于业主自身的原因或意愿，要么是因为承包商违约或不能履约，不论是业主的原因还是承包商的原因，合同终止后双方要开展的工作基本相似，即主要是停止工程实施、保护工程（财产）和人身安全，已完成工程量的结算，违约问题的确认（如果有），工程款项的结算与支付等。然而，因业主原因导致的合同终止和因承包商原因导致的合同终止在上述问题的处理程序、对承包商的要求以及对承包商造成的影响、损失（损害）方面相差甚远。

关于"合同终止"，FIDIC合同条件银皮书2017年版与1999年版相比，细分了各种不同情况，也增加了很多内容，针对两种不同情况的合同终止后有关事宜的处理给出了更加明确、细致的要求和规定，特别是在因承包商违约时对承包商提出了更加明确、严格的要求。同时，银皮书2017年版对于在两种情况下合同终止后的估价和付款的陈述比银皮书1999年版要详细、明确了许多，更加清晰了在不同情况下业主和承包商的责任与义务。前已述及，关于业主提出终止合同的有关内容，FIDIC合同条件银皮书2017年版与1999年版相比最大的不同之一是尽管在两个版本中都有有关"业主有权终止合同"的章节，在1999年版为第15.5款【为雇主便利的终止】，在2017年版为第15.5款【为雇主便利的终止】，但后者更赋予了业主终止合同以更大的自由权或者是"无限"权力，即只要业主发出终止通知并支付给承包商已完工部分的工程款就可以随时终止工程合同，同时在2017年版中取消了1999年版中有关"业主不应因自己实施或委托第三方实施该工程而终止与已经签订合同的承包商终止合同"的条款，这无疑更增大了承包商因合同被终止而造成损失的风险。因此，在以2017年版FIDIC合同条件银皮书作为实际合同的"模板"时，对于合同中有关终止条款，承包商应格外注意该条款的设置和表述，应与业主积极研究、讨论并争取公平、合理的条件，将由此可能产生的风险或损失降至最低。

合同终止在工程建设领域是一重大事件，对业主的负面影响程度因合同终止的原因不同而不同，除业主对工程预期的判断在现实中发生重大变化外（例如工程应发挥作用的未来市场发生重大不利变化，导致该工程不得不停止且该工程前期花费的成本无法收回），合同终止对业主造成的损失不会很大，而且这一终止的权力基本掌握在业主手里。但是，无论任何原因合同终止都会对工程承包商造成经济上和声誉上的重大损失。由于原因的复杂性和后果的严重性，FIDIC合同条件银皮书无论是1999年版还是2017年版都在三个篇章中专门讨论有关"合同终止"问题，即第15条"由雇主终止"、第16条"由承包商暂停和终止"及第18条"例外事件"（1999年版为第19条"不可抗力"）。在实际中对于由业主提出终止合同、由承包商提出终止合同以及外界因素导致合同终止中，相对而言由业主提出终止合同占的比例最大。

下面以 FIDIC 条件内容为基础来简要梳理、分析双方在业主提出合同终止的情况下，各自的责任、义务以及相应的风险。

1）无论是因为承包商违约还是由于业主自由选择，业主均有权终止已经签署甚至已经开始实施的工程总承包合同。

2）业主终止合同的条件仅是业主向承包商发出终止通知书（视情况可能分一次或二次），无须提供其终止合同的理由。

3）FIDIC 合同条件银皮书 1999 年版中规定，业主不得以自己或委托他人继续实施该工程为由终止合同，但在 FIDIC 合同条件银皮书 2017 年版中删除了该限制，更改为只要业主支付了承包商已完成的工程部分的款项后即可自主自行实施或委托第三方实施该工程。

4）承包商在接到合同终止通知后应立即停止工程实施，保护工程以及涉及该工程的财产、人身的安全，甚至如果业主有指示要求为了保护工程、财产和人身安全，承包商仍需要继续工作。

5）在因承包商违约业主终止合同的情况下，承包商要向业主移交已经签署的分包合同、承包商文件（含承包商自己或他人为承包商制作的但用于本工程的文件）、工程以及货物等。

6）在业主自便终止合同的情况下，承包商要向业主移交已得到付款的承包商文件、生产设备、材料和其他工程；业主无权继续使用未付款部分的承包商文件并应退还给承包商，且无权继续使用（如有）任何承包商的设备、临时工程、进出安排和（或）承包商的其他设施或服务；业主应将履约保函退还给承包商。

7）承包商从现场运走除为了安全需要以外的所有其他货物，并撤离现场。

8）合同终止后双方要对承包商已完成的工程进行估价和合同款的清算：

（a）在因承包商违约业主终止合同的情况下：

ⅰ）双方应就已同意或确定的涉及本工程项目的永久工程、货物和承包商文件的价值进行估算，并商定（确定）应付给承包商按照合同执行工程的任何其他款项。

ⅱ）上述估价应包括与最终付款有关事项的任何增项和（或）扣减项，以及应付余额（如果有）。

ⅲ）承包商任何未遵守合同编制的文件、提供的材料和生产设备以及形成的永久工程的价值不应包括在该估价范围内。

ⅳ）上述估价应按合同规定扣除承包商在工程实施过程中的任何违约罚款，包括延误违约罚款。

ⅴ）上述估价还应按合同规定扣除因承包商违约而导致合同终止给业主带来的损失、伤害，特别是业主在完成工程时所承受的任何损失及损害（如果合同中有规定），以及业主为此发生的所有其他合理费用（包括清理、清洗和恢复现场所需的费用等，如果有）。

（b）在业主自便终止合同情况下，除（a）中应包括的估价结算外，估价还应包括：

ⅰ）承包商原预期要完成工程的情况下，合理的任何其他费用或债务。

ⅱ）承包商的临时工程和将承包商设备撤离现场并运回承包商本国工作地点的费用或运往任何其他目的地但其费用不得超过相应运回本国工作地点的费用。

ⅲ）合同终止时承包商为本工程雇用的承包商的员工遣返回国的费用。

ⅳ）承包商因这一终止而遭受的任何利润损失或其他损失和损害的款项（然而实际中，在 EPC 工程总承包情况下因为是"总价合同"并不显示成本和利润的构成，这里提到的利润补偿也是难以确定和实现的)。

9)关于合同终止后工程款的清算与支付,2017年版的FIDIC合同条件银皮书中,规定了在"业主自便终止"情况下业主向承包商支付在合同终止后经双方商定(确定)的付款,其付款期限为业主收到承包商根据该条款提交的资料112天内,在1999年版的FIDIC合同条件银皮书中只是提及"业主应迅速向承包商付款"而没有具体期限,尽管在1999年版的FIDIC合同条件银皮书中第15.4款为【由承包商违约终止后的付款】。然而,无论是2017年版还是1999年版的FIDIC合同条件银皮书,对于"因承包商违约的终止"的情况下业主向承包商(或承包商向业主)支付结算款均未做出具体规定。

10)业主向承包商退回履约保函。

在"圆满"完成上述工作后才意味着"合同终止"的真正完成,或者用通俗的语言讲"合同的关闭"。但是在上述活动中,有些工作容易进行,而有些工作则有可能需要双方艰苦的谈判,这对于承包商来说可能会产生风险甚至进一步的损失,对此,承包商应做好充分的准备。

1)在确定承包商已完成的工作量,包括工程量、承包商文件、供货等时,业主将以"最严格的标准"验收、确认,因此承包商已完成的工作中"不合格"项的数量有增大的风险。

2)承包商在工程施工过程中任何违约行为都有可能被实施罚则,违约风险增大;当工程工期"分段"计算、考核时,即使本来可能利用总工期不延误而补偿分段延误的有利条件将丧失(如果有这样的条款),增大了工期延误被罚款的风险。

3)计算因承包商违约导致合同终止给业主带来的损失、损害并以金额体现时(如果有这样的规定),特别是在计算这一终止对业主继续工程的损害、损失时,双方难以达成共识。

4)在业主自便终止情况下,即使以FIDIC立场可以补偿承包商因这一终止而遭受的任何利润或其他损失,包括承包商原预期要完成工程的情况下合理的任何其他费用或债务,但是,其实际操作难度很大。

5)当因承包商违约合同终止时,在实际中,绝大多数情况下承包商的履约保函(一般为合同额的10%)将被业主索赔而难以返还,这将是承包商的重大风险和损失。

第二节 承包商提出的终止

一般情况下,工程承包是专业工程公司的主业,是维系工程公司正常运转的主要途径。因此,专业工程公司在签署工程承包合同后,由承包商提出终止合同,应该是迫不得已的。

1. 合同终止

在FIDIC合同条件银皮书中,为由承包商提出终止合同专门设置了一个章节即第16条"由承包商暂停和终止",银皮书第16.2款【由承包商终止】规定:"根据本条款终止合同不应损害承包商根据合同或其他方式享有的任何其他权利。

16.2.1 通知

承包商有权向业主发出通知(该通知应说明是根据本项第16.2.1项),说明承包商终止合同意图,或在以下(f)(ii)、(g)、(h)或(i)段的情况下通知终止,如果:

（a）承包商根据16.1款【由承包商暂停】的规定，就未能遵照第2.4款【雇主的资金安排】规定的事项发出通知后42天内，仍未收到合理的证明。

（b）根据第14.7款规定的相关付款期限届满后42天内，承包商未收到第14.7款【付款】项下的付款。

（c）业主未遵守：

（i）具有约束力的协议或根据第3.5款【商定或确定】达成的最终和有约束力的决定。（或）

（ii）根据第21.4款【取得DAAB的决定】中DAAB的决定（无论是否有约束力还是最终和有约束力）。

此类违约构成在合同项下对业主义务的重大违约行为。

（d）业主实质上未能按照合同规定履行其义务，构成违反业主义务的重大违约行为。

（e）在双方签署合同协议后84天内，承包商未收到第8.1款【工程的开工】规定的开工日期的通知。

（f）业主：

（i）未遵守第1.6款【合同协议书】的规定。（或）

（ii）根据第1.7款【权益转让】在没有所需协议的情况下转让合同。

（g）如第8.12款【拖长的暂停】中（b）段所述的延长停工影响了整个工程。（或）

（h）业主破产或无力偿还债务；进入停业清理、破产管理、重组、清算或解散；被指定了清算人、财产接收人、财产管理人、经营者或受托人；与业主的债权人签订合同或协议；或在适用法律下采取了任何行动或发生任何事件具有与前述行动或事件类似或相似的效果。（或）

（i）基于合理证据，在任何时候发现业主卷入与工程或合同有关的贪污、欺诈、合谋或胁迫性的行为。

16.2.2 终止

除非业主在收到通知的14天内对按照第16.2.1项【通知】给出的通知中所描述的事项进行了弥补，承包商可以发第二份通知给业主立即终止合同。终止日期应为业主收到第二份通知的日期。

然而，如果发生了第16.2.1项【通知】（f）中（ii）、（g）、（h）或（i）段的情况，承包商可立即终止合同，终止日期应为业主收到该通知的日期。

如果承包商在上述14天期间遭受延误和（或）发生了费用，承包商将有权根据第20.2款【付款和/或竣工时间延长的索赔】要求延长工期和（或）支付该费用外加利润。"

无论是以FIDIC的立场还是在实际运作中，承包商真正以自身"无进一步伤害"为前提终止合同的情况是非常少见的，或者说客观上承包商拥有终止合同的权力很小。造成这种状况的根本原因其实很简单，一是在投标、合同谈判过程中，承包商是积极、主动、渴望获得合同签约的一方，因此为了获得合同，承包商必须在合同条款中的众多问题上服从甚至屈从于业主的要求，这就造成了在双方具有法律效力的合同上承包商居于弱势地位；二是当合约签署后的合同履约过程中，对承包商工作的检查、批复、验收、付款等主动权均掌握在业主（或业主工程师，如果有）的手里，因此在漫长的工程实施过程中承包商也一直处于被动地位；三是按照国际惯例，承包商为保证其正常履约给业主开具了"履约保函"（约为合同额的10%），而且该保函为"见索即付"的无条件保函，因此承包商任何"轻率性"的终止合同，都会导致被业主索赔履约保函风险的发生。

在实际中，由承包商提出终止合同，可能的原因见表12-2。

表 12-2 承包商提出终止合同可能的原因

责任方	原因
业主	暂停工程时间过长（按照银皮书为 84 天 + 28 天） 未执行协议 未执行 DAAB 的决定 严重违约，如不能正常付款等 在没有所需协议的情况下转让合同 破产或无力偿还债务，进入清算、管理、重组等 卷入贪污、欺诈、合谋或胁迫性等腐败行为
承包商	认为自身能力不足或其他原因无法继续履约 承包商出现重大问题如停业清理、面临破产等

2. 合同终止后的工作

与业主提出合同终止相似，由承包商提出终止合同后双方的任务依然是核算已完成的工程量、估价、清算、支付、撤离等，关于 FIDIC 的观点，在上一节中已经介绍了 FIDIC 合同条件银皮书第 16.3 款【终止后承包商的义务】中的内容，在此不再赘述。然而，在 FIDIC 合同条件中对于由承包商提出合同终止时的工程估价没有另做说明，但实际中与业主提出终止合同情况下的流程、内容和难度等均相似。关于合同终止后合同款项的支付，FIDIC 合同条件银皮书第 16.4 款【由承包商终止后的付款】规定："在根据第 16.2 款【由承包商终止】终止后，业主应立即：

（a）按照第 18.5 款【自由选择终止】向承包商付款。（和）

（b）根据第 20.2 款【付款和/或竣工时间延长的索赔】付给承包商因此项终止而承受的任何利润损失或其他损失或损害的款项。"

有关在承包商提出终止合同情况下的支付，FIDIC 的立场是"套用"了第 18 条"例外事件"情景下的条件和要求，因此在承包商提出终止合同后的付款，FIDIC 合同条件银皮书要求业主按照第 18.5 款【自由选择终止】向承包商付款。第 18.5 款【自由选择终止】条款中付款的规定为："在终止日期后，承包商应在切实可行的范围内提交已完成工作估计的详细证明资料（按业主代表合理要求），其中应包括。

（a）合同中有价格规定的已完成的任何工作的应付款金额。

（b）为工程订购的、已交付给承包商或承包商有责任接受并交付的生产设备和材料的费用；当业主支付上述费用后，此项生产设备与材料应成为业主的财产（风险也由其承担），承包商应将其交由业主处理。

（c）在承包商原预期要完成工程的情况下，任何合理的其他费用或债务。

（d）将临时工程和承包商设备撤离现场并运回承包商本国工作地点的费用（或运往任何其他目的地，但其费用不得增加）。

（e）将终止日期时完全为工程雇用的承包商的员工遣返回国的费用。"

由此可见，即使在业主违约而承包商不得不终止合同的情况下，按照 FIDIC 的立场，业主也只是支付承包商已完成的且满足合同要求的工程款、供货款、承包商文件（如工程设计）和承包商机具及人员撤离的费用以及"在承包商原预期要完成工程的情况下，任何合理的其他费用或债务（any other Cost or liability which in the circumstances was reasonably incurred by the Contractor in the expectation of completing the Works)"。然而，这里没有像"业主自便终止"情况下第15.6款（b）段那样规定"承包商因这一终止而遭受的任何利润损失或其他损失和损害的金额（the amount of any loss of profit or other losses and damages suffered by the Contractor as a result of this termination)"。因此，按照FIDIC的观点，尽管因业主违约导致承包商终止合同，承包商所受到的"待遇"与"例外事件"（原称"不可抗力"）基本相同，承包商不会得到相应的补偿或业主也不会因此而承担罚则。与此同时，银皮书第18.5款【自由选择终止】中涉及承包商"可以获得补偿"的第3段"在承包商原预期要完成工程的情况下，任何合理的其他费用或债务"在实际中也是难以实现的。

总之，如同业主暂停一样（FIDIC合同条件银皮书第8条），关于合同终止，FIDIC的立场是业主有权随时提出终止合同而且理论上"不需要理由"，关于这一点2017年版的FIDIC合同条件银皮书第15.5款【为雇主便利的终止】有明确的规定。在合同终止时业主能够给予承包商的就是"工程结算"——结算已完成的工程（如果有）。至于当终止源于"业主自便终止"时，尽管FIDIC的立场可以支付承包商相应的利润或因这一终止造成损失的补偿，但实际中难以操作和实现，特别是对于EPC工程总承包合同来说更加困难。因为EPC工程总承包合同是"总价合同"，无论是在投标报价阶段还是最后签署的合同中一般都不会体现成本和利润的构成，更不会显示各单位工程的成本和利润的构成。因此在工程实施过程中当合同终止时双方很难就已完成的工程和未完成的工程部分利润的数额达成一致，而且在合同终止时双方由"精诚合作"变成"各奔东西"，因此很难友好协商解决上述问题。就已签署的合同而言，即使是因非承包商的原因而终止，承包商却并不能获得额外补偿而业主也不会因其提出终止而承受额外的"罚则"。因此，在EPC工程总承包合同签署后，合同终止是承包商始终面对的最大风险之一，是对承包商在商誉和直接经济方面最大的"惩罚"之一，因此，作为承包商防止出现合同终止是其风险防范的首要任务之一。

业主在何时、因何故会终止合同，承包商无法事先预知，承包商所能做的是从工程项目投标开始就应该对于可能产生合同终止的风险有所防范和应对。对于承包商来说，应对合同终止的主要措施有：

1）积极准备、科学有效组织工程实施，按照合同认真履约，防止因承包商违约被业主终止合同，是防范和应对这一风险的最重要的措施之一。

2）在工程项目投标报价和合同签署时，无论是采用按工程进度还是按工程总承包中的工作性质（如设计、供货、土建施工、安装施工）进行"不均衡报价"时（如果有），当工程项目进行过程中的某个节点合同被终止，由于"不均衡报价"导致了合同的分项价、按进度支付"中间款"的不均衡，可能会使承包商多"获利"，也可能会因为合同终止造成更大的损失，因此就合同可能被终止而言慎用投标报价的"不均衡报价法"。

3）尽管存在着很大的困难，但是在可能的情况下，承包商应积极争取在开具的"履约保函"中设定公平、合理的支付条款，特别要防止业主"恶意"索赔履约保函。

4）在工程实施过程中对于任何的变更、调整等变化应及时形成纪要（签证）或协议，做好过程检验、验收和工程量确认或签证等业主确认性工作。

5）按合同规定，及时做好阶段性工程的"请款"工作，要高度重视"请款文件"的及时性、准确性、全面性，防止因"文件"问题被"拒付"，及时做到工程款"落袋为安"。

【合同实例】

Article 20　Termination

20.1　Termination Due To Default or Insolvency

(a) The Owner shall have the right to terminate this Contract immediately upon notice to the Contractor if: (1) the Contractor commits a material breach of its obligations under this Contract or abandons the Works, refuses or fails to comply with a valid instruction of the Owner or fails to proceed expeditiously and without delay with the Works (and following written notice of such default fails to remedy the default within fourteen (14) Days of the date of such notice from the Owner); (2) the Contractor becomes insolvent, or makes an assignment for the benefit of creditors, or files a voluntary petition for bankruptcy, or seeks relief or its creditors seek involuntary relief against the Contractor under any insolvency law; or (3) receivership proceedings are otherwise instituted against the Contractor.

(b) The Contractor shall have the right to suspend the Works or terminate this Contract immediately upon notice to the Owner if: (1) the Owner delays payment of the Contract Price under Article 13.2 for more than ninety (90) Days (and following written notice of such default fails to remedy the default within fourteen (14) Days of the date of such notice from the Contractor); (2) the Owner becomes insolvent, or makes an assignment for the benefit of creditors, or files a voluntary petition for bankruptcy, or seeks relief or its creditors seek involuntary relief against the Owner under any insolvency law; or (3) receivership proceedings are otherwise instituted against the Owner.

(c) In the event of a termination for default or insolvency, or a termination under Articles 10.4, 27.6 or 32:

(i) the defaulting Party shall pay the Party entitled to terminate the Contract all direct and reasonable costs incurred as a result of such termination. In the case of default and/or insolvency of the Contractor, this shall include costs incurred in connection with engaging another contractor to correct and/or complete the Works. In the case of default and/or insolvency of the Owner, the Owner shall pay the Contractor all direct and reasonable costs incurred as a result of such termination, including costs arising from the termination of subcontracts. Such costs shall be duly documented. This sub-Article 20.1 (c) (i) shall not apply in the event of a termination for Force Majeure.

(ii) the Owner shall pay to the Contractor the unpaid balance due for the Works actually performed and delivered, against the Contractor's delivery and transfer of ownership of such Plant (or part thereof), Equipment and Documents.

(iii) the Contractor shall cease all further work unless otherwise instructed by the Owner.

(iv) both Parties shall use their best endeavours to mitigate any losses arising from termination of the Contract.

(v) the Contractor shall deliver and transfer to the Owner, in accordance with the Owner's instructions, the Works, Plant (or part thereof), Equipment, Documents and other items for which the Contractor is entitled to receive payment under this Contract, together with copies of all plans, drawings, specifications and other documents which the Owner is entitled to use; and

(vi) remove all Contractor's Equipment, surplus Construction Materials, temporary facilities and all waste material, except as necessary for safety, and leave the Site.

(d) In addition, in the event of the default or insolvency of the Contractor, the Owner shall have the right to communicate directly with the Contractor's subcontractors and to visit such subcontractors'workshops and to instruct the Contractor on which subcontracts to cancel or to assign to the Owner.

20.2 Termination for Convenience

(a) In addition to the right of termination in Article 10.5 (c) and any right of termination given by law, the Owner has the right to terminate this Contract at any time by giving 30 Days' written notice to the Contractor.

(b) In the event of such termination referred to in Article 20.2 (a) above:

(i) the Owner shall pay the Contractor all direct and reasonable costs incurred as a result of such termination, including costs arising from the termination of subcontracts. Such costs shall be duly documented.

(ii) the Owner shall pay to the Contractor the unpaid balance due for the Works actually performed and delivered, against the Contractor's delivery and transfer of ownership of such Plant (or part thereof), Equipment and Documents.

(iii) the Contractor shall cease all further work unless otherwise instructed by the Owner.

(iv) both Parties shall use their best endeavours to mitigate any losses arising from termination of the Contract.

(v) the Parties shall mutually discuss and agree on the treatment of Works-In-Progress (i.e. Works which have commenced but which have not been completed and delivered).

(vi) the Owner shall have the right to instruct the Contractor on which subcontracts to cancel or to assign to the Owner.

(vii) the Contractor shall deliver and transfer to the Owner, in accordance with the Owner's instructions, the Works, Plant (or part thereof), Equipment, Documents and other items for which the Contractor is entitled to receive payment under this Contract, together with copies of all plans, drawings, specifications and other documents which the Owner is entitled to use; and

(viii) remove all Contractor's Equipment, surplus Construction Materials, temporary facilities and all waste material, except as necessary for safety, and leave the Site.

20.3 The Owner shall be entitled to deduct from the amount payable to the Contractor on termination such claims as have been presented to the Contractor prior to the date of termination and any other disputed amounts notified to the Contractor.

20.4 Indirect and/or Consequential Loss

Neither Party shall be liable to theother for any special, incidental, indirect or consequential loss or damage or for any loss of profits, loss of anticipated revenue, loss of interest, loss of use, loss of production, loss of contracts, loss of business opportunities, loss of customers, damage to reputation or for any financial or economic loss whatsoever arising from the termination of the Contract.

第20条 终止

20.1 因违约或破产而终止

(a) 如果:(1)承包商严重违反本合同规定的义务或放弃工程、拒绝或未能遵守业主的有效指示或未能迅速和毫不拖延地实施工程(以及就此书面通知的错误未能在业主通知书发出之日起14天内进行补救);(2)承包商破产,或为债权人的利益进行转让,或提出自愿破产申请,或寻求救济,或其债权人根据任何破产法寻求对承包商的非自愿救济;或(3)对承包商提起接管程序。

则业主有权在通知承包商后立即终止本合同。

(b) 如果:(1)根据第13.2款业主支付合同价格延迟超过90天(且该书面通知违约未能在

承包商发出通知书之日起 14 天内进行补救）；(2) 业主破产，或为债权人的利益进行转让，或提出自愿破产申请，或寻求救济，或者其债权人根据任何破产法寻求对业主的非自愿救济；或 (3) 对业主提起接管程序。

则承包商有权在给业主通知后立即暂停工程或终止本合同。

（c）如果因违约或破产而终止合同，或根据第 10.4 款、第 27.6 款或第 32 条终止合同。

（i）违约方应向有权终止合同的一方支付因此种终止而发生的所有直接和合理的费用。在承包商违约和（或）破产的情况下，这些费用应包括聘请另一承包商纠正和（或）完成工程相关的费用。如果业主违约和（或）破产，业主应向承包商支付因终止合同而产生的所有直接和合理的费用，包括因终止分包合同而产生的费用。这些费用应有适当记录。本合同第 20.1 款（c）中（i）段在因不可抗力而终止时不适用。

（ii）业主应向承包商支付实际完成和已交付工程的未付余额，而承包商将交付和转让该工厂（或部分）、设备和文件的所有权。

（iii）除非业主另有指示，否则承包商须停止所有进一步的工作。

（iv）双方应尽最大努力减轻因终止合同而造成的任何损失。

（v）承包商应按照业主的指示，交付并转让承包商根据本合同已获得付款的工程、工厂（或部分）、设备、文件和其他物品，以及业主有权使用的所有计划、图纸、技术规格书和其他文件的副本。（和）

（vi）除出于安全需要外，移出所有承包商的设备、剩余建筑材料、临时设施和所有废料，并离开现场。

（d）此外，如果承包商违约或破产，业主应有权直接与承包商的分包商联系和前往这些分包商的车间，并指示承包商取消或向业主转让分包合同。

20.2 自便终止

（a）除了第 10.5 款（c）段中的终止权和法律赋予的任何终止权外，业主还有权在向承包商发出书面通知 30 天后随时终止本合同。

（b）如果发生上述第 20.2 款（a）段提到的这种终止：

（i）业主应向承包商支付因此类终止而产生的所有直接和合理的费用，包括因终止分包合同而产生的费用。该费用应有适当记录。

（ii）业主应向承包商支付实际完成和已交付工程的未付余额，而承包商将交付和转让该工厂（或部分）、设备和文件的所有权。

（iii）除非业主另有指示，否则承包商须停止所有进一步的工作。

（iv）双方应尽最大努力减轻因终止合同而造成的任何损失。

（v）双方应相互讨论并商量进行中的工程如何处理（即已经开始但尚未完成和交付的工程）。

（vi）业主有权指示承包商取消或向业主转让分包合同。

（vii）承包商应按照业主的指示，交付并转让承包商根据本合同已获得付款的工程、工厂（或部分）、设备、文件和其他物品，以及业主有权使用的所有计划、图纸、技术规格书和其他文件的副本（和）

（viii）除出于安全需要外，移走所有承包商的设备、剩余建筑材料、临时设施和所有废料，并离开现场。

20.3 终止时，业主有权从支付给承包商的款项中扣除在终止日之前已向承包商提出的索赔以及已通知承包商的任何其他有争议的款项。

20.4 间接和（或）连带损失

任何一方均不为另一方因任何特殊、附带、间接或后果连带性损失或损害或任何利润损失、预期收入损失、利息损失、使用损失、生产损失、合同损失、商业机会损失、客户损失、声誉损害或因合同终止而造成的任何财务或经济损失负责。

第十三章
HSE 管理和质量管理

第一节　HSE 管理

1. 健康、安全和环境管理的法律、法规与标准

健康、安全和环境（Health，Safety and Environment，HSE）是当代最为社会各界关注的问题，人们一切活动的最终目的都是为了在安全、环境优美的条件下健康地生活。因此，以为人类社会建造优越环境为己任的工程建设业其建造过程和建造成果也必须同时是健康、安全和环保的，从今天的时点来看，这一点比以往历史上任何一个时期都显得更为重要。

荷兰皇家壳牌石油公司是世界上最早将健康、安全和环境结合在一起的企业。国际标准化组织于 1996 年发布了《石油天然气工业健康、安全和环境管理体系》（ISO/CD 14690），得到了世界各主要石油公司的认可。1999 年，英国标准协会（BSI）、挪威船级社（DNV）等 13 个组织提出了职业健康安全评价系列标准，即 OHSAS 18001《职业健康安全管理体系》（Occupational Health and Safety Management Systems，OHSMS）。2001 年 11 月我国国家质量监督检验检疫总局正式颁布了《职业健康安全管理体系规范》（GB/T 28001—2001），属推荐性国家标准，该标准与 OHSAS 18001 内容基本一致。国际标准化组织于 2018 年发布了 ISO 45001：2018《职业健康安全管理体系要求及使用指南》（Occupational Health and Safety Management Systems Requirements with Guidance for Use）。2020 年 3 月我国国家市场监管总局和国家标准化管理委员会发布了《职业健康安全管理体系要求及使用指南》（GB/T 45001—2020），该标准是等同采用了 ISO 45001：2018。另外，许多国家对于健康和安全都颁布了不同的法律、法规，例如英国的《劳动安全卫生法》、美国的《职业安全卫生法》、日本的《劳动安全卫生法》、新加坡的《工作场所安全卫生法》等。我国政府则针对不同情况颁布了一系列有关安全、健康的法律、法规和标准，例如《劳动法》《安全生产法》《职业病防治法》《建筑安装工程安全技术规程》等。

与安全和健康相比，环境保护问题在全世界各国、国际标准组织和各行各业中起步要晚一些。1995 年 4 月原欧共体开始实施《欧洲环境管理和审核体系》（European Environmental Management and Audit System，简称"EMAS"），而国际标准组织于 1996 年颁布有关环境保护的标准文件 ISO 14000 系列，其包括几十个标准，例如 ISO 14001：1996《环境管理体系——规范及使用指南》，ISO 14004：1996《环境管理体系——原则、体系和支持技术通用指南》，而我国在同一年等同地采用了

相应的标准，即对应的《环境管理体系——规范及使用指南》（GB/T 24001——1996）和《环境管理体系——原则、体系和支持技术通用指南》（GB/T 24004——1996）等。

由此可见，随着经济的发展、社会的进步，世界各国和各个行业都高度重视安全、健康和环境保护问题，既有法律、法规要求又有能够更好地实现安全、健康和环境的管理体系建设标准。这些国家颁布的法律、法规是工程建设者特别是工程总承包商在从事 EPC 工程总承包项目时必须遵守的，而近些年来越来越多的业主也要求承包商按照国际标准化组织和所在行业规则在公司层面甚至项目管理部建立安全、健康和环境管理体系，并在工程实施过程中严格执行。

虽然 FIDIC 合同条件中没有为"健康、安全和环境"设置专门的章节以做出规定，但是在有关章节中均对健康、安全和环境提出了要求，只是表现得有些"碎片化"。FIDIC 合同条件银皮书对承包商要求中的第 4.8 款【健康和安全义务】规定："承包商应：

（a）遵守所有适用的健康和安全条例以及法律。

（b）遵守合同中规定的所有适用的健康和安全义务。

（c）遵守承包商的健康和安全官发布的所有指示（根据第 6.7 款【人员的健康和安全】任命）。

（d）照管好所有有权进入现场及其他进入施工区域（如果有）的所有人员的健康及安全。

（e）保持现场、工程以及正在实施工程的其他地方（如果有）无不必要的障碍物，以避免对人员造成危险。

（f）为以下提供隔栏、照明、安全通道、警卫和岗哨：

（ⅰ）根据第 10 条"雇主的接收"的规定移交前的工程。（及）

（ⅱ）承包商正在执行的未完成工程或在 DNP 期间修补任何缺陷工程的所有部分。

（g）因实施工程，为了公众和临近土地及财产的所有人、占用人的使用以及防护，提供可能需要的任何临时工程（包括车行道、人行道、警卫和围墙等）。

在开工日期起 21 天内及现场开始建造 21 天前，承包商应向业主提交一份专门为工程、承包商拟实施工程的现场和其他地点（如果有）编写的健康和安全手册，供其参考。本手册应补充现行的卫生和安全条例及法律所要求的任何其他类似文件。

健康和安全手册应列出所有健康及安全要求：

（ⅰ）业主要求中的规定。

（ⅱ）符合合同项下所有承包商的健康和安全义务。（以及）

（ⅲ）对所有有权进入现场和其他工程实施地点（如果有）的人员而言，必须提供并保持健康和安全的工作环境。

该手册应由承包商或承包商的健康和安全官根据需要或应业主的合理要求加以修订。手册的每次修订版应及时提交给业主。

除第 4.20 款【进度报告】（g）段的报告要求外，任何事故发生后，承包商应在切实可行的范围内尽快向业主提交事故详细说明，如果造成严重伤害或死亡事故，应立即通知业主。

承包商应按照业主要求的规定和业主的合理要求，保存记录，并（根据适用的健康和安全条例及法律）报告有关人员健康和安全以及财产损失的情况。"

FIDIC 合同条件银皮书在谈到对涉及员工问题的要求中也有多处规定涉及安全和健康问题，其中：

第 6.4 款【劳动法】规定："承包商应遵守适用于承包商人员的所有相关劳动法，包括有关其雇佣（包括工资和工作时间）、健康、安全、福利、移民的法律，并应允许其享有所有合法权利。承包商应要求承包商人员遵守所有适用法律，包括在工程中与工作健康和安全有关的法律。"

第6.5款【工作时间】规定："除非出现下列情况，在当地公认的休息日，或在合同中规定的正常工作时间以外，不应在现场进行工作：

（a）合同中另有规定。

（b）业主同意。（或）

（c）为保护生命或财产，或为工程的安全，不可避免或必需的工作，在此情况下，承包商应立即通知业主，说明原因和所需完成的工作。"

第6.6款【为员工提供设施】规定："除业主要求中另有说明外，承包商应为承包商人员提供和保持一切必要的食宿和福利设施。如果此类住宿和设施位于现场，除非业主事先给予承包商许可，否则应建在业主要求中确定的区域内。如果在现场其他地方发现任何此类住宿或设施，承包商应立即将其移走，风险和费用由承包商承担。承包商还应按照业主要求为业主人员提供这些设施。"

第6.7款【人员的健康和安全】规定："除第4.8款【健康和安全义务】的要求外，承包商应始终采取一切必要的预防措施，以保持承包商人员的健康和安全。承包商应与当地卫生部门合作，确保：

（a）医务人员、急救设施、医务室、救护车服务和业主要求中规定的任何其他医疗服务设施在现场、承包商和业主人员的任何住宿处随时可用。

（b）对所有必要的福利和卫生要求，以及预防流行病做出了适当的安排。承包商应在现场任命一名健康和安全官，负责维护健康、安全和防止事故发生，该人员应：

（i）有资格、有经验并能胜任这项职责。

（ii）有权发布指令，以维护所有授权进入和（或）在现场工作的人员的健康和安全，并采取保护措施防止事故发生。

在整个工程实施过程中，承包商应提供该人履行其职责和权利所需要的任何事项。"

另外，对于现场的安全保卫，FIDIC合同条件银皮书第4.21款【现场安保】中也做出了规定："承包商应负责现场的安全保卫，以及：

（a）承包商应负责阻止未经授权的人员进入现场。

（b）授权人员应限于承包商的人员、业主的人员以及由业主通知承包商被确定为授权的人员（包括业主在现场的其他承包商）。"

与1999年版相比，2017年版的FIDIC合同条件银皮书中对于安全、健康做出的规定更为全面、详细，特别是其中增加了要求承包商在开工日期起21天内及现场开始建造前21天前，向业主提交一份专门为工程、承包商拟实施工程的现场及其他地方编写的健康和安全手册以及当发生事故时应向业主报告，而且对上述健康和安全手册内容提出了相应的要求并要求及时更新。这说明FIDIC合同条件越来越重视有关安全、健康方面的要求，特别是要求承包商专门为工程、承包商拟实施工程的现场和其他地方编写的健康和安全手册，而不是像以往一样可以套用承包商公司层面的有关手册，这就使得这项工作更具有针对性。与此同时，这些要求使得该工程的项目经理部通过对本项目安全和健康手册的编制更加熟悉有关安全、健康方面的法律、法规和安全、健康管理体系的要求，并在工程实施过程中更好地执行从而获得更好的安全和健康环境。

关于环境保护，FIDIC合同条件银皮书第4.18款【环境保护】规定："承包商应采取一切必要措施：

(a) 保护（现场内、外）环境。

(b) 遵守工程的环境影响声明书（如果有）。（及）

(c) 限制因其施工作业引起的污染、噪声和其他后果对公众及财产造成的损害以及妨害。

承包商应确保因其活动产生的气体排放、地面排水及排污等，不超过业主要求中规定的数值，也不超过适用法律规定的数值。"

其实，关于环境保护，FIDIC 合同条件中还有一些条款要求承包商负责环境保护工作，特别是每当谈到承包商撤离现场时要清除垃圾、打扫干净现场等。例如，FIDIC 合同条件银皮书第 11.11 款【现场清理】中规定："一经颁发履约证书后，承包商应：

(a) 从现场撤走任何剩余的承包商设备、多余材料、残余物、垃圾和临时工程等。

(b) 将在工程实施期间承包商活动影响过的和现在非永久工程占用的现场所有部分恢复原状。（和）

(c) 使得现场和工程处于业主要求中说明的状态（如果没有规定，就让其保持干净整洁和安全的状态）。

如果承包商未能在履约证书颁发后 28 天内遵守以上（a）、（b）和（或）（c）段，业主可以出售（在现行法律允许的范围内）或处理任何剩余的设施和（或）恢复及清理现场（在必要的情况下），费用由承包商承担。

当销售所得金额无法补齐这些处理垃圾、复原和（或）清理现场所产生的合理费用时（如果有），业主应有权根据第 20.2 款【付款和/或竣工时间延长的索赔】提出由承包商对此类销售或处理和复原和（或）清理现场支付费用。"

2. 健康、安全和环境管理要素与管理方法

(1) 管理要素 健康、安全和环境管理是一个古老的话题但却属于新兴的学科，同时，它也是一个集技术、经济、管理和法律法规等多要素为一体的复杂系统。正确认识并科学管理该体系中诸要素，是健康、安全和环境管理工作的重要任务。健康、安全和环境管理体系的一般要素和管理要求见表 13-1。

表 13-1 HSE 管理体系的一般要素和管理要求

序号	一般要素	管理要求
1	领导承诺，方针目标和责任	公司最高领导给的承诺，并建立 HSE 保障体系；制订方针目标，建立企业 HSE 管理指导思想
2	HSE 组织管理机构	明确职责、权限和隶属关系；合理配置资源；开展培训，提高全员的意识和技能；形成完整的、适宜的、有效的文件控制体系
3	风险评价和隐患治理	明确评价对象，建立评价方法和程序，确定危害和事故的影响因素，选择判别标准，建立目标和量化指标，进行隐患评估和治理
4	对承包商和供应商的管理	对承包商和供应商 HSE 体系管理提出要求，做好相关方管理
5	装置（设施）的设计和建设	遵照"三同时"，即劳动安全和环境保护设施要与主体工程同时设计、同时施工、同时投入使用的原则
6	HSE 管理体系的运行和维护	确保实施与运行
7	变更管理和应急管理	对人员、工作、设施变化控制；对可能发生的突发事件和紧急状况制定预防措施及应急预案

(续)

序号	一般要素	管理要求
8	HSE 管理体系的检查和监督	在控制范围内全方位、全过程监督检查，保证体系的有效性
9	事故处理和预防	对事故及时进行报告、调查、分析和处理；采取纠正与预防措施，防止重复发生
10	管理体系的审核、评审和持续改进	定期进行 HSE 管理体系系统内部、外部审核和评审，及时发现问题并持续改进

（2）管理方法 按照上述健康、安全和环境管理的十大要素，做好 HSE 管理的主要方法是：

1）明确有关健康、安全和环境的战略方针和目标，例如通过全员参与，全过程管控实现"零事故，零排放"。

2）建立有效的组织机构，保证 HSE 管理体系正常运转。

3）做好全员性的学习与培训，提高对健康、安全和环境工作重要性的认识和行动的自觉性。

4）制订科学、合理、易于操作的健康、安全和环境管理体系文件制度。

5）无论是作业层面还是监督检查层面应严格按体系文件执行。

6）加强具有时效性的全过程、全方位监督与检查。

7）及时处理事故、事故隐患并加强预防。

8）不断评审及持续改进健康、安全和环境管理体系，使其更加科学、简单、更具有可操作性。

3. 工程总承包项目实践中的 HSE 管理

近些年来在工程实践中越来越多的业主强烈要求承包商具备良好的安全、健康和环境保护管理的能力，并在 EPC 工程总承包项目实施过程中从工程设计、设备和材料的制造及现场施工全过程加强 HSE 管理，而这些要求会明确体现在合同文本之中。

（1）工程项目的 HSE 管理体系建设与有效运行 随着社会的发展，近些年来在 EPC 工程总承包项目中业主对于安全、健康和环境的要求已经不是简单地停留在要求承包商不发生安全事故，防止工程现场发生偷窃和混乱，关注员工食堂卫生以及保持现场清洁和禁止垃圾无序堆放等具体细节，而是要求承包商特别是承包商的工程项目管理部要针对本工程项目制订"安全、健康和环境管理体系"，关于这一点在 2017 年版的 FIDIC 合同条件银皮书中已有明确规定（1999 年版中没有这个要求），同时越来越多的业主将这一要求写入具体的合同之中，对此工程总承包商应给予高度重视，避免违约风险。

1）按照工程所在国家的有关标准（如果有）或 ISO 45001《职业健康安全管理体系要求及使用指南》和 ISO 14001《环境管理体系——规范及使用指南》等标准，结合本工程情况，建立本工程项目的 HSE 管理体系、制度，所形成的文件力求科学、简洁和易于操作。应避免照搬公司本部的管理体系和文件制度，以及形成的文件制度过于烦琐而不利于操作，使文件流于形式。

2）建立有效的 HSE 管理组织，配备数量足够、能力合格的人员队伍。

3）加强经常性、全员性安全、健康和环境保护知识、要求的培训，增强全员参与度和自觉性。

4）对于安全、健康和环境体系文件及组织结构等不断进行内部和外部评审，持续改进、提高 HSE 管理体系的运行质量，有效防范安全、健康和环境方面的风险。

（2）注重工程项目实施中各个环节的 HSE 管理 按照 FIDIC 合同条件 2017 年版银皮书的立场

和业主的要求，在工程项目实施伊始承包商特别是项目管理部就应该建立 HSE 管理体系，并且这个管理体系要覆盖项目的全过程、全方位。然而这一管理体系是一个管理的方法和管理程序，给出的制度一般是"程序文件"和"作业文件"（部分），在 EPC 工程总承包项目中的各个环节还有很多具体的与安全、健康和环境有关的技术与管理问题，承包商也应给予高度重视。

1）在投标报价与合同签署阶段，承包商要充分考虑项目所在国对安全、健康和环境保护的要求以及业主针对本项目的具体要求，对于技术方案、工程实施等方面可能涉及到的安全、健康和环境保护对合同价格的影响务必予以充分的考虑；同时要特别考虑严格的安全、健康和环保措施对于工效的影响，这一点对于缺少从事国际工程总承包项目经验的中国公司来说应该特别引起重视，注意合理工期的确定。

2）在工程设计阶段，设计部门或设计分包商也要了解并满足项目所在国有关安全、健康和环境保护的要求，例如，对某些材料使用的限制，废气、废水排放的要求等。同时更要关注"业主要求"中有关安全、健康和环境保护的要求，而这些要求往往会体现在"设计准则"（Design Criteria）之中，例如安全检修距离的要求，楼梯倾角的规定等。这些要求不仅会导致工程成本的增加，而且也是工程设计人员经常因"以往经验"而忽视"现实要求"的地方，轻则因违约扣款，重则"推倒重来"，即增加了成本也影响了工期。

3）在设备、材料采购以及制造阶段，也同样要了解并满足项目所在国及业主有关安全、健康和环境保护的要求。尽管在实际合同中可能会允许合同的"供货部分"采用供货商所在国的标准甚至制造商的企业、行业标准，但是合同中"承包商须遵守工程项目所在国法律、法规"的合同原则又要求承包商必须使其供货满足工程项目所在国的法律、法规，特别是"强制性"规定的安全、健康和环境保护方面的要求，例如，禁用材料、设备运行噪声等。

4）现场施工是安全、健康和环境保护管理的重中之重：

①有效地执行 HSE 管理体系。

②建立并实施有效的安全培训和教育机制，特别是每日的班前安全教育等，坚持培训合格上岗制度。

③建立施工现场的围栏、围墙等安保系统，阻止未经授权人及安全教育不合格员工进入现场。

④建立、健全施工现场的安全设施，例如安全通道、防护设施（隔网）、操作平台以及安全警示标识等。

⑤进入现场人员配备安全防护装备，防护鞋、防护镜、安全帽、高空作业安全带等。

⑥严格执行安全规程、在安全条件下作业。

⑦按照规定及时清理作业现场障碍物，保持现场清洁。

⑧加强安全（环境）工程师定期、不定期现场安全和环境检查、巡查，及时发现和处理安全（环境）事故及隐患；充分利用现代化的监控和网络技术，全方位、全天候地监控施工现场的安全作业。

⑨不断地总结安全、健康和环境保护方面的经验及教训，表扬先进惩戒落后，持续改进 HSE 管理体系。

5）建筑垃圾的排放、堆存应满足有关法律和业主要求；对于因工程施工而破坏的场地和矿山等应按要求恢复原貌。

6）遵守劳动法规要求，严禁违法加班加点，这一点在投标、报价计算工程工期时应充分考虑。

7）为现场的工程建设人员（含业主人员）提供安全、健康的工作和生活设施。

【合同实例】

Article 27　Health, Safety and Environment

27.1　The Contractor shall have an implemented Health, Safety and Environment ("HSE") management system approved by the Owner. The Works shall be performed in such a manner that it promotes a good and safe workplace, does not pollute the environment and limits damage and nuisance to people and property resulting from pollution, noise and other results of the Works. The Contractor shall perform the Works in accordance with all Applicable Laws and applicable standards and codes.

27.2　The Contractor shall ensure that emissions, surface discharges and effluent from the Contractor's activities shall not exceed the values indicated by the Owner or as prescribed by the Applicable Laws.

27.3　It is the Owner's goal that all activities involved in this Contract shall be pursued in a safe manner that does not threaten human life and health or damage the environment or the Owner's property. In the performance of the Works, the Contractor shall make every effort to eliminate or reduce the exposure of personnel and the Owner's property to hazardous situations and accidents. HSE precautions shall be an integral part of all activities from design to completion of the Works.

27.4　If the Owner discovers an unhealthy, unsafe, or non-compliant environmental practice as defined in the HSE requirements in Annex 3 (Construction Specification-Design Criteria & Standards), and/or breaches of Applicable Laws by the Contractor (or its subcontractor) in the performance of the Works, then in addition to any other rights under the Contract, the Owner may immediately suspend the Works or any part thereof associated with such unhealthy, unsafe, or non-compliant environmental practice and/or breach of Applicable Laws; and, provided that the Owner has first notified the Contractor of the practice or breach and the Contractor has failed to rectify the practice or breach within the time period specified in the notice, exercise the default rights provided herein. The suspension shall not be lifted until the worksite or Site is made safe, the unsafe practice removed, the non-compliant environmental practice remedied, and/or the breach rectified. All costs incurred by the Contractor during or in connection with such suspension and any delay or disruption caused by a suspension hereunder shall be the responsibility of the Contractor and the Contractor shall have no right to request from the Owner any alteration, reimbursement, payment, compensation or any extension to the Time Schedule.

27.5　The Contractor's personnel shall not perform any of the Works while under the influence of alcohol or any controlled substance. The Contractor's personnel shall not use, possess, distribute or sell firearms, explosives, weapons, alcoholic beverages, illicit or un-prescribed controlled drugs, drug paraphernalia, or misuse legitimate prescription or over-the-counter drugs while on the Site or while performing the Contractor's obligations under the Contract. The Contractor shall immediately and permanently remove any of its personnel who violate these provisions.

27.6　Further details are regulated in Annex 3 (Construction Specification-Design Criteria & Standards).

第27条　健康、安全和环境

27.1　承包商应有一套由业主批准的可实施的卫生、安全和环境（"HSE"）管理系统。工程的实施方式应是可改进良好和安全的工作场所、不污染环境，并限制因污染、噪声及工程产生的其他后果而对人及财产造成的损害和滋扰。承包商应按照所有适用法律和适用的标准及守则执行工程。

27.2　承包商应确保承包商活动产生的排放、表面排泄和流出物不超过业主给出的数值或适用法律规定的数值。

27.3 业主的目标是，本合同涉及的所有活动均应以安全的方式进行，不得威胁人的生命和健康，也不损害环境或业主的财产。在实施工程时，承包商应尽一切努力消除或减少人员和业主的财产暴露于危险情况和事故之中。HSE 预防措施应是从设计到完成工程的所有活动中缺一不可的组成部分。

27.4 如果业主发现附件 3（建设规范——设计准则及标准）健康、安全和环境要求所定义的不健康、不安全或不符合环境要求的事件，和（或）承包商（或其分包商）在实施工程时违反适用的法律，则除合同规定的其他权利外，业主可立即暂停与此类不健康、不安全或不符合环境要求和（或）违反适用法律相关的工程或其中任何部分；并且，如果业主首先通知承包商这些不当行为或违约行为，且承包商未能在通知中指定的期间内纠正这些不当行为或违约行为，则业主行使此处规定的违约处罚权利。在使工地或现场处于安全、消除了不安全做法、修复了不符合环保事项和（或）改正了违约事件之前，不得解除暂停。承包商在此暂停期间发生的费用或与此暂停相关的所有费用以及由此暂停造成的任何延误或中断应由承包商负责，承包商不得向业主要求任何变更、赔偿、付款、补偿或延长工期。

27.5 承包商的人员在酒精或任何控制性物质的影响下，不得进行任何施工。承包商的人员不得在现场或履行承包商合同项下义务时使用、拥有、分发或销售火器、爆炸物、武器、含酒精饮料、非法或非处方管制药物、麻醉药物用具或滥用合法处方或非处方药。承包商应立即并永久撤走任何违反这些规定的人员。

27.6 更多详细的说明列于附件 3 中（建设规范——设计准则和标准）。

第二节 质量管理

1. 质量管理的标准和要求

与 FIDIC 合同条件中第 7.3 款【检验】（Inspection）和第 9 条"竣工试验"（Tests on Completion）不同，这里谈的质量管理是整个工程项目的质量管理或者说质量管理体系。

质量管理（Quality Management，QM 或 Quality Control，QC），在 ISO 9000《质量管理与质量保证》标准中的定义是："质量管理是全部管理职能的一个方面，该管理职能负责质量方针的制订与实施"。在 ISO 8402《质量管理和质量保证术语》标准中的定义是："质量管理是指确定质量方针、目标和职责，并通过质量体系中的质量策划、质量控制、质量保证和质量改进来使其实现的所有管理职能的全部活动"。因此，可以简单地认为，质量管理是指为了实现质量目标，而进行的所有管理性质的活动。

进入 20 世纪工业化时代以来，质量管理的发展分了三个阶段：质量检验阶段、统计质量控制阶段和全面质量管理阶段。20 世纪 60 年代以来，全面质量管理被世界各国所接受，在日本称为"全公司的质量管理"（CWQC），而在中国自 1987 以来开始推行"全面质量管理"（TQC）。1979 年英国制订了国家质量管理标准 BS 5750，1987 年首部 ISO 9000 国际质量管理标准发布，而其后国际标准化组织又发布了 ISO 9001、ISO 9002 等一个系列族的与质量标准有关的文件。1992 年中国国家技术监督局颁布了《质量管理和质量保证标准》（GB/T 19000—1992），该标准等同地采用了 ISO 9000—1987。质量保证体系的实质就是要通过一定的制度、规章、方法、程序和机构等把质量保证活动加以系统化、标准化及制度化；质量保证体系推行责任制和奖罚制；质量保证体系文件的具体体现就是一系列的手册、汇编和图表等。

FIDIC 合同条件也对承包商实施整个工程项目提出了建立质量管理体系的要求。FIDIC 合同条件银皮书第 4.9.1 项【质量管理体系】规定："承包商应编制并实施 QM 体系，以证明符合合同要求。应在开工之日起 28 天内专门为本工程准备好 QM 体系并提交给业主。此后，每当 QM 体系更新或修订时，应立即向业主提交一份副本。

质量管理体系应符合业主要求（如果有）中所述的细节，并应包括承包商的程序：

（a）确保按照第 1.3 款【通知和其他通信交流】规定，承包商文件发出的所有通知和其他通信、承包商文件、竣工记录、O&M（运行维护）手册以及同期纪录可以准确追溯到与其相关的工程、货物、作业、加工工艺或试验。

（b）确保工程执行的各阶段以及分包商之间的界面得到恰当地协调和管理。（以及）

（c）承包商文件提交给业主审查。

承包商应定期对 QM（质量管理）体系进行内部审核，至少每 6 个月一次。承包商应在完成后 7 天内向业主提交一份报告，列出每个内部审核的结果。每一份报告应包括适应情况、改进和（或）纠正质量管理制度和（或）其实施的建议措施。

如果要求对承包商的质量保证证书进行外部审查，承包商应立即向业主发出通知，说明在任何外部审查中发现的所有问题。如果承包商是联合体，本义务应适用于联合体的每个成员。

4.9.2　合规验证体系

承包商应编制并实施合规验证体系，以证明设计、材料、业主提供的材料（如果有）、设备、作业和加工工艺均符合合同要求。

合规验证体系应符合业主要求（如果有）中所述的详细内容，且应包括报告承包商采用的所有检查和试验结果的方法。如果任何检验和测试结果显示不符合合同要求，则适用于第 7.5 款【缺陷和拒收】。

4.9.3　一般规定

符合质量管理体系和（或）合规验证体系不应免除承包商根据合同或与合同有关的任何职责、义务或责任。"

与 1999 年版相比较，2017 年版的 FIDIC 合同条件银皮书中有关质量问题的内容有所增加。首先，从条款的标题上看，1999 年版中第 4.9 款为【质量保证】，而 2017 年版第 4.9 款为【质量管理和合规验证体系】；1999 年版中第 4.9 款有关"质量保证"只在第 4.9 款 1 个条款之下，而在 2017 年版第 4.9 款中有关"质量保证"分列了 3 个条款，这些变化说明 2017 年版的 FIDIC 合同条件银皮书对质量问题更加重视，而且，将【质量保证】改为【质量管理和合规验证体系】体现了强调质量保证、质量管理"体系性"的重要性。其次，如同有关"安全、健康和环境"问题一样，在 2017 年版的 FIDIC 合同条件银皮书中要求承包商的质量管理体系不仅要建立在公司层面，也要求承包商（项目管理部）专门为本工程项目建立质量管理体系，同时该质量管理体系要定期进行内审或必要时进行外审，并把审核结果、改进措施等报送业主，因此，2017 年版的 FIDIC 合同条件银皮书强调了质量管理体系对本工程项目要有针对性，而且该质量管理体系要定期评审、不断改进，以确保其有效性。

2. EPC 工程总承包中的质量管理

在工程建设界或在工程建设项目中,重视质量是一个古老的话题,"质量第一,百年大计"不仅是业内人士目标,而且是街头市民耳熟能详的口号甚至是"潜意识"。在当今,在 EPC 工程总承包项目的设计、采购供货和现场施工三大环节中,对于执行一个工程项目的工程设计公司包括单位工程的设计公司、每个供货厂商、每一现场施工的分包商来说,理论上讲他们都应该有各自的、良好的质量管理,他们也应有各自良好的质量管理体系,这是他们成为"合格承包商""合格供货商"的必要条件。然而,EPC 工程总承包项目是一个"系统工程",甚至是一个庞大的系统工程。例如,对于一个大型的矿业加工型 EPC 工程总承包项目来说,仅工程设计可能涉及矿山开采、矿物加工、产品运输(公路、铁路或水运码头)等众多完全不同的领域,而采购供货更可能涉及几千台(套)、几万台(套)设备的加工制造、采购、运输、储存等,现场施工也是如此。如果是国际 EPC 工程总承包项目,则又多了一些跨国执行工程项目中更为复杂的因素,例如不同的法律、法规体系,关税与清关,国别习惯,贸易和技术壁垒,劳工政策等。因此,国际 EPC 工程总承包的质量管理和质量管理体系,既有质量管理和质量管理体系的共性,更有其个性和特殊性,共性与个性的结合,是做好国际 EPC 工程项目总承包质量管理的关键。

按照 2017 年版 FIDIC 合同条件的要求(或具体合同规定),承包商不仅在公司层面应该建立质量保证体系,还要针对合同项下的工程项目专门制订质量管理体系。

1)确定工程项目的质量目标。一个合同项下的具体工程项目不同于一个公司,其项目的质量目标应该是比较明确、相对具体的,避免使用"国内领先"或"世界一流"这样模糊的概念,要尽量可量化、可考核、可操作。例如,本工程项目的质量目标是:工程设计一次审查通过率90%,供货一次检验合格率95%,全工程项目混凝土浇灌质量一次检验合格率99%等,或者整个工程项目获得国家金奖、工程建设鲁班奖等。

2)健全有效的组织机构。在项目经理部内设立专门的质量控制部或质量控制小组等机构并配备数量充足且经验丰富的质量工程师;必要时该质量控制部受项目经理部和上级公司双重管理,以强化整个公司对工程项目质量的掌控。

3)确立项目参建各部门的职责和员工岗位职责。建立质量岗位责任制明确责任,树立并贯彻"好的质量是生产出来"的理念,确保每个人、每个工段、每个部门在每时每刻的工作质量是合格的、是优秀的。

4)质量管理人员授权上岗充分履行职责。质量控制部、质量控制小组的质量工程师应严格按照质量体系文件和合同中有关规定认真、负责地全面、全方位、全天候地开展各时期、各工段(子项)的质量监控和检查,及时发现并纠正不合格项,及时发现潜在质量风险并提出预防措施,实施质量问题一票否决制,保证质量管理体系的有效运行。

5)持续改进质量管理体系。按照质量管理体系的要求,定期对项目管理体系运行情况进行内部评审,必要时进行第三方审查,针对这一点在 FIDIC 合同条件银皮书 2017 年版也专门提出了要求。通过这样内部或外部的评审、审查,对工程项目执行过程中发生的质量体系运行问题和项目质量问题进行分析、研究,修正质量管理体系,制订预防措施,确保整个工程质量目标的完成。

3. EPC 工程总承包项目质量管理实践中的重大风险管控

EPC 工程总承包项目的管理不同于一个公司、一个设计院、一个工厂的管理,它具有临时性、不确定性、相对多样性和关系非隶属性（多为合同关系）等特点。因此 EPC 工程总承包项目的质量管理体系的运行既具有系统性又有分散性。即使是一个规模很大的工程公司，一个 EPC 工程总承包项目也不可能由一个公司独立完成，至少采购甚至部分工程分包是必然的。所以，EPC 工程总承包商（项目经理部）对于质量管理既不能"以包代管"，也不可能"面面俱到"，掌握全局、控制过程、突出重点是 EPC 工程总承包项目质量管理的特点。

（1）工程设计质量的管理与控制　任何一个工程公司的设计部（技术部）或独立设计公司（院）都应该有自己的质量管理和质量管理体系。确定适宜设计标准和规范，选择正确的设计输入，做好技术方案评审，认真开展工程设计，把好设计文件审校关（校对、审核、审定等）是常规的工程设计质量控制，这在 EPC 工程总承包项目中同样适用而且也必须坚持。

不管设计部（技术部）与项目管理部是同属一个公司（工程总承包商），还是设计采用分包给专业的设计公司（院）的形式，就工程总承包管理而言，工程设计实质上仍然属于"分包"，它只是工程管理的一部分，除非是一个小型的"工程承包队"承担的工程承包项目。由于责任、考核和利益分配的原因，EPC 工程总承包商（项目管理部）对于总承包项目的工程设计质量管理应特别关注：

1）确保体系运行有效性。监督、检查设计部（技术部）或第三方设计院质量管理体系运行的有效性。

2）严把设计输入关。由于从法律（法理）上讲，设计公司（院）或设计部应该通过总承包商（项目管理部）与业主建立关系，因此设计资料、数据等这些设计输入应由总承包商（项目管理部）向业主索要并传递给设计者（除非特殊授权给设计者并形成协议）；设计输入不仅对设计质量有影响，而且对整个工程造价甚至工期都会产生很大的影响。这就意味着，设计输入在工程总承包项下可能对工程的质量、工程成本形成重大风险，这在实际工程案例中举不胜举，因此应予以高度重视。

3）掌控业主对设计的审查过程。在工程总承包项目中特别是国际工程项目，即使是合格（qualified）的设计公司完成的设计工作，业主（业主工程师）也要按合同规定进行审查（在国内的很多工程项目中，对于一些合格设计院的设计特别是土建结构设计，业主是不审查的）。实践证明，业主对工程设计的审查是影响工程设计质量、工程进度和工程成本的重要因素。在实际工程设计审查中，存在着设计标准规范问题、双方对标准规范的理解偏差问题、合同项下业主要求问题、业主或审查工程师"偏好"问题等，由于前述的设计与项目管理责任、利益等原因，设计部或设计公司（院）在工程设计过程审查中的"屈服和让步"同样也会对整个工程项目的质量、进度和成本产生重大风险，这也是实践中经常发生的问题。

4）有效控制设计变更。在本书第六章"工程设计"中曾谈到，由于种种原因会发生设计变更。同样由于责任和利益关系的原因，总承包商（项目管理部）应作为总承包商代表控制设计变更的最终决策权（而非设计者），以控制工程设计的质量、进度以及工程的成本费用。

（2）采购供货的质量管理与控制　在 EPC 工程总承包项目中设备和材料的采购占有重要的地位，前已述之对于工业类的 EPC 工程总承包项目来说，其额度可高达 50% 以上（不含土建施工用钢筋、钢结构等），同时这些设备和材料的质量在这类工程项目中对于最终的工程项目的性能考核、项目的竣工验收起决定性作用，因此采购供货的质量管理与控制工作十分重要。

1）选择合格的供货商。工程公司应该建立评选、更新合格供货商制度，采购工作必须在合格供货商中进行；供货商良好的质量管理体系也是选择合格供货商的必备条件。

2）设置适宜的组织机构。在公司或项目管理部设立专门的采购组织机构，配备专业的采购人员，同时在采购部或公司层面设置专门的质检机构负责相应的质检工作。

3）制订质量控制计划做好过程管控。根据公司质量管理体系要求、合同要求和本项目采购特点，制订采购工作的质量控制计划（Quality Control Plan，QCP）并按照该计划开展质量控制、检验和验收，很多情况下该质量控制计划需要获得业主的批准，或成为合同的组成部分。要特别关注一些重大设备、特殊设备和材料加工制造过程的质量控制，坚持"好的质量是生产出来的"理念。努力防止出现仅在最后验收时才发现问题导致"返工"从而影响工程工期的风险。

4）把好验收的最后关口。按照QCP做好所采购设备、材料出厂前的质量检验或委托他人（含供货商）检验。杜绝未经检验或检验不合格的设备和材料进入工程现场。

5）要特别关注工程现场采购部分的质量管控。无论是为了降低成本还是其他原因，在工程总承包项目的施工现场采购设备、材料及其他物资是在所难免。从采购和质检的角度，施工现场都无法与公司总部的资源相比，因此无论是公司总部还是现场项目管理部都要高度重视现场采购物资的质量管控，任何采购工作都要遵守公司、项目管理部的质量管理体系规则、质量控制计划等规定和作业文件，杜绝出现质量控制盲区。

(3) 现场施工过程的质量管理和控制　在EPC工程总承包项目中，现场施工是将工程设计图纸、采购的设备和材料变成永久性工程（流水线工厂）这一实物的过程，正如本书前面第八章"现场施工"所言，设计、采购等各环节的矛盾焦点都汇集于施工现场，因此现场施工过程的质量管理和管制集重要、复杂、多变、艰难等于一体，是EPC工程总承包项目质量管理的重要一环。

1）建立有效的组织机构。施工质量管理与控制是现场施工管理最重要的工作内容之一，没有质量就没有进度也谈不上成本控制，因此在施工现场应建立强大的质量管理与控制专业队伍。质量管理人员须了解质量控制计划，了解工程设计意图和要求，掌握施工规范、规程和验收标准。

2）制订质量控制计划。与采购供货环节一样，制订全面、有效的施工质量控制计划，要求并审查分包商（如果有）制订科学、周密的施工组织计划和技术方案，做好事先控制。

3）选择好施工分包商。也如同采购一样，选择合格的施工分包商是施工质量控制的重要环节。

4）加强施工过程的质量控制。总承包商的施工质量管理人员要严格按照有关规定，在现场要从施工材料进场、施工过程监控、施工质量检验、验收等全方位、全过程、全天候掌控施工质量。在施工采用分包的情况下，总承包商依然要加强自身的质量管控，防止"以包代管"产生的质量风险。

5）把好施工质量验收关。在业主验收之前，工程总承包商要事先做好施工质量的预验收工作。施工质量验收包括施工工序、施工方法、施工记录、交工资料等一系列环节的检验和控制过程，是把好该工程（子项工程）最后一道工序，杜绝上道工序未验收就开展下道工序施工的错误行为，这是导致质量事故和安全事故的重大隐患及风险。

(4) 做好与质量管理相关资料的管理工作　严格按照质量管理体系的要求，做好与质量管理有关的一切必要资料和数据的搜集、归类及保存等信息、资料管理工作。工程资料既是工程总承包项目当期工程实施的依据，也是工程公司不断总结经验（教训）的抓手，更是一旦出现质量事故寻求可追索的依据。关于"可追索性"这一点在2017年版的FIDIC合同条件银皮书第4.9.1项（a）段中专门增加了这项要求（1999年版中没有提及），这对于工程总承包商在防范发生质量纠纷时因资料缺失或不足而产生败诉的风险具有重要的意义。另外，完整、翔实的过程记录也是工程竣工验收的必要条件。信息、资料的管理是中国工程公司开展国际EPC工程总承包项目中的一个弱项，存在着重大的管理风险，对此应给予高度的重视。

【合同实例】

Article 8 Quality of the Works/Quantity and Quality of the Equipment

8.1 The Contractor hereby undertakes and is obliged to perform the Works in accordance with the quality specified in this Contract and Annex 8 (Quality Specification). The Contractor further undertakes and is obliged to supply to the Owner, in accordance with the provisions of this Contract, the Equipment in the quantity and quality specified in this Contract and Annex 11 (Contractor's Technical Specifications).

8.2 The Contractor represents and warrants that the Plant and Equipment in every respect meets the requirements specified in this Contract and shall be fit for the purpose specified herein. The Contractor further represents and warrants that the materials and workmanship of the Plant shall be in accordance with the applicable standards and specifications set forth in Annex 5 (Construction Specification-Design Criteria & Standards) and that the design, engineering, materials, workmanship and manufacturing of the Equipment shall be in accordance with the applicable standards and specifications set forth in Annex 5 (Construction Specification-Design Criteria & Standards).

8.3 The Contractor shall have an implemented and documented quality assurance system according to ISO 9001 or similar to demonstrate compliance with the requirements of the Contract. The Owner shall be entitled to audit any aspect of the quality assurance system. Compliance with the quality assurance system shall not relieve the Contractor of any of his duties, obligations or responsibilities under the Contract.

8.4 The Contractor shall comply with the requirements of the Quality Control Plan set out in Annex 8 (Quality Specification) in the performance of the Work.

第 8 条 工程质量（设备数量和质量）

8.1 承包商特此承诺并有义务按照本合同和附件 8（质量规范）规定的质量实施工程。承包商还承诺并有义务根据本合同的规定向业主提供本合同和附件 11（承包商技术规格）规定的数量和质量的设备。

8.2 承包商声明并保证工厂和设备在每方面都符合本合同规定的要求，并且应符合此处指定的目的。承包商进一步表示并保证工厂的材料和加工工艺应符合附件 5 中规定的适用标准和规范（建设规范——设计准则及标准），设计、工程、材料、加工工艺和设备制造应符合附件 5 中规定的适用标准和规范（建设规范——设计标则及标准）。

8.3 承包商应拥有符合 ISO 9001 或类似要求的已实施和文件化的质量保证体系，以证明其符合合同要求。业主有权对质量保证体系的任何方面进行审查。遵守质量保证体系不免除承包商在合同项下的任何职责、义务或责任。

8.4 承包商在工程实施中应遵守附件 8（质量规范）规定的质量控制计划的要求。

第十四章

例外事件

第一节 例外事件的概念和定义

例外事件（Exceptional Events）是 2017 年版 FIDIC 合同条件中新引用的术语或名词。在此之前的 1987 编制的 FIDIC 合同条件黄皮书时开始使用"不可抗力"（Force Majeure）这一术语，同样在 1999 年出版的 FIDIC 合同系列条件也使用了"不可抗力"这一术语，而 1992 年以前编制的红皮书中使用的是"意外风险"（Exceptional Risk 或 Special Risk）。而法律界或其他工程建设界（国际贸易界）多使用"不可抗力"这个名词或术语表述同类事件。

对于任何一个工程建设项目来说，无论合同双方如何努力详尽合同中双方的责任和义务、明确各类建设条件，但是总会有一些事物是不容易确定、预测或说明（明确）其作用和影响程度的，因此在工程建设界将一些不可预测但又不能避免，特别是不可预测其影响程度的事件（事物）归结为"不可抗力"。也正是由于其具有的这种"不确定性"的特征，使得在实际中是什么样的事件（事物）可以作为"不可抗力"或借用不可抗力条款使合同一方免除被惩罚是工程建设界、法律界的一个难题，这个问题更常见于工程实施中业主与承包商的争执之中。问题的根结简单地说就是什么事件（事物）是不可抗力事件？这个事件有多大影响？这个事件到底是"可抗"？还是"不可抗"？。

FIDIC 在其 2017 年版的系列合同条件中将原来的"不可抗力"改为"例外事件"或"不可预见事件"，试图从称谓或概念上使得在实际操作中能够减少争议，但实际效果是否会达到预期目的还需要时间检验。目前面临的另一个问题是由于历史的原因，工程建设界包括法律界对"不可抗力"的说法或提法比较熟悉，而且目前许多国家的法律或行业规范，对于"不可抗力"都有定义或解释，而"例外事件"在这方面还有待完善。因此，广泛地了解历史以及各国、各界对"不可抗力"或"例外事件"的理解甚至争议，对于这一名词或概念以及"例外事件"或"不可抗力"事件（事物）本身在 EPC 工程总承包项目的合同起草和工程项目实施中的实际应用是有益的。

"不可抗力"一词来自于法语"Force Majeure"，在英文中也有人称为"Act of God"。不可抗力规则来自于法国《民法典》第 1148 条，英文为："There is no occasion for damages where, in consequence of force majure or accident the debtor has been prevented from conveying or doing that to which he has obliged or has done what he was debarred from doing."（如果由于不可抗力或意外事故，债务人被阻止传递或实施他已承诺要做或已做了禁止做的事情，则不存在损害赔偿的问题）。根据这一规则，

如果因为当事人意志以外的事件，造成对履行该合同来说是不可能克服的障碍，自然该允诺的道德义务便消失。

《布莱克法律词典》（Black's Law Dictionary）对不可抗力是这样解释的：不可抗力是指一种既不能被预测也不能被控制的事件或影响。它通常被认为包括因自然原因引起的（例如，洪水和暴风）和因人引起的（例如，暴乱、罢工、战争）（as an event or effect that can be neither anticipated nor controlled. The term is commonly understood to encompass both acts of nature, such as floods and hurricanes, and acts of man, such as riots, strikes, and wars）。

在《牛津法律词典》（Oxford Dictionary of Law）中，"不可抗力"的解释是：不可抗拒的强迫或胁迫。该短语在商业合同中特别用来描述可能影响合同且完全超出当事人控制范围的事件。此类事件通常全部列于合同中，以确保其可执行性；这些事件可能包括天灾、火灾、供应商或分包商未能根据协议供货，以及影响供应商履行协议的罢工和其他劳资纠纷。明示条款中通常成为拖延和完全不履行协议的理由。（Irresistible compulsion or coercion. The phrase is used particularly in commercial contracts to describe events possibly affecting the contract and that are completely outside the parties' control. Such events are normally listed in full to ensure their enforceability; their may be include acts of God, fires, failure of suppliers or subcontractors to supply the suppliers under the agreement, and strikes and other labour disputes that interfere with the suppliers' performance of an agreement. An express clause would normally excuse both delay and a total failure to perform the agreement.）

剑桥英语词典中对于"不可抗力"的解释为：不可抗力，一种意外事件，如战争、犯罪或地震，阻止了某人执行法律协议中书写的内容。（Force Majeure, an unexpected event such as a war, crime, or an earthquake which prevents someone from doing something that is written in a legal agreement.）

2021年1月1日起实施的《中华人民共和国民法典》第180条对不可抗力的规定："因不可抗力不能履行民事义务的，不承担民事责任。法律另有规定的，依照其规定。不可抗力是不能预见、不能避免且不能克服的客观情况。"

综上所述，从各国法律的层面就合同双方而言，不可抗力具有不可预见性、不可避免性、不可克服性、履约期间性四大特征，即在合同执行期间：①不可抗力是当事人不能预见的事件；②不可抗力是当事人不能控制的事件；③不可抗力是独立于当事人意志和行为以外的事件；④不可抗力是阻碍合同履行的客观事件。

关于不可抗力的分类，有按属性分的两类法，即自然事件（如水灾、火灾、地震、瘟疫等）和社会事件（如战争、动乱、暴乱、武装冲突、罢工等）；也有按来源分的三类法，即自然灾害（同上述自然事件）、社会异常（同上述社会事件）和政府行为（如征用、征收、强行停止等）。

从行业的角度，FIDIC 合同条件银皮书 1999 年版中对不可抗力的规定为第 19.1 款【不可抗力的定义】："在本条中，'不可抗力'系指具有某种特征的事件或情况：

（a）一方无法控制的。

（b）该方在签订合同前，不能对之进行合理预防的。

（c）发生后，该方不能合理避免或克服的。

（d）主要不归因于他方的。

只要满足上述（a）到（d）段条件，不可抗力可包括但不限于下列各种特殊事件或情况：

（ⅰ）战争、敌对行为（不论宣战与否）、入侵、外敌行为。

（ⅱ）叛乱、恐怖主义、革命、暴动、军事政变或篡夺政权或内战。

（ⅲ）承包商人员和承包商及其分包商的其他雇员以外的人员的骚动、喧闹、混乱、罢工或停工。

（ⅳ）战争军火、爆炸物资、电离辐射或放射性污染，但可能因承包商使用此类军火、炸药、辐射或放射性物质引起的除外。

（ⅴ）自然灾害，如地震、飓风、台风或火山活动。

国际商会《国际货物销售合同范本》（仅用于旨在转售的制成品）（THE ICC《Model International Sale Contract》（Manufactured Goods Intended for Resale）第13条中关于"不可抗力"规定："13.1 一方当事人对其未履行义务可不负责任，如果他能证明：

（a）不能履行义务是由非他所能控制的障碍所致。（及）

（b）在订立合同时，不能合理预见到他已把这一障碍及其对他履约的能力产生影响考虑在内。（以及）

（c）他不能合理地避免或克服该障碍或其影响。"

（13.1 A party is not liable for a failure to perform any of his obligations in So far as he proves：

（a）that the failure was due to an impediment beyond his control. And

（b）that he could not reasonable be expected to have taken the impediment and its effects upon his ability to perform into account at the time of the conclusion of the contract，and

（c）that he could not reasonably have avoided or overcome it or its effects.）

前已述之，2017年版的FIDIC合同条件银皮书将1999年版银皮书第19条"不可抗力"改为第18条"例外事件"，但其关于"例外事件"或"不可抗力"定义条款的内容基本没有变化，只是将1999年版第19.1款（d）段的（ⅲ）"承包商人员和承包商及其分包商的其他雇员以外的人员的骚动、喧闹、混乱、罢工或停工"改为2017年版中的第二段，即"（c）承包商人员、承包商和分包商的其他雇员以外人员的暴乱、骚乱或混乱；（d）罢工或停工不单涉及承包商人员和承包商及分包商的其他雇员"。这一改动使得2017年版中有关这部分内容更加明确、清晰并扩大了适用情景，即关于罢工和停工，只要有承包商人员和承包商及其分包商的其他雇员以外的人员发生了罢工和停工即构成"例外事件"（不可抗力）这一重要特征，至于承包商人员和承包商及分包商的其他雇员是否参与并不作为判断是否构成"例外事件"的依据。

由此可见，FIDIC合同条件2017年版银皮书第18条"例外事件"中有关"例外事件"或1999年版银皮书第19条"不可抗力"中有关"不可抗力"的定义与各国或其他行业的定义相差不多，只是在FIDIC合同条件中关于"例外事件"的举例更为明确、具体，这一点在实际合同条款的设置中非常重要。

虽然"例外事件"如同其术语本身一样属于"意外"，但在EPC工程总承包项目执行中却不时发生，而且对于发生的这一事件是否属于"例外事件"从而适用于相应合同中"例外事件"的条款经常成为承包商与业主之间乃至仲裁、法庭之上争议的焦点，这是有关这一问题的主要风险所在。因此，在实际中合同双方在有关这个方面的合同条款设置上应该力求全面、详尽、明确、清晰，宜结合项目特点宁繁勿简地将可能想到的构成本项目"例外事件"的事项详尽地列于合同之中，与此同时也将一些事件的"边界条件"和所谓"证据"尽量界定清楚，努力减少事件发生后的争议，尽管这一工作非常艰巨。例如，工程所在国发生骚乱、叛乱、军事政变等这类"例外事件"，什么样的证据、谁来定义才可以将其作为构成"例外事件"的依据；因为在一些国家骚乱、叛乱可能经常发生，即使承包商的所在国甚至国际社会称之发生了骚乱或叛乱，但工程所在国家政府不一定"承认"发生了骚乱、叛乱。因此，列举、明确事件性质、证据种类、权威机构等作为构成实际合同中"例外事件"的条件显得十分重要,是防范这一风险的有利措施。下面将一些常见的可能构成不可抗力或例外事件的情况列于表14-1,供广大读者参考。

表14-1 可能构成不可抗力或例外事件

属性	事件描述	事件英文描述
自然	水灾、地震、火山活动、闪电、旋风、飓风及其他风暴 传染病、瘟疫、疫病、流行病	floods, earthquake, volcanic activity, lightning, cyclone, hurricane and other storms plague, pestilence, disease, epidemics
经济	原料或其他供应物资短缺 无运输工具或者舱位	shortage of raw materials or other supplies shortage of transportation or inability to obtain freight space
社会	罢工、停工 其他工人(人员)骚动或骚扰 封港、禁运、政府管制	strike, lockouts other labor/person troubles or disturbances blockade, embargoes or regulations of any governmental authority
政治	政府干涉 骚乱、叛乱、军事政变、内战、战争、入侵	governmental interference civil commotions, rebellion, military usurped power, civil war, war, invasion
其他	其他各种因各方力所不能及的事件	other events beyond the control of the parties

然而,这里有些情况如果承包商希望列入在合同中时,更要做特别、明确的说明,例如"原料或其他供应物资短缺""无运输工具或者舱位"或"供方工厂或生产设备遭受火灾、爆炸、破坏或者损坏"等。因为在 EPC 工程总承包合同中,无论是明示条款还是已经存在的默示条款都有"承包商是合格的、有能力的、了解工程项目情况的(包括可能出现的困难)等"这样的要求或含义,除非合同中有特殊说明外。因此,对于一些对合同执行显得非常特别的重要但常规情况下难以被认可为例外事件且有可能发生的,该事件发生后承包商无其他选择而导致合同彻底无法进行时,承包商应坚持将这些内容作为"例外事件"列入合同明示条款中,例如一些工程使用的特定设备、材料或运输方式等关键事项。

第二节 例外事件的通知与确认和相应的义务

当合同的一方受到例外事件影响而无法履行合同义务时应及时通知另一方,并说明情况,以期对不能正常履行合同义务免责。然而实际中,对于一方提出的"例外事件"是否能被另一方所认可,这一点在实际中双方并非总能达成一致,相反经常会成为合同双方争执的焦点。

FIDIC 合同条件银皮书第 18.2 款【例外事件的通知】中规定:"如果一方因某一特殊事件(本条款中称"受影响方")使其履行合同规定的任何义务已或将受到阻碍,则受影响方应向另一方发出此类例外事件的通知,并且详细说明其履约和义务已或将受到阻碍的情况(本条款中称"被阻碍的义务")。

该通知应在受影响方知道或应该知道该例外事件后14天内发出，受影响方应从该例外事件阻止其履行义务之日起免除其履行被阻碍义务的责任。如果另一方在这14天之后收到本通知，则受影响的一方仅可从另一方收到本通知之日起免除履行被阻碍的义务。

此后，只要这种例外事件阻碍了受影响方履行这些义务，受影响方应被免除履行这些义务的责任。除履行被阻碍的义务外，受影响方不得免除履行本合同项下的所有其他义务。

但是，任何一方在合同项下对另一方的付款义务不应因例外情况而免除。"

从 FIDIC 上述规定中可以看出三个重要事项，一是当例外事件发生时"受影响方"应通知另一方；二是该"受影响方"发出的通知有时限性要求；三是因"例外事件"阻碍了合同的履行，受影响方应被免责，但不免除其履行本合同项下的所有其他义务。然而，纵观 FIDIC 合同条件中涉及"例外事件"的各章节均未提及在"受影响方"发出上述通知后另一方是否应给予回复？是否有时限要求给予回复？更没有提及另一方是否需要确认或接受"受影响方"通知中提到的"例外事件"这样的条款。到目前为止，在各国相应的法律中很难找到这样的或类似这样的规定条款，作者只在前述的国际商会《国际货物销售合同范本》定义"不可抗力"的第13条中规定："不可抗力：一方当事人对其未履行义务可不负责任，如果他能证明：（a）不能履行义务是由非他所能控制的障碍所致……"中使用了"证明"（prove）二字，由此可以看出，"例外事件"是需要"被证明"的，或者说是需要"被批准"或"被认可"的，这一点在实际中确实如此。由于"例外事件"的发生不仅可能导致因"例外事件"带来的直接损失，而且对工程项目后续工作包括工程如何开展、费用结算、补偿等也会造成影响，因此能否构成"例外事件"是承包商与业主之间经常发生的矛盾。因为一是什么类型的事件可以算作"例外事件"，二是这一事件达到什么"严重程度"或"范围"时可被视为"例外事件"。例如什么样的混乱算作"内乱"，什么样的疾病算作"疫情"等，这种难以界定的情况在国际工程项目中经常出现，也是非常重要的一个风险点。就"证据"而言，最重要的一是什么机构（部门）可以（应该）出具证据，二是什么样的证据是有效证据或能够被对方接受等。例如2020年在"新型冠状病毒感染的肺炎疫情"期间，中国国际贸易促进委员会向浙江湖州某汽配制造企业出具了全国首份新型冠状病毒肺炎疫情不可抗力事实性证明书。根据以往的经验，在国际工程总承包项目中，可能出具或成为"例外事件"证据的有：

1）当地商会或者工会出具的证明。
2）对方国家驻"受影响方"所在地使馆、领事馆出具的证明。
3）"受影响方"所在国当局出具的证明。
4）关于该不可抗力事件新闻报道。
5）其他有证明力的证明。

总之，"例外事件"的发生对于工程总承包项目来说是一种风险，而且既然被称之为"例外事件"，因此这种事件发生后对工程项目的不利影响不会很小。但是，例外事件发生后"受影响方"是否能够有足够的证据来证明或另一方是否接受这一事件可以构成"例外事件"，从而使其免除承担履行合同的义务之责，则对"受影响方"来说是另一种风险。

"例外事件"是合同双方都不希望发生的，它的发生可能造成工程项目的直接损失，例如地震造成工程项目的建、构筑物的损坏、机器设备的损坏、罢工、政变对工程项目工期的影响等。因此，当"例外事件"发生后，"受影响方"除应及时通知另一方并获得"认可"外，双方还应将由"例外事件"的发生所造成的损失降到最低。FIDIC 合同条件银皮书第18.3款【将延误减至最小的义务】规定："每方都应始终尽所有合理的努力，使例外事件对履行合同造成的任何延误减至最小。

如果例外事件具有持续影响，受影响方应在根据第18.2款【例外事件的通知】发出第一份通知后每28天发出一次描述影响的进一步通知。

当受影响方不再受该例外事件影响时，受影响方应立即通知另一方。如果受影响的一方没有这样做，另一方可以向受影响的一方发出通知，说明另一方认为受影响的一方的行为不再受到例外事件的阻碍，并说明理由。"

按照FIDIC的立场，即使发生了"例外事件"，合同的各方都应该以积极的态度保持及时、有效的沟通，积极消除因"例外事件"的发生所产生的不利影响，努力履约并促进工程项目的继续实施。

第三节　例外事件的事后影响与处理

"例外事件"一旦发生，合同双方面临的另一问题是该工程应该如何处理，是暂停、无限期延期还是彻底终止？有关的费用该如何结算？人员、机具撤离还是保留在现场？

FIDIC合同条件银皮书第18.4款【例外事件的后果】规定："如果承包商是受影响的一方并因其按照第18.2款【例外事件的通知】发出通知的例外事件而遭受延误和（或）产生费用，则承包商有权根据第20.2款【付款和/或竣工时间延长的索赔】要求：

（a）延长工期。（和/或）

（b）如果例外事件属于第18.1款【例外事件】（a）至（e）段所述的类型，并且（b）至（e）段所述的例外事件发生在该工程所在国，此类费用应予以支付。"

FIDIC合同条件银皮书第18.4款虽然题目是"例外事件的后果"，但只是说明了在"例外事件"发生（并被认可）后，承包商有权"申请"因"例外事件"而导致的工程延期补偿和相应产生费用的补偿，其相应费用的处理方法和原则与前面第十二章"合同终止"中有关"业主自便的终止"部分阐述的内容完全一致，在此不再赘述。

关于受"例外事件"影响的工程项目如何处理，FIDIC合同条件银皮书在另一条款即第18.5款【自主选择终止】中做出了规定："如果因已根据第18.2款【例外事件的通知】的规定发出通知的例外事件，使基本上全部进展中的工程实施受到阻碍已连续84天，或由于同一通知的例外事件断续阻碍几个期间累计140天，任一方可以向他方发出终止合同的通知。

在这种情况下，终止日期应为另一方收到通知后的第7天，承包商应按照第16.3款【终止后承包商的义务】进行。"

按照FIDIC的立场，当"例外事件"发生并持续阻碍工程实施一段时间后，合同中的任何一方均可提出并终止合同，FIDIC合同条件给出的期限是，在"例外事件"发生并连续84天及以上阻碍或同一事件断续累计140天后任何一方即可发出终止通知，并在另一方收到通知后的第7天终止合同。当然，无论是84天还是140天，这只是FIDIC给出的一个建议，在实际中如果真的发生"例外事件"，正常情况下双方都希望克服一切困难以继续履行合约。特别是对于承包商来说经过漫长的投标过程及精心的"进场"前准备，尽管发生了"例外事件"，但是继续履约、实施工程并从中获取实施工程的收益是其最大利益所在，而终止合同无疑是承包商的重大损失。在实际中，即使没有发生"例外事件",由于各种原因工程被"停滞"84天或140天甚至更长时间,也是常见的事情。因此,发生"例外事件"后,合同是否继续履约,工程是否继续实施,由合同双方视情况具体商定。

然而,即使合同被终止,承包商仍然要完成"善后"工作,这些善后的工作适用于FIDIC合同条件银皮书第16.3款【终止后承包商的义务】中的规定,该规定的主要内容为:停止所有进一步的工作,业主为保护生命或财产或工程的安全给出指示的工作除外;向业主移交承包商已得到付款的承包商文件、生产设备、材料和其他工作;从现场移走除为了安全需要以外的所有其他货物,并撤离现场。

例外事件或不可抗力无论是在一般性贸易项下还是在工程贸易项下,都是一个比较复杂的问题,主要是其定义和事件边界(广度及深度)经常难以确定,而且事件的影响无论是对买方还是卖方、业主还是承包商来说都是重大的。为了读者更好地理解这个问题,下面给出国际商会《国际货物销售合同范本》中有关"不可抗力"的描述以及实际合同案例。

《国际货物销售合同范本》:

THE ICC《MODEL INTERNATIONAL SALE CONTRACT》(Manufactured Goods Intended for Resale)

Article 13　Force majeure

13.1　A party is not liable for a failure to perform any of his obligations in so far as he proves.

(a) that the failure was due to an impediment beyond his control, and

(b) that he could not reasonable be expected to have taken the impediment and its effects upon his ability to perform into account at the time of the conclusion of the contract, and

(c) that he could not reasonably have avoided or overcome it or its effects.

13.2　A party seeking relief shall as soon as practicable after the impediment and its effects upon his ability to perform become known to him, give notice to the other party of such impediment and its effects on his ability to perform. Notice shall also be given when the ground of relief ceases.

Failure to give either notice makes the party thus failing liable in damages for loss which otherwise could have been avoided.

13.3　Without prejudice to article 10.2 a ground of relief under this clause relieves the party failing to perform from liability in damages, from penalties and other contractual sanctions, form the duty to pay interest on money owing as long as and to the extent that the ground subsists.

13.4　If the grounds of relief subsist for more than six months, either party shall be entitled to terminate the contract without notice.

国际商会《国际货物销售合同范本》(仅用于旨在转售的制成品))

第13条　不可抗力

13.1　一方当事人对其未履行义务可不负责任,如果他能证明:

(a) 不能履行义务是由非他所能控制的障碍所致。(及)

(b) 在订立合同时,不能合理预见到他已把这一障碍及其履约的能力产生影响考虑在内。(以及)

(c) 他不能合理地避免或克服该障碍或其影响。

13.2　请求免责的一方当事人,在他知道了此项障碍及其对他履约能力的影响之后,应以实际可能的速度尽快通知另一方当事人此项障碍及其对他履约能力的影响。当免责的原因消除时也应发出通知。

如果未能发出这一通知，则该当事人应承担其原可避免的损失赔偿责任。

13.3 在不影响第10.2款效力的前提下，本款下的免责理由，只要且仅在此限度内该免责事由继续存在，可使未履约方得以免除损害赔偿之责任，免除处罚及其他约定的罚金，免除所欠款项利息支付之责任。

13.4 若免责的原因持续存在6个月以上，任何一方均有权不经过通知对方即可终止合同。

【合同实例1】

19　Force Majeure

19.1　Force Majeure Causes

19.1.1　Force Majeure is an unpredictable and uncontrollable act, event or circumstance (including the effects thereof) which:

1) is beyond a Party's reasonable control;

2) (or any other consequence of which) the Party could not reasonably have provided against before entering into the Contract;

3) (or any other consequence of which) having arisen, cannot be prevented, avoided or overcome by the exercise of reasonable diligence, skill and care by the affected Party;

4) materially adversely affects a Party from performing its obligations under the Contract; and

5) is not caused directly or indirectly by the other Party.

19.1.2　Force Majeure may include events of the kind listed below, so long as conditions 1) to 5) above are satisfied:

1) war, hostilities (whether declared or not), invasion, act of foreign enemies;

2) political troubles, arson, rebellion, terrorism, revolution, insurrection, military or usurped power or civil war;

3) riot, commotion, disorder, or strike by persons other than the Contractor's personnel or Sub-Contractor's personnel engaged in the Works or any other employees of the Contractor and any Sub-Contractor;

4) munitions of war, explosive materials, ionizing radiation or contamination by radio-activity, except as may be attributed to the Contractor's use;

5) natural catastrophes including earthquakes, hurricanes, floods, typhoons or volcanic activity; and

6) epidemic (such as SARS) necessitating confining measures imposed by the Country Health Authorities, such measures shall be provided by the Contractor by using all means available to satisfy the Health Authorities.

19.2　Sub-Contractor's Failure

A Sub-Contractor's failure to supply equipment, components and/or provide Services under the Contract shall not be an Event of Force Majeure unless that failure if itself is due to events analogous to events mentioned in Clause 19.1.

19.3　Notification of Force Majeure

If a Party is or will be prevented from performing any of its obligations under the Contract by Force Majeure, then it shall give Written notice by means of registered mail to the other Party of the Force Majeure, which shall specify:

1) the obligations, the performance of which is or will be prevented;

2) full particulars of the event of Force Majeure;

3) full particulars of the effect of such event of Force Majeure on that Party's ability to perform its obligations under this Contract (including the details of the causal connection between them);

4) an estimation of the likely duration of the Force Majeure; and

5) details of the corrective measures already undertaken or to be undertaken; and use its best endeavors to minimize the effects of the Event of Force Majeure, and to remedy the situation as soon as reasonably possible.

The notice shall be given within ten (10) Days after the Party became aware, or should have become aware, of the Force Majeure event. The notifying Party shall provide as soon as available a certificate from local authorities or evidence attesting to the existence of the Force Majeure event.

19.4 Delay to Provide Notice

If the Party does not give notice within ten (10) Days, the Party shall lose its rights under this Clause except if issue of the notice was prevented by the Force Majeure event itself.

19.5 Continued Obligation

Having given notice, the Party shall be excused from the performance of its obligations under this Contract for the duration of the Force Majeure event up to a continuous period of four (4) Months.

19.6 Terms for Continuation

If the delay due to Force Majeure lasts longer than six (6) Months, then the Parties will agree on the terms for continuation or cessation of the Contract.

19.7 Parties' Obligations

The Parties obligations under the Contract will remain unchanged in all other respects.

19.8 Work Resumption

The Party, which has been subjected to the Force Majeure as described above shall recommence its Contract obligations as soon as possible once the event of Force Majeure has come to an end except if cessation has been agreed to by the Parties.

19.9 Force Majeure Cost Attribution

19.9.1 The Parties shall be individually responsible to provide for themselves Force Majeure insurance coverage.

19.9.2 The loss caused by Force Majeure which are:

1) uninsured (responsibility of the individual Party); or

2) uninsurable; or

3) loss and/or damage not recoverable from Force Majeure insurance.

Shall not be the exclusive responsibility of either Party but distributed as indicated in Chapter C "Special Conditions".

19.9.3 Neither Party shall be attributed any delays nor shall be responsible for any delays which are the result of Force Majeure act, event or circumstance.

19.9.4 If the Parties agree to the cessation of the Contract in accordance with Clause 19.6., such cessation shall not be considered a Termination for Convenience of either Parties and the cost to the Parties shall be limited to direct cost and supported in accordance with Sub-Clause 19.9.2.

19 不可抗力

19.1 不可抗力条款

19.1.1 不可抗力是一种不可预知和无法控制的行为、事件或情况（包括其影响），它：

1) 超出一方的合理控制能力。

2)（或任何其他后果）在签订合同之前，当事人无法合理地预防。

3)（或任何其他后果）已发生，但不能由受影响方通过合理的努力、技能和小心来防止、避免或克服。

4) 对一方履行合同义务构成重大不利影响。（和）

5) 不是由另一方直接或间接造成的。

19.1.2 不可抗力可包括以下所列事件，只要符合上述条件1）至5）段：

1) 战争、敌对行动（无论是否宣布）、入侵、外国敌人的行为。

2) 政治骚动、纵火、叛乱、恐怖主义、革命、叛乱、军事或篡夺权力或内战。

3) 由工程中非承包商的人员或分包商的人员或承包商的任何其他雇员的人员进行暴乱、骚动、混乱或罢工。

4) 除了承包商使用以外的军火、爆炸性材料、电离辐射或放射性活动污染。

5) 自然灾害，包括地震、飓风、洪水、台风或火山活动。（和）

6) 疫情（如非典），国家卫生局采取强制性措施并由承包商利用一切手段满足卫生当局要求的。

19.2 分包商过失

分包商未能按照本合同要求提供设备、部件和（或）提供服务，不得构成不可抗力事件，除非该事故本身是由于类似于第19.1款所述的事件所致。

19.3 不可抗力的通知

如果一方因不可抗力而无法履行或将被阻碍履行合同规定的任何义务，则该方应用指定邮件向不可抗力的另一方发出书面通知，其中应具体说明：

1) 义务、履约正在或将被阻碍。

2) 不可抗力事件的全部细节。

3) 不可抗力事件对该方履行本合同义务能力影响的全部（包括它们之间因果关系的细节）。

4) 不可抗力可能持续时间的估计。（和）

5) 已经采取或将采取的纠正措施的详细信息；尽最大努力将不可抗力事件的影响降到最低，并尽快合理补救。

该通知应在当事人知道或应当知道的不可抗力事件后10天内发出。通知方应尽快提供地方当局的证明或证明存在不可抗力事件的证据。

19.4 通知迟发

如果当事人未在10天内发出通知，则该方应失去本条款规定的权利，除非不可抗力事件本身阻止了通知的发出。

19.5 延长义务

在发出通知后，在不可抗力事件期间，当事人应免除其履行本合同之义务，期限为连续4个月。

19.6 持续性条款

如果因不可抗力而导致的延误持续超过 6 个月，则双方应就合同是延续还是终止达成一致意见。

19.7 双方的义务

双方在合同项下的其他义务将保持不变。

19.8 工程再启动

受到上述不可抗力影响的当事人应在不可抗力事件结束后尽快重新开始履行其合同项下义务，除非双方已同意停止履约。

19.9 不可抗力费用的分摊

19.9.1 双方应单独负责为自己提供不可抗力保险。

19.9.2 不可抗力造成的损失包括：

1) 未购买保险的（各自的责任）。（或）

2) 不可投保的。（或）

3) 不可抗力的保险未能"覆盖"的损失和（或）损坏。

上述情况不归咎于某一方的责任，其分摊见第 C 章"专用条款"中的详细说明。

19.9.3 任何一方均不得将任何延误归为一方，也不应对因不可抗力行为、事件或情况造成的任何延误负责。

19.9.4 如果双方同意根据第 19.6 款终止合同，则此种终止不应被视为任何一方自行终止合同，双方应承担的费用应限于直接费用，并按照第 19.9.2 项执行。

【合同实例 2】

Article 21　Force Majeure

21.1 Subject to Article 21.2 below, "Force Majeure" shall mean any event beyond the reasonable control of the Parties, which is unavoidable notwithstanding the reasonable care of the Party affected, and has a direct and material impact on the completion of the Works or a Party's ability to fulfil its obligations under the Contract, and shall include strikes, lock-outs, mobilization, war, riots, civil commotions, government ban on imports and exports, sabotage, terrorist acts, fire, floods, earthquakes and other natural disasters.

21.2 For the avoidance of doubt, "Force Majeure" shall exclude the following events, acts, facts or circumstances:

(a) any change in Applicable Law or revocation of or failure to maintain any consents, licences or approvals required from any regulatory authority in order to carry out the Works;

(b) breakdown of or damage to any of the Contractor's Equipment or property;

(c) any contractual commitment made by the Contractor to any third party which limits the ability of the Contractor to perform the Works;

(d) any inability to pay or perform because of increased costs, failure to secure or preserve necessary financing, other adverse economic consequences or shortage of or any lack of financial or technical resources;

(e) any inability to pay or perform primarily caused by general economic or market conditions including without limitation recession, depression, inflation, deflation, exchange rate fluctuations, availability of foreign exchange funds or changes in prices or any other event that merely makes performance uneconomic or commercially impracticable;

(f) weather, climatic and/or tidal conditions which are reasonably expected for the Site in general;

(g) delays resulting from adverse weather conditions or unfavourable ground conditions, or other similar adverse conditions;

(h) any strikes or lock-outs other than (i) a nationwide strike in country or (ii) a strike/lock-out that materially affects the Contractor's performance of the Works and lasts for twenty (20) consecutive Business Days or longer;

(i) any unavailability, late delivery, change in cost, delay, default or failure (direct or indirect) in obtaining of labour, materials (including Construction Materials), equipment (or the breakdown of same whether on land or off-shore), plant, spare parts, supplies, tools, utilities, consumables or other things required for the Works, including late delivery or failure of items supplied by subcontractors;

(j) the failure of the Plant to perform in accordance with the expectations of the Owner; and

(k) any normal wear and tear.

unless such events, acts, facts or circumstances were caused by circumstances which would themselves constitute Force Majeure.

21.3 Notwithstanding any other provision in this Article to the contrary, the breakdown or disruption of the Contractor's Equipment or any part of the Plant, or the shortage of labour, materials (including Construction Materials) or other resources shall not constitute Force Majeure unless such events, acts, facts or circumstances were caused by circumstances which would themselves constitute Force Majeure.

21.4 If either Party is prevented, hindered or delayed from or in performing any of its obligations under the Contract by an event of Force Majeure, then it shall notify the other in writing of the occurrence of such event and the circumstances thereof within ten (10) Days after the occurrence of such event, and as far as possible supported by evidence of the occurrence of Force Majeure.

21.5 The Party invoking Force Majeure shall be exonerated from the performance or punctual performance of its obligations under the Contract for so long as the relevant event of Force Majeure continues and to the extent that such Party's performance is prevented, hindered or delayed. The time for performance of the obligations shall be extended accordingly.

21.6 If the performance of the obligations is substantially prevented, hindered or delayed for an aggregate period of more than One Hundred and Twenty (120) Days on account of one or more events of Force Majeure during the term of the Contract, either Party may terminate the Contract by giving notice to the other and Article 20.1 (c) shall apply.

21.7 No delay or nonperformance by either Party hereto caused by the occurrence of any event of Force Majeure shall constitute a default or breach of the Contract, or give rise to any claim for damages or additional cost or expense occasioned thereby.

第21条 不可抗力

21.1 除下文第21.2款外,"不可抗力"是指任何超出当事人合理控制范围的事件,尽管受影响方尽心尽力,但事件是不可避免的,对工程的完成或当事人履行合同义务的能力有直接和重大的影响,这些事件应包括罢工、封锁、动员、战争、暴乱、民间骚动、政府禁止进出口、破坏、恐怖主义行为、火灾、洪水、地震和其他自然灾害。

21.2 为免疑惑，"不可抗力"应排除下列事件、行为、事实或情况：

a) 所适用法律的任何修改、废除，或为实施工程项目监管机构所需的承诺、许可或批复的终止。

b) 承包商任何设备或财产的故障或损坏。

c) 承包商向任何第三方做出的任何合约性承诺，限制了承包商执行工程项目的能力。

d) 因成本增加、备用或保证资金的不足、其他不利的经济后果或缺乏资金或技术资源而无力支付或履约。

e) 主要由通常经济或市场条件造成的任何无法支付或履约，包括但不限于衰退、萧条、通货膨胀、通货紧缩、汇率波动、外汇资金的可得性或价格变化，或仅仅是使履约无经济效益或商务上不可操作。

f) 天气、气候和（或）潮汐条件，通常这些对于现场来说应该是有理由预计的。

g) 因恶劣天气条件或不利的地面条件或其他类似的不利条件而造成的延误。

h) 除（i）国家全国性罢工或（ii）对承包商实施工程项目造成重大影响且连续持续20个工作日或更长时间外，任何罢工或封锁。

i) 任何不可获得、迟延交货、成本变化、延误，或在获得劳动力、材料（包括建筑材料）、设备（或陆上或海上相同）、装置、备件、用品、工具、设施、消耗品或其他工程所需的物品时的错误或过失（直接或间接），包括分包商提供部分的迟交付或失效。

j) 工厂未能按照业主的期望运行。（和）

k) 任何正常的磨损和消耗。

除非此类事件、行为、事实或情况是由本身构成了不可抗力的情况造成的。

21.3 尽管与本章中任何其他条款会有矛盾，但承包商的设备或装置任何部分的故障或中断，或劳动力、材料（包括建筑材料）或其他资源的短缺，除非此类事件、行为、事实或情况是由本身构成了不可抗力的情况造成的，否则不得构成不可抗力。

21.4 如果任何一方因不可抗力事件而被阻止、阻碍或推迟或未能履行合同规定的任何义务，则应在不可抗力事件发生后10天内以书面形式通知另一方，并尽可能以不可抗力发生的证据作为支撑。

21.5 援引不可抗力的一方，只要不可抗力的相关事件继续下去，并阻止、阻碍或拖延这一方履约，援引不可抗力的一方，应免除履行或如期履行本合同的义务，履行义务的时限应相应延长。

21.6 如果由于在合同期内发生一个或多个不可抗力事件而大大阻止、阻碍或拖延了履行的责任累计120天以上，则任何一方可以通知另一方终止合同，适用于第20.1款（c）段。

21.7 任何一方因发生任何不可抗力事件而造成的任何延误或不履行义务行为均不算成错误或构成违反合同，或由此引起对任何损害或额外发生的费用的索赔。

总之，由于国际工程总承包项目其履约周期一般会比较长，短则1~2年，长则3~5年，在这个比较漫长的工程实施过程中，人为的、非人为的因素很多，各类事件频繁发生的情况也会很多。本章所述的"例外事件或不可抗力事件"在工程建设界即属意外但也属常见，而且这里所谈的"例外事件或不可抗力事件"一般都会对工程建设造成比较大的影响，从法律的角度讲属于或会导致"情景变更"或"合同落空"的条件，在实际操作中会"触及"（引用）合同条款甚至启动仲裁或司法程序。因此，除"例外事件或不可抗力事件"本身可能带来的风险和损失外，对"例外事件或不可抗力事件"本身的处理过程和最后的结果，无论是对于业主还是承包商来说也是一种风险。从风险防范与处置的角度来说，"例外事件或不可抗力事件"与其他事件有所不同，"事先防范——过程管制——善后处理"三段论中的"过程管制"基本难以适用，因为如果能够被"管控"就不成其为"例外事件或不可抗力"。鉴于"例外事件或不可抗力事件"的高度不确定性和后果的危害性，在国际工程总承包项目中应该引起高度重视，防范相应的风险。

首先，在合同设置中重视有关"例外事件或不可抗力事件"条款的阐述。这里至少包括四个方面，一是在合同条款中对于"例外事件或不可抗力事件"应给出科学、全面、清晰的定义；二是双方应详尽地列举、描述在本工程项目中可能发生的各种"例外事件或不可抗力事件"；三是尽可能为一些"事件"附以边界或程度等的限定，例如多少人的抗议、停工算作罢工，几级的地震可成为例外事件等；四是如果可能，将各类"例外事件或不可抗力事件"发生后对本合同（项目）的影响、效力以及双方商定的处理方法和标准也明确清楚。由于发生例外事件或不可抗力事件后对结果的处理，在利益上业主与承包商是存在着矛盾的，属于此消彼长的关系，因此双方在合同谈判阶段以公平、合理的态度努力详尽地列举可能的"例外事件或不可抗力事件"甚至是不可列为"例外事件或不可抗力事件"事项的相关事宜，可以在一旦发生"例外事件或不可抗力事件"时便于双方达成共识，避免争执甚至诉诸于法庭的风险。从上面的两个合同实例来看，在合同实例1中详尽地列举可构成"例外事件或不可抗力事件"的事例，这种列举对于承包商更为有利；而在合同实例2中列举了在工程实施中不构成"例外事件或不可抗力事件"的事例，这种列举对于业主更为有利。

其次，当例外事件或不可抗力事件发生后，受影响方应立即通知另一方（FIDIC合同条件的建议是14天内，实际中由合同双方可视情况确定），否则将面临失去适用"例外事件或不可抗力事件"条款的风险。另外，尽管FIDIC合同条件没有说明但是在实际中上述受影响方通知中关于"例外事件或不可抗力事件"是需要另一方"确认"的，而且还需要受影响方（提出方）拿出相应的、足够的证据，这一点受影响方应该特别注意。

第三，虽然"例外事件或不可抗力事件"不可预见也无法控制，且对这类风险发生过程也难以掌控，但是为了在"例外事件或不可抗力事件"发生后合同双方在处理善后事宜时能够避免或减少争议，则在工程项目实施过程中的有关"随时记录"对于发生"例外事件或不可抗力事件"发生后工程的结算将会有很大的益处。FIDIC合同条件第18.4款【例外事件的后果】（前面已经介绍）中规定要根据第20.2款【付款和/或竣工时间延长的索赔】去要求延长工期和支付费用。而FIDIC合同条件第20.2款中第20.2.3项【同期记录】中规定："在本条款中20.2款中的"同期记录"是指在引起索赔的事件或情况发生时或发生后立即准备或产生的记录。索赔方应保存有助于证实索赔的同期记录。

业主在未承认责任前，可检查记录保持情况，并可指示承包商保持进一步的同期记录。承包商应允许业主在正常工作时间（或承包商同意的其他时间）检查所有这些记录，并应向业主（若有指示要求）提供复印件。业主的此类监督、检查或指示（如果有）不应意味着接受承包商同期记录的准确性或完整性。"

因此合同的任何一方特别是承包商方在合同履约（工程实施）过程中应按合同规定及本公司作业文件要求，做好过程记录（记载）、变更签证、审查意见及有关变更协议等文件（同期记录），这将在发生"例外事件或不可抗力事件"后有助于承包商向业主"请款"（索赔）工作的顺利进行，防止争执甚至"请款"（索赔）失败的风险发生。

第四，积极做好向合格的保险公司就例外事件或不可抗力事件"投保"，以求在"例外事件或不可抗力事件"发生后获得相应的经济补偿。实践证明，这是减小因例外事件或不可抗力事件风险造成损失的有效途径之一。

第十五章

合同商务条款与合同管理

第一节 合同价格

1. 按价格分类合同

工程项目合同按照价格来分类可分为单价合同、总价合同和成本加酬金合同，而 EPC 工程总承包项目一般为总价合同。

(1) 单价合同（Unit Price Contract） 单价合同是指根据拟建工程内容和估算工程量，在合同中明确每一项（类）工程（工作）的单位价格（如每米、每平方米、每立方米或者每吨的价格），实际支付时则根据每一个子项（类）的实际完成工程量乘以该子项（类）的合同单价以计算该项（类）工程（工作）应付工程款的合同。单价合同比较适合工程施工类总承包项目，FIDIC 合同条件红皮书《施工合同条件》以及《土木工程施工分包合同条件》都使用单价合同条款。

单价合同又分为固定单价合同和可变单价合同。在固定单价合同条件下，除特殊约定外即使发生了影响价格因素的变化都不对单价进行调整。而采用变动单价合同时，当实际工程量发生较大变化，当通货膨胀达到一定水平或者国家政策发生变化时可以对单价进行调整，此时还应该约定单价进行调整的机制和方法。固定单价合同适用于工期较短、工程量变化幅度不会太大的项目，反之亦然。

单价合同相对比较简单，比较透明，对合同双方比较公平。但缺点是对承包商来说"获利空间"比较有限，只是凭工作量、工效获取利润；同时对于业主来说因为施工承包商不对工程量负责，因此业主要承担工程量变化带来的风险以及需要安排专门力量来认真核实已经完成的工程量。

虽然单价合同比较简单和比较公平，但是这里需有一个前提就是工作内容、工程量要相对稳定，即使是可调的单价合同双方也很难界定清楚可调的边界条件和调整的计算方法（公式），因此会经常导致合同执行中双方在价格、工程结算上的争执。

(2) 总价合同（Lump Sum Contract） 总价合同是指根据合同规定的工程内容和有关条件，业主应付给承包商的工程款是一个规定的固定金额，即明确固定的总价。总价合同也称作总价包干合同，即根据工程招标时的要求和条件，当工程内容和有关条件不发生变化时，业主付给承包商的价款总额不发生变化。从对工程项目了解的程度来讲，固定总价合同是指针对业主当时的招标文件、有关技术资料以及必要的工程设计图纸（无论是业主提供还是承包商自己完成的）等有了比较充分的了解、掌握的情况下，承包商与业主之间达成的固定总价合同，在工程实施过程中只有当发生合同规定中允许的变化条件时，才可以按照规定予以增减合同价格。

工程的总价等于各子项工程价格之和，而各子项工程的价格＝各子项工程量×相应子项单价。因此与单价合同相比，承包商不仅要掌握各类工程的造价单价（含材料费、施工费、机具费等），而且还要掌握各类工程的工程量。而工程量的获得又取决于相应子项的工程设计，而且准确的工程量要从工程的详细设计中获得。然而，一般情况下在投标报价阶段承包商很难开展工程的详细设计，因此常规的做法是承包商（投标者）按照业主招标文件的要求开展类似于基本设计深度的设计工作，然后参考公司以往类似工程的情况估算一个工程量，并以此作为基准结合估计的工程单价给出该投标项目的价格。当然对外报出的价格除成本以外还应包括管理费、利润、风险准备金等，这将在后面有关"合同价格构成"部分介绍。因此，从工程总承包商的角度这个总价一般情况下是一个"估算价格"（除非已经完成工程的详细设计），而对于业主来说是一个"不变价格"或"死价格"。

因此，总价合同对于工程承包商来说，合同总价的确定是一个很大的风险因素。但是总价合同其优点是工程项目的利润可能会有比较大的空间，因为承包商的设计技术水平和工程管理水平可以在这里得以体现。总价合同对于业主来说最大的优势在于不需要考虑工程量的变化对工程造价的影响，回避了工程量变化对工程成本带来的风险，是目前国际上很多业主偏爱的工程承包模式。国际EPC工程总承包项目多采用总价合同，FICDIC合同条件黄皮书《生产设备和设计——建造合同条件》和银皮书《设计采购施工（EPC）/交钥匙工程合同条件》均为采用总价的合同条款。在总价合同情况下，除非合同中另有约定（含"例外事件"）、业主接受的变更和增项等，承包商很难获得支持来变更增加合同价格，对于这一风险承包商应予以高度重视。"低价中标，高价索赔"的这种所谓投标或签约"策略"在国际EPC工程总承包项目中难以实现。

（3）成本加酬金合同（Cost Plus Remuneration Contract） 成本加酬金合同也称为成本补偿合同，是指工程的实际成本（含人工、供货及材料、机具、运输等直接费用）加上双方商定的付给承包商的酬金（管理费、利润、奖金）构成合同总价的合同。成本加酬金合同有许多种形式，主要包括：

1）成本加固定酬金合同。
2）成本加固定比例酬金合同。
3）成本加酬金和奖金合同。
4）最大成本加酬金合同。

在这类合同中，业主承担工程项目执行实际发生的一切成本费用，因此也就承担了项目的全部风险，而对应的承包商就几乎没有风险，但是承包商由于无风险，其回报相应也就较低。这类合同的缺点是业主对工程造价不易控制，承包商也就往往不注重降低项目执行的成本。这类合同一般适用于：

1）需要立即开展的项目（紧急工程），时间特别紧迫，如抢险、救灾工程，来不及进行详细的计划和商谈，即业主着急开展工程实施而承包商也来不及投标报价。
2）新型的工程项目，业主和承包商分别难以进行招标和投标。
3）风险很大的项目。
4）业主与承包商之间具有高度的信任和良好的关系。

2. 合同价格构成

按照产生成本和要求业主支付费用的角度，合同的价格构成包括工程直接费用、间接费用（管理费）、风险准备金、承包商利润等。

EPC 工程直接费用包括：人工费、材料费、施工机具费、临时设施费（用于工程建设但不构成永久性设施的）、用于形成永久性资产的设备和装置、运输费（含装卸费）等。

EPC 工程间接费用包括：管理费（承包商总部等各级部门）、财务费、税金、保险费以及其他管理性的费用。

风险准备金包括：考虑物价上涨因素、投标报价中不正确不周全因素，工程实施中错误更改以及违约罚款等。

3. 工程量清单

工程量清单（Bill of Quantity，BOQ），在《建设工程工程量清单计价规范》（GB 50500—2013）中的定义为："建设工程的分部分项工程项目、措施项目、其他项目、规费项目和税金项目的名称和相应数量等的明细清单。"

在适用于施工总承包的 FIDIC 合同条件红皮书中对工程的工程量清单中应该包括的项目概括为：

1）一般项目。一般项目是指工程量清单中除暂列金额和计日工作以外的全部项目。这类项目的支付是以经过业主工程师（监理工程师）计量的工程数量为依据，乘以工程量清单中的单价，其单价一般是不变的。

2）暂列金额。暂列金额是指包括在合同中，提供工程任何部分的施工，或提供货物、材料、设备或服务，或提供不可预料事件使用的一项金额。这项金额按照工程师的指示可能全部或部分使用，或根本不予动用。没有工程师的指示，承包商不能进行暂列金额项目的任何工作。

承包商按照工程师的指示完成的暂列金额项目的费用若能按工程量表中开列的费率和价格估价则按此估价，否则承包商应向工程师出示与暂列金额开支有关的所有报价单、发票、凭证、账单或收据。工程师根据上述资料，按照合同的约定，确定支付金额。

3）计日工作。计日工作是指承包商在工程量清单的附件中，按工种或设备填报单价的日工劳务费和机械台班费，一般用于工程量清单中没有合适项目，且不能安排大批量的流水施工的零星附加工作。只有当工程师根据施工进展的实际情况，指示承包商实施以日工计价的工作时，承包商才有权获得用日工计价的付款。

以上关于"工程量清单"的描述基本上是基于"施工总承包"特别是工程设计工作不是承包商承担的情况，该"工程量清单"是由业主（业主工程师）在招标文件中或后期工程实施过程中（含发生变更）时提出的。而在 EPC 工程总承包情况下该工程量清单是承包商（投标者）在投标时估算的，这个工程量清单主要是指招标文件所述范围内全部工程建设的工程量，例如工程现场场地平整、工程基础、工程的建构筑物、招标范围内的道路、安装工程等。在 FIDIC 合同条件银皮书《设计采购施工（EPC）/交钥匙工程合同条件》等总价合同条款中基本不涉及"工程量清单"的概念。但是在实际的 EPC 工程总承包中"工程量清单"是存在的、有意义的：首先，承包商所做的工程量清单用于工程投标阶段作为投标报价的重要基础，其次，也常常是工程实施过程中业主"期间付款"的依据，特别是采用"里程碑付款"的情况下。

因此，对于EPC工程总承包项目来说，总承包商在投标报价时要认真计算招标范围内所有的工程量，防止计算错误特别是"漏项"的风险。然而，比较准确的工程量是基于对应工程的详细设计，但是前面已经说过在绝大多数情况下，在投标阶段承包商（投标者）很难开展详细设计，常用的方法是根据招标文件提供的条件（业主要求等）开展类似于基本设计深度的设计并"套用"以往工程的经验得到相应的工程量清单。由此可见，承包商在投标时计算工程量的准确与否对于该工程项目的盈利或亏损有至关重要的影响，而从其产生的过程来看，投标时估算的工程量是否准确是承包商开展EPC国际工程总承包项目的重大风险点。

4. 价格调整

一般情况下影响合同价格变化的因素有两个，一个是单价，一个是工程量，即单价调整和工程量变化，当然工程变更在前面的章节中已经讨论过，属于另一类问题在此不再讨论，下面讨论的是非工程变更情况下的价格调整问题。理论上讲，无论是单价合同还是总价合同，都存在着"可变单价"和"可变总价"，但是实际当中实现这种"可变"是非常困难的。即使在"可变单价"的施工合同中，也会约定很严格的允许价格变更的条件，例如当公布的通货膨胀率达到某个数值时，或工程中某种主材价格变化幅度达到某个数值时，以及与限定条件配套的还必须有相应的调整、变化的机制和方法。对于EPC工程总承包合同来说，由于合同项下的工程设计、设备和物资采购及工程施工都是承包商的责任与义务，因此基本是总价合同，而且是固定总价合同，这种情况下合同价格的调整就更加困难。FIDIC合同条件银皮书第4.11款【合同价格的充分性】中规定："承包商应被认为已确信合同协议中合同价格的正确性和充分性。除非合同另有规定，合同协议中合同价格应视为包括承包商根据合同所承担的全部义务（包括根据暂列金额所承担的义务，如果有），以及为实施工程所需的全部有关事项"。这里说的是对于合同价格承包商认为它是正确的，同时也覆盖了承包商履行其合同义务的全部内容。另外，FIDIC合同条件银皮书第4.12款【不可预见的困难】规定："除合同另有说明外：

（a）承包商应被认为已取得了对工程可能产生影响和作用的有关风险、意外事件和其他情况的全部必要资料。

（b）通过合同的签署，承包商接受对预见到的为顺利完成工程的所有困难和费用的全部职责。

（c）合同价格对任何未预见到的困难和费用不应考虑予以调整。"

根据之前的FIDIC合同条件所述，按照FIDIC的立场，对于EPC工程总承包项目中的合同价格不仅覆盖了承包商的义务，而且对于任何有预见或未预见到的困难和费用，其合同价格不考虑调整，除非合同中另行规定。另外，尽管在FIDIC合同条件银皮书的第13条设置了"变更和调整"的条款，其中有第13.6款【因法律改变的调整】和第13.7款【因成本改变的调整】，但是发生"因法律改变"而进行价格调整，在实际中操作性很差；而"因成本改变"来调整合同价格的前提条件是必须在合同的"专用条款"中有特殊约定，特别是引用了"成本指数化表"（Schedule of Cost Indexation）的概念，并要求在"专用条款"中有"成本指数化表"才是可能调整合同价格的前提。所以，当EPC工程总承包项目在投标标价时，如果面临着一些价格因素变化可能性大且对工程成本造成重大影响时（例如工程用量大且属于特殊材料或采用某些专有且供货厂家少的设备等），承包商应引起高度重视并力求将价格调整机制和方法（例如FIDIC合同条件中的"成本指数化表"）写入合同专用条款中，防止一旦发生上述情况变化造成承包商重大经济损失的风险。

在实际中的绝大多数情况下，这种合同价格调整是很困难的。首先，在承揽EPC工程总承包项目时业主会以"总承包"为理由排斥将可调价因素列入合同；其次，即使业主原则上同意可以列出可调价因素，但是实际操作上既难以也不可将全部可变因素列出，同时也难以计算有些因素变化对成本的影响，例如如何计算钢材的变化对机械设备价格变化的影响等；第三，第三方包括 FIDIC 的立场、仲裁机构甚至法院都会以成本增加为非业主的原因而不支持承包商"一般性"的涨价诉求。

从实际操作情况来看，EPC 工程总承包项目中承包商要求价格调整的前提条件基本上类似于"例外事件"（不可抗力）的条件，由此可见 EPC 工程总承包项目价格调整的难度。因此，在 EPC 工程总承包项目情况下，工程总承包商首先是在投标报价时在价格因素考虑上务必周密、谨慎；单价及工程量（工作量）的计算准确，防止漏项和充分考虑可能发生的风险因素（当然过多计较风险会虚增报价导致竞争力下降）是"做准"投标报价的有效方法。其次，在合同谈判时力求将科学、合理的价格调整机制和方法列入合同的专用条款。

总之，合同价格是总承包商在国际 EPC 工程总承包项目中可能出现的最大风险之一。

【合同实例1】

Article 13　Contract Price

13.1　The agreed contract price for the Works is USD 1,247,659,840 (the "Contract Price").

13.2　The Contract Price is a net fixed price which shall not be subject to any escalation or adjustment, except in the event of Alterations under Article 14.

13.3　Unless otherwise stated in the Contract, the Contract Price covers all the Contractor's obligations under the Contract and all things necessary for the performance and completion of the Works and the remedying of any defects and includes all necessary expenses pursuant thereto and shall not be escalated under any circumstances.

第13条　合同价格

13.1　本工程达成一致的价格为 1,247,659,840 美元（"合同价格"）。

13.2　本合同价格是一净固定价格，除发生第14条中的变更情形外，不得进行任何增加或调整。

13.3　除非合同另有说明，否则合同价格涵盖承包商根据合同承担的所有义务、履行和完成本工程以及补救任何缺陷所需的一切事物，并包括根据该项规定发生的一切必要费用，在任何情况下均不得上调。

【合同实例2】

15.1　Contract Price

15.1.1　The Contract Price and Currency (when applicable) for the Works shall be as listed in Chapter C "Special Conditions".

15.1.2　Unless stated otherwise in the Contract:

1) All the payment for the Works shall be made on the basis of a fixed lump sum Contract Price and shall be non-revisable except in the event of a Variation or as otherwise expressly provided in the Contract;

2) the Contract Price shall include any and all duties, taxes, administrative fees and fees related to the performance of the Works and for which the Contractor is responsible in accordance with Clause 16.0 "Taxes and Duties, Import and Export" from the registration of the construction Project to the Final Acceptance on the completion of this Project, in consequence of its obligations under the contract and the Contract Price shall not be adjusted for any of these costs, except or changes in the Laws; and

3) any quantities which may be set out in any of the Tender Cost Tables, Cost breakdown or Bill of quantity are estimated quantities and are not to be taken as actual and correct quantities of the Works which the Contractor is required to execute.

15.1.3 The Contractor is satisfied as to the correctness and sufficiency of the Contract Price specified in Chapter C Clause 14.1.1 and that this Contract Price includes all things necessary for the proper design, execution and completion of the Works and the remedying of defects pursuant to the Guarantees and all risks, contingencies and charges associated therewith.

15.1 合同价格

15.1.1 工程的合同价格和货币（如适用）列于第 C 章"专用条款"中。

15.1.2 除非合同另有说明：

1）本工程项下的所有付款均应按固定合同总价进行，除非发生变更或合同另有明确规定，否则不得修改。

2）合同价格应包括任何所有关税、税款、行政费用及与本工程实施相关的费用，而且从建设项目登记到项目竣工的最终验收，承包商有责任遵守第 16.0 款"税收和关税、进口和出口"条款以及后续合同项下的义务，合同价格不得因上述任何费用进行调整，但法律或变更除外。（和）

3）任何列于投标成本表、成本分项价或工程量清单中的数量均为估计数量，不得作为承包商要执行的实际和确切的工程量。

15.1.3 承包商对第 C 章第 14.1.1 项中合同价格的正确性和充分性感到满意，且本合同价格包括正确设计、执行和完成工程，以及为满足保证值所进行的缺陷修复及与之相关的所有风险、意外事件、费用所需的一切事物。

第二节 保函与信用证

保函（Letter of Guarantee，L/G）又称保证书，是指银行、保险公司、担保公司或个人应申请人的请求，向第三方开立的一种书面信用担保凭证。是一种建立在担保人与受益人之间的合同，保证在申请人未能按双方协议履行起责任或义务时，由担保人代其履行一定金额、一定期限范围内的某种支付责任或经济赔偿责任。

保函是用于国际贸易、投资、国际工程等商务活动中的信用、保证凭证。保函是一种关于款项支付的信誉承诺，是一种货币支付保证书。

工程保证担保最早起源于美国，1884 年美国第一家专业保证担保公司——美国保证担保有限公司在纽约州成立。1894 年，美国国会通过了"赫德法案"，要求所有公共工程必须事先取得工程保证担保。同年，美国联邦政府正式认同公共保证担保制度，即以专业保证担保公司取代了个人的信用保证担保。1935 年，美国国会通过了"米勒法案"，要求在签订 10 万美元以上的联邦政府工程合同时，承包商必须提供全额的履约担保及付款担保。我国工程保证担保的发展是从 20 世纪 80 年代开始的，1995 年 10 月 1 日开始实施《中华人民共和国担保法》，2000 年 1 月 1 日全国开始执行《中华人民共和国招标投标法》。

信用证（Letter of Credit，L/C），是指由银行（开证行）依照（申请人的）要求和指示或自己主动，在符合信用证条款的条件下，凭规定单据向第三者（受益人）或其指定方进行付款的书面文件。国际商会在《跟单信用证统一惯例》（UCP600）中针对信用证给出的定义是："信用证意指一项约定，无论其命名和描述，该约定不可撤销并因此构成开证行相符提示予以兑付的确定承诺"。因此，信用证是一种银行开立的有条件的承诺付款的书面文件。

据研究信用证起源于古罗马法，该法明确了商品与货币交换过程中可采用文字书写的信用证件，以表示交换双方的商业信誉。而近代国际贸易中使用的商业银行信用证始于19世纪80年代的英国，它既是世界范围内远距离贸易不断发展的客观需要，也是应对商业信用危机的产物。国际工程是国际贸易项下的一种特殊的交易，因其跨国间交易和长周期性使得信用证的采用更显示出其必要性，特别是在EPC国际工程项目中因为有大量的设备和材料供货义务，而设备和材料供货具有制造周期甚至海运周期长的特点，因此信用证的使用体现了它的方便性和保证性的优势。

无论是保函还是信用证都是一种保证形式，工程保证担保制度是一种国际惯例，是一种维护建筑市场秩序，促使建设各方守信履约，实现公开、公平、公正的风险管理的有效机制。

1. 国际工程常用保函类型与作用

根据与主合同的关系不同，保函分为有条件保函和无条件保函，即分别为从属保函和独立保函。

（1）从属保函 从属性保函是指作为一项附属性契约而依附于基础交易合同的银行保函。这种保函的法律效力随基础合同的存在而存在，随基础合同的变化、灭失而发生变化或灭失。在从属性保函项下，担保人承担的付款责任是否成立，只能根据基础交易合同的条款及背景交易的实际情况来加以确定。传统的银行保函大都属于从属性保函。

（2）独立保函 独立保函是指银行或非银行金融机构作为开立人，以书面形式向受益人出具的，同意在受益人请求付款并提交符合保函要求的单据时，向其支付特定款项或在保函最高金额内付款的承诺。独立性保函一般都要明确担保人的责任是不可撤销的、无条件的和见索即付的。国际商会《见保函索即付保函统一规则》URDG758（The Uniform Rules for Demand Guarantees, ICC PUBLICATION NO.758 2010）第2条将独立保证定义为："见索即付保证，不管其如何命名，是指由银行、保险公司或其他组织或个人以书面形式出具的，表示只要凭付款要求声明或符合担保文件规定就可以从他那里获得付款的保证、担保或其他付款承诺。"

在实际中，业主要求承包商开具的保函多为独立性保函，即不可撤销的、无条件的、凭要求即付的保函（见索即付保函 on demand），也就是说，对于承包商开具的保函只要在保函有效期内，业主可以无条件地、随时随地地索赔承包商的保函，这是承包商在履约中在商务上面临的最大风险之一。

在工程建设项目中，根据被担保的作用、功能不同，保函可分为投标保函、预付款保函、履约保函、保修（质保金）保函、完工保函、保留金保函、业主支付保函、承包商付款保函、分包保函等。在目前的国际工程项目中作为业主与承包商之间的相互保证，一般情况下是业主开具信用证（也有开具付款保函的情况）作为付款保证，承包商开具不同的保函作为各阶段履约实施工程的担保。

1）投标担保（Bid Bond/Tender Guarantee）。投标担保是指投标人在投标报价前或投标报价时向业主提交的投标保证金或投标保函等，保证一旦中标，即签约实施工程。业主要求的投标担保金额一般为标的总额的1%~2%，小额合同可按3%计算；在考虑到报价最低的投标人有可能撤回投标的情况下担保金额可高达5%。投标担保一般有三种做法：一是由银行提供投标保函，一旦投标人在投标有效期内（一般是指招标文件中规定的投标截止之日后的一定期限）撤销投标，或者中标人在规定时间内不能或拒绝提供履约担保，或者中标人拒绝在规定时间内与业主签订合同的，银行将按照担保合同的约定对业主进行赔偿。二是在投标报价前，由担保人出具担保书，保证投标人不会中途撤销投标，并在中标后与业主签约承包工程，一旦投标人违约，担保人应支付业主一定的赔偿金。赔偿金一般为该标与次低标之间的报价差额，同时由次低标成为中标人。三是投标人直接向业主交纳投标保证金。保证金可以是质押现金，也可以是银行支票。如果投标人违约，业主将没收投标保证金。实行投标担保的目的是为了投标人一旦撤回投标或中标后不与业主签约，须承担业主相应的经济损失，因而可促使投标人认真对待投标报价，防止轻率投标和撤标而影响招标人（业主）的招标计划。另外，担保人为投标人提供担保前，会严格审查其承包能力、资信状况等，这就限制了不合格的承包商参加投标活动。

2）履约担保（Performance Bond/Guarantee/Security）。履约担保是担保人为保障承包商履行工程合同所做的一种承诺，其有效期通常为自承包商签署工程承包合同或合同生效时抑或合同生效后某个时间至承包合同项下工程验收为止。中标人收到中标通知书后，应在规定时间内签署合同协议书，并连同履约担保一起送交业主，然后再与业主正式签订承包合同，或者合同协议书及所有合同文件一并签署而履约保函作为合同生效或工期计时的前提条件。履约担保一般情况下有两种方式：第一种方式是由银行提供履约保函，一旦承包商不能履行合同，银行要按照合同约定对业主进行赔偿，银行履约保函一般为担保合同价格的10%~25%，但美国规定联邦政府工程的履约担保必须担保合同价的全部金额。第二种方式是由担保人提供担保书，一旦承包商不能履行合同，担保人将承担担保责任。担保人提供担保的具体方式有三种：一是向该承包商提供资金及技术援助，使其能继续履行合同；二是由担保人直接接管该工程或另觅经业主同意的其他承包商完成合同的剩余部分，业主只按原合同支付工程款；三是担保人按合同约定，对业主蒙受的损失进行补偿。另外，由承包商提供履约保证金在工程总承包项目中是一种很少见的做法，其优点是操作简便，缺点则是承包商的一笔现金被冻结，不利于资金周转。因此在国际工程项目中通常以银行保函的形式作为履约保证，通过履约担保，使承包商认真履行合同，保障业主的合法权益。

3）业主支付担保（Employer Payment Bond/Guarantee）。业主支付担保是指业主通过担保人为其提供担保，保证将按照合同约定如期向承包商支付工程款。如果业主违约，将由担保人代其向承包商履行支付责任，这实质上是业主的履约担保（因业主履约义务主要是支付工程款）。实行业主支付担保，可以有效地防止拖欠工程款。

4）承包商付款担保（Contractor Payment Bond/Guarantee）。一些国家要求承包商提供付款担保，即由担保人担保承包商将按时支付工人工资和分包商、材料和设备供应商等的费用。付款担保一般附于履约担保之内，也可做专门的规定。实行付款担保，可以使业主避免不必要的法律纠纷和管理负担。因为，一旦承包商没有按时付款，债权人有权起诉，则业主的工程及其财产很可能会受到法院的扣押。

5）保修担保（Maintenance Bond/Guarantee）。保修担保也称质量担保或质保期担保，是担保人为保障工程保修期内（国际上亦称缺陷责任期，2017年版FIDIC合同条件中改为缺陷通知期）出现质量缺陷时，承包商应当负责维修而提供的担保。保修担保可以包含在履约担保之内，也可以单独开具，并在工程完成后替换履约担保。有些工程项目则采取暂扣合同价格的5%作为维修保证金。实行保修担保，可以促使承包商加强全面质量管理，尽量避免质量缺陷的出现。

6）预付款担保（Advance Payment Bond/Guarantee）。按照惯例，一些工程的业主往往先支付一定数额的工程款供承包商周转使用，即所谓"预付款"。为了防止承包商将此款项挪作他用、携款潜逃或宣布破产，一般情况下业主会要求承包商提供同等数额的预付款担保，该担保可为合格担保人提供的担保，或由承包商提交银行保函。随着业主按照工程进度支付工程价款并逐步扣回预付款，预付款担保责任随之减少直至消失。

7）分包担保（Subcontract Bond/Guarantee）。当工程存在总承包和分包关系时，总承包商要为各分包商的工作承担连带责任。总承包商为了保护自身的权益不受损害，往往要求分包商通过担保人为其提供担保，以防止分包商违约或负债。

8）差额担保（Price Difference Bond/Guarantee）。在某些情况下，如果某项工程的中标价格低于标底10%以上，业主往往要求承包商通过担保人对中标价格与标底之间的差额部分提供担保，以保证承包商按此价格承包工程不致造成质量的降低。

9）完工担保（Completion Bond/Guarantee）。为了避免因承包商延期完工后将工程项目占用而使业主遭受损失，业主可要求承包商通过担保人提供完工担保，以保证承包商必须按计划完工，并对该工程不具有留置权。如果由于承包商的原因，出现工期延误或工程占用，则担保人应承担相应的损失赔偿责任。

10）保留金担保（Retention Money Bond/Guarantee）。保留金担保是指业主按月给承包商发放工程款时，要扣一定比例作为保留金，以便在工程不符合质量要求时用于返工。预扣保留金的比例及限额通常在工程合同中约定，一般从每月验工计价中扣10%，以合同价的5%为累计上限。在签发工程验收证书时，业主（咨询工程师）将向承包商发还一半的保留金；在工程保修期满后，再发还其全部余额。承包商也可以通过担保人提供保留金担保，换回在押的全部保留金。

国际工程项目中最常见的由承包商开具的保函主要有投标保函、预付款保函、履约保函和质保金保函。

2. 国际工程常用信用证类型与作用

在国际贸易中信用证种类繁多，按其用途、性质、形式、付款期限等的不同有很多种划分方法，在国际工程建设业经常可见的种类主要有：

（1）光票信用证和跟单信用证

1）光票信用证（Clean Credit）。光票信用证是指不附单据，凭受益人出具的汇票付款的信用证。光票信用证主要用于贸易从属费用或非贸易结算。

2）跟单信用证（Documentary Credit）。跟单信用证是指附有货运单据的汇票或仅凭单据付款的信用证。这里的单据指代表货物产权或证明货物已发运的单据，如提单、保险单、铁路运单、邮包收据等。国际工程中所使用的信用证绝大部分属于跟单信用证。

（2）可撤销信用证和不可撤销信用证

1）可撤销信用证（Revocable L/C）。可撤销信用证是指开证行可以不征得受益人的同意，也不必事先通知受益人，随时撤销或修改的信用证。为便于识别，该种信用证必须注明"可撤销"（revocable）字样，若未注明即可视为不可撤销信用证。由于可撤销信用证的开证行可在不通知受益人的情况下随时撤销或修改，对受益人来说缺乏付款保证，卖方要承担较大的风险，因此卖方一般不接受可撤销信用证，在国际工程中很少使用。

2）不可撤销信用证（Irrevocable L/C）。不可撤销信用证指信用证一经开出，在有效期内，未经信用证各有关当事人的同意，开证行不得随意撤销或修改的信用证。只要受益人交来的单据符合信用证条款的规定，开证行就必须付款，并且在付款后不得向受益人或其他善意受款人追索。不可撤销信用证为受益人提供了较为可靠的保证，因此在国际工程中广泛使用。

（3）保兑信用证和不保兑信用证

1）保兑信用证（Confirmed L/C）。保兑信用证是指由另一家银行加以保兑，并对符合信用证条款规定的单据承担付款责任的信用证。保兑行对信用证进行保兑后，它所负的责任相当于其本身开证。当卖方（承包商）对买方（业主）的开证银行资信有所担心时，通常会要求买方（业主）另行寻求资信程度高的银行对其信用证进行"加保"，但"保兑"会增加买方（业主）的融资（开证）成本。

2）不保兑信用证（Unconfirmed L/C）。不保兑信用证是指未经另一家银行另具保兑的信用证。在开证行资信较好的情况下，卖方（承包商）一般不要求对信用证加具保兑。

（4）即期付款信用证和远期信用证

1）即期付款信用证（Sight payment L/C）。即期付款信用证是指受益人向指定的付款银行提交相符单据时，银行立即付款的信用证。即期付款信用证一般不要求受益人开具汇票。付款银行可以是出口地的银行，也可以是开证行。这种形式的信用证在国际结算中非常普遍。

2）远期信用证（Usanse credit）。远期信用证是即期信用证的对称，是指远期付款信用证，即开证行或付款行在收到符合信用证条款的单据时不是立即付款，而是按照信用证规定的付款期限到期付款的信用证。远期付款信用证有"银行承兑远期付款信用证"和"延期付款信用证"两种。

①银行承兑远期付款信用证（Banker's Acceptance Credit）。银行承兑远期付款信用证是指开证行或付款行在收到符合信用证条款的汇票和单据后，在汇票上做承兑，待汇票到期时才履行付款的信用证。付款行对汇票承兑后，应按票据法规定，对出票人、背书人、善意持有人承担到期付款责任。

②延期付款信用证（Deferred payment L/C）。延期付款信用证是指开证行在信用证中规定货物装船后若干天付款的信用证。这种信用证一般不要求出口商开立汇票。延期付款信用证由于不开立汇票，受益人无法在贴现市场上融通资金；而且由于不使用汇票，受益人在交单后，不能掌握经过承兑的汇票，所以比一般信用证有更大的风险。如果开证行资信不过硬，为收汇安全，受益人要求其他可靠银行加以保兑。

（5）可转让信用证和不可转让信用证

1）可转让信用证（Transferable Credit）。可转让信用证是指开证行授权可使用信用证的银行（通知行）在受益人的要求下，可将信用证的全部或一部分转让给第二受益人的信用证。可转让信用证只能转让一次，即只能由第一受益人转让给第二受益人，第二受益人不得要求将信用证转让给其后的第三受益人，但若再转让给第一受益人，不属于被禁止转让的范畴。可转让信用证必须注明"可转让"字样，否则视为不可转让信用证。可转让信用证一般用于中间贸易，出口商为中间商或代理商，手中并无货物，一旦与进口商签订合同，则立即向实际供货人购买，由实际供货人办理装运手续，该中间商只赚取差价收益。

2）不可转让信用证（Non-Transferable Credit）。不可转让信用证是指受益人不能将信用证的权利转让给其他人使用的信用证。凡信用证中未注明"可转让"者，均为不可转让信用证。在国际工程项目中一般情况下经常使用的是不可转让信用证。

（6）循环信用证（Revolving L/C） 循环信用证是指信用证全部或部分使用后仍可恢复原金额再行使用的信用证。与一般信用证相比，循环信用证多了一个循环条款，用以说明循环方法、次数及总金额。

循环信用证可分为按时间循环的信用证及按金额循环的信用证。按时间循环（Revolving Around Time）信用证指受益人在一定时间内支取信用证金额后，仍可在下次一定时间内支取规定金额的信用证。按金额循环（Revolving Around Value）信用证指受益人交单议付后，信用证可恢复到原金额继续使用，直到规定的总金额用完为止的信用证。

一般情况下，一个EPC国际工程总承包项目的合同金额少则几千万美元，多则几亿美元、几十亿美元，而且项目的实施周期也可能长达几年，开具一个几亿美元、几十亿美元且有效期长达几年的信用证会使业主发生比较大的开证费用甚至交付相当数额的信用证保证金或占用业主信用额度，从而限制了业主的可用资金；与此同时，信用证项下的金额是按合同规定的时间、进度等条件逐步由业主支付给承包商，而不是承包商一次性收取。因此，在一些国际工程项目中，经双方同意有时也采用循环信用证的方式，这种方式可作为业主付款的保证又可降低业主的财务（融资）费用，特别是当设备、材料供货部分为分期、分批交付的情况下，对供货部分采用循环信用证比较适宜。

3. 国际工程中保函的使用、风险与对策

前文已经提到一般情况下，在EPC国际工程项目中除偶尔有业主采用付款保函作为付款保证外，保函多用于承包商对于业主的各阶段"履约"保证，例如投标保函、工程履约保函、质保期保函等。

在EPC国际工程项目中，实质上承包商在承揽项目上具有主动性，但同时在实施项目上又具有很大的被动性，处于从动的地位。因此在不同阶段按照业主的要求使用不同类型保函作为对业主的保证是不可回避的问题。保函所担保的履约行为本身不当带来的风险、造成的损失及其对策在本书其他章节已有介绍，不是本节讨论的范畴。下面主要讨论在国际工程项目中保函的开具和保函本身的风险与对策。

（1）重视受益人即业主的诚信和资信度的考量 这一点在开具工程项目投标保函中尤为重要。在全球范围内每时每刻都有很多各种形式的招标邀请，而招标者（业主）要求投标者（承包商）在投标时提供投标保函是国际惯例，很多的业主有可能是招标业务领域的新来者，因此承包商首先要甄别、调查业主的诚信和资信度，特别是对于承包商不熟悉的业主。以工程项目招标为名的商业欺诈在国际上屡见不鲜。另外，一些即使是"业内人士"但可能其历史上显现的诚信和资信度也很差，一些客户刻意甚至恶意索赔承包商是其习惯，对于这样的客户承包商应权衡利弊、格外小心，特别是在保函问题上应高度关注。

（2）尽量选择直开保函，选择合适的适用法律 按照保函的开立方式分为直开和转开，承包商应尽量选择承包商所在国银行直开，避免通过国外银行转开的方式。随着中国经济的发展，中国的各大银行例如中国银行、中国工商银行不仅在全球有很多的分支机构，而且也被国际社会各界所接受，这为中国的承包商说服业主接受中国的银行保函创造了条件。也可以采用国际知名银行在中国的分支机构向业主开具保函来实现直开的目的。这样既可以节省保函费用，更重要的是可避免一旦保函发生索赔事件，担保（保函）与反担保会因适用法律的不同等原因导致其执行的过程和结果也不同，特别是当发生业主恶意索赔承包商寻求申请法院"止付"时，第三国的转开行会拒绝执行不是其所在国法院的指令而使"止付"无望。另外，关于保函适用的法律和遵循的司法管辖权问题也很重要。尽管在国际贸易甚至工程合同条款中会有阐述，双方要遵守保函国际惯例或规则，很多人员错误地认为规定了保函适用URDG758见索即付保函统一规则，则保函的纠纷处理就按照此规则

判决。实际上在 URDG758 第 34 条规定，除非保函另有规定，否则保函适用的法律应当是担保人开立保函的分支机构所在地的法律。由于各国的法律规定、习惯做法对保函属性的认定不同，因此在开立保函时，尽量选择适用承包商（保函）开立行所在国法律或者比较成熟的英国法或新加坡法等，尽量避免适用业主或项目所在国法律这些承包商及承包商保函开具行不熟悉的国家法律。

（3）明确生效日期和失效日期、生效条件和失效条件　理论上讲，保函的生效和失效最好以日期来确定，如果以条件来确定应尽量使条件明确、可控、可操作。例如对于预付款保函可以约定收到预付款之日为保函生效日；对于履约保函可以约定工程（合同）计划完成日期 + ×× 天作为保函有效期，尽量避免使用"保函有效期至业主验收或颁发 PAC 证书"等不可控条件，防止个别业主恶意延长甚至拒绝验收或颁发 PAC 证书，造成履约保函的重大风险。实践中，如确实客观上工程工期延长，承包商可以在业主合理要求下通过展期履约保函而继续向业主提供履约保证。

（4）预付款保函要设置递减条款并及时撤销　工程预付款的实质是业主给承包商的借款（一般不计息），因此实际中，当业主支付期间款（进度款）时会按比例扣除相应的这部分借款。由于 EPC 国际工程项目具有金额大、效期长的特点，如不递减预付款保函金额，无疑加大了担保责任，扩大了担保风险。因此应设置预付款保函递减条款并在实际中按有关规定及时扣减、及时撤销，这是承包商保函管理的重要任务。

（5）明确合理的索赔"条件"　尽管在国际工程中的履约性保函基本采用无条件保函即凭要求即付保函（见索即付保函），但是在"2 + 1"方（业主、承包商、银行）讨论保函格式时可明确担保方（银行）将"根据收益方（业主）的合格书面要求及索赔原因说明（被担保方违约事实等）等文件 + ×× 天内支付"这样的条款。这里合格书面要求是指约定的正式文件并经授权人签字的要求，而不是电话、邮件等要求，防止被他人利用等非正常事件发生；尽管独立性保函的担保人无责任、义务核查委托人（承包商）是否违约，但要求受益人（业主）适当地陈述、说明索赔原因情况也是合理的，这将有利于将来为委托人（承包商）诉讼保函收益人（业主）恶意甚至欺诈索赔提供证据，是合理地防止受益人（业主）恶意索赔维护正义的有利方法。保函开立行（担保人）作为服务于委托人（承包商）为受益人（业主）提供担保应该支持这样的条件，而无恶意索赔的业主也应该不反对这样的要求。另外，外加收到业主索赔文件再加"×× 天支付"条款，既符合担保人内部审批（审查）管理程序需要，也为委托人（承包商）在发生恶意索赔情况下申请法院下达"止付令"赢得时间。独立保函的独立性也是具有条件和局限性的，如果有确凿的证据证明受益人有欺诈行为（如明知委托人已完全履行了合同项下的所有责任但仍提出索赔要求），受益人则无权得到支付。总之，尽管在独立保函统一惯例之下（《见保函索即付保函统一规则》URDG758），独立性成为独立保函的最根本属性，独立保函的单据化已经成为其重要特征，但是"单据"的种类和内容仍然是人为确定的。维护公平与正义、反对恶意和欺诈是法律的基本功能，也是合同各方不能违背的原则，这为即使处于"弱势"地位的承包商提供了法律支撑。因此承包商应该高度重视、积极努力、认真争取保函的合理条件，防范保函被恶意索赔的风险。关于这一点，针对国际工程项目的履约保函尤为重要，因为国际工程项目的履约周期长、履约保函比例高（5% ~ 15%），而且在工程实施过程中会发生各种情况，而很多情况其性质难以确定。例如，承包商的履约与不履约难以准确界定，违约与严重违约难以确定，工作失误与故意违约难以确定等，因此，对于履约保函的索赔是一般国际工程项目中承包商在保函问题上的最大风险之一。因此受益人索赔要求的文件（单据）中应包括委托人（承包商）违约事实的基本描述，尽管担保人没有责任和义务核实，但这对于防范恶意特别是欺诈性索赔事件的发生以及后续被害方的起诉有积极的作用。

(6) 一般情况下保函应该为不可转让保函 保函受益人一旦将保函受益权转让,使得保函受益人变得不确定、索赔原因和方式不确定,会增加索赔的风险。URDG458 中对转让条款持保守态度,而新版的 URDG758 在此基础上虽做了重大修改,但也只是允许在一定条件下进行转让,同时做了严格的条件限制,即保函必须注明"可转让",且一旦转让即可将全部金额多次转让,而反担保保函则不得转让等。因此,在实际中,为防止歧义或各国法律的差异,一般应注明未经同意本保函不可转让。

(7) 积极应对恶意索赔保函 恶意索赔承包商保函在国际工程中屡见不鲜,时有发生,对此参与国际工程的承包商应有思想准备并积极应对。前已述之,由于国际工程中的保函基本是见索即付的保函,因此可以说对此承包商防不胜防。一旦发生业主的恶意索赔,承包商可能采取的阻止手段只有积极寻找、搜集证据以欺诈等名义向法院提出申请,要求法院向保函开立银行发出"禁付令或止付令"(injunction)。如果证据充分,承包商的申请会得到法院的支持,使得保函开立行暂时拒绝支付业主的索赔。后续的工作是业主和承包商就业主的索赔是否构成"欺诈"诉诸于法庭,而保函开立行则根据法院的最终判决决定是否支付业主的索赔。作者本人曾亲身参与过这样的案例,而且我方作为承包商获得最后的胜诉,减少了几千万美元的经济损失。另外,据悉新加坡法院有以"显失公平"为由下达"禁付令"的判例——新加坡最高法院上诉庭在 Samwoh Asphalt Premix Pte Ltd v Sum Cheong Piling Pte Ltd 案件。判决书重申 "'显失公平'是一个与'欺诈'完全不同、独立于'欺诈'的概念,履约保函项下的支付可以因'显失公平'的存在而被阻止"(引自"Samwoh Asphalt Premix Pte Ltd v Sum Cheong Piling Pte Ltd〔2002〕1SLR 1")。

(8) 做好保函的各项管理工作 一个国际工程项目从投标保函、预付款保函到质保金保函等各类保函的涉及金额总计可达工程项目合同总额的 30%～40%,因此做好保函的各项管理工作是承包商开展国际工程项目中商务管理的重要工作,包括与业主、银行关于保函格式和内容及条件的商讨,保函的开立、修改(展期)和撤销,预付款保函的扣减和撤销等。因为一般情况下,保函的管理主要隶属于公司财务部门,因此财务部门的有关人员与工程项目管理部的有关人员应保持密切联系,共同关注有关保函问题,对防范保函风险十分重要。

4. 国际工程中信用证的使用、风险与对策

在国际工程项目中保函一般主要用于按业主要求由承包商通过银行、保险公司等金融机构向业主提供的履约性保证,而信用证则是业主和承包商都会使用的通过银行向"工程具体实施方"提供付款的保证,业主向总承包商开具信用证,而总承包商向分包商、供货商等开具信用证。对于承包商来说在一个 EPC 工程总承包项目中有大量的信用证项下的商务活动,而且在这些活动中承包商一方面充当卖方的角色另一方面也充当买方的角色,因此信用证项下买方、卖方的风险和问题承包商都可能遇到。尽管在 EPC 工程总承包项目中,与见索即付的保函相比信用证可能给承包商造成的威胁或风险没有那么大,但是处理与信用证相关的适宜的频率(次)却远远大于保函,因此承包商对于信用证的开具、信用证项下的有关款项的兑付及相应的风险也应给予高度的重视。

(1) 选择资信好的开证行 开证银行的资信是保证承包商获得信用证项下兑付的先决条件,很难想象能够从即将破产、倒闭的银行开出的信用证中获得款项。因此承包商首先要了解、调查业主开证行的资信,要求业主在承包商"可接受"的银行开具信用证,对于有怀疑的开证行或不熟悉的开证行开出的信用证,承包商应要求业主对所开信用证由其他资信高的银行进行保兑,防止开证银行失信风险。

(2) 关注"远期信用证"和"循环信用证"的有效性　在 EPC 工程总承包项目中，一般情况下总承包商可能遇到业主开具的信用证种类有即期信用证、远期信用证和循环信用证。对于使用远期信用证，由于属于延期付款、垫资项目，其付款期限延后而且支付信用证项下款项的时间多在该工程竣工以后，即承包商把工程都完成了才可能获得工程款，这无疑增大了承包商的风险，一旦出现信用证不能兑付或其他原因导致不能收到工程款，则会造成承包商的巨大损失。对此有效的办法一是寻求另一银行对该信用证进行保兑，二是寻找合适的保险公司（例如中信保，SINOSURE）对该信用证进行"投保"，由此产生的费用可由业主承担或加入合同价格中。对于循环信用证，由于其额度不能覆盖全部工程甚至某一部分（如供货部分）合同的价格，因此承包商应及时监督并要求业主保证信用证中金额不小于即将议付的工程款或供货款的额度，特别是对于"非自动循环的信用证"。

(3) 确定合理的信用证条款　与前面的见索即付的保函不同，信用证的使用合同双方可约定许多限制性条件，只有完全满足这些条件时收益方（承包商）才可从信用证项下兑付款项。因此，承包商在合同谈判阶段或合同签订后的不久要认真地与业主及其开证行讨论确定信用证条款，该条款既要科学、合理地确保业主资金的安全和有效使用，也要确保承包商在科学合理、合法（合同中有关规定）范围内通过尽量简化的手续获得工程款项。这些条件包括但不限于信用证的可否转让性、可否撤销性、信用证的有效期、循环信用证的"循环条件"、兑付单据要求等。同样的道理，也要重视总承包商与分包商、供货商之间信用证的条款。

(4) 高度重视信用证下的"软条款"　国际工程项目中的信用证一般都是"跟单信用证"，作为付款条件信用证条款中都会规定信用证项下所需的交单文件（Documents Required），在这里要特别注意信用证项下所需的交单文件的约定。约定条件少了、简单了则不利于保护业主的资金安全和资金成本，但如果需要承包商提交的文件过于繁多甚至受业主（业主工程师）制约过多则造成承包商"提款"困难甚至造成无法"提款"的风险。除了必须经业主（业主工程师）确认、签批的文件外，例如工程量确认清单、工程设计批复等，努力减少业主（业主工程师）签批的文件作为信用证项下议付的条件（避免信用证下的所谓"软条款"）。例如，对于设备、材料等供货部分的付款，要争取的条件是以第三方单据为准即可议付，如 FOB 的装箱单、货运提单甚至海关清单等。努力避免以业主（业主工程师）验货单为条件议付，因为这样会增加业主"干预"特别是"无理"的干预。而且在 EPC 工程项目中有许多成套设备是"散件"发往工程现场的，需要在工程现场组对和安装，因此在这种情况下业主的"验货"很难操作，会对承包商的及时付款造成很大的障碍。一般情况下信用证议付所需文件见表 15-1。

表 15-1　信用证项下业主付款所需主要文件

序号	单据名称	付款项			提供者
		设计及服务	设备和材料供货	现场施工	
1	支付申请	√	√	√	承包商
2	商业发票	√	√	√	承包商
3	装箱单		√		承包商
4	海运提单		√		承包商
5	原产地证明		√		承包商
6	海运保险		√		承包商
7	完工证明	√		√	业主方

(5) 做好信用证的管理 信用证在国际总承包项目中不仅是承包商获得工程款的保证，而且使用频率很高，特别是在工程项目期间付款的议付过程中；因此，涉及到有关信用证管理的工作很重要，包括无论是即期信用证、远期信用证还是循环信用证都注意信用证的有效期，在工程项目未结束或合同项下业主付款未完成时，在信用证有效期到来之前承包商应尽早设法要求业主延期信用证的有效期。另外一个涉及信用证议付的重要问题是承包商的有关人员申请信用证项下付款时"议付单据"准备工作的完整性、准确性、及时性。"单据不符"是承包商在实际中遭到拒付的主要原因。

第三节　工　程　付　款

1. 预付款

预付款（Advance Payment，Down Payment），是国际工程项目中的一种惯例，是承包商在工程项目中"获得"的第一笔款项。关于预付款的性质，学术界有不同的认识和争议，有人认为预付款是业主提前支付给承包商的工程款，有人认为预付款是业主给承包商的"无息贷款"，也有人认为预付款是业主为工程项目付给承包商的定金等。作者更支持"无息贷款"的这种解释，因为一般情况下这笔预付款在后期的期间付款过程中业主还会按比例扣除，这与"提前付款"的说法相悖；而不同于定金的说法是因为假如在承包商获得预付款后且合同已开始执行，如果在业主要停止该项目的情况下（无论是暂停还是终止），承包商可以获得的款项仅是对已完成工作量相应款项的清算或结算，而不是对业主终止项目（合同）的罚款。如果承包商拒绝上述清算而扣留该预付款，业主会全额索赔承包商的预付款保函。因此，预付款实质上是业主因承包商执行该项目（合同）给承包商的借款，至于在实际中英文也使用 Down Payment（定金）这个词，应该是习惯问题，承包商不应将其作为定金看待，特别是当业主"终止"合同时承包商"任性"地扣留预付款，将导致与业主关系恶化、业主索赔承包商预付款保函甚至双方诉诸于法庭等风险发生。FIDIC 的立场也将预付款视为"无息贷款"，FIDIC 合同条件银皮书第 14.2 款【预付款】规定："根据本款的下列规定，业主应支付预付款项，作为动员和设计的无息贷款，预付款的金额和支付的货币应按照合同数据的规定"。与此同时，FIDIC 合同条件也要求承包商在业主支付期中款时归还预付款，第 14.2.3 项规定："预付款应根据第 14.6 款【期中付款】在期中付款中按百分比扣减，合同数据中列有其他百分比除外。"

对应上述预付款随期中进度款的支付需要偿还而扣减，预付款管理的另一个问题是合同中应该设置预付款保函应随上述扣减而递减的条款，并在实际操作时承包商应注意该保函的额度随预付款的扣减做相应的递减，使预付款保函的额度不断降低，从而减少预付款保函的风险和保函财务费用。

2. 工程进度款

在 FIDIC 合同条件中工程进度款被称之为"期中付款"或"期间付款"（Interim Payment）。一般情况下，国际工程总承包项目的合同中都会设置随着工程进度的推进，业主要依照工程项目的进度或进展向承包商支付对应工程量、供货量的期间进度款，包括土建工程款、供货设备和材料款、安装工程款等。

(1) 按工程量付款　一般情况下对于土建工程、安装工程可以按实际完成的工作量以及每类工程的单价（投标报价时给出或合同签订时或签订后双方商定的单价）来付款，而且通常以月为单位来预结算。例如一个项目合同中的混凝土总量是10万立方米，单位价格是600元/立方米，每当月底时承包商会统计该月实际完成的混凝土量并结合投标时或合同列出或双方商定工程单价向业主申请这部分已完成工作的进度款，经业主（业主工程师）审核后支付，其他的施工款项也可按此原则按月由业主向承包商支付款项。

(2) 按里程碑付款　有些工程总承包合同的进度付款或合同中某一部分（设计、供货）、部分子项可按双方约定的里程碑付款。例如土建工程中约定所有桩基完成后支付多少工程款，将某一设备安装完成后支付多少工程款等里程碑式的付款方式。

(3) 设备材料供货款的支付　国际工程总承包项目中的设备和材料供货款的支付一般会按承包商实际"发货"或"到达"的货物价值支付，而该部分货物的价值或列于合同之中或在合同签署后由承包商做出的分项价之中（分项价是由合同总价分解后形成，各分项价之和等于该部分总价）。根据双方合同约定的不同，这部分款项可能以不同的"标志"或基准支付，例如货物离岸（FOB）、货物到岸（CIF）、货到工程现场（DDU、DDP）等。

上述进度工程款的支付，对于承包商来说一般情况下问题和风险不大，主要是涉及承包商获得工程款的时间早晚问题，即使业主未按期支付款项也不影响业主相应的合同责任。为了使承包商尽早获得已完成工作量对应的工程款，承包商首先应在合同中明确、细化期间工程款的支付办法，在实际中按合同规定准确制订或获取支付凭证（工程量记录、发货单据等）并及时向业主提交"请款"申请报告等文件，尽早获得进度工程款，减小项目（公司）的现金流压力、降低财务成本以及相应的财务风险（汇率变化、业主资金风险等）。特别要防止实际工程进度比例远远大于按合同规定的实际付款比例现象出现，因为这种情况下一旦工程终止、业主资金不足或业主拒付时，给承包商工程收款带来很大风险。因此，加快工程进度在实际工程实施过程中固然重要，保持工程进度与收款进度的匹配也非常重要，是承包商防范工程收款风险的有效措施。

3. 竣工款

其实，竣工款也是工程项目期间付款的一部分，并不是严格意义上的工程项目最后结算，只是相对于其他时段的期间进度款来说增大了工程结算的比例，算作一种预结算，同时是一种里程碑式的结算，而这个里程碑是一个非常重要的里程碑。

无论整个合同的期间付款是按里程碑还是按工程量计算，一般情况下竣工款的支付属于里程碑式的，即按合同的比例支付，例如规定当业主竣工验收并颁发竣工接收证书（PAC）时，业主向承包商支付合同总额的××%。然而，一般情况下承包商实际拿到的工程款会小于按合同上标注的比例，因为此时是业主与承包商要预结算自工程实施以来到工程竣工验收这个时段双方彼此应付、应扣、应罚、应补等工程费用。例如对于工程增减项工程款的增减，进度延误（如果有）的罚款，性能考核不合格项（如果有）的罚款以及也可能出现的业主奖励等，通常双方在确定这个付款额度时也会包括在工程项目竣工这个时间点上承包商尚未完成工程量和存在的待修复的缺陷项对应的款项。当然，这些费用的计算应以合同以及后续签订的补充合同、协议等合同性文件为基准。

在合同双方涉及付款的讨论、谈判中，工程竣工款问题是双方最艰难、耗时最长的讨论或谈判之一。因为通常情况下这是双方对自工程实施以来甚至合同生效以来对"历史及重大历史遗留问题的清算",而且一般情况下涉及的金额也会比较大,即使后面依然会有部分"遗留"问题和工程款项(不含质保金)但其额度也不会很大。其中,双方为了各自的利益,通常情况下对于工程是否延期、延期的原因、性能考核是否合格及违约罚款、过程变更等这些涉及最后工程竣工支付数额的问题,会展开艰难的谈判。对于这样一个几乎是自合同履约以来最后一次重大谈判,承包商特别是承包商的高层管理者应给予高度的重视,努力减少工程项目(公司)的经济损失,获取更大的经济效益:

1)应高度重视,组织专业、全面、能力强大的会谈队伍。

2)搜集、整理涉及本次预结算的所有支持性文件(承包商在整个工程实施中都应该非常注重有关涉及工程量、变更、确认、验收等文件的管理)。

3)承包商在上述会谈中,力求"舍小求大",学会让步甚至以小的赔偿(补偿)的形式尽早完成这项工作,防止夜长梦多以及不可预测的资金风险、汇率风险等,并尽早收回相应的工程款增加公司的现金流量。

4. 保留金(质保金)

在FIDIC合同条件中采用了保留金(Retention Money)的概念,其银皮书的第1.1.60项中规定:"保留金"系指业主根据第14.3款【期中付款的申请】的规定扣留的保留金累计金额,根据第14.9款【保留金的返还】的规定进行支付"。从上述中并没有看出FIDIC合同条件针对保留金的性质和用途任何定义的内容。但从FIDIC合同条件后面的章节涉及"保留金"的处理来看,保留金是用于保证承包商修复工程缺陷的。在工程建设界还有"保修金"和"质保金"(Quality Guarantee或Warranty Guarantee)两种称谓的"保证金"用于相同的作用。因此,"保留金""保修金"和"质保金"这三者在本质上应该是一样的,都是建设方扣留(保留)承包商一定额度的款项(或以现金形式,或以保函形式),用途也都是用于在一定期限内维修工程的缺陷(如果有)。我国的《建设工程质量保证金管理办法》中规定:"本办法所称建设工程质量保证金(以下简称保证金)是指发包人与承包人在建设工程承包合同中约定,从应付的工程款中预留,用以保证承包人在缺陷责任期内对建设工程出现的缺陷进行维修的资金。"

在实际中,一般情况下"保留金""保修金"或"质保金"其额度约为合同总额的5%~10%,但是这笔款项无论是在T/T还是L/C项下支付,在合同和实际操作中对其扣留、支付有不同的规定和做法。第一种是业主在支付工程期中款时扣留这部分款项;第二种是业主支付工程期中款时包括这部分"质保金"在内的工程"进度款",但当业主颁发工程接收证书(Take-over Certificate,TOC)或预验收证书(Preliminary Acceptance Certificate,PAC)时由承包商返还该部分"质保金"或开具"质保金保函"作为质保期(缺陷责任期或缺陷通知期)内对工程质量或维修的保证。

在FIDIC合同条件银皮书第14.9款【保留金的发放】中规定:"颁发工程接收证书后:

(a)工程,承包商应在报表中包括保留金的前一半。(或)

(b)单位工程,承包商应在报表中包括保留金前一半的相关百分比。

在各缺陷通知期限的最末一个日期的期满后,承包商在报表中应包括保留金的后一半。如对某单位工程颁发了(或被视为颁发了)接收证书,在该单位工程DNP日期期满后,承包商在报表中应包括保留金的后一半的相关百分比部分。

在业主收到任何此类报表后的下一笔期中付款中,业主应发放相应数额的保留金。但是,在考虑应按照第14.6款【期中付款】发放保留金的数额时,如果根据第11条"接收后的缺陷"或第

12条"竣工后试验"的规定,还有任何工作要做,业主应有权在该项工作完成前,扣发要完成该项工作的估算费用。

每个单位工程的相关百分比应是合同数据中规定的该单位工程的价值百分比。如果合同数据中没有规定该单位工程的价值百分比,则不应根据本款对有关单位工程的保留金任何一半按百分比放还。"

FIDIC银皮书上面表述的中心思想是,当工程竣工并在业主颁发工程接收证书(TOC)时,业主应支付或返还承包商一半的"保留金"。由此可以推断,尽管"保留金"是作为保证承包商修复缺陷、保证质量之用途的,而这个保证应该是用于缺陷责任期(缺陷通知期)或质保期的,但按照FIDIC的立场在业主发放工程接收证书,开始进入缺陷责任期(缺陷通知期)或质保期时就要"释放"保留金的前一半即50%的保证金,所以这个保留金的前一半是用作承包商在颁发工程接收证书之前修复缺陷、工程质量的保证,而在颁发工程接收证书之前承包商修复缺陷、保证质量是承包商履行合同、实施工程的一部分,这个保证应该由承包商的履约保函来保证,而且在业主颁发工程接收证书之前,承包商的履约保函应该必须在有效期内。因此,FIDIC合同条件下的"保留金"的作用与承包商的履约保函有似乎重叠之处,至少是其前半部分。因此换句更为直接的话说,按照FIDIC的立场,业主"扣留"或占用了部分承包商的工程期中(进度)款。

因此,承包商在与业主商谈有关质保金的事宜时,对承包商最有利的方案是直至业主颁发工程接收证书这个时点,业主在支付进度款时除扣除预付款外应"全额支付"而不扣留保留金(质保金),在颁发工程接收证书、支付竣工款前要求承包商开具合同规定的质保金保函,这样既能向业主给出相应的保证,又有利于承包商形成合理的现金流,保证其良好的效益;其次在业主颁发工程接收证书、支付竣工款时由承包商支付相应的质保金或业主从最后一笔"竣工款"中扣除(如该笔竣工款的额度不小于相应的质保金);第三是由业主在每次支付期中款时扣留相应的"保留金"。

5. 最终付款

当合同规定的缺陷通知期(缺陷责任期)或质保期结束时,业主应向承包商颁发最终接收证书(Final Acceptance Certificate,FAC)或FIDIC合同条件中称之为的履约证书(Performance Certificate),同时业主还应支付本工程项目的最终应付款。FIDIC合同条件银皮书第14.13款【最终付款】规定:"在收到最终报表或部分确定的最终报表(视情况而定)后的28天内,按照第14.12款【结清证明】,业主应向承包商发出通知,说明:

(a) 业主认为公正的最终到期的金额,包括根据第3.5款【商定或确定】或根据合同或其他方式到期的任何增加和(或)扣减项。(和)

(b) 在确定了业主先前已支付的所有款项和业主有权获得的所有款项,以及承包商先前已支付的所有款项(如果有)和(或)业主在履约保函项下应收到的所有款项之后,视情况而定(在这些条件下的"最终付款"),业主应支付给承包商或承包商应付给业主的余额(如果有)……"

按照FIDIC的立场包括银皮书中第14.11款【最终报表】、第14.12款【结清证明】、第14.13款【最终付款】以及第14.14款【雇主责任的中止】的规定,此时的"最终付款"是对这个工程合同项下双方责任与费用的"清算"。然而实际中在许多情况下,业主与承包商双方在业主颁发预验收证书(PAC)、支付"竣工款"时基本就已经将整个工程进行了"清算"或"预清算",而在缺陷通知期(缺陷责任期)或质保期结束确定最终付款时应仅就这个时期内发生的问题进行讨论、磋商和决定,简单地说就是这个时候谈的"最终付款"只是包括质保金(保留金)项下、缺陷通知期（缺陷责任期）或质保期内双方的责任、义务与双方的相互付款、扣款和罚款等事宜。对此应视双方的具体意愿确定这一部分的合同条款，而非生搬硬套 FIDIC 合同条件的有关章节。

对于承包商来说，在与业主确定其最终付款的同时，对于承包商以质保金保函的形式作为质量保证时，承包商还应将"清算后的质保金保函"撤回。至此，从某种意义上说承包商的合同项下工程项目的执行风险解除。

【合同实例1】

Article 13 Terms of Payment and Invoicing (Construction)

13.1 All Invoices shall be addressed to the following address stated in Article 23:

××× CO., LTD

××× Building Level 13

××× Block

××× City, Vietnam

13.2 The terms of payment of the Contract Price shall be as follows:

Milestone 1: Ten percent (10%) of the Contract Price as Advance Payment shall be paid within fourteen (14) Business Days after signing of this Contract and acknowledgement in writing by the Owner of receipt of correct and complete invoice and the corresponding Advance Payment Guarantee from the Contractor, whichever is later. The Advance Payment Guarantee shall be valid until issuance of the Performance Security.

Milestone 2: Eighty percent (80%) of the Contract Price shall be paid pro-rata on a monthly progress basis within thirty (30) Business Days after the completion of the Works and acknowledgement in writing by the Owner of receipt of the correct and complete invoice from the Contractor for the relevant part of the Works, whichever is later. The Contractor shall submit such invoices in accordance with the agreed billing schedule.

Milestone 3: Ten percent (10%) of the Contract Price shall be paid after issuance of the Acceptance Certificate within thirty (30) Business Days after acknowledgement in writing by the Owner of receipt of the relevant correct and complete invoice and the Performance Security from the Contractor, whichever is later.

13.3 Payment as stipulated in Article 13.2 above shall be made by the Owner to the Contractor's account as follows:

Name of Account Holder : Engineering China
Name of Bank   : Bank of China, HCM, Vietnam
Account number   : 110870-3311-000
Swift Code   : BKCHIDVN

13.4 The above mentioned Advance Payment Guarantee and Performance Security shall be irrevocable and payable on first demand to the Owner. Any costs related to the issuance of these bank guarantees shall be borne by the Contractor.

第13条 付款条件和开票（施工）

13.1 所有发票应以第23条所述地址开具：

××××有限公司

××××大楼13层

×××街区

×××城市，越南

13.2 合同价格的支付条件如下：

里程碑1：10%合同价格作为预付款应在本合同签署后且业主书面确认收到正确和完整的发票、承包商的相应预付款保函的14个工作日内支付，以晚到者为准。预付款保函应在履约保函签发前有效。

里程碑2：80%合同价格，应在工程完成和业主以书面形式确认收到了承包商为相关部分工程开具了正确和完整的发票后30个工作日内支付，以晚到者为准。承包商应按照商定的发票格式提交这类发票。

里程碑3：10%合同价格，应在业主以书面形式确认收到了承包商相关的正确和完整的发票、承包商的履约保函后30个工作日内支付，以晚到者为准。

13.3 业主应向承包商账户支付上述第13.2款中规定的款项，账号如下：

账户持有人姓名：工程中国

银行名称：中国银行，HCM，越南

账户号：110870-3311-000

编码：BKCHIDVN

13.4 上述预付款保函和履约保函应该是不可撤销，并且对于业主应该是见索即付的。开具这些银行保函有关的任何费用应由承包商承担。

【合同实例2】

Article 14　Terms of Payment and Invoicing（Supply and Engineering）

14.1　The Contractor shall submit separate invoices for the Equipment supply and the engineering work. All invoices shall be addressed to the following address stated in Article 23：

××× CO.，LTD

××× Building Level 13

××× Block

××× City，Vietnam

14.2　The terms of payment of the Contract Price shall be as follows：

Milestone 1：Fifteen percent（15%）of the Contract Price as Advance Payment shall be paid within fourteen（14）Business Days after signing of this Contract and acknowledgement in writing by the Owner of receipt of correct and complete invoice and the corresponding Advance Payment Guarantee from the Contractor，whichever is later. The Advance Payment Guarantee shall be valid until issuance of the Performance Security.

Milestone 2：Seventy-Five（75%）of the Contract Price shall be paid pro-rata on a progress basis within thirty（30）Business Days after the respective delivery of the Equipment and Documents and acknowledgement in writing by the Owner of the receipt of the Equipment and Documents and relevant correct and complete invoice and provision by the Contractor of all documentation needed for customs clearance as set out in Article 11.6，whichever is later.

Milestone 3：Ten percent（10%）of the Contract Price shall be paid after issuance of the Operational Acceptance Certificate within thirty（30）Business Days after acknowledgement in writing by the Owner of receipt of the relevant correct and complete invoice and the Performance Security from the Contractor, whichever is later.

14.3 Payment for Milestones 1 and 3 in Article 13.2 above shall be made by the Owner to the Contractor's account as follows:

Bank Name: Bank of ×××

Swift Code: BK×××200

Beneficiary Name: ×××× CO., LTD

Bank Account NO. (USD): 12345678

Bank Account NO. (EUR): 87654321

Payment for Milestone 2 in Article 14.2 above shall be made against the revolving Letter of Credit ("L/C") referred to in Article 14.5 below. Upon presentation of the Owner's acknowledgement of receipt of the correct, complete and accurate documents stipulated in Article 11.6 to the Owner's bank, the Owner's bank shall release the corresponding payment under the L/C for the Equipment delivery and the engineering work.

14.4 The above mentioned Advance Payment Guarantee and Performance Security shall be irrevocable and payable on first demand to the Owner. Any costs related to the issuance of these bank guarantees shall be borne by the Contractor.

14.5 Payment Security

The Buyer shall, within three (3) months after the Contractor's receipt of the Advance Payment, provide an L/C for fifteen percent (15%) of the Contract Price. The amount under the L/C shall always be replenished up to fifteen percent (15%) of the Contract Price, until the outstanding payment under Milestone 2 in Article 14.2 above is less than fifteen percent (15%) of the Contract Price, following which the amount under the L/C shall reduce correspondingly with the outstanding payment under Milestone 2 in Article 14.2 above.

第14条 付款条件和开票（供货和工程设计）

14.1 承包商应提交单独的设备供货和工程设计发票。所有发票应邮寄给第23条所述的地址：

××××有限公司

×××大楼13层

×××街区

×××城市，越南

14.2 合同价格的支付条件如下：

里程碑1：15%合同价格作为预付款应在本合同签署后且业主书面确认收到正确和完整的发票、承包商的相应预付款保函的14个工作日内支付，以晚到者为准。预付款保函应在履约保函签发前有效。

里程碑2：75%的合同价格，应在相应按进程比例交付的设备和文件，以及业主以书面形式确认收到的设备和文件，及相关正确和完整的发票以及卖方按第11.6款规定提供的清关所需的所有文件后30个工作日内支付，以晚到者为准。

里程碑3：10%合同价格应在业主以书面形式确认收到承包商有关正确和完整的发票后签发了运行接收证书，承包商开具了履约保函后30个工作日内支付，以晚到者为准。

14.3 业主应向承包商账户支付上述第 13.2 款中里程碑 1 和 3 的款项，账号如下：

银行名称：××××银行

编码：BK×××200

受益人姓名：××××有限公司

银行账户号（美元）：12345678

银行账户号（欧元）：87654321

对上文第 14.2 款中第 2 个里程碑的付款，应在下文第 14.5 款所述的循环信用证（"信用证"）中支付。业主向业主银行说明收到第 11.6 款规定的正确、完整和准确的文件后，业主银行应在设备交付和工程设计信用证项下支付相应的付款。

14.4 上述预付款保函和履约保函应该是不可撤销的，并且应该是对于业主见索即付的。开具这些银行保函有关的任何费用应由承包商承担。

14.5 付款保证

买家应在承包商收到预付款后 3 个月内，提供 15% 合同价格的信用证。信用证项下的金额应始终补充至 15% 合同价格，直到上述第 14.2 款第 2 个里程碑的未清付款低于 15% 合同价格，此后信用证下的金额应该对应于上述第 14.2 款第 2 个里程碑的未清付款做相应减少。

第四节 工程项目赋税

赋税也称纳税、交税（Tax Payment），是自然人或法人向国家税务机构交纳税款的行为和过程。税收的本质是国家凭借政治权利或公共权利对社会产品进行分配的形式，具有非直接偿还性（无偿性）、强制义务性（强制性）、法定规范性（固定性）。因此任何从事国际工程的个人和企业依法纳税是其必须履行的责任和义务，是国家权利机构强行要求承包商和个人执行的义务。

FIDIC 合同条件银皮书第 14.1 款【合同价格】中规定："除非在专用条款中另有规定：

(a) 工程款的支付应以合同协议规定的总价合同价格为基础，根据合同做出增加和（或）减少（包括承包商根据本条件有权获得的成本或成本加利润）。

(b) 承包商应支付根据合同要求由其支付的各项税费。除第 13.6 款【因法律改变的调整】说明的情况以外，合同价格不应因任何这些税费进行调整。

(c) 如果任何工程项目列于列表，不能将其视为承包商要求实施的实际和准确的工程量。该数量只可用于对列表表述的目的，而不能用作其他用途。"

1. 国际工程中的主要税赋种类

赋税种类有很多，而且也可以有许多不同的分类方法，例如按征收对象分可分为流转税（主要有增值税、消费税和关税等），所得税（主要有企业所得税、个人所得税），资源税，财产税（主要有房产税、契税、车船使用税等）。

而对于开展国际工程项目来说，常见的税种有：增值税、所得税、进出口关税、汇出利润所得税、预提税等。

(1) 增值税（Value Added Tax，VAT） 国际工程总承包项目涉及的增值税又分为境内增值税和境外增值税。

1）境内增值税（Domestic Value Added Tax）。毫无疑问，境内增值税将按承包商所在国的法律执行。在中国按照现行的法律，无论是国内、国外完成的设计，还是在境外完成的勘察、建筑、工程监理等服务均可免增值税；而对外承包工程所需要出口的设备、材料和中间产品，都可以按规定享受退税政策，只是不同的产品退税的税率不同。对于建筑安装部分，根据《关于全面推开营业税改征增值税试点的通知》（财税〔2016〕36号）中关于境内企业在境外提供的建筑和安装劳务可免征增值税的规定，在境外开展工程建设的企业只要及时办理了减免备案手续，就可以减免这部分的增值税。

2）境外增值税（Overseas Value Added Tax）。在境外是作为流转税及税收缴纳体系的重要部分，各国原则上都对在本国发生的商品进口、生产加工、流通、建筑劳务、技术劳务服务等环节征收增值税。一般情况下，承包商在项目所在国实施的工程勘察、工程设计、施工建设、设备和材料供货、设备安装、工程管理等工作，都会被纳入增值税的征缴范围。另外，对于业主已取得进口增值税甚至项目整体增值税豁免许可的，承包商还需在与业主进行合同谈判时与业主积极协商，努力争取免除承包商此项税赋。

（2）所得税（Income Tax） 在国际工程项目中所得税包括企业所得税和个人所得税两类。

1）企业所得税（Business Income Tax）。凡要求外国承包商缴纳企业所得税的项目，承包商必须在项目所在国成立相应的子公司或分公司（视当地国家法律规定）作为赋税主体。目前，我国已与近百个国家签订了避免双重征税的协定，对于签订了避免双重征税协定的境外国家，承包商可以按"协定"的规定申报境内外所得税，排除双重征税的风险。外国所得税的税率会比较高，通常在20%~40%之间甚至更高，这对于项目的最终效益影响明显，承包商应予以高度重视。

2）个人所得税（Individual Income Tax）。原则上，在境外工作的员工不论其薪酬是在境内还是在境外发放，都需在项目所在国缴纳个税，具体的征税规定各国略有差别，这些差别包括在工作所在的国家连续工作多久需缴纳税、纳税的起点等规定不同。同样，对于签订了避免双重征税协定的境外国家，员工也可以避免双重征税的风险。

（3）进出口关税（Import and Export Duties） 进口关税（Import Duties），对于向项目所在国进口工程项目所需设备、材料等物资的情况，一般是需要缴纳进口关税（合同中最终应明确此进口关税应由业主支付）。而对于工程建设中承包商施工用工具、机具等临时性物资进口时一般需暂时缴纳关税或保证金，在工程完工并将这些临时物资移出项目所在国时再归还、释放相应的关税或保证金。对于业主取得进口关税豁免许可的，承包商还需针对项目具体的进口物资免税清单、额度、数量等与业主进行确认并以业主的名义进口并免交进口关税或视规定"先交后返"。出口关税（Export Duties），对于执行国际工程EPC项目出口到国外的产品、物资一般均免除出口关税，但是承包商也应注意，也有部分产品和物资特别是未经加工的材料如钢材等可能需要缴纳出口关税。同时，对于出口且享受出口退税的物资，承包商应及时申报国内增值税的出口退税。

（4）汇出利润所得税（Profit Remittance Tax） 汇出利润所得税是指外国企业的经营者获得或分得的利润，汇出境外时征收的所得税。因此承包商在项目所在国获得的工程项目利润汇回国内时可能需要缴纳汇出利润所得税，对此各国的法律规定有比较大的差异。

（5）预提税（Withholding Tax） 预提税是预提所得税的简称，是指源泉扣缴的所得税。它不是一个税种，而是世界上对这种源泉扣缴的所得税的一种习惯性名称，特别是当外国企业在境内未设立机构、场所时被征收预提税的可能性比较高，而承包商在国外开展工程总承包活动会经常被要求执行预提税，如尼日利亚、越南、马来西亚、巴基斯坦等，而且常由业主在支付工程进度款时直接进行扣除并交至税务当局。预提税额＝收入金额×税率，或代扣代缴所得税额＝支付金额×税率。

2. 国际工程项目中的税务策划

对于执行国际 EPC 工程总承包项目来说，税务风险管理主要分为投标、合同签订和工程项目执行三个阶段，而承包商在投标和合同签订时的税务调查、策划以及与业主关于纳税问题的谈判至关重要，是执行国际 EPC 工程总承包项目中税务风险管理最关键的环节之一，这个阶段的工作结果决定了工程项目的纳税架构和纳税的基本金额。

(1) 重视项目投标报价阶段的前期税务调查　承包商作为一个外国经营者（在境外执行 EPC 工程总承包项目）在投标阶段的税务调查对于国际工程项目的赋税来说至关重要，其调查的深度、广度和精细程度直接影响承包商缴纳税金的总额度。

1) 了解项目所在国是否与中国签订了避免双重征收协议，由于各国税收法律存在着差异，这在一定程度上引起国家之间税收分配关系的矛盾，存在着重复征税以及国际间避税的可能性。

2) 了解项目所在国的税收法律法规，项目所在国的税收征管体系，现行税收政策及变化趋势。结合项目实际情况了解与之相关的税种、税率、征期、征收方法、征收机构和优惠政策等，并对这些税种进行详细研究。

3) 了解项目所在国有关法律法规对纳税主体的要求，是设立项目的常设机构项目经理部即可，还是必须设立分公司、子公司，以及设立这些不同机构在税收政策上的差异。

4) 了解项目所在国外汇管理法律法规，尤其关注外汇结汇及结算和外汇汇入、汇出的法规，特别是作为项目利润汇出的有关法律、法规要求及纳税规定等。

5) 了解当地会计、税务服务机构情况，尽可能与其建立业务咨询关系，寻求有关财务、税务咨询服务，避免"百密一疏"的风险。

(2) 缜密开展报价与合同谈判阶段的税务策划　按照 FIDIC 的立场和实际的情况，除特殊约定外，一般情况下 EPC 工程总承包合同的报价要包含税费。但理论上讲，完成工程建设的一切费用包括工程建设成本、建设方利润以及由此项活动产生的税费都应该是出自于业主，因为是业主要求建设这个工程项目，是这项"交易活动"的发起人，关于这一点是承包商与业主讨论合同中有关费用的基础，税费也是如此。因此可以推论因工程建设发生的税费也是应该由业主支出，只是根据不同国家的法律规定和双方合同的约定确定由谁作为赋税主体向征税机构缴纳税费而已。因此，承包商根据对当地税务的尽职调查以及会计事务所、法律事务所的咨询意见（如果有），做好本项目的税务架构策划以及与业主的谈判工作，防范税务风险发生并争取更大的经济效益。

1) 按照项目所在国的法律要求及税务优化的原则，确定 E、P 和 C 部分的赋税主体，从而产生不同的合同主体。不同的国家对于 EPC 工程总承包的签约（执行）主体有不同的要求，有的项目所在国没有专门要求，多数国家要求现场实施的施工工程（C 部分）要由项目所在国的公司签署合同并执行（这就意味着总承包商要在项目所在国有注册公司），而有的国家要求全部的 EPC 合同都要与项目所在国的公司签署并执行。因此，对于不同的国度，承包商可能有三种组织形式或签约主体来满足项目所在国法律法规的要求（主要是针对纳税目的）或满足总承包商自身执行工程项目及合理纳税的需要，这三种形式为项目常设机构（项目经理部）、承包商在当地的分公司和承包商在当地的子公司。如果工程合同签署与工程项目实施以分公司或者常设机构名义，在属地国基本上都是非居民纳税人待遇，无法享受居民纳税人的税收优惠。以马来西亚为例，以子公司签约的服务部分可以规避13%的预提税，而以分公司签约的服务部分则面临13%预提税问题。但是以子公司签约的部分按照许多国家的法律只能收取当地币，而不能收取美元、欧元等国际流通货币，而分公司则不受此限制，因此这里存在着币种和汇率风险的问题。所以合同签约（执行）主体的确定非常重要。

2）尽管 FIDIC 合同条件和业主的招标文件都可能要求投标的价格以及未来合同价格都应该包含税费，但是承包商仍然应该坚持责任清晰、缴纳方便的原则，与业主明确划分哪些报价是含税的，哪些报价是不含税的，因为如前所述理论上所有税费都是应该由业主承担，只是体现在哪里或由谁作为赋税主体纳税而已。对未调查清楚或业主缴纳更方便、更节省的部分以及合同中未列入但可能发生的税负应明确由业主承担。

3）理论上讲，若以一个 EPC 合同整体约定一项国际工程，则该合同只能适用一个税率，由于 EPC 属于"混合经营"，即 E 和 P 部分可能在承包商所在国或第三国执行，也可能在工程项目所在国执行或部分执行，而 C 部分在工程项目所在国执行，因此，当以 EPC 作为一个整体签约时，税务机关一般取高税率。

若把该 EPC 工程分拆成设计、咨询服务、采购、建筑安装工程等若干的商业安排（商业活动），则不同的商业安排适用不同的税率，一般来说工程项目整体的税赋会下降。在国际 EPC 工程总承包中，根据法律和工作性质的不同合理拆分合同经常是必要的。

按工作性质划分，EPC 工程总承包项目可分为工程勘察、工程设计、设备和材料供货、工程施工、现场技术服务等，即大体上分为技术服务（如勘察、设计、咨询），供货（包括当地与进口）和现场施工建设。而不同性质的工作各国法律规定的税率是不同的，甚至同一种工作本国企业或本国人与外国企业或外国人承担时的税率也不同。按从事、完成工作的地点分，EPC 工程总承包项目可分为离岸（Off-shore）业务（在项目所在国以外的国家执行的业务），例如供货、工程设计等；在岸（On-shore）业务（在项目所在国执行的业务），例如工程施工、工程设计、现场服务等。而不同地点（国家）的税收政策、法律也有很大的不同。

4）适当地切割合同总价中不同性质工作的价格比例及转移定价。在国际工程项目的实际执行中，原则上一般的国家对于在岸（On-shore）业务部分会要求承包商以其项目所在国的机构为主体签订合同并承担纳税义务，而对于离岸业务（Off-shore）则项目所在国不征税或者不征收所得税或是以某一个固定的税率征收营业税类的税费。承包商可根据国家之间的税率不同，与业主协商适当切割离岸（Off-shore）业务与在岸（On-shore）业务的价格比例并进行部分适度的"转移定价"，在不影响业主利益的前提下，优化承包商的纳税架构。然而这种"切割"的数量和比例要适度，EPC 合同项下离岸和在岸部分合同金额的划分，往往会引起东道国税务机关的特别关注。如果发生在岸业务纳税额度过少的情况，会引起当地税务当局的怀疑继而对"项目公司"乃至总承包商的母公司严密监控，造成被税务罚款的风险。

3. 做好工程实施中的税务管理与风险防范

承包商在前期税务尽职调查以及合同签署后，承包商纳税的架构甚至纳税总额基本确定，税务管理特别是税务风险防范的重点就是按照项目所在国的法律和已经形成的纳税架构积极思考、全面准确、精细操作、严禁遗漏地做好工程项目的纳税工作，既要防止因失误导致多交税给项目（公司）造成的经济损失，也要防止漏交税、错交税造成被税务机构罚款的风险。

(1) 高度重视国际工程的税务管理　对于一个国际工程项目，无论是公司总部还是项目所在国的执行机构（项目经理部或分子公司），都要配备强有力的财务、税务以及有关费用结算的人员，及时、准确、有效地开展项目的税务管理工作。

(2) 发挥项目所在国专家和机构作用　聘请当地有能力的会计、税务事务所作为税务顾问，为承包商提供有价值的财务、税务咨询，提高工程项目的税务工作质量和项目的经济效益，降低税务风险。

(3) 处理好收入、成本确认与纳税的关系　对于在项目所在国实施的特别是纳税部分的工程，主要是现场施工的部分，要筹划好工程收入及相应的纳税策略。目前大部分国家对工程项目都使用建造合同的方法确认工程项目收入，在建造合同完工百分比的确认上主要存在两种方法，一是采用已发生合同成本占预计合同总成本的比例来确认完工百分比，二是采用已完工程量占预计合同总工程量的比例来确认完工百分比。鉴于工程项目资源投入的特殊性，项目前期往往需要投入较大的资源，但是项目前期的结算收入反而较低，导致工程项目往往前期亏损后期盈利。因此项目在选择完工百分比确认法时尽量选择与实际工程量挂钩的方法，避免选择与成本费用挂钩的方法，这样项目前期可以少确认收入，延缓缴纳企业所得税。

(4) 做好分包商、供货商的税务管理　作为总承包商以及在当地实施工程的总承包商机构（项目部、分公司或子公司）是合同签署和工程实施的主体，无论是从合同的角度还是法律的角度也是赋税的主体，而有些作为参与工程项目执行的外国分包商或供货商，一般不会在工程项目所在地注册机构或设立分公司或子公司（当地法律要求的除外），因此无法缴纳税金。对此，总承包商与分包商或供货商签订合同确定价格时要充分考虑纳税因素并在实际中代其缴纳；对于项目所在国的分包商或供货商也要明确纳税责任并监督实施。

(5) 建立健全税务记录及申报体系　及时准确地获取必要的涉及纳税的文件、证据；在实施工程项目时，要加强对当地税法的学习，建立并完善相关会计核算和税务管理体系，按照当地税法规定，按时足额缴纳各种税款。另一方面要做好各种税票、单据或文件的获取和整理工作，防止工程项目的实际税赋超过法定税赋的风险发生。

(6) 做好利用税务减免政策的策划和实施工作，增加项目经济效益　充分利用 EPC 工程项目承包商所在国的出口退税政策，结合制造成本、制造加工能力和效率、运输成本（含保险费用）以及进出口关税及退税等因素，策划并实施好物资采购地、加工地、分交地的选择，以获得最大的"税务"效益和综合效益；务必落实业主项目进口免税许可并作为业主责任明确于合同之中，防止承包商承担不应有的进口关税风险。对于以子公司的名义签署的合同，承包商（当地注册的子公司）应该注意利用作为当地法人的定位，享受该国有关的优惠政策，减少相应税费的缴纳。

(7) 建立良好关系　积极与当地税务机构沟通，努力满足税务机构的合理要求和纳税安排，建立友好、互信的关系，成为当地诚实、守信、友好、受欢迎的国际工程承包商。

第五节　工程保险

保险业（Insurance）作为一个行业也有几百年的历史，据介绍 1384 年，比萨出现世界上第一张保险单，近代保险制度从此诞生。今天，可以说保险业覆盖了社会的每一个角落，工程建设业作为全球一个庞大的行业自然业不例外。李慧民等在其《建设工程保险概论》中称"第一张建设工程保险的保单是 1929 年签发的，承保的是当时在伦敦泰晤士河上建造的 Lambeth 大桥工程。保单在原有火灾保险保单的基础上做了一些针对建设工程特点的修改和扩展，就其原型和特点而言仍未摆脱火灾保险的模式，只能说是一份建设工程保险保单的雏形。真正的建设工程保险保单是 1934 年在德国出现的，这个保单已从根本上区别于传统的火灾保险保单，它主要针对现代工程规模宏大、技术复杂、造价昂贵的特点，有针对性地制订保障方案，并逐步形成自己独立的体系"。而 FIDIC 在 1957 年出版的《土木工程施工（国际）合同条件》中就规定要求承包人办理保险，并对建筑、安装工程各关系方的权利和义务作了明确的规定。另外，美国建筑师学会 AIA 合同、英国工程师协会 ICE 合同等通用的标准工程合同条款都对建设工程保险有明确的规定。时至今日，国际上招标投标的项目，百分之百的业主都要求建设工程保险，在许多国家，对工程建设项目投保被列为法律的要求。

1. 国际工程项目主要的险种

虽然不能与公众社会生活中繁多的险种相比，但在国际工程中险种也为数不少。工程保险又分为强制性保险和自愿性保险。所谓强制性保险，就是按照法律的规定，工程项目当事人必须投保的险种，但投保人可以自主选择保险公司。自愿性保险，则是根据工程项目当事人自己的需要自愿购买的保险，其理赔或给付的范围以及保险条件等均由投保人与保险公司根据签订的保险合同确定。

（1）信用保险（Credit Insurance） 信用保险是指保险人对被保险人信用放款或信用售货，当债务人拒绝履行合同或不能清偿债务时，对所受到的经济损失承担赔偿责任的保险方式。出口信用保险、抵押信用保险等形式是国际工程总承包中信用保险最常见的形式之一，用于承包商走出国门参与世界竞争。另外，对于业主（买方）开具的付款保证（信用证、保函）"加保"是承包商对业主银行或金融机构缺乏信任时对业主的要求，也常见于国际工程中，但这是业主负责购买的"保险"。当由于各种原因业主拒绝购买这种保险时，承包商根据需要自行寻找合适的机构对业主提供的信用证或付款保函投保，以回避业主银行或金融机构的付款风险。

（2）政治风险保险（Political Risk） 政治风险保险原来主要是指"投资保险"，现在也用于国际工程建设项目。它是指保险人对被保险人因政治原因如政府的没收、征用、外汇汇兑限制，或因战争、叛乱、罢工、暴动等而受到的经济损失承担赔偿责任的保险形式。此类保险多由国家保险机构承保，一般与财产保险、工程保险共同投保，作为一附加险种，并采取共同保险的方式，使被保险人也承担部分损失，以促使其避免危险发生。这种保险多用于在一些政治环境不稳定的国家开展工程承包业务时承包商寻求国家保险机构承保的情况，如"中国出口信用保险公司"简称"中信保"（China Export & Credit Insurance Corporation，Sinosure）、法国科法斯信用保险集团（Coface）、德国裕利安宜集团（Hermes）等。

（3）建筑或安装一切险（Construction/Erection All Risk Insurance） 建筑或安装一切险是承保在工程建设期间发生的自然灾害、意外事故（以及机械事故等）造成的一切损失。包括洪水、暴风雨等自然灾害，火灾、爆炸、飞行物体坠落等意外事故以及清理受灾现场等费用。这是工程总承包项目投保的最常见险种之一。

（4）第三者责任险（Third Party Liability Insurance） 第三者责任险是公众责任保险的一种，一般将其作为工程保险的附加险予以承保。第三者责任险承保工程险保单项下的工程在保险期限内，因发生意外事故造成的工地上及附近地区的第三者的人身伤亡、疾病或财产损失所引起的应由被保险人负责的经济赔偿责任以及被保险人因此而支付的诉讼费用。该险种也是工程总承包项目投保的最常见险种之一，并由承包商与建筑或安装一切险一起投保。

（5）货物运输保险（Cargo Insurance） 货物运输保险是指承保货物运输过程中货物因自然灾害、意外事故或其他外来风险所致损失的保险。保险标的包括工程项目所运输的设备和材料、生活物资、承包商机具等。按货物运输方式可分为海上货物运输保险、陆上货物运输保险、航空运输货物保险、邮包保险以及联运保险等。

（6）职业责任险（Professional Liability Insurance） 职业责任保险承保专业技术人员因职业上的疏忽或过失致使合同对方或其他人遭受人身伤害或财产损失，依法应承担赔偿责任的保险。其承保对象包括会计师、建筑师、工程师及其他专业技术人员。

（7）工程质量潜在缺陷险（Inherent Defects Insurance） 工程质量潜在缺陷险是指在保修范围和保修期限内出现的由于工程质量潜在缺陷所导致的所投保工程的损坏，保险公司予以赔偿的保险。

（8）员工补偿保险（Workmen Compensation Insurance） 员工补偿保险是意外险的一种，以被保险人因遭受意外伤害而造成的死亡、残疾、医疗费用支出或暂时丧失劳动能力作为给付保险金条件的保险。

（9）施工机具险（Contractor's Equipment Insurance） 施工机具险是指承保承包商实施工程所用的设备和机具在工程现场使用或停放过程中由于自然灾害或意外事故造成的损失的保险。

（10）雇主责任险（Employer's Liability Insurance） 雇主责任险是指被保险人所雇佣的员工在受雇过程中从事与保险单所载明的与被保险人在工程实施有关的工作（包括上下班）而遭受意外或患与工作有关的国家规定的职业性疾病，所致伤、残或死亡，被保险人根据法律及劳动合同应承担的医药费用及经济赔偿责任（包括应支出的诉讼费用），由保险人在规定的赔偿限额内负责赔偿的一种保险。

现将各类国际工程常见的险种和作用简况列于表 15-2。

表 15-2 国际工程常见的险种

险种	英文	作用	投保人/受益人
信用保险	Credit Insurance	信用放款或信用售货	承包商/承包商
政治风险保险	Political Risk	政治原因造成的损失	承包商/承包商
建筑或安装一切险	Construction/Erection All Risk Insurance	建设期间发生的自然灾害、意外事故	承包商/承包商
第三者责任险	Third Party Liability Insurance	工程意外事故对第三者的伤害	承包商/第三方
货物运输保险	Cargo Insurance	货物运输中的意外事故	承包商/承包商或业主
职业责任险	Professional Liability Insurance	专业人员因职业疏忽或过失造成损失	承包商/承包商或业主
工程质量潜在缺陷险	Inherent Defects Insurance	保修期限内质量潜在缺陷	承包商/承包商或业主
员工补偿保险	Workmen Compensation Insurance	雇员意外伤害	承包商/雇员
施工机具险	Contractor's Equipment Insurance	自然灾害或意外事故使机具损失	承包商/承包商
雇主责任险	Employer's Liability Insurance	雇员意外伤害（含疾病）	承包商/雇员

2. 国家法律法规要求的保险

在许多国家无论是对业主投资项目还是承包商签约建设工程项目，有关法律都有可能会要求有关方进行强制性投保，以确保在发生意外事件造成损失时，业主、承包商、保险机构能以适当的方式妥善处理该事件造成的不利影响,最大限度地减小受损者的损失,避免因意外事故和损失而出现"极端情况",稳定社会秩序,消除社会不安定隐患。例如,我国的《安全生产责任保险实施办法》要求建筑施工生产经营单位应该投保安全生产责任保险。安全生产责任保险投保范围应当覆盖企业的全体从业人员(包括兼职工、劳务分包人员、退休返聘人员、实习生等全部建筑施工作业人员)。中华人民共和国国务院令第527号《对外承包工程管理条例》(2017)中第十四条规定:对外承包工程的单位应当为外派人员购买境外人身意外伤害保险。

3. FIDIC 合同条件的要求

FIDIC 合同条件银皮书以一整章节专门阐述了 EPC 工程总承包项目的保险问题,对工程项目下的保险提出了具体的要求。比较1999年版,2017年版的 FIDIC 合同条件银皮书有比较大的改变,不仅修改、增加了不少内容,而且对工程保险的险种和使用做了更详尽的阐述和要求,其中:

"19.1　一般要求

在不限制任何一方在本合同项下的义务或责任的情况下,承包商应向保险公司投保并续保承包商应负责的所有保险,保险条款应经业主同意。这些条款应与双方在签订合同协议书之日前商定的条款(如果有)一致。

本条要求提出的保险是业主对工程保险的最低要求,承包商可自费增加其认为有必要的其他保险。

当业主要求时,承包商应提供合同规定的保单。在支付每一笔保险费后,承包商应立即向业主提交每份付款收据的副本,或保险公司提供已支付保费的确认书。

如果承包商未能按第19.2款【由承包商提供的保险】的要求办理保险并使之保持有效,则在此情况下,业主可投保该保险并保持其有效,为此支付的保费从承包商处得到补偿,补偿的获取可以通过随时扣减应支付给承包商的任何款项,也可以其他方式从承包商处追偿。第20条"雇主和承包商的索赔"的规定不适用于本款。

如果承包商或业主中的任何一方未能遵守根据合同规定投保的保险条款规定,则违反保险条款的一方补偿另一方由此产生的所有直接损失(包括法律费用)。

承包商还应负责以下事项:

(a) 告知保险公司工程实施中有关性质、范围或计划的任何变化。(以及)

(b) 在整个合同履行期间,保险的充分性和有效性符合合同要求。

任何保单中允许的扣除限额不得超过合同数据中规定的金额(如果未规定,则与业主商定)。

如果规定有共同责任,针对保险人不予赔偿的损失,只要是非承包商或业主违约造成的,则损失应由双方按照各自责任的比例承担,因违约行为致使保险人无法补偿的,由违约方承担产生的损失。

19.2　由承包商提供的保险

承包商应提供以下保险:

19.2.1　工程

承包商应以承包商和业主的联合名义投保并续保,期限为自开工日期起至颁发工程接收证书之日止。

(a) 要按照全部重置价值对工程、承包商文件以及用于工程的材料和设备投保。保险范围应扩大到包括因设计方面错误或采用有缺陷材料或构件导致的工程任何部分的损失和损坏。(以及)

(b) 保险金额中应包括一笔额外金额,用于伴随修复损失而发生的任何额外费用,包括专门职业费、清除残骸的费用，额度为重置价值的百分之十五（或合同数据中规定的其他金额数）。

保险范围应包括业主和承包商在颁发工程接收证书之前，因任何原因造成的所有损失或损害；以及此后对于工程接收证书颁发之日前发生的任何原因导致的任何未完成工程的损失或损害，及在承包商为履行第 11 条"接收后的缺陷"和第 12 条"竣工后试验"规定的承包商义务而进行的任何作业过程中，承包商造成的任何损失或损害。该保险应持续担保到履约证书颁发之日为止。

但是，承包商为工程提供的保险可不包括以下任何一项：

（i）修复任何有缺陷（包括有缺陷的材料和工艺）或不满足合同要求的工程部分的费用，但不排除因这样的缺陷或不符合对工程任何其他部分造成的损失或损害进行补偿的费用。

（ii）间接或连带性的损失或损害包括因延误而扣减的合同价格。

（iii）磨损、短缺及盗窃。（以及）

（iv）除非合同资料中另有规定，例外事件引起的风险。

19.2.2 货物

承包商应以承包商和业主的联合名义，按照合同数据中规定的范围和（或）金额（如果未规定或说明，则按其全部重置价值，包括运至现场）为承包商运至现场的货物和其他物品投保。

从货物运至现场到工程不再需要为止，承包商应保持这一保险有效。

19.2.3 违反职业职责的责任

在一定程度上，如果有的话，承包商应按第 4.1 款【承包商的一般义务】的规定负责永久工程部分的设计和（或）合同规定的其他设计，并根据第 17 条"工程照管和保障"的规定进行赔偿：

a）承包商应为在履行其设计义务时的任何行为、错误或疏忽引起的责任投保职业赔偿保险，保险金额不少于合同数据中规定的金额（若未说明，则与业主商定）。（和）

b）如果合同数据中有规定，此类职业赔偿保险还应赔偿承包商在履行其合同规定的设计义务时因承包商的任何行为、错误或疏忽而导致工程（或单位工程、部分或成套设备主要项，如果有的话）在竣工时不符合第 4.1 款【承包商的一般义务】规定的预期目的之责任。

承包商应在合同数据中规定的期限内续保该保险。

19.2.4 人身伤害和财产损害

承包商应以承包商和业主的联合名义，为因履行合同而引起的、在颁发履约证书前发生的任何人员伤亡或任何财产（工程除外）的损失或损坏的责任投保，由特殊事件引起的损失或损害除外。

保险单应包括交叉性条款，以便该保险可分别有效于承包商和业主。

此类保险应在承包商开始现场任何工作之前生效，并在颁发履约证书之前保持有效，且保险金额不得低于合同数据中规定的金额（如果未规定，则为与业主商定的金额）。

19.2.5 雇员的人身伤害

承包商应为实施本工程的承包商雇用的人员或承包商的其他人员的伤害、患病、疾病或死亡引起的索赔、损害赔偿费、损失和费用（含法律费用）的责任投保并维持有效。

除非该保险不包括由于业主或业主人员的任何行为或疏忽而引起的损失和索赔，业主也应获得保单下的保险。

保险应对在工程实施期间正在执行协助工作的承包商人员保持完全有效。对于分包商雇用的任何人员，保险可由分包商办理，但承包商应对分包商遵守本款的规定负责。

19.2.6 法律和当地惯例要求的其他保险

承包商应自费提供工程（任何部分）实施所在国法律要求的所有其他保险。

当地惯例要求的其他保险（如果有）应在合同数据中详细说明，承包商应按照给出的细节提供此类保险，费用由承包商承担。"

从上面的规定可以看出，按照 FIDIC 的立场，在执行国际 EPC 工程总承包项目时，合同双方特别是承包商应该购买本节"1"中列举的众多对应于实施 EPC 工程项目可能遇到的实际风险的保险产品，诸如建筑或安装一切险、第三者责任险、职业责任险、员工补偿保险、运输险以及雇主责任险等。当然，FIDIC 合同条件银皮书强调也应该按照项目所在国的法律要求投保相应的险种。FIDIC 合同条件银皮书如此详尽地以一个整章来规定工程保险事宜，旨在以其经验总结了 EPC 工程总承包项目可能遇到的风险之后，要求合同双方特别是承包商要针对 EPC 工程总承包项目实施的业务链上可能出现的风险进行投保，以确保在发生意外时承包商不至于损失"过大"，而依然有能力继续执行项目合同直至工程获得接收证书、履约证书。承包商对此不仅应看作是 FIDIC 合同条件银皮书的要求，而且应该视为 FIDIC 为承包商在执行 EPC 工程项目时对可能遇到的风险做出了有益的经验和教训的总结。承包商结合具体的工程承包项目积极参照 FIDIC 合同条件银皮书的要求（但不限于），设置所实施工程项目的保险架构，是防范国际 EPC 工程总承包项目风险产生的有效手段。

4. 保险在国际工程项目中的实际应用

在实际的国际 EPC 工程总承包项目执行中，无论是业主还是承包商会结合项目的实际情况、法律法规要求以及当事人以往的经验、习惯和偏好等因素进行投保。一般来说，除了业主作为投资者对建设项目进行一些涉及投资、财产、业主人员等因素进行投保以外，涉及项目工程建设的保险问题业主都会通过招标要求、合同谈判乃至工程实施后的业主要求等环节要求承包商来投保。因此对于工程项目投保来说，业主的要求主要通过工程项目合同来体现，通过合同义务来要求承包商对所签约的工程项目进行投保，而且对于有些险种会如 FIDIC 合同条件银皮书所述那样要求与承包商联名投保且业主也作为"受益人"，但费用由承包商承担。

从实际来看，无论是业主要求还是承包商为了分担风险自愿进行投保，在当代的国际工程总承包项目中，工程保险是必不可少的环节。承包商科学地、合理地购买适合本工程项目的保险，进行有效的工程保险业务管理，是工程承包商满足法律要求、合同要求和自身风险防范的重要工作。

1）在项目投标阶段承包商要了解项目所在国的工程建设领域有关对工程承包业务强制性投保的法律要求，无论业主在招标文件以及今后的合同中是否有要求，承包商必须按法律要求执行法律规定的投保并将相关费用计入投标和合同价格之中。

2）除项目所在国的法律规定以外，各个地区、国家和业主对于工程保险都会有不同的习惯，在中国境内一般的大型工程项目业主会安排工程项下的保险，在美洲国家也是如此；除此之外的国家和地区比较习惯于 FIDIC 的立场，即工程项下的保险主要由承包商来承担，例如建筑或安装一切险、第三方责任险、意外伤害险等。因此，承包商在投标时要认真研究标书对工程保险的要求并积极响应满足标书要求，同时也为工程实施中可能发生的风险"投一份保险"。

3）在满足工程项目所在国法律和业主招标要求中对工程保险的要求之后，承包商还应结合项目特点、业主情况（特别是资信）、国别环境，认真思考、研究是否要为承包商自身的利益增加保险品种。例如，虽然业主开具了项目的信用证（或付款保函），但开证行的资信并不是很高且无法要求业主由第三方银行"加保"，为了获得付款，安全起见，承包商可以考虑自行寻找合适的银行或保险机构对该信用证或保函进行"保兑"或"投保"。无论是对即期信用证还是远期信用证，这样的"加保"对于防范信用证下付款风险提供了保证，特别是在业主使用远期信用证使全额工程款支付拖后的情况下，信用证的可靠性尤为重要。再如，对于在政权稳定性不高的国家承揽工程项目时，必要时承包商增加"政治风险保险"，当发生"政治动荡"导致项目停工、银行终止议付等情况时，承包商可以获得相应的补偿，从而减少经济损失的风险。

4）承包商在综合考虑上述法律要求、业主要求和自身需要等因素后，应该策划一个可覆盖各方面要求、工程项目实施全过程（从投标到业主颁发最终验收证书）、投保综合成本等因素的"工程项目保险系统架构"。寻找适宜的保险公司能够将类型相似的保险业务"打包"由同一家保险公司承保，这样既有利于降低投保成本又有利于工程项目保险范围覆盖的全面性。由于各承包商内部部门设置、分工的不同，对于一个完整工程项目来说，涉及的各种保险业务可能也分布于不同部门，例如信用险、政治险由财务部门负责，工程一切险、第三方责任险由工程管理部负责，而货物险或运输险由采购部门负责。因此对于一个大型的国际EPC工程项目来说，承包商公司层面由一个责任部门或高层领导负责组织策划工程项目的"工程项目保险系统架构"，以便系统考虑、统一解决整个工程项目的保险问题，这是十分必要的。

5）选择险种和保险公司（机构）固然重要，但是明确保单的合同条款也非常重要，要特别重视理赔条款中有关范围、生效日期、有效期、免赔额、除外责任、理赔流程和提交文件等条款，防止保险公司（机构）承揽生意时积极主动，但发生意外赔偿时"百般刁难"的情况出现。

6）承包商要认真做好保单的管理和意外事件的索赔工作。保险合同签订后，承包商应该有专人负责保单的日常管理工作，诸如缴费管理、期限管理（延期、续保）、重大事项变化（变更）通知等。在整个工程实施期间，对于不同阶段要保证承包商投保的内容时时有效，杜绝出现因承包商保单管理不善使已经购买的保单"失效"的风险。在发生意外事件后承包商应及时向有关方发出通知（报案）、查勘和保护现场、整理并提交充足的资料，据理力争积极索赔，实现当初投保时的预期目标，减少相应的经济损失。

【合同实例】

Article 26　Insurance

26.1　The Contractor shall effect and maintain at its own expense throughout the continuance of this Contract insurance policies sufficient to cover any risks, defects or liabilities arising out of the performance of the Works and placed with reputable and substantial insurers acceptable to the Owner for the minimum type and amounts set out in Annex 7 (Insurance Requirements).

26.2　Insurance limits per occurrence shall be not less than the amounts stated in Annex 7 (Insurance Requirements).

26.3　The Contractor shall give immediate written notice to the Owner in the event of cancellation or material change affecting any insured party's interest in respect of the insurance set out in this Article 26.

26.4　If any policy is cancelled or if the Contractor fails to effect or maintain any policy which it is required to effect or maintain, the Owner may at its discretion effect and maintain any such insurance or additional insurance that it considers necessary and recover the cost in respect thereof from the Contractor (or the Owner may set off the cost thereof against the Contractor's invoices).

26.5　At the Owner's request the Contractor shall furnish to the Owner certificates of insurance or certified true copies of the policies with the necessary information, including the expiration date relating to insurance required under this Article.

26.6　The Contractor shall be solely responsible for the payment of all premiums, deductibles, or other charges due with respect to insurance policies required to be obtained by it under this Article.

第 26 条　保险

26.1　承包商应自费投保、维持本合同保险单的连续性并足以涵盖因工程的实施而产生的任何风险、缺陷或责任，要选择业主接受的信誉良好和实力雄厚的保险公司，以及附件 7（保险要求）中规定的最低限度险种和保险金额。

26.2　每次发生的保险限额不得低于附件 7 中规定的金额（保险要求）。

26.3　如果出现取消或重大变化而影响到任何被保险方在第 26 条规定的保险方面的利益，承包商应立即向业主发出书面通知。

26.4　如果任何保单被取消，或者承包商未能按要求投保或保持其有效性，业主可自行决定投保并维保其认为必要的任何这类保险或附加保险，并收回承包商的相关费用（或业主可根据承包商的发票扣除这部分费用）。

26.5　按业主要求，承包商应向业主提供投保证书或经核证的保单真实副本，并提供必要的信息，包括本条款要求的保险相关有效日期。

26.6　承包商应全责支付所有根据本条款需要获得的保险单所应支付的费用、免赔额或其他费用。

第六节　索　赔

索赔一词来源于英语"claim"，其原意表示"有权要求"，法律上称为"权利主张"，并没有赔偿的意思，是一个法律的概念。在《牛津法律词典》（Oxford Dictionary of Law）定义为："一项补偿的要求或权利主张，特别是将具体案件诉讼法院的权利（诉讼的权利）。在民事诉讼中使用这个术语"；在《牛津法律指南》（The Oxford Companion to Law）中对索赔的定义是："合同中某一方坚持要求获得其赢得的款项、财产或进行补救的权利的一般条款"。当然，一般认为，索赔是双向的，伴随着"索赔"还可能有其相反的行为，即"反索赔"。反索赔（Counterclaim）是指一方提出索赔时，另一方反驳、反击或者防止对方提出的索赔，不让对方索赔成功或者全部成功。

由于施工现场条件、气候条件的变化，物价的变化，以及合同条款、规范、标准文件和施工图的变更、差异、延误等因素的影响，使得工程承包中不可避免地出现索赔。因此，工程的索赔是指在合同履约过程中，对于并非自己的过失，而应由对方承担责任造成的损失向对方提出经济补偿和（或）时间补偿的要求。FIDIC 合同条件银皮书第 1.1.3 项关于索赔的定义："索赔是指合同的一方向另一方提出的某一关于权利或救济的要求或主张，该请求或主张是根据合同条款，或与合同相关的，或因合同、工程执行引起的。"

因此，在国际 EPC 工程总承包项目中既可能存在业主向承包商（含通过承包商向分包商）索赔，也可能存在承包商向业主索赔，还可能发生总承包商与分包商之间的互相索赔，甚至出现第三方向业主或承包商（含分包商）的索赔。在工程项下，所谓索赔主要是"工期索赔"和"经济索赔"。在国际 EPC 工程总承包项目中，大大小小的索赔与反索赔是工程项目实施中最常见的"日常经营活动"之一。在双方的"班前会"、周例会、月度会甚至高层会上承包商与业主之间就进度、费用、质量等方面的"索求"（没有索赔那么正式和严重）甚至索赔比比皆是。因此索赔是常见的，但同时因为直接涉及到双方的利益，涉及到合同条款、法律法规，它又是非常复杂的，有关这方面的研究、论述和专著很多可供读者详细学习、研究和探索，本文仅就有关主要问题给予分析。

1. 业主对承包商（含分包商）的索赔

业主对承包商的索赔也是时间和经济两项，但是这里的时间一般仅涉及对工程、设备等缺陷通知期（质保期）的延长，而在经济方面的索赔会涉及众多方面，包括对承包商工期延误违约的索赔等。另外，业主对承包商在经济上的索赔很多是对承包商的"违约罚款"，应该与后面谈的承包商对业主的索赔有很多不同之处，而且业主对承包商的索赔或"要求"的支付多以扣减承包商合同价格来实现，而且其实现途径比较简单、容易。

1）索赔要求延长缺陷通知期（DNP）。在缺陷通知期内，如果工程、单位工程、设备和材料等出现缺陷、损害、损坏等问题，承包商除应按合同规定予以修复、更换外，按照业主的"索赔"还应给予相应工程、设备等相应的延长"缺陷通知期"（质保期）。FIDIC合同条件银皮书对此也做出了详细的规定，其第11.3款【缺陷通知期限的延长】中规定："业主应有权对工程或某一单位工程（或如果适用第10.2款【部分工程的接收】规定，可以是对工程的一部分，）的缺陷通知期限提出一个延长期：

（a）如果因为某项缺陷或损害达到使工程、单位工程（或工程的特定部分）或某项主要生产设备（视情况而定，并在接收以后）不能按原定目的使用的程度，该缺陷或损害是由于第11.2款【修补缺陷的费用】中（a）到（d）段中任何事项引起的。（和）

（b）根据第20.2款【付款和/或竣工时间延长的索赔】。

但是，缺陷通知期限的延长不得超过合同数据中规定的缺陷通知期期限截止日后两年。

当生产设备和（或）材料的交付和（或）安装，已根据第8.9款【业主暂停】或第16.1款【由承包商暂停】的规定暂停时，对于构成工程一部分的生产设备和（或）材料的缺陷通知期期限满2年后发生的任何缺陷或损害，本条规定的承包商各项义务应不适用。"

2）业主对承包商应付未付的款项的索赔或扣除。如果在工程实施期间承包商使用了业主机具、动力或其他设施或资源并按合同规定应向业主支付使用费用而未支付或因各种原因业主已多支付或早支付的款项，业主会向承包商提出索赔。关于这一点在1999年版FIDIC合同条件银皮书中第4.19款【电、水和燃气】及第4.20款【业主设备和免费供应的材料】中有明确规定要求承包商为其使用而付费，而在实际的合同中也有类似的规定。但是，在2017年版FIDIC合同条件银皮书中只是对业主设备给出了类似的说明，即第2.6款【雇主提供的材料和雇主设备】中规定："如果有业主提供的材料和（或）业主提供的设备供承包商在工程实施中使用，业主应按照业主要求中列出的细节、时间、安排、费率和价格提供这些材料和（或）设备给承包商使用。

承包商的任何人员在操作、驾驶、指挥、使用或控制某项业主设备时，承包商应对该项设备负责。"

3）业主索赔或扣减其支付的应由承包商完成但已由业主完成部分的费用。如果业主或业主委托第三方完成本该承包商完成的任务并产生费用时，业主将向承包商提出索赔。例如业主或业主委托第三方完成本应由承包商承担的缺陷、损害的修复费用以及该由承包商投保但由业主投保的费用、承包商未按合同规定在撤离现场前清理现场致使业主自己清理现场产生的费用等。FIDIC合同条件银皮书第11.4款【未能修补缺陷】中规定："如果对于第11.1款【完成扫尾工作和修补缺陷】中的任何缺陷或损害的修补因承包商无理延迟，业主或者以业主名义可以确定一个日期，要求该缺陷或损害应该在该日期或之前修补完，业主或以业主名义将这个确定的日期通知给承包商，该通知将给承包商以合理的时间（适当考虑所有的相关条件）对缺陷或损害进行修补。

如果承包商在通知说明的日期内仍未修补好缺陷或损害，且此项修补工作按照第11.2款【修补缺陷的费用】的规定，应由承包商承担实施的费用，业主可以（业主自行决断）：

（a）以合同中规定的方式由自己或他人开展此项工作（包括任何重复试验），费用由承包商承担，但承包商对此项工作将不再负责任；业主应有权根据第20.2款【付款和/或竣工时间延长的索赔】提出由承包商向业主支付因业主修补缺陷或损害而发生的合理费用。

（b）接受受损或缺陷的工程，在这种情况下，业主有权根据第20.2款【付款和/或竣工时间延长的索赔】：

（i）由承包商以让业主满意的方式支付性能（履约）罚款赔偿。（或）

（ii）如果在合同中没有规定履约保证值，或者没有适用的性能罚款赔偿额，则扣减合同价格。该合同价的扣减仅限于未满足此项性能（履约）要求，而且扣减的金额恰好弥补此项失败给业主带来的价值损失。"

同样，关于业主代付保险费用，在FIDIC合同条件银皮书第19.1款【一般要求】中也可以看到如果承包商未按合同规定的险种投保，业主可以对该险种投保并扣减合同价格这样的要求。

4）业主有权对因承包商行为不当、过失以及未遵守法律规定等导致业主增加的费用索赔。如果业主对承包商文件的重新提交和随后的审查增加了业主费用，承包商导致规定的试验出现误期以及重新检验招致业主的费用增加，承包商未按业主指示对缺陷进行调查致使业主人员实施了该调查产生的费用等，业主将索赔承包商。FIDIC合同条件银皮书在第5.2.2项【由雇主审核】中规定："如果业主因此类文件重新提交和随后的审查而招致额外费用，业主有权根据第20.2款【付款和/或竣工时间延长的索赔】规定要求承包商支付合理发生的费用"。同时在第9.2款【延误的试验】中（d）段规定："如果此类试验使得业主增加了费用，业主应有权根据第20.2款【付款和/或竣工时间延长的索赔】规定提出让承包商对发生的合理费用给予支付"。FIDIC合同条件银皮书在第1.12款【遵守法律】中规定："……如果业主因承包商未能遵守下列规定而产生额外费用：

（i）上述（c）段。

（ii）上述（b）或（d）段，如果业主已遵守了第2.2款【协助】。

业主有权根据第20.2款【付款和/或竣工时间延长的索赔】规定要求承包商承担费用补偿。"

5）业主对承包商未能实现合同规定的工程预期目标而产生损失的索赔。这种索赔的实质是对承包商未能实现工程项目预期目标的违约罚款，一般包括工期延误和工程项目功能（性能）的减弱甚至丧失，因此这种索赔或罚款其额度都会比较大，特别是当工程、单位工程或主要生产设备的某项功能（性能）低于一定限额时，业主有权拒收该工程、单位工程或设备，并索赔整个工程、设备款项。FIDIC合同条件银皮书在第8.8款【误期损害赔偿费】中规定："如果承包商未能满足第8.2款【竣工时间】的要求，视为违约行为，业主有权根据第20.2款【付款和/或竣工时间延长的索赔】的规定提出让承包商对其延误的违约行为给予赔偿。此项延误损害赔偿应按照专用条款中规定的每天应付金额，以工程竣工或单位工程完成时的日期超过相应的"竣工时间"的天数计算。但按本款计算的赔偿总额，不得超过专用条款合同数据中规定的延误赔偿的最高限额（如果有）"。另外，FIDIC合同条件银皮书在第9.4款【未能通过竣工试验】和第11.4款【未能修补缺陷】中都对工程、单位工程或主要生产设备在"未能通过竣工试验"和（或）"未能修补缺陷"之后，业主有权按合同规定要求承包商按一定数额赔偿或扣减合同额；当某项功能（性能）低于一定限额时，业主有权拒收该工程、单位工程或设备，并要求对承包商索赔整个工程、设备款项。请参见第十章的第三节"'让步'接收与拒收"中的有关内容。

2. 承包商对业主的索赔

承包商作为工程项目合同的实施主体，从投标、合同谈判签约、工程实施、工程项目竣工验收到缺陷通知期（质保期）的结束，无论是对合同工期的预判、合同价格的估算、实施过程中业主的控制（干预）、自然条件的变化、社会环境的变化以及其他不可预见因素的出现，都可能影响承包商对工程项目的履约、合同义务的完成情况。因此，对于那些非承包商所能预计、控制造成的不利影响以及业主方行为不当造成的影响，向作为工程建设的发起人、工程所有者的业主提出补偿、赔偿性的诉求是必要的、合理的。

在工程项下就索赔的实质而言，业主的索赔主要是包括业主索要（扣除）本应承包商承担的任务因各种原因由业主完成所发生的费用和承包商未实现工程项目预期目标的违约罚款；而承包商的索赔则多是当自然、社会条件的变化及业主的提出变更或出现过失时，承包商提出的补偿性诉求，在时间方面是要求延长工期，在经济方面则多是成本的补偿，而相应的利润则视具体情况而定，多数情况难以获得。大卫·查贝尔在《建筑合同索赔》一书中将索赔解释为："在建筑行业可将索赔定义为通常是承包商提出的一项合同期限延长的要求，和（或）根据合同的明示或默示条款提出付款要求的权利主张。在施工行业，'索赔'一词一般用来描述承包商提出的除正常合同规定付款之外的付款请求……这个词也用来描述根据合同承包商延长工期的申请。"

（1）因自然条件变化引起的承包商索赔 这些自然条件变化包括气候（温度、降雪、暴雨、飙风等）、地震、火山活动等可归属于"例外事件"发生的情况，但一般性的自然灾害除非有明确的特殊规定，否则难以构成承包商索赔的理由，因为无论是以 FIDIC 的立场还是在实际合同中会出现"承包商已经了解或视为了解了本项目'不可预见的困难'"这样的条款。这种情况下最理想的结果是承包商可以获得工期和成本性费用的补偿但不能获得相应的利润，而且因一般性的自然条件变得恶劣而影响了工程项目的情况，承包商会难以获得任何补偿。FIDIC 合同条件银皮书在第 18.4 款【例外事件的后果】中规定："如果承包商是受影响的一方，并因根据第 18.2 款【例外事件的通知】发出通知的例外事件而遭受延误和（或）产生费用，则承包商有权根据第 20.2 款【付款和/或竣工时间延长的索赔】规定，要求：

（a）延长工期。（和/或）

（b）如果例外事件属于第 18.1 款【例外事件】（a）至（e）段所述的类型，并且（b）至（e）项例外事件发生在工程所在国，此费用应予以支付。"

因此，只有构成"例外事件"的自然条件发生变化时，承包商的索赔要求获得满足的可能性才比较大。

（2）因社会环境变化导致承包商索赔 这些社会环境的变化包括法律的变化、公共当局引起的延误、例外事件诸如罢工和政变或动乱等。当发生项目所在国法律变化时承包商可能既获得工期延长的补偿也可能获得费用加利润的补偿；但对于当局引起延误或例外事件的影响，一般情况下承包商只能获得工期延长的补偿，而很难获得费用方面的补偿。FIDIC 合同条件银皮书在第 13.6 款【因法律改变的调整】中规定："在不违反本款下列规定的情况下，合同价格应考虑由下列改变造成的任何费用增减而进行调整：

(a) 工程所在国的法律，包括施用新的法律，废除或修改现有法律。

……

如果承包商因法律的任何变化而导致延误和（或）导致费用增加，承包商应有权要求根据第20.2款【付款和/或竣工时间延长的索赔】规定延长工期和（或）支付此类费用"。FIDIC合同条件银皮书在第8.6款【当局造成的延误】中规定："如果：

（a）承包商已努力遵守了工程所在国依法成立的有关公共当局或私人公用事业团体所制订的程序。

（b）这些当局或团体延误或干扰了承包商的工作。（和）

（c）延误或中断是不可预见的。

则上述延误或中断应被视为根据第8.5款【竣工时间的延长】（b）段规定的延误的原因"。而FIDIC合同条件银皮书第8.5款【竣工时间的延长】（b）段为："根据本条件某款，有权获得延长工期"。

关于汇率波动、物价增长等因素的变化，除非合同中规定有专门的价格调整"机制"，即FIDIC合同条件银皮书第13.7款【因成本改变的调整】中称的"费用指数"（Cost Index），或合同中有特殊约定，否则承包商难以要求业主因此类变化而补偿其相关的费用。

（3）因业主行为不当、失误等导致承包商索赔　这包括业主未能按时取得许可、执照或批准，未能及时使承包商获得现场进入权，在基准日期后更改进场通道而导致通道不适合或不可用，由业主、业主人员或在现场的业主的其他承包商造成或引起的任何延误、妨碍和阻碍，对各类试验、检验的干扰和延误以及业主对承包商应提供的保障、付款失责等。

FIDIC合同条件银皮书在第2.1款【现场进入权】中规定："业主应在合同文件中规定的时间（或几个时间）内，给承包商进入和占用现场各部分的权利。此项进入和占用权可不为承包商独享。如果根据合同，要求业主（向承包商）提供任何基础、结构、生产设备或进出通道的占用权，业主应按业主要求中规定的时间和方式提供。但业主在收到履约担保前，可保留上述任何进入或占用权，暂不给予。如果在合同文件中没有规定上述时间，业主应自开工日期起给承包商进入和占用现场的权利。如果业主未能及时给承包商上述进入和占用的权利，使承包商遭受延误和（或）招致增加费用，承包商可根据第20.2款【付款和/或竣工时间延长的索赔】的规定有权要求任何此类费用加上利润和（或）工期延误的索赔。"

FIDIC合同条件银皮书在第4.15款【进场通路】中规定："由于业主或第三方在基准日期后更改该通路而导致通路不适合或不可用的情况，因此导致承包商延迟和（或）遭受损失，承包商应有权根据第20.2款【付款和/或竣工时间延长的索赔】要求延长工期和（或）支付此类费用。"

FIDIC合同条件银皮书在第8.5款【竣工时间的延长】中规定："如由于下列任何原因，致使达到按照第10.1款【工程和分项工程的接收】要求的竣工受到或将受到延误的程度，承包商有权按照第20.2款【付款和/或竣工时间延长的索赔】的规定提出延长竣工时间：

……

（c）由业主、业主人员或在现场的业主的其他承包商造成或引起的任何延误、妨碍和阻碍（或者如果有，由政府行为或传染病导致的业主提供的材料不可预见性短缺）。"

FIDIC合同条件银皮书在第10.3款【对竣工试验的干扰】中规定："如果由于受到妨碍，使承包商遭受延误和（或）招致增加费用，承包商应向业主发出通知，有权根据第20.2款【付款和/或竣工时间延长的索赔】规定向业主提出申请工期补偿和（或）费用加利润补偿。"

FIDIC 合同条件银皮书在第 12.2 款【延误的试验】中规定："如果承包商已根据第 12.1 款【竣工后试验程序】（c）段发出通知，表示工程或单位工程（视情况而定）已准备进行竣工后试验，且由于业主人员或业主责任，导致承包商无法进行试验，或这些试验被不适当地推迟……，如果承包商因任何此类妨碍和（或）延误而产生费用，则承包商有权根据第 20.2 款【付款和/或竣工时间延长的索赔】的规定要求支付此类费用和利润。……"

因此根据上述众多 FIDIC 合同的条款，当在承包商按照合同规定实施工程时，如发生业主行为不当、失误等给承包商造成损害或损失，承包商有权索赔合同工期和（或）有关费用。

（4）因业主变更、暂停或中止导致承包商索赔　尽管在 EPC 工程总承包的合同中，项目的技术方案、合同价格和合同工期已经确定，但是在实际的工程实施过程中因各种原因业主还是有可能做出部分改变、变更，也可能发出暂停甚至终止令。对于业主提出的变更以及暂停或终止之前承包商已经完成的工作，承包商有权向业主提出索赔。FIDIC 合同条件银皮书在第 13 条中专门阐述了因业主变更而赋予承包商调整价格、要求补偿的权利。在第 8.9 款【雇主暂停】、第 15 条 "由雇主终止" 和第 16 条 "由承包商暂停和终止" 中也规定了非承包商违约时业主提出工程项目暂停和终止后承包商有权要求业主延长工期和支付费用补偿。

在此要特别注意的是，由于 EPC 工程总承包项目的工程设计是由承包商承担，但该设计需经业主审查、批准。由于承包商在投标报价和合同中的技术文本往往对应的设计深度约为 "基本设计" 甚至达不到基本设计的深度，也就是说合同的技术文本不够详细，因此在业主审查设计时，业主（业主工程师，下同）对技术文本的理解成为其实际操作中审查的依据和标准。在实际中如果承包商不遵守业主的审查修改意见，就不能获得业主的批准，现场就没有获批图纸施工，承包商为拒绝业主审查意见而发起仲裁或提请上诉的情况很少发生。因此，实际的情况是承包商常常不得不屈服于业主的审查要求而更改原设计或设计原则，然而，这一更改如不经业主以文字的形式确认为 "变更"，在日后承包商想通过索赔的方式获得因这一更改导致的工期延长和费用增加几乎是不可能的，这种情况在实际中经常发生，是 EPC 工程总承包商面临的最大风险之一。只有将业主的审查修改意见变成正式的业主变更才能成为实现日后承包商正式索赔的先决条件。

（5）业主资料、数据或指示错误导致承包商索赔　在 EPC 工程总承包项目中，因业主资料、数据、要求或指示错误导致工程延误、费用增加，为此提出索赔对于承包商来说是一项比较艰难的工作。

首先，来看 FIDIC 合同条件的相关规定。在 FIDIC 合同条件银皮书第 5.1 款【设计义务的一般要求】中规定："承包商应被视为，在基准日期前已仔细审查了业主要求（包括设计标准和计算，如果有）。承包商应实施并负责工程的设计，并在除下列业主应负责的部分外，对业主要求（包括设计标准和计算）的正确性负责……除下述情况外，业主不应对原包括在合同内的业主要求中的任何错误、不准确或遗漏负责，并不应被认为对任何数据或资料给出了任何准确性或完整性的表示。承包商从业主或其他方面收到的任何数据或资料，不应解除承包商对设计和工程施工承担的职责"。另外，在 1999 年版的 FIDIC 合同条件银皮书第 5.2 款【承包商文件】的最后一段为："（根据前一段落的）任何协议或（根据本款或其他条款的）任何审查，都不应解除承包商的任何义务和职责"；在第 5.8 款【设计错误】中规定："如果在承包商文件中发现有错误、遗漏、含糊、不一致、不适当或其他缺陷，尽管根据本条做出了任何同意或批准，承包商仍应自费对这些缺陷和带来的工程问题进行改正。用业内通俗的语言讲，就是 "业主的要求、同意和任何批准或批复，不解除承包商的责任"。尽管在 2017 年版的 FIDIC 合同条件银皮书取消了这些段落，但是 FIDIC 的这种固有

"立场"在目前国际工程建设界依然有很深的影响,很多业主(业主咨询公司)坚持将类似的条款写入正式合同之中。下面给出的实际合同例子就很好地说明了业主的立场:

1. The Contractor shall be fully responsible for the suitability, adequacy, integrity, durability and practicality of the Contractor's Proposals.

2. The Contractor warrants, absolutely and independent of fault, that the Contractor's Proposals meet the Employer's Requirements and is fit for the purpose thereof. Where there is any inadequacy, insufficiency, impracticality or unsuitability in or of the Employer's Requirements or any part thereof, the Contractor's Proposals shall take into account, address or otherwise rectify such inadequacy, insufficiency, impracticality or unsuitability.

1. 承包商应对承包商方案的适用性、充分性、完整性、耐用性和实用性负完全责任。

2. 承包商保证承包商方案符合业主的要求并满足其中的目的,这种保证是独立的、不以过错为条件。如果业主的要求或其中任何部分存在不完全、不充分、不实用或者不适合,承包商方案应加以考虑、处理或者另行修正这些不完全、不充分、不实用或者不适合。

其次,除了上述 FIDIC 的"明示条款"要求外,FIDIC 以及国际司法界对承包商特别是设计者存在着"默示条款"的要求。FIDIC 合同条件银皮书在第 5.1 款【设计义务的一般要求】中规定"……准备设计的设计人员应:

(a) 是在其所负责的设计科目上具有相应资格、经验和能力的工程师或其他专业人员。

(b) 符合业主要求中规定的设计准则(如果有)。(和)

(c) 在适用法律规定下,具有相应的资质和权利进行工程设计。"

从司法界和工程建设行业的角度要求承包商(设计者)是合格的(Qualified)、专业的(Professional)、有技能或经验的(Experienced),在执行合同中承包商要履行谨慎义务。因此实际中,业主(业主工程师或咨询公司)在合同起草及合同谈判中常常以业主"不懂、不在行"而承包商为"专业公司"为由,将业主要求、资料、数据、评价、意见、批准和批复的准确性、全面性等责任"强加"给承包商。

当然,关于业主应该承担的责任,在 FIDIC 合同条件银皮书第 5.1 款【设计义务的一般要求】中也做出了规定:"……业主应对业主要求中的下列部分,以及由业主(或其代表)提供的下列数据和资料的正确性负责:

(a) 在合同中规定的由业主负责的或不可变的部分、数据和资料。

(b) 对工程或其任何部分的预期目的的说明。

(c) 竣工工程的试验和性能的标准。

(d) 除合同另有说明外,承包商不能核实的部分、数据和资料。"

因此,关于业主要求、资料、数据、评价、意见等的准确性、正确性和全面性的责任以及后续的作用、影响问题,公平、合理的解决办法是在具体合同条款中承包商应坚持写入并予以明确、明示,这是在今后因此类问题导致工期延长、费用增加时承包商可能索赔成功的重要基础,也是督促业主特别是业主工程师或业主咨询公司切实认真负责、科学高效地开展工程项目管理,在保证工程建设质量的前提下加快工程建设速度的有效办法。

3. 正常索赔的关键要素

索赔是业主与承包商在整个合同履约、工程实施过程中一种"博弈",是合同双方的一种利益冲突，所以法律界出现了索赔与反索赔两个对应的词汇和实际行动，因此索赔方要实现成功索赔是一件比较艰难的事，特别是在 EPC 工程合同中处于弱势的承包商，其对业主的索赔就更加困难。通常情况下，业主索赔承包商的实现途径是扣减承包商工程款、索赔保函等，而承包商的所谓索赔只能是"申请"补偿或通过仲裁、司法诉讼来实现。在 EPC 工程总承包项目中任何一方实现索赔的关键是强化法律意识、高度重视索赔的重要性和复杂性，事实清楚、证据确凿、有法可依、商谈有方。用法律界通用的语言讲就是"以事实为依据，以法律为准绳"。

1) 努力在合同条款，包括通用条款、专用条款、业主要求、技术文件以及后续形成的补偿协议、会议纪要等系列构成合同文件中全面、详细、科学、准确、公平、合理地明确双方的责任和义务，特别是重视作为合同基础的业主要求、业主资料（数据）等的明确性、责任性；明确例外事件的范围和处理办法，结合本项目特点尽可能在合同条款中给出变化因素及对应的工期、价格的调节机制。

2) 熟悉项目所在国法律，利用法律手段保护承包商利益。任何一个合同其条款不可能穷尽所有事宜，同时法律规定高于合同条款。因此在合法的合同条款没有覆盖或边界不清的情况下，承包商应该利用法律的强制性和公平性原则寻求自身的合法权益。另外，对于一些尽管列于合同条款中但明显有失公允的事项，承包商也可以利用法律的手段寻求自己合法、合理的利益。当然，在合同之外利用法律原理、原则索赔在国际工程界虽不常见，但也有不少成功的案例，也是承包商防范风险，应对不合理、违规合同条款和事件并开展索赔的一种手段。

3) 遵守索赔程序，注重索赔的时效性。在索赔合同条款中会明确其程序和时间限制，超过时间的索赔是无效的。FIDIC 合同条件银皮书在第 20.2 款【付款和/或竣工时间延长的索赔】中规定："根据本条件的任何条款或与合同有关的其他条款，如果任何一方认为其有权得到另一方的任何额外付款（如是业主，则减少是合同价格）和（或）工期延长（如是承包商）或缺陷通知期的延期（如是业主），采用以下索赔程序：

20.2.1 索赔通知

索赔方应向另一方发出通知，说明引起费用、损失、延误或延长缺陷期索赔的事件或情况，该索赔通知应尽快在索赔方察觉或应已察觉到事件或情况后 28 天内尽快提出。

如果索赔方未能在 28 天内发出索赔通知，则索赔方无权获得任何额外付款，合同价格不得降低（如业主是索赔方），竣工时间（如承包商作为索赔方）或缺陷通知期不得延长（如业主作为索赔方），另一方应免除与引起索赔的事件或情况有关的任何责任。

20.2.2 初始响应

如果另一方认为索赔方未能在第 20.2.1 项【索赔通知】规定的 28 天期限内发出索赔通知，则另一方应在收到索赔通知后 14 天内相应地通知索赔方（并说明理由）。

如果另一方在 14 天内未发出此类通知，则索赔通知应视为有效通知。

如果索赔方收到另一方根据本款发出的通知，并与另一方意见不一致，或认为有理由迟交索赔通知，索赔方应在其根据第 20.2.4 项【充分详细的索赔】提出的完全详细的索赔中包括此分歧的细节或迟交的理由（视情况而定）。"

因此，任何一方正确的索赔的程序是必须在"事件"发生后的某个时段内向另一方发出索赔通知，而另一方也应在规定的时间内回应对方收到该通知或反驳该通知已"超过"规定期限。接下来的工作是索赔方就索赔事件或情况提出详细的报告和相应的支持"证据"，双方就此索赔进行磋商或仲裁。对此在 FIDIC 合同条件银皮书第 20.2.4 项【充分详细的索赔】、第 20.2.5 项【索赔的商定或确定】、第 20.2.6 项【具有持续影响的索赔】以及第 20.2.4 项【充分详细的索赔】中有详细的规定。

因此，正常索赔（反索赔）的关键要素是索赔事件通知的时效性，证据的全面性和准确性，索赔报告的逻辑性和合法性。

4. 支撑证据和正确的索赔报告是索赔成功的关键

实践证明，成功索赔的关键不仅是事件本身、合同条款甚至法律条文，事件发展到能称得上索赔的地步，"不确定性"是索赔的一大特点，因此，支撑索赔的"证据"是最重要的条件之一。除了合同文件、设计图、检测报告、海运单、清关单等必备的文件外，承包商要特别注重在日常工作中收集和保存来往信函、变更过程记录、审查和审批记录以及施工记录等经常性、实时性文件，即工程项目建设全过程、全方位文件、资料和档案的索取、建立与保存。在 FIDIC 合同条件银皮书中针对索赔专门提出了"同期记录"的概念并给出了规定，在第 20.2.3 项【同期记录】中规定："在第 20.2 款中同期记录是指在引起索赔的事件或情况发生时或发生后立即准备或产生的记录，索赔方应保存有助于证实索赔的同期记录。在未承认责任前，业主可检查记录保持情况，和（或）指示承包商保持进一步的同期记录。承包商应允许业主在正常工作时间（或承包商同意的其他时间）检查所有这些记录，并应向业主（若有指示要求）提供复印件，业主的此类监督、检查或指示（如果有）不应意味着接受承包商同期记录的准确性或完整性。"

一份表述清晰、逻辑合理和证据充分的索赔报告也是成功索赔的重要条件之一。FIDIC 合同条件银皮书第 20.2.4 项使用了"充分详细的索赔"（fully detailed claim）的字眼，同时使用了"充分"（fully）和"详细"（detailed）两个词，足以体现出这份报告要具有全面、完整、详细、准确的特点。而且在第 20.2.4 项【充分详细的索赔】中对该报告的内容做出了规定："（a）引起索赔的事件或情况的详细描述，（b）索赔的合同和（或）其他法律依据声明，（c）所有相关的同期记录，（d）索赔额外付款金额（或业主作为索赔方时，可以是合同价格减少），和（或）索赔的工期延长（承包商作为索赔方时）或缺陷期延期（业主作为索赔方时）的详细证明资料"。李志永和刘俊颖编著的《国际工程索赔与争端解决》一书中建议的索赔报告内容应包括：封面，目录或索引，报告摘要，索赔清单，索赔分析，索赔汇总，主要原因，诉求权利分析，量化计算分析，索赔事实支持，索赔有关的文件、同期记录、证据等，脚注或引用注释和附件。

一份优秀的索赔报告一般要由专业能力强的合同工程师、商务经理或专业律师来撰写或共同撰写，要特别防止索赔的随意性，更要注意索赔报告的专业性、完整性、严谨性和可执行性，一旦有关一个事件或几个事件的索赔报告有一次被"合理"地拒绝，那么关于这个事件或这几个事件今后就很难再次索赔成功，对此承包商应引起高度重视。

5. 业主对承包商保函的索赔

在前面的章节中已经介绍过，在一般的国际 EPC 工程总承包项目中，承包商为业主开具的保函有投标保函、预付款保函、质保金保函和履约保函。随着合同的签署，承包商的投标保函自然被业主释放，除非投标者违反规定，在中标之后拒绝与业主签订合同，因此严格意义上投标保函索赔不属于工程总承包合同项下研究的问题，因为此时合同尚不存在。

（1）对预付款保函的索赔 一般来说，只有当业主要求返还已经支付的预付款而承包商拒绝返还时，业主才会索赔承包商的预付款保函。而业主要求承包商返还其预付款常见的情况是业主要中途终止合同,特别是当业主已经按合同规定全额支付了预付款,因种种原因工程项目尚未开始实施或小部分实施时。此时如果承包商拒绝业主的退款要求或就退款额度没有达成一致,业主会索赔承包商的预付款保函(该保函为见索即付保函)。

(2) 对质保金保函的索赔 一般情况下当项目预验收时,按照合同规定业主将含保留金(质保金)在内的全部工程合同价格在扣除双方应支付和应扣除款项后支付给承包商,如果此时业主未扣留保留金或质保金而全额或部分支付了工程合同项下款项,承包商应为业主开具合同规定的对应的质保金保函。在缺陷通知期内(质保期内),如果承包商未能按合同规定履行其缺陷通知期内义务且业主自行处理了本应承包商处理的缺陷、损害等问题,并由业主支付(垫付)了费用,业主有权通过质保金保函索要相应的费用直至全额索赔质保金保函。

(3) 对履约保函的索赔 相对于预付款和质保金保函的索赔来说,履约保函的索赔情况要复杂得多,而且发生索赔的可能性也要大得多。前两项索赔尽管在实际中可能发生,但在 FIDIC 合同条件中并未做阐述。然而对于履约保函的索赔,在 FIDIC 合同条件银皮书却有相当的篇幅做出了规定。按照 FIDIC 合同条件银皮书第 4.2.2 项【根据履约担保的索赔】的规定,业主可以因下列条件索赔承包商的履约保函:"(a)如本款所述,承包商未能延长履约担保的有效期,在此情况下,业主可要求对履约保函全额赔偿(或者如果有先前扣减,则业主可以索赔保函的全部剩余金额);(b)承包商未能根据第 3.5 款【商定或确定】或第 21 条"争端和仲裁"下的商定、决定或者仲裁裁决(视情况而定)达成一致,或决定后的 42 天内支付应付款项;(c)承包商未能在根据第 15.1 款【通知改正】规定发出通知的 42 天内或通知规定的其他时间内(如果有),修复缺陷;(d)业主根据第 15.2 款【由承包商违约终止】规定终止合同的情况下,且不管业主是否发出终止通知;或(e)如果承包商根据第 11.5 款【现场外缺陷工程的修补】将任何有缺陷或损坏的设备从现场移走,在给承包商通知中说明的相关期限(或者业主同意的其他期限)届满前,承包商未能修好该设备,将其送回现场并重新安装和重新测试的情况下。"

上面的 FIDIC 合同条件银皮书中规定了几种违约情况下业主有权索赔承包商履约保函,但在实际中,凡业主认为承包商构成实质性、重大违约而提出终止合同时,业主就会索赔承包商履约保函;另一种情况是即使承包商已经完成了工程项目,但在业主认为在工程实施过程中有违约行为(如延误)或工程效果未达预期时,业主有可能索赔承包商履约保函。针对这种情况,承包商可能使用的临时抵制措施是"财产保全",即请求法院给保函开具银行下达的"止付令",但最终的解决方案是通过仲裁或法律诉讼加以解决。

在国际工程项目中,作为合作双方索赔保函虽然属于不正常现象,但是确实是经常发生的事件。由于在国际工程项目中承包商为业主开具的保函基本上是见索即付保函,所以承包商无法知道业主什么时候提出索赔保函,也无法阻止业主的这种索赔。承包商能够采取的措施仅仅是按照合同努力尽职尽责履约,在工程实施过程中做好必要的记录、记载(留有痕迹,以证明自己正确履约),积极与业主建立良好的互信关系等。一旦发生业主恶意索赔保函,如前所述,只能依赖于法律手段加以解决(但步履艰难,前途难测)。

6. 赔偿的责任限度

关于赔偿的责任限度是任何一个合同中不可回避的问题。在国际工程项目中工程承包商作为一个服务商,一般情况下其原则上的责任是"有限责任",其赔偿责任也是有限责任。FIDIC 合同条件银皮书第 1.14 款【责任限度】中给出了有关规定:"就本合同下的任何工程使用的损失、利润损失、合同损失、任何间接损失以及由此带来的损失或损害，责任方对另一方的负责仅限于下列规定的范围内：

（a）第8.8款【误期损害赔偿费】。

（b）第13.3.1项【指示变更】（c）段。

（c）第15.7款【为雇主便利终止后的付款】。

（d）第16.4款【由承包商终止后的付款】。

（e）第17.3款【知识产权和工业产权】。

（f）第17.4款【由承包商赔偿】第1段。

（g）第17.5款【由雇主赔偿】。

……

承包商向业主承担的总体合同责任不应超过合同数据内规定的金额，或者不超过合同协议书内规定的合同价格（如合同数据中未规定）。

若违约方出现欺骗、明显疏忽、有意违约或轻率的不当行为，则不在本款责任限度范围之内。"

在实际中，双方签订的合同也应对承包商在合同项下的责任有一个限度，承包商不应该承担无限责任。然而，每个具体的合同规定的承包商的责任限度不尽相同，取决于行业习惯的不同，业主与承包商之间的信任度，双方合作的意愿程度等因素。常规的做法是，除非工程被拒收或恶性事件发生例如欺诈等，一般情况下承包商的最大责任限度为合同总额的10%～30%，也有合同中规定承包商的最大责任限度为合同总额的100%的情况。但是，当工程被拒收时，从法律的角度来说，承包商应该赔偿业主100%的工程损失。当然，关于承包商违约的最大责任在具体合同的限定完全取决于合同双方的意愿，其实质是市场博弈中合同双方的平衡性选择。

【合同实例1】

10.0　Liquidated Damages

The Owner shall have the right to claim Liquidated Damages to the limit of this Clause, in the event of any delays of Contractual Dates, as may be extended from time to time in accordance with this Contract, and for the non-compliance with the Performance Guarantees and/or Reliability Guarantees.

10.1　Liquidated Damages For Delay Of The Contractual Dates

The Liquidated Damages are based on a seven (7) consecutive Days of delay and shall be applied only in case of delay of the Contractual Dates, as may be extended from time to time in accordance with this Contract.

For each delay of the Contractual Dates, subject to Liquidated Damages, the Liquidated Damages, will be applied according to Clause 14.2.6 "Liquidated Damage Payment". Notwithstanding the aforesaid, liquidated damages incurred shall only be paid to the Owner if the Contractor fails to achieve the Contractual Date for Provisional Acceptance.

10.2　Liquidated Damages For Non-Achievement Of The Performance Guarantees

In the case of non-achievement of the Performance Guarantees, the Liquidated Damages will be applied according to Chapter C "Special Conditions".

10.3　Liquidated Damages For Non-Achievement Of Reliability Guarantees

In the case of none achievement of the Reliability Guarantees, the Liquidated Damages will beapplied according to Chapter C "Special Conditions".

10.4 Liquidated Damages Summary

10.4.1 The Liquidated Damages rates are specified in Chapter C "Special Conditions".

10.4.2 The payment of Liquidated Damages for Delay of Contractual Date does not in anyway relieve the Contractor from any of its obligations to complete the Works or from any other obligations and liabilities of the Contractor under this Contract.

10.4.3 The payment of Liquidated Damages for non-achievement of Performance Guarantees or Reliability Guarantees is in addition to any liability of the Contract for Liquidated Damages for Delay of Contractual Dates.

10.5 Genuine Pre-Estimate of Loss

Both Parties acknowledge the difficulty in determining the exact extent of cost and expense the Owner is likely to suffer in the event of a delay of a Contractual Date or a failure to achieve Performance Guarantees or Reliability Guarantees but agree that the Liquidated Damages set out in Chapter C "Special Conditions" are a genuine attempt to estimate such cost and expense and they have each sought legal advice on the appropriateness of such amounts.

10.6 If this Clause 10 (or any part thereof) is found for any reason to be void, invalid or otherwise inoperative so as to disentitle the Owner from claiming Liquidated Damages for Delay in the Contractual Dates or for non-achievement of the Performance Guarantees or Reliability Guarantees, the Owner is entitled to claim against the Contractor general damages for the delay in achieving the Contractual Dates or non-achievement of the Guarantees, as the case may be, subject to the limitation on liability in respect thereof set out in Chapter C "Special Conditions" Clause 10.4 "Liquidated Damages Summary".

10.0 违约罚款

在本条款的限额内，业主有权索赔有关合同工期延误（按本合同规定，随时间的延长而增加）和未按合约实现性能保证和（或）可靠性保证的违约罚款。

10.1 合同工期延误的违约罚款

如果合同工期延误连续7天（为一个单位），开始实施延期违约罚款，可根据本合同不时延长。

对于合同日期的每一延误单位，按第14.2.6项"违约罚款支付"规定实施违约罚款。尽管有上述规定，但只有在承包商未能达到"临时验收"的合同日期时，才向业主支付违约罚款。

10.2 未能完成性能保证的违约罚款

如果没有达到性能保证值，按照第C章"专用条款"规定进行违约罚款。

10.3 未能完成可靠性保证的违约罚款

如果没有达到可靠性保证值，按照第C章"专用条款"规定进行违约罚款。

10.4 违约罚款总则

10.4.1 违约罚款的比例规定于第C章"专用条款"中。

10.4.2 因延迟合同日期而支付违约罚款，无论如何都不能免除承包商完成工程的义务，或承包商在本合同项下的任何其他责任和义务。

10.4.3 因未完成性能保证或可靠性保证而支付违约罚款，是合同工期延误违约罚款之外的合同责任罚款。

10.5 实际损失预估

双方均承认难以确定在合同日期延误或未能实现性能保证或可靠性保证的情况下，业主可能遭受的确切的成本和费用，但同意第C章"专用条款"中规定的违约罚款是尝试对此类成本和费用的估算，他们就每项此类金额的适当性征求了法律方面的意见。

10.6 如果本条款第10条（或其中任何部分）因任何原因而无效、作废的或其他不生效，以至于剥夺了业主对因工期延误或未达到性能保证或可靠性保证违约的索赔权，则业主有权视情况就工期延误或未达到性能保证向承包商进行综合性违约索赔，但须遵守第C章"专用条款"第10.4款"违约罚款总则"规定的有关责任限额。

【合同实例2】

17.14 Contractor's Liability

17.14.1 General Liability

The Contractor shall be liable to the Owner for the performance of all of the Works as set out in the Contract and for all other matters in connection with the Contract.

17.14.2 Limitation of Liability

Notwithstanding any other limits on the liability of the Contractor specified in the Contract the aggregate liability of the Contractor to the Owner under the Contract shall not exceed the Contract Price except in the circumstances set out below, where the Contractor's liability is unlimited:

1) under any third party indemnities including, without limitation, under Chapter D Clause 17.1.2 breach of laws, Clause 17.8 Third Party Claims, Clause17.15 Liens, Clause 17.18 personal injury or property damage and Clause 16.2.3 Intellectual Property;

2) in cases of fraud, willful misconduct or illegal or unlawful acts; and

3) in case of acts or omissions of the Contractor which are contrary to the most elementary rules of diligence for a professional Contractor engaged in similar activities.

17.14.3 Neither Party shall be liable to the other Party for any loss of profit, anticipated profits, loss of revenue, loss of equipment, loss of production, loss of opportunity, loss of goodwill, any indirect or consequential loss or pure financial loss, except:

1) the liability for Liquidated Damages under the Contract;

2) to the extent that such losses or costs would otherwise be recoverable in case of fraud, fraudulent misrepresentation, willful misconduct or corrupt practices;

3) to the extent such losses or costs would otherwise be recoverable pursuant to the indemnities set out in Clause 19.14.2 (a).

17.14.4 Latent Defects

Notwithstanding the provisions of the Contract related to the Guarantees Period, guarantees and warranties, the Contractor is liable for Latent Defects in design, workmanship and materials for the period indicated in Chapter C "Special Conditions" Clause 11.1. "Supplier's Guarantees".

Such a liability includes the remedy of such Latent Defects, and correction, repair or replacement of the defective part and costs including the disassembly/assembly of equipment related to damage parts, supervision and tests of such.

Latent defects are defects, which already existed but could not have been discovered during their guarantee period even if reasonable examination would have been applied.

17.14 承包商责任

17.14.1 责任总则

承包商将就合同中规定的工程的全部性能以及与合同有关的所有其他事宜对业主负责。

17.14.2 责任限度

尽管合同中对承包商的责任有任何其他限制，但承包商合同项下对业主的累计责任不应超过合同价格，除非在以下情况下，承包商的责任是无限的：

1）任何对第三方赔偿，包括但不限于第 D 章第 17.1.2 项违反法律、第 17.8 款第三方索赔、第 17.15 款留置权、第 17.18 款人身伤害或财产损失以及第 16.2.3 项知识产权。

2）在欺诈、蓄意渎职或违法或不合法行为的情况下。（和）

3）如果承包商的行为或不作为违反从事类似工作的专业承包商最基本的勤勉规则。

17.14.3 任何一方均不应对利润损失、预期利润、收入损失、设备损失、生产损失、机会损失、商誉损失、任何间接或引发性损失或纯财务损失向另一方承担责任，但以下除外：

1）合同规定的违约罚款的责任。

2）如果欺诈、欺诈性诬告、蓄意渎职或腐败行为达到了此类损失或费用不可挽回的程度。

3）按照第 19.14.2 项（a）段赔偿的规定，达到了此类损失或费用不可挽回的程度。

17.14.4 潜在缺陷

尽管合同中涉及有担保周期、担保和质保期的规定，但承包商仍对第 C 章"专用条款"第 11.1 款"供应商的保证"中规定期间内的设计、加工工艺和材料方面存在的潜在缺陷负责。

这种责任包括补救这种潜在缺陷，以及矫正、修理或更换有缺陷的零件和费用，包括拆解（组装）设备相关的损坏部分、监理和测试费用。

潜在缺陷是已经存在的缺陷，即使采取了合理的审查，在保证期内也不可能发现的缺陷。

【合同实例 3】

Article 21　Liability and Indemnity

21.1　The Contractor is held responsible for all damages caused by defects, faults or deficiencies in the Works to the Owner or third parties.

21.2　Save for the following exceptions, the aggregate liability of the Contractor to the Owner under this Contract shall not exceed thirty percent (30%) of the total Contract Price:

(a) any liquidated damages payable under Article 9 for delay or under Article 18 for non-fulfillment of Performance Guarantee;

(b) any indemnity provided by the Contractor under this Contract (including under Articles 3.5, 3.7, 21 and 23.2);

(c) any liability to third parties arising from or in connection with the Works;

(d) the insurance limits of liability under Article 24;

(e) any and all costs, expenses and liability incurred by the Contractor and/or the Owner in order to achieve the Minimum Performance Guarantee; and

(f) any and all costs, expenses and liability incurred by the Contractor to rectify any defects or damage to the Equipment and/or the Plant or to attain the Performance Guarantees for the Equipment.

21.3　The Contractor shall defend, indemnify and hold harmless the Buyer, its authorized representatives and their respective employees and personnel, against and from all claims, damages, losses and expenses (including legal fees and expenses) in respect of:

(a) bodily injury, sickness, disease or death, of any person whatsoever arising out of or in the course of or by reason of the design, execution or completion of the Works and the remedying of any defects, unless attributable to the negligence, willful act or breach of the Contract by the Owner, its authorized representatives or their respective employees and personnel; and

(b) damage to or loss of any property, real or personal, to the extent that such damage or loss:

(i) arises out of or in the course of or by reason of the design, execution or completion of the Works and the remedying of any defects; and

(ii) is attributable to any negligence, willful act or breach of the Contract by the Contractor, its authorized representatives, or their respective employees and personnel.

21.4 The total limit for liquidated damages for both delay under Article 9 and non-fulfilment of Performance Guarantee under Article 18 shall not exceed fifteen percent (15%) of the Contract Price.

第21条 责任与赔偿

21.1 承包商应对因工程缺陷、错误或不足而给业主或第三方造成的所有损害负责。

21.2 除下列例外情况外，承包商在本合同项下对业主的累计责任不得超过30%的合同总价格：

（a）第9条规定的工期延误或第18条规定的未实现性能考核的违约罚款。

（b）承包商本合同项下提供的任何赔偿（包括第3.5款、第3.7款、第21条和第23.2款）。

（c）因工程或与工程有关的对第三方承担的任何责任。

（d）第24条规定的责任保险限额。

（e）承包商和（或）业主为实现最低性能保证值而发生的任何所有成本、费用和责任。（和）

（f）承包商为修复设备和（或）工厂的任何缺陷或损坏以获得设备性能保证而发生的任何所有成本、费用和责任。

21.3 承包商应为买家、其授权代表及有关的雇员和人士就所有的索赔、损坏、损失和费用（包括法律费用和支出）即下列事宜提供保护、赔偿和确保无伤害：

（a）因设计、实施或完成工程以及因修复任何缺陷或在其过程中引起的对任何人的身体伤害、不适、疾病或死亡，除非是因为业主、其授权代表及有关的雇员和人士疏忽、故意行为或违反合同而导致的。（和）

（b）任何资产、不动产或个人财产的损害或损失：

（i）因设计、实施或完成工程及补救任何缺陷或在其过程中产生的。（和）

（ii）可归因于承包商、其授权代表，或其雇用员工和人士的任何疏忽、故意行为或违反合同的行为。

21.4 第9条规定的工程延误及第18条规定的未完成性能保证的违约罚款总额不得超过合同价格的15%。

第七节 争端与仲裁

1. 争端与仲裁的概念

争端或争议（Dispute）是指对某件事或物有着不同的见解和意见。在国际工程项目中的争端或争议主要是指对合同及合同执行有关事宜的争端或争议，它是指合同当事人对于自己与他人之间的权利行使、义务履行与利益分配有不同的观点、意见、请求的法律事实。

仲裁（Arbitration）是一个法律用语，是指由双方当事人协议将争议提交（具有公认地位的）第三者，由该第三者对争议的是非曲直进行评判并做出裁决的一种解决争议的方法。仲裁异于诉讼和审判，仲裁需要双方自愿，也异于强制调解，是一种特殊调解，是自愿型公断，是自愿将其争议提交由非司法机构的仲裁员组成的仲裁庭进行裁判，并受该裁判约束的一种制度，有别于诉讼等强制型公断。

争端和仲裁是工程总承包项目实施中合同双方矛盾激化到一定程度的产物，虽然属于合作中的不正常，但在众多的国际工程项目中发生争端甚至走向仲裁却是很正常的事件。

2. 工程项目实施中争端的产生

在实际中争端是因为一方的要求未获得另一方的认可，未达到预期目标而引起的，当争端未能在合同双方友好协商下解决时则走向了仲裁（甚至法律诉讼），因此实际中三者关系和顺序是：要求——争端——仲裁，即问题——矛盾激化——问题解决。在实际中，对于承包商来说，与之相关的"要求"多为索赔，在FIDIC合同条件红皮书、黄皮书和银皮书的1999年版中，索赔、争端与仲裁是作为一个章节即第20条出现的，这说明了他们之间的紧密关系。到2017年版时，FIDIC合同条件红皮书、黄皮书与银皮书一样都专门设置了第21条来阐述"争端和仲裁"问题。

FIDIC合同条件银皮书2017年版第1.1.26项中给出了争端产生的原因和定义（1999年版没有此定义），即"争端系指下列任何一种情况：

（a）某一方向另一方提出索赔（可以是本条款下定义的索赔，也可以是业主代表根据本条款决定的事件，或其他方式）。

（b）另一方（如果是业主，则按照第3.5.2项【雇主代表的确定】或其他方式）拒绝全部或部分索赔。（且）

（c）索赔的发起方并没有默许（如果是承包商，则按照第3.5.5项【对雇主代表的确定不满意】发出不满意通知或其他方式），但是，如果在上述情况下争端避免/裁决委员会（DAAB）或仲裁员，视具体情况而定，认为另一方未反对或未回应上述索赔的全部或部分是合理的，则另一方可构成否决。"

结合FIDIC合同条件与实际情况，在国际工程总承包项目中争端主要来源于承包商对索赔（工期和费用）的不满，对工程实施中业主（业主工程师）指示或证书签发等文件的不满，对业主变更部分估价的不满，对业主中期及决算等付款的不满以及对业主（业主工程师）其他未履行合同责任的不满等，其中，因索赔导致的争端最为常见。当然，业主对承包商的行为、不作为或其他也可能产生不满而产生争端，其产生、处理方式、处理程序和结果运用与承包商"不满"导致的争端没有本质区别，只是在实际中业主对承包商的索赔多见于在工程项目结算时对承包商在进度、质量（工程性能）或业主代付本应承包商支付的费用方面的索赔，并由此产生争端。

3. 争端解决

发生争端后常见的解决方式有协商、调解、仲裁和诉讼，而且以这样一个顺序表明问题解决的态度和难度由轻松、简单到紧张和复杂，解决问题的时间和成本一般也按此顺序递增。

调解在国际工程界甚至国际贸易界采用的是"争端替代解决方式"（Alternative Dispute Resolution，ADR），它是一种由合同双方协商邀请中间方解决争端的方式。典型的争端替代解决方式（ADR）包括争端审议委员会（Dispute Review Board，DRB）、争端裁决委员会（Dispute Adjudication Board，DAB）、争端避免/裁决委员会（Dispute Avoidance/Adjudication Board，DAAB）等。

尽管在2017年版的FIDIC合同条件中将"争端和仲裁"从原来的第20条的"索赔、争端与索赔"中独立出来成为第21条"争端和仲裁"，但是在这一章中FIDIC合同条件更多地对争端解决方式中"内部仲裁"或者说也是一种调解即"争端裁决委员会（DAB）或争端避免/裁决委员会（DAAB）"及有关事宜做出规定，当然FIDIC合同条件也规定了如果对"争端裁决委员会（DAB）或争端避免/裁决委员会（DAAB）"的结论不满也可以申请国际仲裁。FIDIC合同条件是在1995年版的橘皮书和1996年版的红皮书的增补中开始引入了"争端裁决委员会"的争端解决机制，并在后续的各类版本中延续和丰富。在FIDIC合同条件银皮书中规定了DAAB的组成、成立时间、任命和费用等（第21.1款），争端的提交、提交后的双方义务以及DAAB的决定（第21.4.1项、第21.4.2项和第21.4.3项），以及对DAAB决定的不满（第21.4.4项）如何处理等。另外，尽管是在"争端与裁决"的章节里，但FIDIC的立场依然是希望合同双方要友好、协商和避免争端，因此在同一章节中还有第21.3款【争端避免】（Avoidance of Disputes）和第21.5款【友好解决】（Amicable settlement）等内容，这种立场还体现在2017年版的FIDIC合同条件将以前版的"争端裁决委员会（DAB）"改为"争端避免/裁决委员会（DAAB）"。

FIDIC合同条件关于"争端解决"的要义是友好协商、避免争端；在合同双方靠自身不能解决时，要由"争端裁决委员会"做出裁决；当一方对裁决不满时可申请国际仲裁。而争端裁决委员会是合同双方自愿以公平的原则共同组建并应在合同协议书签订后规定的时间内成立（如无规定，应在28天内），原则上该委员会由3名成员组成，双方各推荐1名并与所推荐的两名委员共同推荐的第三名成员组成，且第三名出任主席，委员会的运行费用由合同双方共同承担。由于该委员会一般由专业人士组成，而且产生方式相对比较公平，所以裁定的结果会比较公平、公正。与其他方式相比，这种解决合同项下双方的争议效率比较高，相对成本与国际仲裁相比也比较低。另外，无论是FIDIC合同条件还是实际合同都对争端解决的程序、争端文件的提交等具体问题做出了规定。

理论上讲，争端裁决委员会做出的决定对合同双方均具有约束力，合同双方应该立即执行。但在实际中，合同的一方有可能拒绝执行该决定，在此情况下，合同的另一方可以将该争端事件提交国际仲裁（机构）申请执行。因此，FIDIC合同条件所规定的"争端裁决委员会"无论是DRB、DAB还是DAAB，其实质仍然是"民间调解机构"，其裁决结果的法律效力较弱，尽管FIDIC合同条件花费了很大篇幅规定了DAAB的组成、任命、费用、工作机制、裁决的约束力等，但在许多行业和很多具体项目中，引用本章节的规定与其他章节相比要少许多，也就是说，在实际中关于争端与仲裁依然有很大比例采用国际仲裁甚至司法诉讼。当然，FIDIC合同条件也是推荐在无DAAB的情况下，合同双方可以直接申请仲裁。FIDIC合同条件银皮书第21.8款【未设立DAAB】中规定："如果双方因与合同或工程实施有关或引起的争端，且因DAAB任命期满或其他原因，没有DAAB进行工作（或DAAB正在组建），则：

（a）第21.4款【取得DAAB的决定】和第21.5款【友好解决】的规定应不适用。

（b）任何一方均可以根据第21.6款【仲裁】的规定，直接提交仲裁，但不得损害双方可能享有的任何其他权利。"

仲裁（Arbitration）源于古代。中世纪时代的11世纪至14世纪，随着商品经济的发展，欧洲的临时仲裁制度较为盛行，14世纪出现了国际商事仲裁；英国1697年率先颁布了第一个仲裁法案，并于 1889 年颁布了第一部仲裁法。1892 年英国设立了伦敦国际仲裁院，1917 年瑞典在斯德哥尔摩设立了商会仲裁院，1922 年在国际商会的帮助下在巴黎成立了国际商会仲裁院，美国在 1926 年成立了美国仲裁会。1923 年《日内瓦仲裁条款议定书》明确规定："不同缔约国之契约当事人，就商务契约或者其他方式得以仲裁解决方式解决之事项，关于现在或者将来所发生的争议，交付仲裁时，各缔约国应当承认该双方当事人协议条款之效力"。1927 年 43 个国家又签订了《日内瓦外国仲裁裁决执行公约》，使得在这 43 个缔约国所作仲裁裁决可以在缔约国内得到承认和执行。1958 年在联合国的主持下在美国纽约订立了《承认及执行外国仲裁裁决公约》，缔约国有义务承认和执行在其他缔约国做出的仲裁裁决，中国于 1986 年加入了该公约，并于 1987 年生效。中国政府于 1994 年 8 月颁布了《仲裁法》。仲裁是一种自愿型的公断，不是司法诉讼这样的强制型公断，是当代国际商务活动矛盾纠纷的一种解决方案，也是作为国际工程界常用的一种判决方式，被合同双方所接受和推崇，FIDIC 合同条件的原则是将仲裁作为争端解决的最终级方案。

常见的包括国际（地区）工程在内的国际（地区）贸易仲裁机构主要包括：

国际商会仲裁院（The International Chamber of Commerce，ICC）。

瑞典斯德哥尔摩商会仲裁院（The Arbitration Institute of Stockholm Chamber of Commerce，AISCC）。

瑞士苏黎世商会仲裁院（Court of Arbitration of the Zurich Chamber of Commerce，ZCC）。

伦敦国际仲裁院（London Court of International Arbitration，LCIA）。

美国仲裁协会（American Arbitration Association，AAA）。

新加坡国际仲裁中心（Singapore International Arbitration Center，SIAC）。

香港国际仲裁中心（The Hong Kong International Arbitration Centre，HKIAC）。

中国国际经济贸易仲裁委员会（China International Economic and Trade Arbitration Commission，CIETAC）。

合同双方可以根据双方的意愿在合同中约定选择不同的地点和机构分别作为仲裁地和仲裁机构。当然，合同中还应约定适用法律、仲裁适用语言等。

如前所述，尽管在国际工程总承包项目中合同双方可能产生的争端原因很多，但实际中多数的争端源于一方对其索赔的回应不满意。因此作为承包商，应减少工程实施过程中与业主的争议、争端并在发生争端后以适当的方式解决争端，防止因争端失利导致经济损失，从而获得应有的工程建设效益。解决争端的方法与措施基本与索赔类似：严格遵守合同尽职尽责履约，与业主建立良好的信任与合作关系，遵守项目所在地的法律法规和习惯，做好工程实施过程应有的同期记录，做好工程项下各类文件特别是来往信函以及业主指示、批复、要求等文件的管理，在合同谈判时选择好公平便捷的仲裁地，按照仲裁规则按时提请仲裁等。

【合同实例 1】

21.0　Procedures To Solve The Disputes

21.1　Amicable Settlement

21.1.1　Amicable Settlement

Following the issuance of a Written notice by any Party raising a dispute in connection with this Contract, the Parties shall use their best efforts to resolve and settle the dispute amicably through consultations.

21.1.2　Notification of Arbitration

If any dispute cannot be settled amicably through consultation within ninety (90) Days of the defending Party(ies)'s receipt of the claiming Party(ies)'s notice of dispute then such dispute shall be exclusively and finally settled by arbitration under the Chinese International Economic and Trade Arbitration Commission ("CIETAC") Rules of Arbitration pursuant to Cause 21.2 below.

21.2 Arbitration

21.2.1 Arbitrators.

21.2.1.1 Subject to Clause 21.1.2, any dispute arising out of or in connection with this Contract, including a dispute as to the validity or existence of this Contract or this arbitration clause, shall be finally determined by arbitration in the location stated in Chapter C "Special Conditions" conducted in the English language by a college of three arbitrators pursuant to the rules of Chinese International Economic and Trade Arbitration Commission ("CIETAC") except that (unless the Parties agree or the arbitrators rules otherwise) the arbitrators shall draw up, and submit to the Parties for signature, the terms of reference for the arbitration within twenty one (21) Days. The terms of reference shall not include a list of issues to be determined.

21.2.1.2 Each Party will appoint one arbitrator who has appropriate knowledge and experience with respect to the dispute in question, and the two arbitrators so appointed must appoint the third arbitrator who will serve as the chairman of the Arbitration Tribunal.

21.2.1.3 If a Party fails to appoint its arbitrator within a period of thirty (30) Days after the expiry of the ninety (90) Days period referred to in Clause 21.1.2, or if the two arbitrators appointed cannot agree upon the third arbitrator within a period of ten (10) Days after the appointment of the second arbitrator, then such arbitrator must be appointed pursuant to the procedures of the CIETAC, or as otherwise agreed to by the Parties, provided that such arbitrator must be a person with experience in international commercial construction agreements and with respect of the dispute in question.

21.2.2 Arbitration Award

In rendering their decision, the arbitrators shall consider the intent of the Parties insofar as it can be determined from this Contract, published and publicly available laws, regulations and generally accepted standards and principles of international laws and practice as they been applied by the international tribunals in the arbitration and resolution of similar disputes. The determination from the Arbitration Tribunal shall be considered by the Parties to be final and binding.

21.0 解决争端的步骤

21.1 友好解决

21.1.1 友好解决

在本合同提出争端的任何一方发出书面通知后，双方应尽最大努力通过协商友好地解决和处理争端。

21.1.2 仲裁通知

如果任何争端在辩护方收到索赔方的争端通知后90天内无法通过友好协商解决，则该争端应根据下面第21.2款中国国际经济贸易仲裁委员会（"CIETAC"）仲裁规则，由仲裁方做唯一且最终裁决。

21.2 仲裁

21.2.1 仲裁员

21.2.1.1 除第21.1.2项另有规定外，因本合同或与合同有关的任何争端，包括关于本合同或本仲裁条款的有效性或继续存在的争议，最终应由三名仲裁团仲裁员按照第C章"专用条款"中规定根据中国国际经济贸易仲裁委员会（"CIETAC"）的规则用英文进行仲裁，但（除非双方同意或仲裁员另有其他规则）仲裁员应在21天内起草仲裁委托项并提交当事人签字。仲裁委托项不应包括待确定的问题清单。

21.2.1.2 每一方将指定一名对有关争端具有相当知识和经验的仲裁员，然后被任命的两名仲裁员须指定第三名仲裁员，该第三名仲裁员担任仲裁庭主席。

21.2.1.3 如果一方当事人未能在第21.1.2项所指的90天期限届满后30天内指定其仲裁员，或者指定的两名仲裁员在第二名仲裁员任命后10天内不能就第三名仲裁员达成一致，则必须按照CIETAC的程序指定该仲裁员，或双方另行商定，但该仲裁员必须是在国际商业建造合同及与争端有关事宜方面有经验的人。

21.2.2 仲裁裁决

仲裁员在做出裁决时，应考虑双方当事人的意图，其决定能基于本合同、公布和公开提供的法律、条例以及国际仲裁法庭在仲裁和解决类似争端时通常接受的应用于国际法律和实例中的标准和原则。仲裁庭的裁决双方应视为最终裁决并具有约束力。

【合同实例2】

Article 29   Arbitration and Governing Law

29.1   This Contract shall be governed by Swiss law.

29.2   The Parties agree to make reasonable efforts to settle every dispute, controversy, or disagreement arising out of or relating to the execution, interpretation or performance of this Contract or any breach thereof and indicated as such by one of the Parties through an amicable settlement by direct negotiation within a maximum of thirty (30) Days of one Party receiving notification of the dispute from the other Party.

29.3   In the event that an amicable settlement as stipulated in Article 29.2 cannot be reached by direct negotiation, the Parties hereby agree to settle the dispute through arbitration in Singapore under the Arbitration Rules of the Singapore International Arbitration Centre, which rules are deemed to be incorporated by reference in this Article. The tribunal shall consist of three (3) arbitrators. The language of arbitration shall be English. The arbitration award shall be final and not subject to appeal.

第29条 仲裁与适用法律

29.1 本合同适用瑞士法律。

29.2 双方同意做出合理努力，在一方收到另一方的争端通知后，在至多30天内通过直接谈判友好地解决各种因实施、理解或履行本合同或任何违反本合同而引起的争端、争议或分歧。

29.3 如果第29.2款规定的友好解决不能通过直接谈判达成，双方特此同意根据新加坡国际仲裁中心的仲裁规则在新加坡通过仲裁解决争端，该规则被视为纳入本章的一部分。仲裁庭应由3名仲裁员组成。仲裁语言为英语。仲裁裁决应为最终裁决，不得上诉。

参 考 文 献

[1] International Federation of Engineering Consultants. FIDIC. Conditions of Contract for EPC/Turnkey Projects (Second edition) [M]. Switzerland, 2017.

[2] International Federation of Engineering Consultants. FIDIC. Conditions of Contract for Construction (Second edition) [M]. Switzerland, 2017.

[3] 国际咨询工程师联合会,中国工程咨询协会. 设计采购施工(EPC)/交钥匙工程合同条件 [M]. 北京:机械工业出版社,2002.

[4] 陈永强,吕文学,张水波. FIDIC 2017 版系列合同条件解析 [M]. 北京:中国建筑工业出版社,2019.

[5] 张水波,何伯森. FIDIC 新版合同条件导读与解析 [M]. 2 版. 北京:中国建筑工业出版社,2003.

[6] 何伯森. 国际工程合同与合同管理 [M]. 北京:中国建筑工业出版社,1999.

[7] 崔军. FIDIC 合同原理与实务 [M]. 北京:机械工业出版社,2011.

[8] 李志永,刘俊颖. 国际工程索赔与争端解决 [M]. 北京:中国建筑工业出版社,2020.

[9] 刘俊颖,等. 国际工程 EPC 项目风险管理 [M]. 2 版. 北京:中国建筑工业出版社,2019.

[10] 郭亮亮. EPC 总承包模式下的项目风险管理研究 [D]. 沈阳:沈阳建筑大学,2011.

[11] 雷琥. EPC 模式下的项目风险管理 [D]. 天津:天津大学,2006.

[12] 林飞腾. 国际工程承包风险管理的研究 [D]. 西安:西安建筑科技大学,2004.

[13] 李瑞. 建设项目设计管理的研究 [D]. 重庆:重庆大学,2008.

[14] 朱占波,金志刚. 海外 EPC 工程总承包项目工期影响因素分析与对策建议 [J]. 项目管理技术,2017,15(9):73-77.

[15] 徐文龙. 国际工程承包项目 HSE 风险管理研究 [D]. 济南:山东财经大学,2012.

[16] 郑晶晶. 见索即付保函的风险防范 [D]. 上海:华东政法大学,2008.

[17] 周荣方. 信用证在国际工程项目中的应用 [J]. 财会月刊(理论版),2013(9):85-86.

[18] 王欢. 信用证类国际贸易融资业务的风险与控制 [D]. 长春:吉林大学,2004.

[19] 赵玲玲. FIDIC 合同条件 DAB 争端解决方式研究 [D]. 上海:华东政法大学,2011.